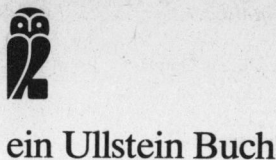

ein Ullstein Buch

W0070372

ein Ullstein-Buch
Nr. 20116
im Verlag Ullstein GmbH,
Frankfurt/M – Berlin – Wien

Ungekürzte Ausgabe

Umschlagentwurf:
Jürgen Spohn
Alle Rechte vorbehalten
© 1977 C. Bertelsmann Verlag GmbH,
München / 5 4 3 2 1
Mit Genehmigung der Offizin
Hopf & Partner, München
Printed in Germany 1981
Druck und Verarbeitung:
Mohndruck Graphische Betriebe
GmbH, Gütersloh
ISBN 3 548 20116 4

April 1981

CIP-Kurztitelaufnahme
der Deutschen Bibliothek

Burger, Hanuš:
Der Frühling war es wert: Erinnerungen/
Hanuš Burger. – Ungekürzte Ausg. –
Frankfurt (M); Berlin; Wien: Ullstein, 1981.
   (Ullstein-Buch; Nr. 20116)
   ISBN 3-548-20116-4
NE: GT

Hanuš Burger

Der Frühling war es wert

Erinnerungen

ein Ullstein Buch

Für Puck und Jana

... Sagen Sie
ihm, daß er für die Träume seiner Jugend
soll Achtung tragen, wenn er Mann sein wird ...
(DON CARLOS, IV.21)

Inhalt

Prolog   9

Panzerkommunismus   13

Weinen ist nicht drin . . .   20

Rückblende   23

Frauen haben das gern!   38

Café Hornung   42

Erstes Opfer der Revolution   45

Unser Schaden am Bein   48

Sind wir erst mal Millionen . . .   54

Theater in Prag   57

Zwei Welten   63

Bittersüßes Intermezzo   69

Tom Sawyers großes Abenteuer   77

Die Geschichte des Kaspar Brandhofer   82

Das Jahr der Wende, die nicht war   84

Vierhundert Dollar für ein Lächeln   93

»Peace in our time«   97

Greenhorn   107

Porträt eines Linientreuen   112

The Yanks are coming   114

Greetings!   118

Lesen gestattet   126

Camp Ritchie   132

Streng geheim   140

Aufbruch   145

Händel und Miss Jones   149

Jetzt wird's ernst   156

Wunderwaffen   167

Ihr Zug, Sergeant   172

Befreiung   182

Unternehmen Annie   185

Plaudereien an Luxemburger Kaminen   201

Der Mann von drüben   204

Mantel und Degen   211

Annies Nachruf   219

Kehraus in Luxemburg   224

Die Todesmühlen   232

Momentaufnahmen aus dem Jahr Null   266

Ente mit Leistenbruch   273

Das Fräuleinwunder   282

Die Kinder vom East River   288

Der alte Mann und die UNO   297

Père noble . . .   300

Zwischenspiel unter dem Popocatepetl   302

Inquisition ohne Scheiterhaufen   308

Paris – Abschied vom Westen   316

Die mageren Jahre   321

Seiten aus einem Tagebuch   340

Tauwetter, behördlich reguliert   360

Das Eismeer ruft   365

Theater der Freundschaft   370

Nichts als Sünde . . .   373

Jener Frühling   383

Prolog

In Prag brach ein Aufstand aus.

Die Lage war unübersichtlich. Das Radio brachte Hilferufe in englischer und russischer Sprache. Die Zahl der Barrikaden in der Hauptstadt war über Nacht – so berichtete der BBC – gewaltig gewachsen. Die Deutschen zogen ihre Truppen zusammen. Prag war das Nadelöhr, hier mußten sie durch, wenn sie den rettenden Westen erreichen wollten. Flugzeuge der Luftwaffe warfen Brandbomben über der Stadt ab. In General Schörners Akten fand man später eine Depesche, mit eigener Hand geschrieben: »Das ganze Nest muß brennen!«

Die Sowjetarmee stand im Norden bei Dresden, jenseits des Erzgebirges und im Osten bei Ostrava. Lediglich ein paar Einheiten waren schon in Brünn, noch mindestens 200 Kilometer entfernt. Die Amerikaner dagegen waren tief in Böhmen eingedrungen, hatten Eger, Taus, Klatovy erreicht. Die deutschen Verbände ergaben sich ihnen scharenweise, von nennenswerten Kämpfen konnte kaum mehr die Rede sein.

Warum kam die US-Armee den Kämpfenden in Prag nicht zu Hilfe? Damals begriff das keiner von uns. Seit gestern war Frieden in Europa, aber um Prag wurde noch gekämpft.

Wir waren zu viert: Major Dolan von der OSS, Sergeant Joseph Wechsberg, Journalist und Schriftsteller, der Fahrer Joe, ein Junge deutscher Abstammung, und ich. Was unser *business* in Prag war, wußte ich nicht. Auf jeden Fall waren wir weit außerhalb der Reichweite der Amerikaner. Mir war es gleich. Ich wollte einfach heim, wollte meine Stadt wiedersehen, und wenn dort noch gekämpft wurde, wollte ich dabeisein.

Auf meine Frage, was denn eigentlich unsere Aufgabe sei, lachte Dolan nur. »Mensch, Burger, erst erzählen Sie mir einen Winter lang, wie schön Prag ist und was für fesche Mädchen es dort gibt, und dann wundern Sie sich, wenn mir der Mund wäßrig wird und ich mir den Laden mal anschauen will!« Mehr habe ich nie aus ihm herausgebracht.

Es war vier Uhr und sommerlich heiß.

Beim Schlagbaum gab es einen Aufenthalt. Unsere M.P. ließ uns nicht durch. Ich nahm Dolan beiseite. Wir brauchten nur ein paar

Kilometer südwärts zu fahren, wo uns eine schmale Straße parallel zur Pilsener Chaussee ebenfalls nach Prag bringen würde. Dort ließ man uns dann passieren.

Der erste Posten der Russen, ein achtzehnjähriger Junge, studierte das Dokument, Dolans normalen Offiziersausweis, dann reichte er es seinem »Starschi Serschant«, der lateinische Schrift lesen konnte. »Eisengauer«, sagte er ehrfurchtsvoll. Die Legitimation trug die faksimilierte Unterschrift unseres Oberkommandierenden.

Ein kleiner Leutnant ließ uns aussteigen. Ein Soldat, dem er etwas zurief, verschwand in einem Schuppen und kam mit einem braunen Steinkrug und ein paar Kaffeetassen wieder.

Der Leutnant goß jedem ein.

»Auf den Frieden!« sagte er feierlich. Dann trank er mit einem Ruck aus. Wir folgten seinem Beispiel. Ich bekam einen Hustenanfall. Es war roher Wodka.

Schon hatten wir frisch gefüllte Tassen in den Händen.

»Ruswelt!« sagte der Leutnant, machte eine achtungsvolle Pause und trank aus.

Ich sah zu Joe hinüber, dann zu Dolan und Wechsberg. Sie hatten rote Köpfe, aber ihre Tassen waren leer. Also hinunter damit. Ein stämmiger kirgisischer Soldat hielt mir ein Stück Speck und einen großen Brocken Schwarzbrot hin. Ich biß hinein. Vielleicht half das.

»Eisengauer« kam an die Reihe, dann Stalin – Dolan wußte, was sich gehört –, dann streikte ich und setzte mich hin. Wechsberg fiel bei Konew um, als habe ihn der Blitz erschlagen. Der Irishman Dolan hielt bis General Patton durch, und nur der Fahrer Joe stand noch auf den Beinen, als man über General Bradley, Malinowski und Amerikanskaja Armija bei Marschall Budjonny angelangt war. Wie er dann noch das Steuer halten konnte, war mir ein Rätsel.

Bei Rudná, als schon die ersten Häuser von Prag auftauchten, kochten wir auf freiem Feld einen starken Kaffee.

Dann lag die Stadt vor mir.

Wir rollten die Pilsener Straße hinunter, an winkenden Menschen vorbei, an flinken, stämmigen Soldaten in abgewetzten Uniformen, die jeder Amerikaner längst gegen neue umgetauscht hätte, mit drei, vier, fünf blinkenden Medaillen, die nicht hinter Schreibtischen errungen worden waren. Sie standen schwatzend und lachend vor den Hauseingängen, tranken Wein, den ihnen die Hausbewohner herausgebracht hatten. Hier und da spielte ein Rotarmist auf seiner »Garmuschka«, und es wurde getanzt.

Die grauen Mietshäuser der Vorstadt, mit ihren bröckelnden Fassaden und eingeschlagenen Fenstern, behängt und besteckt mit Zweigen von Tannengrün und roten und rotweißblauen Fähnchen, wurden dichter.

Als wir an den Ringhoffer-Werken vorbeikamen, lief uns ein schönes, dunkelhaariges Mädchen in den Weg, sprang aufs Trittbrett und umschlang Dolan mit beiden Armen. Sie ließ eine tschechisch-russische Tirade auf ihn los. Auch die Russen hatten ja Jeeps, und unsere Uniformen waren zwar besser gebügelt, aber ebenfalls olivfarben. Dolan zog das Mädchen auf seinen Schoß, und die weitere Verständigung hatte keine Schwierigkeiten.

Wir fuhren über die Moldau. Wechsberg und ich standen auf und blickten nach links.

Da war der Hradschin – unversehrt, vertraut und majestätisch und hatte alles überdauert: den kleinen, senilen Schattenpräsidenten Hácha, den zum Schluß nur noch Injektionen aufrecht gehalten hatten, den Henker Heydrich, den Junker Neurath, den Schinder Daluege, den Fanatiker Frank. Der Krieg war zu Ende, der Hradschin stand, und ich war in Prag am Tag der Befreiung.

Die enge Brücke war nicht für die schweren Panzer und Katjuschas gebaut, zwischen denen unser Wagen beinahe zerquetscht wurde. Am Ostende mahnte uns eine junge, strenge Militärpolizistin ungeduldig zum Weiterfahren. Es ging den Kai entlang, und dann bogen wir beim Nationaltheater ein.

Auch hier regelte ein Mädchen den Verkehr, breitschultrig und breithüftig, ernst mit ihren roten und gelben Fähnchen hantierend. Wir mußten warten, vielleicht zehn Minuten lang, während die Sonne sank. Unser Wagen füllte sich mit Mädchen, wie die Wagen vor und hinter uns, der Mund brannte uns von Küssen, drei setzten sich auf den Kühler, die eine hatte schon Joes Helm auf dem Kopf. Dolan lachte mir zu und rief anerkennend: »Okay, you win, Hanush, that's better than Paris . . .«

Vor uns lag die Nationalstraße, die zur Stadtmitte führt. »Es kommt noch besser!« rief ich Dolan zu.

Den breiten Graben entlang, uns entgegen, dröhnte der Hauptstrom, die Selbstfahrlafetten, die motorisierten Werfer. Am Fuß des

Wenzelsplatzes, wo die beiden Heerzüge sich vereinigten, um den weiten Boulevard hinaufzufahren, stand wieder eine Polizistin – aber das war die Siegerin.

Zierlich, hellblond, mit kurzen, krausen Locken, das kleine Schiffchen verwegen auf dem Hinterkopf, die Bluse besteckt mit Orden. (Aber man hätte auch ohne die Orden gesehen, wo bei ihr vorne war.) Die Beine, die einer New Yorker Tambourmajorette Ehre gemacht hätten, steckten in glänzenden, schwarzen Stiefeln. Sie schwang ihr Fähnchen mit der Grazie einer Tänzerin. Ihr Gesicht war ernst und konzentriert, sie erwartete und erhielt Respekt. Als ein offener Panzerspähwagen nicht schnell genug einbiegen wollte, stampfte sie ungeduldig auf, der braungebrannte Junge am Steuer gehorchte hastig, dann winkte er ihr zu, lachte mit weißen Zähnen, ergriff einen Blumenstrauß, der ihm gerade zuflog, und warf ihn der Kleinen zu. Sie wandte sich ab, um uns statt dem Jungen das Lächeln zu zeigen, das sie nicht unterdrücken konnte.

Jetzt fuhren wir den Wenzelsplatz hinauf.

Die Luft, erfüllt von gelbem Ruinenstaub und Treibstoffgeruch, vibrierte vom Gedröhn der Panzerketten und von den Zurufen der Menge. Wir hatten inzwischen gewiß fünfzehn Passagiere, fast lauter Mädchen, spürten sie überall, ihre Arme, ihr Haar, ihre Wangen. Joe fuhr langsam, er hatte keine Sicht, Glassplitter knirschten unter den Rädern, zermahlen von den Ketten der Panzer vor uns.

Manchmal wurden wir als Amerikaner erkannt, es gab gutmütige oder halb vorwurfsvolle Zurufe wie: »Spät, aber doch!« – »Warum erst heute?« – »Vorgestern, da hätten wir euch gebraucht!«

Warum waren die Amerikaner an der Demarkationslinie bei Pilsen stehengeblieben? Aus Fairneß? Warum hatten sie sich so strikt an die Abmachungen gehalten? Erst viel später erfuhren wir es: Sie wollten, daß sich auch die Russen an die Abmachungen hielten, denen zufolge sie genau drei Monate später Japan den Krieg erklären mußten. Die »Bombe« gab es ja zur Jalta-Zeit noch nicht.

Wir waren oben, beim Museum, angelangt, und Dolan befahl: »Noch mal 'runter und wieder hinauf!« Gehorsam steuerte Joe den Jeep um den heiligen Wenzel herum, trotz hastigen, verzweifelten Fahnenschwingens einer Polizistin, aber zum Gaudium der Mädchen auf der Kühlerhaube und auf unseren Knien.

Jetzt sahen wir den Platz von oben, den nicht abreißenden Strom der Fahrzeuge, die Panzer und Geschütze, deren nach oben gerichtete Läufe die Reste der Straßenbahndrähte zerrissen, als wären es Spinnengewebe, die Menschen, die ihren Befreiern zujubelten, die gelbe, stauberfüllte Luft, die Fahnen, die strahlenden Gesichter.

Es war sieben Uhr abends, am 9. Mai 1945.

Panzerkommunismus
(21. August 1968)

Ich stellte das Radio ein. Kein Zweifel. Unsere Brüder waren zu Besuch gekommen. Die ersten Meldungen sprachen von 200 000 Mann, später wurde das korrigiert: es waren 600 000. Und begleitet von soviel Kriegsgerät, wie man es für eine Invasion größten Ausmaßes braucht.

Überall standen sie, das sah ich auf meinem Weg zur Fernsehverwaltung. An jeder Ecke ein Panzer oder eine ganze Traube von schwerem Kriegsmaterial. Ich weiß bis heute noch nicht, wie sie es einsetzen wollten und gegen wen. Im Blätterwald der Warschauer-Pakt-Staaten war in den nächsten Tagen viel von der »jubelnden Begrüßung durch die von der Konterrevolution befreiten Menschen« die Rede. Aber wenn man die Soldaten und die Kampfmittel in Betracht zieht, muß man annehmen, daß mit viel Blutvergießen und Zerstörung gerechnet wurde.

Die Luken der Panzer waren hochgeklappt, und die Mannschaft saß oben und rauchte nervös ihre Machorki. Es war noch dunkel, der Schock war frisch. Ein Soldat kletterte herunter und fragte einen aus der Gruppe der Umstehenden, wo eine Toilette sei. Niemand verstand ihn. Russisch war seit zwanzig Jahren Pflichtfach in allen Schulen, und Tschechisch ist dem Russischen weitaus näher als Bayrisch dem Plattdeutschen.

Jetzt kamen auch Nachrichten über Panzer der Nationalen Volksarmee aus Reichenberg und Karlsbad. Ein merkwürdiges Gefühl, nach dreiundzwanzig Jahren wieder deutsche Besatzer im Land zu haben.

Vor dem Fernsehen standen fünf Sowjetsoldaten mit Karabinern. Sie ließen mich ohne weiteres ein und später wieder heraus. Sie wußten überhaupt nicht, warum sie dastanden.

Ich griff mir meinen Kameramann, und wir gingen in die Stadt, um zu filmen, was sich uns bot, sobald es die Lichtverhältnisse gestatten würden.

Die Ostrauer Hauptstraße hieß gestern abend noch Straße der Befreier. Jetzt, um knapp neun Uhr vormittags, verkündeten frisch lackierte Schilder bereits ihren neuen Namen: »Straße der Okkupanten«.

Der Ostrauer Sender – in diesen Stunden hielt jeder von uns dauernd sein Transistor-Radio ans Ohr – sendete Nachrichten und Erklärungen. Loyalität für Dubček, Svoboda. Und Anweisungen für den nun einsetzenden passiven Widerstand. Am Morgen war eine Abteilung Sowjetsoldaten vor dem Ostrauer Rundfunkgebäude erschienen, um es zu besetzen. Sie fanden eine Wache der tschechischen Polizei vor, voll bewaffnet, die ihnen erklärte, der Sender sei bereits von Kommunisten besetzt, was durchaus stimmte – und so zogen die Russen beruhigt ab. Es wurde weiter gesendet. Es protestierten die Gewerkschaftsgruppen, die Jugendorganisation, Parteiformationen.

Um die gleiche Zeit – dafür habe ich Augenzeugenberichte – erschien in Prag ein dunkelgrüner Autobus vor einem der Fernsehgebäude, die über die Innenstadt verstreut waren. Es war der große Saal der ehemaligen Produktenbörse, das einzige Objekt des Fernsehens, auf dem, in Stein gemeißelt, das Wort *Televize* zu lesen war. Dem grünen Autobus entstiegen Sowjetsoldaten, die Musikinstrumente trugen, Baßtubas, Trompeten, Klarinetten. Der Dirigent, ein Major, wollte das Haus betreten. Die Frau in der Portiersloge hielt ihn zurück: »Legitimation!«, und als der Major nicht verstand, sagte sie auf russisch: »Bumaschku!«

Der Major hätte keine Bumaschka, die ihn zum Betreten des Gebäudes berechtigt hätte. Er und seine Mannen waren gekommen, um den jubelnden, befreiten Pragern übers Fernsehen ein Ständchen zu bringen. Er war etwas fassungslos, aber für Bestimmungen wie jene, daß man solch ein Gebäude nur mit vorschriftsmäßiger Ausweiskarte betreten darf, hatte er volles Verständnis.

Die Männer kletterten also samt ihren Instrumenten wieder ins Auto. Der Major suchte jetzt die Direktion, aber die Frau wußte nicht genau, wo sie zu finden sei. Sie riet dem Major, sich beim Kiosk an der Ecke einen Stadtplan zu kaufen.

Schon eine Stunde früher hatte der Rundfunk dazu aufgerufen, den Besatzern weder den Weg zu weisen noch ihnen Stadtpläne zu verkaufen. Jetzt – um halb zehn – war die Stadt bereits ohne Straßentafeln und Hausnummern. Eine Geisterstadt.

In Ostrava standen in den Hauseingängen Gruppen von Bürgern. Ich sah viele weinende Frauen. Um einige der Panzer hatten sich Gruppen gebildet. Junge Tschechen, die ja alle gut russisch sprachen, diskutierten mit den verstörten Soldaten. Warum seid ihr hier – hörte ich immer wieder. Die Antworten waren verschieden. Ein Offizier sagte, man wolle den Tschechen gegen die Konterrevolution helfen. Das höhnische Gelächter begriff er nicht. Ein kleiner Soldat holte seine Ziehharmonika heraus, aber nach einem Pfeifkonzert packte er sie verlegen wieder ein.

Dann sahen wir, wie sich eine riesige Demonstration von Ostrauer Bergarbeitern näherte. Sie kamen in Zwanzigerreihen. Jeder hatte die Arme mit denen des Nachbarn verschränkt, wie im »Propellerlied« von Käthe Kollwitz. Vorn in der ersten Reihe gingen Tschechen und Zigeuner nebeneinander. Aller Hader war vergessen. Sie trugen rote Fahnen. Es war eine der machtvollsten Demonstrationen von Kommunisten, die ich in meinem Leben gesehen habe. Sie sangen die Internationale und marschierten dicht an den Sowjettruppen vorbei, eine Szene voll von tragischem, großartigem Pathos. Wir filmten sie, aber ich weiß nicht, ob diese Aufnahmen das Ausland erreichten. Die Sowjetsoldaten mußten anfangs gedacht haben, nun komme sie endlich, die brüderliche Begrüßung. Sie krochen von ihren Panzern herunter und wollten auf die Demonstranten zugehen. Der Zug ging an ihnen vorbei. Verstört blickten sie einander an. Was ging hier vor?

Meine Fernsehspiel-Aufzeichnung wurde auf unbestimmte Zeit verschoben. Da ich nicht zur Belegschaft des Ostrauer Studios gehörte und es noch keine Zugverbindung nach Prag gab, mußte ich mir Arbeit suchen. Auf Grund meiner Sprachkenntnisse wurde ich zum Abhören ausländischer Sendungen eingesetzt. Der Abhörraum befand sich in einer Privatwohnung, Gott weiß, wie es möglich war, so etwas aus dem Boden zu stampfen. Ich saß nun von früh bis spät vor den modernsten Empfangsgeräten, schlief sogar dort, und hörte Meldungen aus Frankreich, Österreich, Italien, der Bundesrepublik und vom BBC. Ich übersetzte sie in die Maschine, so wie sie aus dem Äther kamen. Jede Stunde oder so kam eine kleine Radfahrerin und holte ab, was ich inzwischen getippt hatte. Und spätestens nach einer halben Stunde kamen meine abgehörten Nachrichten über den Bildschirm, der vor mir stand.

Vier Tage ging das so – dann mußte die Ostrauer Sendung ihre Arbeit einstellen. Ich machte mich auf den Weg nach Prag.

Der Zug beförderte eine Menge DDR-Touristen, die aus ihren Ferien in der Tatra kamen und die jetzt nicht wußten, wie ihnen geschah. Da alle größeren Stationen unterwegs besetzt waren, mußten wir einige Male umsteigen. Die Deutschen schleppten ihr umfangreiches Feriengepäck, Gummitiere, Faltboote, Zelte. Ich hörte, wie ein Eisenbahner einem solchen DDR-Touristen, der vor sich hin schimpfte, in hartem Deutsch zurief: »Das verdanken wir eurem Führer . . .«

Der Zug hielt auf offener Strecke – der Prager Hauptbahnhof war besetzt. Wir trugen unser Gepäck über holprige Bahndämme und Schienenstränge zu den ersten Häusern der Vorstadt, und ich wollte Anette verständigen und sie bitten, mich mit dem Wagen abzuholen. Ich trat in einen Friseurladen, um zu telefonieren. Anette war gleich am Apparat, und wir waren froh, uns wieder zu hören. Natürlich wollte sie mich abholen, und wo ich denn sei? Aber der Chef des Friseurladens erklärte mir, er sei selbst neu in der Gegend, er könne mir nicht sagen, wie die Straße heiße.

Tatsächlich – es gab in Prag kein Straßenschild und keine Hausnummern mehr. In meinem Haus stand an den Briefkästen und an den Wohnungstüren immer derselbe Name: Dubček.

In der Hauptstadt operierten zwei Fernsehsender nebeneinander. Der eine war im Garten der Sowjetbotschaft installiert. Auf dem Bildschirm sah man ein Foto der Prager Burg, denn sie hatten keinen Tschechen gefunden, der sein Gesicht zeigen wollte.

Der andere Sender arbeitete »irgendwo«. Die Gesichter der Sprecher waren jedem vertraut. Die Nachrichtensprecherin trug vom ersten Augenblick der Besetzung an ein Trauerkleid. Die neuen Herren in Prag haben ihr das nie verziehen. Bis vor kurzem durfte sie noch gnadenweise in einer Theaterkantine Gläser spülen. Was sie jetzt tut, weiß ich nicht. Die übrigen, meist sehr bekannte

Schauspieler und Schauspielerinnen, wurden inzwischen zwangspensioniert oder einfach entlassen.

Ein Rundfunksender, der auf dem Gebiet der DDR operierte und behauptete, die offizielle Stimme der Regierung und Partei zu sein, sendete in tschechischer Sprache unaufhörlich Falschmeldungen und warme Dankessprüche an die Brüder und Befreier von der drohenden Konterrevolution. Die Sprecher blieben anonym. Ein unappetitliches Detail aus einer dieser Sendungen, wenn man bedenkt, daß sie aus der DDR stammten: Professor František Kriegel, Vorsitzender der Nationalen Front und Mitglied des Parteipräsidiums, verdienter Spanienkämpfer, wurde besonders heftig angefallen, und dazu mit unüberhörbar antisemitischem Unterton. Kriegel wurde aus seinen Ämtern verjagt, die Klinik, deren Primarius er war, darf er nicht mehr betreten, und er erhielt Berufsverbot.

Die Haltung der Film- und Bühnenschauspieler in jenen Tagen verdient Beachtung, und zwar im Zusammenhang mit dem Parteitag:

Dieser 14. Parteitag fand trotz der Invasion pünktlich am 22. August statt. Man weiß heute, daß einer der Hauptgründe für die militärische Intervention gerade dieser geplante Parteitag war. Denn dort sollten die letzten Bastionen des Novotný-Klüngels und der Konservativen fallen.

Organisatorisch bedeutete das die Zusammenziehung von mehr als tausend Delegierten aus allen Teilen der Republik, und das in einem Augenblick, da die Eisenbahnlinien, die Flugplätze und die Landstraßen von den Besatzern kontrolliert wurden. Viele der slowakischen Delegierten waren inzwischen schon von den Besatzungstruppen verhaftet worden, um sie an der Teilnahme zu hindern.

Unter diesen Umständen mußte vor allem der Ort dieser Riesenveranstaltung geheim bleiben. Außer den Delegierten waren natürlich auch die Organisatoren und die technischen Hilfskräfte zur Geheimhaltung verpflichtet. Die für solche Anlässe sonst benutzten Versammlungssäle und Gebäude waren besetzt und bewacht. Auf den Straßen patrouillierten Streifen der Besatzer.

Außerdem muß noch bedacht werden, daß die Mehrzahl der erwarteten Delegierten Neulinge waren. Es ging ja nicht mehr um die von oben bestimmte Jasagergruppe der früheren Jahre, die ihre

Hauptstadt kannten, sondern es waren diesmal demokratisch gewählte wirkliche Volksvertreter, die außerhalb ihres Arbeits- oder Wohnbezirkes völlig unbekannt waren.

Sie mußten empfangen werden, und man mußte sie irgendwie zu dem geheimen Versammlungsort befördern. Dieser Ort war eine Fabrik, deren mehrere Tausend zählende Belegschaft nun ebenfalls das Geheimnis wahren mußte.

Es wurde gewahrt.

Aber was tun? Wenn man den Delegierten jemand entgegenschickte, zu einem der Vorstadtbahnhöfe etwa – denn der Hauptbahnhof fiel ja aus – oder an die Ausfallstraßen, so hätten sich in jedem Fall beide Teile ausweisen müssen, der eine als Delegierter, der andere als Lotse. Diesen Vorgang zu überwachen, wäre für die Besatzer ein leichtes gewesen. Es war also völlig ausgeschlossen, an den Treffpunkten am Stadtrand einfach Menschen anzusprechen: »Entschuldigen Sie, sind Sie vielleicht Delegierter zum Parteitag?« oder: »Können Sie mir sagen, wie ich zum Versammlungsort komme?«

Der Ausweg aus diesem Dilemma war verblüffend. Er zeugte von der Erfindungsgabe und Phantasie der seit Dubček verjüngten Partei, aber auch von der bis dahin nie gekannten Popularität der politischen Leitung und dem Vertrauen, das sie damals genoß. Vor allem aber zeugte die Maßnahme, die in der Nacht getroffen werden mußte, von der Loyalität der Schauspieler einer Partei gegenüber, der sie zum größten Teil gar nicht angehörten, ja zu der viele bis vor acht Monaten in schweigender Opposition gestanden hatten.

Jeder der Delegierten wurde einfach instruiert, nach Schauspielern Ausschau zu halten, deren Gesicht er von der Filmleinwand oder vom Bildschirm her kannte. Die Schauspieler und Schauspielerinnen warteten mit ihren Wagen an den Ausfallstraßen, wurden von den Delegierten erkannt, luden die Angekommenen auf und fuhren sie an den verabredeten Ort. Ich kenne eine prominente Schauspielerin, die an diesem Morgen neunmal zwischen der Endstation der Linie 19 und jener Fabrik hin und her pendelte.

Der 14. Parteitag fand statt. Seine Beschlüsse hätten unter anderem die Partei und das Staatsgefüge im weitesten Sinn demokratisiert und in Zukunft alle Meinungen zu Wort kommen lassen. Der Weg zu einem gesunden Pluralismus war beschritten.

Doch 600 000 bis an die Zähne bewaffnete Männer sind ein gewichtiges Argument gegen demokratisch erzielte Beschlüsse. Und die DDR-Panzersoldaten in Nordböhmen können von sich sagen, sie seien dabeigewesen . . .

Ich ging über den Wenzelsplatz, wo ich als Fünfundzwanzigjähriger, Dreißigjähriger so oft demonstriert hatte, für den Sozialismus und unsere Hoffnung, die Sowjetunion. Das Nationalmuseum, das über dem Platz thront, trug seit einer Woche Pockennarben. Sowjetsoldaten hatten ihre Schießkünste daran ausprobiert. Der unverwüstliche Prager Witz behauptet seither, es sei im Stil von El Gretschko renoviert worden . . .

Ich dachte an die 140 000 Toten aus der Sowjetunion, die auf dem Boden der Tschechoslowakischen Republik begraben liegen und von denen kein einziger von tschechischer Hand gefallen war, denn kein tschechischer Soldat hatte gegen die Sowjetunion gekämpft.

Von allen Völkern des Ostens hatten in erster Linie die Tschechen und die Slowaken den Sowjets wirkliche Freundschaft – keine anbefohlene – entgegengebracht. Sie waren ja nicht besiegt, sondern wirklich befreit worden.

Dieses Kapital war nun verspielt. Das war es, was wir an diesem 21. August begriffen. Erst einige Zeit später erkannten wir, wieviel mehr da vertan und zerbrochen worden war.

Trotz allem aber bin ich sicher, daß es wieder eine Idee geben wird, fähig, die Jugend der Welt so zu beflügeln, wie jene, die in den dreißiger Jahren uns beflügelt hat. Sie wird nicht nur auf den Glauben, sondern auf Zweifel aufgebaut sein müssen – das ist sicher. Ob sie einen andern Namen tragen muß, weiß ich nicht. Sicher aber wird sie nach einem andern Statut funktionieren und anstelle der Maske brutaler Gewalt ein menschliches Gesicht haben müssen.

Am 31. August, zehn Tage nach dem Überfall, legte ich mir, während ich durch die Straßen meiner Geburtsstadt ging, folgende Fragen vor:

1. Was würde ich tun, wenn ich allein wäre, keine Frau und kein Kind hätte. Antwort: ich würde bleiben. Ich würde meinen Job beim Fernsehen verlieren und auch jede weitere Arbeitsmöglichkeit in meinem Beruf. Aber ich würde weiterhin Freunde haben und mit ihnen die böse Zeit, die nun angebrochen war, durchleben. Irgendwie. Ich würde keine Filme mehr drehen, kein Stück inszenieren, keine Zeile mehr publizieren können. Aber ich würde umgeben sein von der Wärme und der Atmosphäre der Stadt, die ich liebe.

2. Ich habe eine Frau, eine Deutsche, und eine achtzehnjährige Tochter, die gerade ihr Abitur gemacht hat und die studieren will. Würde meine Frau weiter Journalistin bleiben können? Nein. Würde meine Tochter studieren können? Würde man sie überhaupt in die Universität lassen, als Kind eines Vaters, der – zum Beispiel – jene *Zweitausend Worte* als einer von vielen Tausenden unterschrieben hatte? Man würde sie aus diesen und anderen Gründen nicht studieren lassen.

3. Würde ich aus diesen Gründen allem abschwören, woran ich geglaubt, was jetzt für acht kurze Monate in greifbarer Nähe gewesen war? Nein. Meine Tochter würde aufhören, mich zu achten.

4. Hatte ich Anette nicht schon übergenug zugemutet? Die schweren, mageren Jahre, die Prozesse, die Schizophrenie des pseudosozialistischen Alltags? Noch einmal »den Sozialismus mit aufbauen«? Unseren neuen, oder den sogenannten, dessen Panzer jetzt an jeder Straßenecke standen?

Wir packten unsere Koffer.

Weinen ist nicht drin . . .

Es war absurd. Ich hatte doch in dieser Gegend hundertmal gefilmt, kannte jeden Steg, jedes Schlagloch, jede Pfütze. Aber vielleicht wollte ich den Weg zur Grenze nicht finden, an diesem 31. August 1968.

Natürlich gab es viele Wegweiser an den Kreuzungen dieser schmalen, holprigen Landstraße. Aber sie zeigten Gott weiß wohin, und auf ihnen stand unweigerlich, meist in kyrillischer Schrift: *Nach*

Moskau 5437 km, oder ähnliches. Irgendwo im Südosten des Landes, als wir schon drei Stunden gefahren waren, trat plötzlich ein Grenzsoldat aus den Büschen. Er war freundlich und unbewaffnet und riet uns, nicht über Velenice nach Österreich zu fahren. Es sei Besuch im Zollhaus. Die Freunde. Das Wort klang nicht einmal ironisch. In jenen Tagen hatte es bereits so an seiner ursprünglichen Bedeutung verloren, daß man es beim Sprechen nicht in Anführungszeichen zu setzen brauchte.

»Aber wir haben alle drei gültige Pässe und Ausreiseerlaubnis«, sagte ich, »und wir fahren wirklich auf Urlaub.«

Der Mann streifte mit einem Blick das zum Platzen gefüllte Wageninnere und riet uns, auf jeden Fall eine Stunde zu warten. Im allgemeinen, sagte er, blieben die Freunde nicht länger. Sicherer sei es, bei Hatě die Grenze zu passieren, weiter im Osten.

Hinter uns stauten sich inzwischen schon drei Wagen. Jana saß mit hängenden Schultern zwischen den Koffern, apathisch, abweisend. »Ihr verschleppt mich . . .« war das einzige Wort, das sie seit Prag geäußert hatte. Sie war den Sommer über mit andern Achtzehnjährigen in England zum Erdbeerpflücken gewesen, und wir hatten angenommen – und im geheimen befürchtet –, sie würde vielleicht im Ausland bleiben, wobei wir wußten, daß das eine Trennung für lange Zeit, vielleicht für immer hätte bedeuten können. Denn wie alle, so hofften zwar auch wir auf ein Wunder, rechneten aber mit einer Katastrophe. Dann war sie eine Woche vor der Invasion zurückgekommen, ungewaschèn, abgemagert (wir hatten sie nicht mit Westgeld ausstatten können), aber mit brennenden Augen und zum ersten Mal eins mit dem Land, in dem sie geboren war.

Seit gestern früh waren Gerüchte durch Prag geschwirrt: da unsere okkupierenden Freunde beim besten Willen bisher keine aktiven Konterrevolutionäre als Alibi für ihren Einfall finden konnten – »Einfall«! Wie enthüllend doppeldeutig doch die deutsche Sprache sein kann –, sollten einfach, so sagten die Gerüchte, einige Zehntausend junge Menschen zwecks Umerziehung zusammengetrieben und in den Osten abtransportiert werden. Ich alter Hase hatte gelernt, daß solche Maßnahmen, wenn überhaupt, dann schlagartig stattfanden. Anette, verläßlich, ruhig und mit der verbissenen Entschlossenheit einer Löwenmutter, hatte daraufhin mitentschieden: wir fahren alle drei auf Urlaub, wollten wir ja ohnehin, und nehmen mit, was ins Auto geht. Jana hatte sich schließlich willenlos mit ins Auto quetschen lassen. Irgendwie kam ich mir wie ein Mistkäfer vor, der alles, was er besitzt, in eine große Kugel geballt, vor sich her rollt.

Eine halbe Stunde später glitten wir hinter der Wagenkolonne zum tschechoslowakischen Zoll.

Der Besuch war fort. Die Freunde beglückten wahrscheinlich jetzt eine andere Grenzstation. Die Männer vom Zoll informierten uns grinsend, der Besuch sei ein ziemlich frustrierendes Erlebnis gewesen, denn keiner der tschechischen Grenzer habe Russisch verstanden (obgleich sie allesamt in Schulen groß geworden waren, in denen Russisch Pflichtfach war), und so sei die Streife wieder abgezogen. Wenn Tschechen stur spielen, kann sie kein anderes Volk übertreffen.

Der Beamte kam mit unseren Pässen zurück. Okay, sagte er, und viel Vergnügen im Urlaub. Die Küchenutensilien, den zusammengerollten Teppich auf dem Wagendach und den Stapel gerahmter Bilder auf Janas Schoß übersah er kommentarlos. Er schüttelte uns die Hand.

Nichts hielt uns mehr.

Nichts, außer den Zwetschgenbäumen, den schäbigen Bauernhäusern hinter uns, den banalen amtlichen Aufschriften um das Zollhaus herum, nichts außer den vertrauten Gesichtern der Zollbeamten, die milde Frühherbstluft und die löchrige Landstraße in unserem Rücken, die nach Prag zurückführte.

Plötzlich wollte ich nicht weiter. Wir konnten doch auch ins Riesengebirge fahren oder nach Karlsbad. Jetzt, in der Nachsaison, würden wir ohne weiteres Zimmer bekommen. Oder wir konnten einfach hier bleiben, in diesem lächerlichen Grenzdorf.

»Soll ich jetzt fahren . . .?« fragte Anette, leise, verstehend, wie immer präsent, wenn ich versagte. Ich konnte den Mund nicht aufmachen. Sie legte den Arm um meine Schulter.

»Urlaub«, sagte sie. »Bloß Ferien. Fahr zu.«

Wir rollten über den Bach, am letzten Grenzpfahl vorbei und an der Tafel »*Republik Österreich*«. Dann legte ich mich übers Steuerrad und heulte zum ersten Mal seit vielen Jahren.

Es war doch nichts geschehen. Unsere Pässe waren in Ordnung, unsere Ausreise legal. Wir konnten jederzeit wieder zurück – innerhalb von drei Monaten.

Später, als wir durch die oberösterreichische Landschaft fuhren, die sich (für einen Mann aus Kansas City oder aus Kalkutta) durch nichts von der Landschaft Südostböhmens unterscheidet, versuchte ich darüber nachzudenken, wo und wann in der Vergangenheit diese Fahrt unter diesen Umständen ihren Anfang genommen hatte . . .

Rückblende

Meine Eltern lernten einander kennen, als er siebzehn war und sie fünfzehn. Mein Vater stammte aus einer alten Prager Familie. Ahnenforschung wurde bei uns nicht betrieben, und daß meine Vorväter aus Spanien kamen und unser Name auf die Stadt Burgos zurückgeht, ist wahrscheinlich Legende.

Er hatte vier ältere Schwestern, die ihn mit einer großen Verantwortung belasteten, denn er mußte früh für sie sorgen lernen und war heilfroh, als eine nach der andern heiratete. Da das offenbar mehr oder weniger gleichzeitig geschah, kam ich bald in den Besitz von sechs Vettern, alle ungefähr in meiner Altersklasse, und einer Kusine, die mich nur in einem Punkt interessierte und zu meiner Erziehung beitrug: wir Kinder durften nämlich, sobald es ein wenig wärmer wurde, gemeinsam in großen, hölzernen Waschbütten herumplätschern, und ich fand deshalb früh und zwanglos alles über den kleinen Unterschied heraus.

Mein Großvater, nur zwecks Abrundung sei es erwähnt, war Synagogendiener, Schammes nannte man das, in der alten Klaus-Synagoge, deren Renaissanceschönheit ich erst dreißig Jahre später schätzenlernte. Ich sah ihn noch an hohen Feiertagen, in seiner schwarzen, livreeartigen Uniform mit silbernen Aufschlägen und einem schwarzen Zweispitz, seinen Dienst versehen. Er rauchte gern Virginias und war ein gemütlicher, selbstzufriedener Mann. Ich rauche heute noch Virginias, lange, dünne Zigarren mit Strohmundstück, wenn ich mir einreden will, die Welt sei wenigstens zeitweilig halbwegs in Ordnung. Der alte Herr kannte nichts Schöneres, als seine Familie jeden Freitagabend um sich zu scharen und mir gerührt über den Scheitel zu streichen, denn als Sohn seines einzigen Sohnes war ich der Familienstammhalter. Sonst aber saß er allabendlich mit seinen Freunden im Gasthaus »U kanonu« und trank sein Pilsener. Er ist auch mit einem Krug Pilsener in der Hand 1924 friedlich gestorben.

Mein Vater besuchte die Piaristenschule, eine deutsche Grundschule, die in allen besseren Biographien berühmter Prager vorkommt. Die Lehrer waren Mönche, obwohl gewiß neun Zehntel ihrer Schüler Juden waren. Werfel, Kisch und Kafka waren ungefähre Altersgenossen meines Vaters. »Piaristen, schlechte Christen . . .« schrieb später Kisch, der einer von ihnen war. Gemeinsam mit Kisch gründete mein Vater den ersten Fußballklub Böhmens, den DBC Sturm. Es war meines Vaters großer Kummer, daß sein Sohn nie ein Klassespieler wurde, um seinen, des Vaters, Ruhm als Torschütze und legendärer Linksaußen fortzusetzen.

Meine Mutter stammte aus dem winzigen Dorf Neveklov in Südböhmen. Ihr Vater war Uhrmacher, und weil das Dorf für ihn zu klein wurde – wieviel Bauern haben schon ihre eigene Taschenuhr, da sie doch jederzeit vom Feld aus die Uhr an der Dorfkirche konsultieren konnten –, zog es ihn bald in die Metropole Benešov, eine richtige Stadt mit steinernem Bürgersteig und gewiß ein- bis zweitausend Einwohnern. Dort unterhielt er seinen Uhrenladen. Viele, viele Jahre später, mein Großvater war schon lange tot, stolperte ich als amerikanischer Soldat durch ein zu neun Zehnteln zerstörtes Dorf in der Normandie. Grand-Camp-sur-Mer hieß es. Dort fand ich einen Uhrenladen, dessen Inhaber einen tschechischen Namen hatte. Ich betrat den Laden mit meinem Kameraden, dem Sergeanten Stefan Heym, und verlangte, mit dem Patron zu sprechen. Der war überglücklich, unter den Befreiern einen Tschechen zu finden, und brachte eine Flasche Wein zum Vorschein, die er angeblich viele Jahre vor den deutschen Okkupanten verborgen hatte. Aber als wir herausfanden, daß er aus Südböhmen stammte und sein Handwerk bei meinem Großvater gelernt hatte, (»C'était un juif, *mais* très honnête . . .«) holte er eine staubige Flasche »richtigen« Wein aus dem Keller.

Meine Mutter, also aus so prominentem Stamm, wurde nach Abschluß der vierten Klasse Volksschule nach Prag geschickt, um Geld zu verdienen. Sie wurde Ladenmädchen und durfte in einem Verschlag bei der Familie ihres Chefs wohnen. Im zweiten Jahr bekam sie sogar ein winziges Taschengeld.

Beide Eltern, er nun schon siebzehn, sie fünfzehn, hatten eines gemeinsam: sie sangen wunderschön. Sie wurden Mitglieder eines deutschen Chors, und meine Mutter mußte also Deutsch lernen. Zwischen ihnen war es Liebe auf den ersten Blick, und ein Jahr später waren sie verlobt. Es gibt ein Foto aus dieser Zeit, ein zauberhaftes Genrebild aus dem Jahr 1902, das meine Mutter klein, liebreizend und schon ein wenig rundlich und meinen Vater mit einem Kaiser-Wilhelm-Schnurrbart zeigt.

Damals kam es zu einem Vorfall, der sich in der nächsten Generation unserer Familie bis zum I-Punkt wiederholte: Vater war bei einer Lederfirma angestellt, wo es offenbar Arbeitsbedingungen gab, die selbst für die damalige Zeit inhuman waren. Der Zehnstundentag, Samstag eingeschlossen, war das Normale, mit einer knappen Viertelstunde Mittagspause, und das bei einem winzigen Gehalt. Während einer nächtlichen Zusammenkunft beschlossen die Angestellten, am nächsten Morgen einfach nicht zu arbeiten, um menschenwürdigere Arbeitsbedingungen zu erzwingen. Der einzige, der sich an diese Abmachung hielt, war mein Vater. Er brauchte dann auch später nicht mehr zur Arbeit zu kommen. Laß dir das eine Lehre sein, sagte er mir immer wieder. Ich habe einige Male auf seinen Rat gepfiffen – stets mit dem gleichen Ergebnis.

Jedenfalls war nun also mein Vater seinen Job los. Der Neunzehnjährige pumpte sich ein wenig Geld zusammen und eröffnete seine eigene Firma. Denn schließlich mußte er seinen Vater ernähren und seine Schwestern an den Mann bringen. Nach dem Zehnstundentag, gegen den er gestreikt hatte, folgte jetzt der Zwölfstundentag, Sonntage eingeschlossen. Aber er schaffte es, unterstützt von dem kleinen Ladenmädchen Hermine. Nachdem dann seine vier Schwestern unter der Haube waren, durfte auch er heiraten. Da war er fünfundzwanzig und sie zweiundzwanzig. Ein Jahr später kam ich, und fünf Jahre später meine Schwester, die seine blonden Haare und blauen Augen und den Liebreiz und die Figur ihrer Mutter geerbt hat.

Zu Hause wurde Deutsch und Tschechisch gesprochen, aber das

Deutsch meines Vaters dominierte: meine kleine dunkeläugige Mama aus Benešov hatte in ihrem Wäscheschrank, solange ich denken kann, Spruchbänder an jedem der vier Fächer. In der richtigen Reihenfolge, von oben nach unten, hieß es da in sauberem Kreuzstich:

> Geblüht im Sommerwinde,
> Gebleicht auf grüner Au,
> liegt es nun still im Spinde
> als Stolz der deutschen Frau.

Es dauerte Jahre, bis ich die Inschrift verstand. Vor allem, weil meine Mutter nun wirklich keine »deutsche Frau« war und weil es in Prag kein Spind gab, sondern höchstens einen »Schiffonär«.

Am schönsten für uns Kinder war die alljährliche Reise aufs Land, in das Dörfchen Schelesen, eine Sommerfrische wie aus Tschechow, eine deutsche Sprachinsel tief in den Kiefernwäldern Mittelböhmens. Anfangs wohnten wir bei Bauern. Aus dieser Zeit stammt meine unkontrollierbare Angst vor allen geflügelten Tieren, denn ich muß so als Dreijähriger Zeuge der öffentlichen Hinrichtung eines Huhns gewesen sein, dessen blutbespritzten, kopflosen Leichnam ich aus den Händen des Henkers, des Bauern Strozzer, quer über den Hof laufen sah.

Kurz vor dem Ersten Weltkrieg baute dann mein Vater in Schelesen ein kleines Landhaus, und dorthin ging es alljährlich in den ersten Maitagen. Das war damals gar nicht so einfach: mein Vater weckte uns um fünf Uhr, denn er mußte die Federbetten, in denen wir geschlafen hatten, in Jute einnähen. Dann erschienen Jaroslav und Vàclav, zwei Ladendiener eines Geschäftsfreundes. Die wurden erst mal bewirtet und mit Bier imprägniert, und gemeinsam mit meinem Vater transportierten sie den Hausrat zu einer Pferdedroschke. Anschließend wurden sie per Elektrische zum Franz-Joseph-Bahnhof vorausgeschickt. Die Familie rumpelte hinter ihnen her, eingebettet in Kochgeschirr, Petroleumlampen, leere Einmachgläser, Sonnenschirme, Wäschekörbe und das unförmige, in Jute eingenähte Bettzeug.

Das alles wurde in ein Abteil dritter Klasse verfrachtet (eine vierte gab es in Österreich nicht), die Diener wurden entlohnt, und der Personenzug nuckelte seinen Weg zur Umsteigestation Všetaty, wo mit verzweifelter Hektik umgestiegen werden mußte, diesmal ohne die Hilfe der beiden Ladendiener, wobei wir Kinder tausend Ängste ausstanden, ob Vater und Mutter den neuen Zug mit uns und all dem Hausrat erreichen würden.

Schelesen selbst lag natürlich nicht an einer Bahnstation. Man fuhr bis Liběchov und mußte in fieberhafter Eile ausladen, denn der Zug hielt nur wenige Minuten.

Da standen wir nun auf dem ländlichen Bahnsteig und warteten auf den Leiterwagen des Strozzerbauern. Der kam direkt vom Feld und roch auch so, und das war eigentlich der richtige Ferienbeginn – der Geruch von frischem Kuhmist. Mammi erkletterte mit der kleinen Schwester den Kutschbock, der Hausrat samt Federbetten wurde festgebunden, und mein Vater und ich gingen durch die Felder zu Fuß nach Schelesen. Das Leben konnte beginnen.

Der Mittelpunkt unseres Lebens war seit 1913 jenes kleine Landhaus, das mein Vater hatte bauen lassen. Wir wohnten dort vom ersten Flieder bis zum Altweibersommer. Die Kiefernwälder rauschten die ganze Nacht. Ab und zu hörte ich von weit her Hundegebell oder das langgezogene, verhallende Pfeifen des Schnellzugs. Der betäubende Geruch, der von der Wiese hinter unserem Haus zum Fenster hereinkam, stammte von einer Pflanze namens *mateřidouška*. So nannte sie meine Mutter: Mutterseelenblümchen. Erst viel später fand ich heraus, daß es Thymian war.

Das Dorf besaß seit der Jahrhundertwende ein Schwimmbassin. Die Prager Sommergäste ließen es bauen, denn die Elbe war vier Kilometer entfernt, und Autos gab es damals kaum. An heißen Tagen waren die Sommerfrischler vollzählig versammelt, bis auf die Mütter, denn die mußten ja kochen. Auch die Familie Kafka war immer dort.

Dieses kleine Schwimmbad muß es Franz Kafka angetan haben. Denn einmal, zu Weihnachten, kaufte er große Mengen verschiedenartig geformter Lebkuchen und baute daraus ein getreues Modell der Badeanstalt, komplett mit Kabinen. Er schenkte es dann seiner Lieblingsschwester Ottla.

Unser Haus stand auf einer Anhöhe, etwa hundert Meter von der Landstraße entfernt. Jeden Vormittag kam der Briefträger Fiala dort unten vorbeigeradelt. Wenn er Post für uns hatte, blies er auf einer kleinen Trompete. Einmal für uns, zweimal für die Pension der beiden Fräulein Stüdl, auf der andern Straßenseite. Also für den Herrn Dr. Kafka, der dort seine angegriffene Lunge kurierte und schrieb. Was er dort schrieb, glaubt die Literaturgeschichte zu wissen.

Einen Steinwurf von unserem Haus und von der Pension der beiden Fräulein Stüdl entfernt begann der Wald, dunkel, geheimnisvoll und von Klüften durchzogen. Diese Einschnitte waren oft fünfzehn bis zwanzig Meter tief. Ihr Boden war dicht mit Kiefernnadeln bedeckt, braun und warm, und er vibrierte sanft unter unseren nackten Füßen. Tausend Verstecke für Indianer oder Araber, je nach dem Karl-May-Buch, das wir gerade lasen. Es gab fast zu viele Verstecke in den Sandsteinhöhlen, denn es hört auf, interessant zu sein, wenn man sich so verstecken kann, daß einen bestimmt niemand findet.

Ja, und irgendwann einmal, so um die Mitte des vorigen Jahrhunderts, hatte sich ein seltsamer Bildhauer hierher verkrochen. Was ihn dazu verlockt hatte, war der weiche, formbare Sandstein. Seit jenen Tagen kann es vorkommen, daß man bei einem Waldspaziergang plötzlich einen riesigen Teufelskopf vor sich aufragen sieht, der sein Maul fletscht, so daß man bequem hinter seinen Zähnen Platz findet, besonders wenn man erst sechs Jahre alt ist. An anderen Stellen des Waldes trifft man unversehens steinerne Riesenschlangen oder einen zwei Meter hohen Tisch mit Bänken, für spazierengehende Riesen sicher sehr einladend.

Bei einer größeren Indianerunternehmung fanden wir dann eines Tages das Verlies. Einige Felswände stießen an dieser Stelle zusammen, und unser Bildhauer hatte hier wohl seine Lebensaufgabe gefunden. Da gab es einen überlebensgroßen Barbarossa mit dem durch den Tisch gewachsenen Bart und den beiden Raben. Daneben fanden wir den Eingang zu einem richtigen, geräumigen Zimmer. Es muß Monate, vielleicht Jahre gedauert haben, bis der Künstler den Felsen ausgehöhlt, die Wände geglättet und die Tonnen von Sandsteinbrocken aus dem Weg geschafft hatte.

Und dann meißelte er bei Kerzenlicht merkwürdige Reliefs in die Wände. Später habe ich oft nachgedacht, was ihn dazu getrieben haben mag. Denn er konnte ja auf kein kunstverständiges Publikum rechnen und schuf also die ganze Herrlichkeit nur für sich allein. Die Reliefs aber zeigten eine Kavalkade abenteuerlich gekleideter Wesen – Handwerker, Nachtwächter, Bürgermeister, Krämer –, und allesamt hatten sie Mäuseköpfe, Mäusegesichter, Mäuseschwänze. Unverkennbar. Ein ganzes Volk von Mäusen in menschlicher Tracht.

Die Pension der beiden Fräulein Stüdl war, wie gesagt, nahe am Waldrand. Der Zugang zu dem Verlies ist heute noch, daran hat sich nichts geändert, keine hundert Meter von der Pension entfernt.

Wie weit es bis zur Kafkanovelle von der Sängerin Josefine und dem Volk der Mäuse war, müßten die Literarhistoriker feststellen.

Mein erstes Sexerlebnis hatte ich, als ich sieben Jahre alt war und in die zweite Klasse der deutschen Evangelischen Schule in der Gerbergasse ging.

Meine Klassenlehrerin hieß Annie Hennig, und sie war so schön, daß es mir den Atem verschlug, wenn ich sie nur ansah. Im Winter trug sie einen Fuchs um den Hals, denn in jenen Jahren war die Kohle knapp. Unter der Schnauze befand sich eine verborgene Klammer. Mit ihr biß er sich in seinem eigenen Fell fest, was ich mit leichtem Grausen konstatierte.

Fräulein Hennig, sie muß damals so um die zweiundzwanzig gewesen sein, war blond und hatte veilchenblaue Augen. Außerdem hatte sie eine verwirrende Gepflogenheit: wenn einer von uns schlecht schrieb, setzte sie sich neben ihn auf die Schulbank, legte den rechten Arm um den Delinquenten und führte seine Hand beim Schreiben. Als sie das zum ersten Mal bei mir tat, erschauerte ich. Sie roch wundervoll, ihr rechter Schenkel lag dicht an meinem linken, ihr Fuchs kitzelte mich am Hals, und wenn sie mir die Hand führte, spürte ich ihre Wärme. Bald merkte ich, daß sie nur zu Schlechtschreibern kam, und so gestehe ich nun, daß ich absichtlich so krakelig wie möglich schrieb, um dieses Abenteuer häufig herbeizuführen. Seit jener Zeit habe ich eine scheußliche, wenn auch leserliche Handschrift, und ich bin stolz darauf.

Übrigens betrog mich Annie Hennig mit einem leider äußerst feschen Dragoner, der sie mir kurzerhand entführte.

Es war in Schelesen, wo ich den Ausbruch des Ersten Weltkrieges erlebte. Ich fragte meinen Vater sofort, wo er sein Gewehr habe, doch er antwortete ausweichend. Irgendwie bekam ich heraus, daß er nicht sehr kriegsbegeistert war und beschlossen hatte, daß die Angelegenheit ohne ihn über die Bühne gehen müsse.

Der ersten Musterung entging er mit einer überzeugend gemimten Herzneurose (damals hörte ich das Wort »Neurose« zum ersten Mal, und es ist mir seither verdächtig geblieben), dann aber wurde es brenzlig, und er trat der Prager Bürgergarde bei, einer paramilitärischen Organisation, die offenbar geschaffen worden war, weil auch noch andere Prager nicht die rechte Begeisterung für die Kriege des Hauses Habsburg aufbringen konnten. Die Uniform der Bürgergarde war großartig. Sie war schwarz und sah einer Stabsoffiziersuniform zum Verwechseln ähnlich. Mein Vater sah wundervoll darin aus. Er brachte es bis zum Korporal (Obergefreiten), aber seine beiden Sternchen am Kragen waren aus Silber, und auf der Straße wurde er von Soldaten für einen Oberleutnant gehalten. Ich schämte mich schrecklich, wenn ich ihn zurücksalutieren sah.

Ich muß so um die acht Jahre alt gewesen sein, da begann ich mir zusammenzureimen, wie das mit dem Sex nun eigentlich sei. Meine Informationen kamen natürlich aus inkompetenten Quellen, aber es war sensationell. Da war ich doch wahrhaftig acht Jahre alt geworden, und es gingen ohne mein Wissen solch tolle Dinge vor! Das konnte ich natürlich nicht für mich behalten, und so berichtete ich es brühwarm meinen beiden Vettern Felix (zehn) und Fredy (sieben). Die hörten sich das an, schüttelten die Köpfe und beschlossen, die Sache auf eigene Faust nachzukontrollieren. Sie wandten sich an ihre Eltern.

Es hätte mich stutzig machen müssen, als sich sämtliche Ehepaare der Verwandtschaft – zwei jungfräuliche Tanten von dreißig und fünfunddreißig hatte man ausgeschlossen! – am folgenden Sonntagnachmittag bei uns einfanden. Zuerst fand eine Konferenz hinter verschlossenen Türen statt, und dann wurde ich vors Tribunal gerufen. Sechzehn Erwachsene saßen im Kreis, und der Angeklagte stand in der Mitte. Wo ich das herhätte, und warum ich meine Vettern mit diesen schmutzigen Dingen infiziere, und ob ich nun auch noch andere unschuldige Kinder unserer Großfamilie auf dem Gewissen haben wolle, und ob ich wisse, wie verworfen ich sei. Und es würde mit mir ein schlechtes Ende nehmen . . .

Zuerst nahm es mit dem Kaiserreich Österreich-Ungarn ein

schlechtes Ende. Daß der Krieg verloren war, berührte allerdings wenige Menschen in Böhmen. Wichtig war, daß die Männer nun bald nach Hause kommen würden. In der Stadt gab es Demonstrationen, die Abtrennung der sogenannten historischen Länder stand vor der Tür. Landkarten mit den Grenzen der zukünftigen Tschechoslowakei hingen in den Auslagen, und es gab Versuche, eine sozialistische Republik auszurufen.

Der Neunjährige wußte natürlich nicht, worum es ging.

Es muß so um die Mitte Oktober 1918 gewesen sein, da saß ich beim Friseur, Herrn Kott, Ecke Josephstädtergasse und Niklasstraße, auf einem runden Schemel, hatte ein weißes Laken um, und ein Lehrjunge schor mich ratzekahl, denn ein Kahlkopf war leichter von Läusen freizuhalten. Die eine Kopfhälfte war schon blank, als sich draußen auf der Straße Lärm, Singen und brausender Applaus erhob. Der Lehrjunge rannte hinaus und schloß sich den Singenden und Marschierenden an. Kopfschüttelnd besah sich Herr Kott meinen halb geschorenen Schädel und sagte: »So sind sie. Fangen was an, und andere müssen es zu Ende machen . . .« Mein Onkel Emil, das schwarze Schaf der Familie (er war Sozialist), grinste, als ich ihm am Abend davon erzählte, und sagte, diese Bemerkung sei symbolisch. Das war ein Fremdwort, das ich nicht verstand.

Mein Vater, soviel verstand ich, war bis dahin immer gegen Habsburg gewesen. Jetzt, da es einen unabhängigen tschechoslowakischen Staat gab, war er dagegen. Er entdeckte sein Deutschtum und landete wieder in der Opposition, oder vielmehr in der Isolation. Aber er war konsequent: er packte 1920 seine Familie zusammen und siedelte nach Deutschland über. Er war schon in den letzten Jahren Einkäufer von deutschem Leder gewesen, und zwar in gigantischen Massen, für tschechische Schuhfabriken. Das ließ sich sehr günstig auch von Deutschland aus betreiben. Wir zogen nach Frankfurt.

Es war ein trübes, ärmliches Nachkriegsdeutschland.

Ich machte eine Aufnahmeprüfung und durfte gleich zu Beginn eine Klasse überspringen: die Schulen in Österreich und in der Tschechoslowakei müssen einfach besser gewesen sein. Auf jeden Fall waren sie anders.

Wie anders, das merkte ich gleich in der ersten Geschichtsstunde. Der Siebenjährige Krieg war gerade dran, und da ich erklärte, das hätten wir schon gehabt, wurde ich aufgefordert, meinen neuen Kameraden etwas davon zu erzählen. Und so sprach ich von der glorreichen Kaiserin Maria Theresia, von ihrer Friedensliebe und Größe, und daß der landgierige König Friedrich von Preußen mehrere Kriege mit ihr vom Zaun gebrochen hatte und dann auch prompt besiegt wurde . . .

Danke. Das genügt, sagte Studienrat Montag. Und dann erzählte er uns eine ganz andere Geschichte, von einem König, der Friedrich der Große hieß, und von seinen siegreichen und gerechten Feldzügen. In der Pause, auf dem Schulhof, erhielt ich Klassenkeile. Das war mein Einstand. Von da an mißtraute ich jeder Art von Geschichtsunterricht.

Rund um Frankfurt war besetztes Gebiet. Einige der Besatzungstruppen waren Farbige. Unsere Lehrer nannten das »die schwarze Schmach« und sprachen in dunklen Andeutungen davon, daß diese Schmach beseitigt werden müsse. Unser Geographielehrer, ein Dr. Jung, verschwand eines Tages. Wir erfuhren, er sei verhaftet worden. Er hatte im Kohlenkeller der Schule Maschinengewehre versteckt. Ein Jahr ehrenvolle Festungshaft lautete das Urteil. Er wurde unser Held. Waffen gegen den Erbfeind, das war doch was! (Kleiner Schönheitsfehler: es waren französische Maschinengewehre. Aber das störte uns wenig.)

Als er wieder unterrichten durfte, organisierte er eine Pfadfinderabteilung. Ich durfte beitreten und war im siebten Himmel. Endlich gehörte ich zu etwas! Ich war dreizehn.

Wir hatten jeden Samstagnachmittag »Übung«. Wir zogen in den Stadtwald und machten militärische Geländespiele. Der angenommene Gegner war der Erbfeind, Frankreich. Es wurde marschiert und gesungen, man sprach viel von Kameradschaft, traf sich während der Woche zu Heimabenden, trat korporativ der »Technischen Nothilfe« bei, einer Streikbrecherorganisation, und man ging auf Fahrt. Ich war restlos glücklich.

Ein Jahr später bereits, im Jahre 1924, wurden ich und eine Reihe anderer von unseren »Kameraden« aus dem Deutschen Pfadfinderverband ausgeschlossen, weil wir »rassisch untragbar« geworden waren.

Mit fünfzehn lösten wir Ausgeschlossenen Weltprobleme, lasen Spinoza und Kierkegaard, hörten Vorlesungen bei Scheler und Klages, und die Welträtsel begannen sich für uns zu verdichten. Wir erhitzten uns für Kleist und nahmen seine Partei gegen den alten Goethe, wir waren begeistert, weil Schiller zum Ehrenbürger Frankreichs ernannt worden war, und haßten den späteren, den Arrivierten, den Geadelten. Wir lasen Hesses *Demian* und Stefan Zweigs *Verwirrung der Gefühle* und hielten Frank Thieß für Literatur.

Ein paar von uns entdeckten das Judentum. Bei mir war es umgekehrt. Es entdeckte mich. Mein Vater war Agnostiker, obwohl er in seiner Jugend den Talmud studiert hatte und oft daraus zitierte.

Einmal, auf einem Ausflug mit ein paar gleichaltrigen Freunden, kamen wir an einem Freitag, gegen Abend, durch Miltenberg. Vor der Synagoge stand eine Gruppe etwas ratloser Männer. Als wir vorbeigingen, zeigte einer von ihnen auf mich. Er rief mich beiseite und fragte mich, ob ich Jude sei. Die Männer waren zu neunt und brauchten einen zehnten, um Gottesdienst abhalten zu können. Sie liehen mir einen Hut, der mir bis über die Ohren ging. Nachher saßen wir noch bis Mitternacht zusammen, und ein Krawattenhändler aus Miltenberg machte mich neugierig auf Spinoza und Martin Buber, der damals gemeinsam mit Rosenzweig eine moderne Bibelübersetzung erarbeitete.

Ja, und dann kam für uns das Interessanteste aller Welträtsel, wir lernten Mädchen kennen, gingen in die Tanzstunde. Gleich zu Beginn verliebte ich mich in ein Wesen namens Lisa, und drei Monate später hatte ich sie sogar schon geküßt – wir waren Spätzünder, damals. Eine mütterliche Freundin deckte unsere anfangs reichlich unschuldigen Eskapaden, aber sie stand auch später für uns gerade, als sie weniger unschuldig wurden. Ich bin sicher, daß ich mich bei alldem reichlich ungeschickt anstellte. Auch hat ein Primaner keineswegs eine gesicherte Zukunft. Und so kann ich es Lisa keineswegs verdenken, daß sie mich nach fünf Jahren unzertrennlicher Freundschaft verließ und heiratete.

Zum Status meiner Eltern gehörte mein Musik- und Klavierstudium. Mit sechzehn Jahren kamen auch Zeichenstunden hinzu, im Städelschen Kunstinstitut in Sachsenhausen, und ich hatte einen ausgezeichneten Lehrer, den Maler Hermann Lismann. Ich machte gute Fortschritte, bis mein Vater eines Tages durch Zufall entdeckte, daß wir einmal in der Woche Akt zeichneten. Da sah er rot. (»Mein Sohn treibt sich mit Modellen herum . . .!«) Mit den Zeichenstunden war es aus.

Was meinen künftigen Beruf anlangte, war ich zum Thronfolger prädestiniert: mein Vater war stolz auf die Firma, die er aufgebaut hatte, und hielt es für logisch und ausgemacht, daß ich sie einmal übernehmen würde. Nach dem Abitur schickte er mich nach Wien, wo mich ein Geschäftsfreund zum Kaufmann ausbilden sollte. Aber etwas in mir streikte. Ich konnte nicht begreifen, wie mein Chef am Vormittag einem Kunden eine gewisse Ledersorte für 18 Cents pro Quadratfuß anbieten konnte, während ich doch wußte, daß er selbst nur 12 Cents dafür gezahlt hatte, und sie überdies am gleichen Nachmittag, ohne mit der Wimper zu zucken, einem andern Kunden für 20 Cents verkaufte.

Ich schrieb meinem Vater einen verzweifelten Brief von dreiundzwanzig Seiten. Unser gesamtes Vater-Sohn-Verhältnis war darin aufgerollt, in Frage gestellt und analysiert. Aber es half nichts, die Firma wartete auf ihren Kronprinzen. Die Dynastie war in Gefahr. Ich konnte nur durchsetzen, daß ich nicht mehr beim Handeln dabeisein mußte, und wurde Lehrling in der Schuhfabrik Tip-Top in Vysočany bei Prag. Dort lernte ich, daß jeder Schuh vier Dutzend Maschinen durchlaufen muß, bevor er auf Hochglanz poliert wird und verkauft werden kann. Ich lernte sie alle bedienen.

Nach einem Monat nahm ich meinen Mut zusammen und ging ohne Beziehungen und ohne Voranmeldung – ich war fast neunzehn – zum damaligen Direktor des Deutschen Theaters in Prag und bewarb mich kühn um eine Stellung als Bühnenbildner, denn das war mein Ziel.

Zur Ehre des Mannes sei gesagt: er nahm mich ernst. Gebrauchen konnte er mich nicht, denn ich hatte ja keinerlei Vorbildung, aber er gab mir eine Chance. Ob ich die Oper *Salome* kenne, fragte er. Das sei die nächste Einstudierung des Theaters, und ich solle mal versuchen, ein Bühnenbild dazu zu entwerfen, das natürlich schon längst fertig war.

Ich kaufte mir das Textbuch, las es mit glühendem Eifer, hörte mir ein paar Schallplatten an, indem ich dem Verkäufer vorschwindelte, sie kaufen zu wollen, was ich mir nie hätte leisten können.

Eine Woche arbeitete ich Nacht für Nacht an dem Entwurf und ging dann mit meinem Bogen Packpapier zum Theaterdirektor. Der rief seinen Bühnenbildner und den Oberspielleiter dazu und ließ mich draußen warten. Und dann rief er doch tatsächlich meinen Vater in Frankfurt an, und ich durfte die strahlende Laufbahn eines Lederhändlers endgültig an den Nagel hängen.

Damals gründete in München Emil Preetorius eine Bühnenbildnerklasse. Es gab eine strenge Aufnahmeprüfung – eine Woche Klausur –, und ich wurde angenommen.

München 1929. Es wurde ein aufregendes Semester. Wir waren an die fünfundzwanzig in der Klasse, ein Teil davon mit beachtlicher Vorbildung. Meinen Mangel an Fertigkeiten ersetzte ich durch glühendes Interesse für alles, was mit dem Theater zusammenhing: Ich hörte bei Arthur Kutscher, nahm an einem Seminar bei Borchardt teil und an einem Kurs über plastische Anatomie bei Mollier. Und außerdem war da noch das Skilaufen und der Fasching, und es gab Mädchen zu entdecken. Ich ließ nichts aus – kein Konzert, keinen Vortrag, keine Ausstellung und möglichst auch kein Mädchen.

Ich ging auch zu politischen Veranstaltungen. Da gab es einen etwas lächerlichen Demagogen, den ich damals einige Male sprechen hörte: vor Kleingewerbetreibenden, denen er, wenn er an die Macht käme, billige Mieten und die Beseitigung jeder fremdrassigen Konkurrenz versprach, und vor vermögenden Großbürgern, denen er höhere Einkünfte aus ihren Häusern und Realien zusicherte, denn er unterscheide deutlich zwischen schaffendem und raffendem Kapital, und das ihrige gehöre klar zum schaffenden. Er sei eine groteske Erscheinung, schrieb ich meinen Eltern, und nördlich der Main-Linie würde er gewiß keinen Hund hinter dem Ofen hervorlocken.

Er lockte, wenn auch einstweilen bloß südlich der Main-Linie. Er brach sogar in die Bühnenbildnerklasse des Professors Emil Preetorius ein, und das kam so: der Dichter Rudolf Schneider-Schelde hatte ein Stück geschrieben, das im Goethesaal an der Leopoldstraße uraufgeführt werden sollte. Das Bühnenbild dazu würde auf dem Weg eines Preisausschreibens ermittelt werden, und zwar unter den Schülern und Studenten der Preetoriusklasse. Eine unparteiische Kommission von Künstlern sollte unter unseren Entwürfen die Entscheidung treffen. Da die Beteiligung anonym sein müsse, instruierte uns Preetorius, sollten wir sie untereinander geheimhalten.

Also ging ich erst mal in den Goethesaal, sah ihn mir genau an, sprach mit dem Bühnenmeister, maß sorgfältig die Dimensionen nach, berechnete die Einsicht von beiden Seiten, besah mir die technischen Einrichtungen und baute in meinem möblierten Zimmerchen in der Augustenstraße ein maßstabgetreues Modell.

Dann kam der Tag.

Meine Kollegen hefteten ihre oft bezaubernden Aquarelle an die Wände, und mein Herz sank in die Hose: ich hatte kein Aquarell. Ich konnte nur mein vielteiliges Modell auspacken und es aufbauen. Sie sahen mir zu. Zuerst neugierig, abschätzig, und dann mit wachsender Empörung.

»Kein Mensch hat von Modellen gesprochen . . .«

»Wie kommst du dazu, etwas zu bauen?«

»Hat dir das der Pree erlaubt?«

»Eigentlich ist das eine Unverschämtheit – ein Modell.«

Ich verteidigte mich. Kein Mensch hatte Aquarelle vorgeschrieben. Von einem Verbot von Modellen sei keine Rede gewesen, außerdem – das Stück hatte fünf Bilder – könne ich meine Umbaumöglichkeiten nur plastisch vorführen.

Man ließ mich nicht einmal ausreden.

Ein drohender Halbkreis bildete sich um mein Modell.

»Frechheit, so was!«

»Eigentlich ist das Betrug!«

»Wieso ›eigentlich‹?«

»Eigentlich ist das typisch!«

»Typisch was?« fragte ich.

»Das weißt du ganz genau!«

»So drängen sie sich vor. Da habt ihr's.«

»Jüdische Frechheit – wie immer!«

Einer meiner Kommilitonen drängte sich an mir vorbei und griff nach meinem Modell. Es war ein verkrachter Tenor, bei weitem älter als wir übrigen, der hier versuchte, umzusatteln. Rosa hieß er, das weiß ich noch.

Ich verteidigte mein Modell. Wir wurden handgreiflich. Ein

Ringkampf entwickelte sich, einer Keilerei unter Schuljungen ähnlich, wobei ich mich nur bemühte, mein zerbrechliches Modell zu beschützen. Wir wälzten uns auf dem Boden. Er hatte mich ins Gesicht geboxt, mir floß Blut aus Mund und Nase, als plötzlich Ruhe eintrat.

Preetorius stand im Atelier. Die hohe Kommission sei schon unterwegs. Ich hatte nicht einmal mehr Zeit, mein Modell wiederherzustellen.

Die Herren besahen sich die Bilder. Preetorius hatte vorher bestimmt, daß die Beiträge nicht mit unseren Namen, sondern nur mit Nummern versehen werden dürften. Ich konnte also nichts mehr tun, um den Schaden wiedergutzumachen. Professor Pasetti, damals Chefbühnenbildner des Nationaltheaters, besah sich das lädierte Modell und kapierte gleich, was da stimmte und was nicht. Ich durfte alles zurechtrücken und erklären, auch daß die Maße und die Einsichtmöglichkeiten des Theaters berücksichtigt waren. Ich war sehr aufgeregt dabei.

Mein Kommilitone Rosa protestierte. Ich sei heimlich ins Theater gegangen, um das alles festzustellen und mir einen Vorteil zu verschaffen. Heimtückisch sei das. Ein paar andere stimmten ihm zu.

Schneider-Schelde, der Autor, fragte Preetorius, ob er uns den Kontakt mit der Bühne verboten habe. Preetorius schüttelte den Kopf. Die Sache war entschieden.

Nach Abgang der Kommission ersuchte ich Preetorius um mein Schlußzeugnis. Ich betrat die Klasse nicht mehr und fuhr zu meinen Eltern nach Frankfurt.

Dort traf ich wenige Tage später den Oberspielleiter des Neuen Theaters auf der Straße. Er hatte gerade einen Ruf ans Bremer Schauspielhaus erhalten, als Nachfolger von Detlev Sierck. Er erkannte mich, da ich in den letzten Sommerferien eine Zeitlang seinen allerletzten Assistenten und Laufjungen gespielt hatte. Ob ich als sein Assistent mit nach Bremen wolle?

Ich wollte.

Ein Jahr später inszenierte ich dort mein erstes selbständiges Stück. Ich war einundzwanzig, und der Himmel hing voller Geigen.

Ein weiteres Jahr später hatte ich schon die Wahl, als Regisseur nach Oldenburg oder Stettin oder als Anfänger-Regisseur, Dramaturg und Bühnenbildner ans Thalia-Theater in Hamburg zu gehen, das damals noch mit dem Deutschen Schauspielhaus zusammenhing.

Dort fraß mich dann die Politik mit Haut und Haar ...

Frauen haben das gern!
(Hamburg, Herbst 1931)

Draußen im Orchestergraben schepperte zum fünften Mal der Refrain. Noch einmal verrenkten sich Willy Maertens und Toblina Gondy, noch einmal schmiß sie ihre wirklich bemerkenswerte Hinterfront ins Publikum, eine Lachwelle rauschte herauf (das kam immer an), dann tanzten sie ab. Toby hängte sich heiß und schweißbedeckt an meinen Hals und flüsterte:

»Ich habe Angst. Du, der Scheiß wird ein Kassenschlager!«

Der Inspizient gab dem Vorhangzieher sein Zeichen und sagte geschäftsmäßig: »Jetzt alle!«, und Toby zog mich mit hinaus. Im Zuschauerraum standen nicht mehr allzu viele Menschen, die meisten drängten schon zu den Ausgängen oder zogen ihre Mäntel an und klatschten pflichtschuldigst, als alte Premierenabonnenten.

Neben mir, als ich wieder von der Bühne runterkam, sagte jemand trocken: »Gratuliere ...« Gerhard Hinze stand da, mit einem ironischen Lächeln, und schüttelte sich selbst die Hände.

Die Galle stieg mir hoch. Klar, es war nur ein alberner Schwank mit Musik, eigentlich bloß eine Posse namens *Frauen haben das gern!* und die Handlung war dumm und infantil. Aber zum ersten Mal seit Wochen konnten dem Publikum mehr als drei Vorhänge abgequält werden, und es steckte handfeste, angestrengte Probenarbeit dahinter. Gerhard selbst würde übrigens in vierzehn Tagen drüben im Deutschen Schauspielhaus in einem ähnlichen Schmarrn auf der Bühne stehen.

Das Plätschern aus dem Zuschauerraum wurde schwächer, noch einmal zeigte sich Toblina, lachte den Leuten ihre Zähne vor, schwang ein letztes Mal ihre schmalen Hüften, während das Klatschen erstarb.

Gerhard stand immer noch da, als Toblina und ich an ihm vorbeigingen. Fast ohne stehenzubleiben nahm sie ihm eine Zigarette aus der Brusttasche und ließ sie sich im Gehen von einem Feuerwehrmann anzünden.

»Jetzt hat der Olle seinen Schlager«, sagte sie in der Garderobe und ließ sich das Kostüm hinten aufknöpfen, während die Garderoberin die Perücke auf den Holzkopf vor dem Schminkspiegel stülpte.

Toby setzte sich, beugte sich vor, dicht bis an ihr Bild im Spiegel, und strich sich durch, mit dem Zeigefinger quer durch den Staub auf der Spiegelfläche.

»Manchmal hab ich das bestimmte Gefühl, die Leute kotzt das auch so an wie mich. Und sie machen mir genausoviel vor wie ich ihnen . . .«

Ihre Hände tauchten in die Dose Palmin. Die beiden kleinen Finger, unberührt vom Fett, streiften die schmalen Träger von den beige gepuderten Schultern. Dann fuhren die Mittelfinger ins Gesicht und verteilten die glitschige Masse vom Haaransatz bis zum Schlüsselbein. Mitleidlos betrachteten ihre Augen das »Spiegelbild«. Ich war knapp einundzwanzig damals, und die allabendlichen Verwandlungen der blassen, dünnen Schauspielerin in eine sprühende Tanzkomikerin und wieder zurück faszinierten mich immer wieder.

Mit einem Kopfschütteln betrachtete sie kurz das graue Abschminktuch, rieb damit das Fett von der Haut, die sich rötete und sofort wieder bleich wurde.

»Glaubst du, die ziehn uns wieder was ab? Ich hab so was von 15% gehört. Wenn die Scheiße von heut abend einschlägt, tun sie's vielleicht nicht, oder?«

»Dein Wort in Gottes Ohr«, sagte ich und half ihr mit dem Knopf am Büstenhalter.

Sie trat hinter den Wandschirm vor dem Waschbecken. Schnaufen, glucksen, prusten. Wasser gurgelte im Ausfluß.

»Ich wünsch' dem Ollen, daß er bis ans Lebensende in diesem Eiswasser baden muß . . .«

Die kleine, gelbgesichtige Garderoberin nahm an der Tür ein unförmiges Bukett in Empfang und wehrte züchtig und routiniert den Überbringer ab. Auf dem Kärtchen stand originellerweise: »Frauen haben das gern . . . Sie auch, meine Gnädige?«

»Frau eines Bohnerwachsfabrikanten hätte man werden müssen, nicht Schauspielerin«, sagte Toby. »Der Armleuchter bildet sich ein, für die sechs Chrysanthemen muß ich ihn an die Bluse lassen . . . Sag, du hast doch Theatergeschichte gelernt. War das eigentlich vor zweihundert Jahren anders? Ich meine mit den Damen bei der Neuberin und so . . .?«

Er hieß damals Gerhard Hinze. Viele Jahre später, nach dem Krieg, hieß er dann Gerald Heinz, und man sah ihn bis zu seinem Tod oft in kleinen, markanten Rollen im englischen Film.

In jenen Tagen aber – 1931 – war er mein Kollege am Thalia-Theater und am Deutschen Schauspielhaus, die unter einer Leitung standen. Er war lang, hager und blond, hatte eine metallische Stimme, und sein knochiges Gesicht prädestinierte ihn für Charakterrollen. Die Mädchen mochten ihn.

Mein Dramaturgenbüro lag im vierten Stock des Verwaltungsgebäudes, einen Aufzug gab es nicht, und ich war etwas erstaunt über seinen Besuch am Tag nach der Premiere. Ich machte eine Bemerkung über seine ironische Haltung gestern abend. Es sei doch ein Erfolg gewesen, die Kritiken seien ausgezeichnet . . .

»Hören Sie«, unterbrach er mich, »machen wir uns nichts vor. Die Toby braucht doch bloß mit dem Po zu wackeln, um die ›Herzen im Sturm zu erobern‹.«

Er hatte also die Kritiken gelesen.

Jetzt saß er auf meiner Schreibtischplatte, streckte seine langen Beine zur Heizung und grinste mich an.

Natürlich hatte uns alle das Stück in seiner Albernheit angeödet. Nach dem ersten Szenenapplaus gestern abend war ich aber, zugegeben, erleichtert, daß alles gut abzulaufen schien und daß meiner sogenannten Karriere vorläufig nichts im Weg stand. Falls das Theater nicht geschlossen würde.

»Ja«, sagte Gerhard. »Man kann sehen, wie hingerissen Sie von sich selber sind.«

Ich sagte nichts. Er begann mir auf die Nerven zu fallen. Wahrscheinlich, weil er mit seinem Spott recht hatte. Seit gestern abend hatte ich Angst vor dem nächsten Epos, das mir jetzt unweigerlich ins Haus stand.

»Sind Sie eigentlich wegen so was zum Theater gegangen?« bohrte er weiter. »Oder was wollten Sie später mal inszenieren? Ich meine, als Sie noch auf der Uni waren.«

Die Antwort war nicht schwer. Büchner wollte ich machen, Tschechow, Shakespeare, Brecht . . .

»Und werden Sie das machen? Ich meine in absehbarer Zeit?« fragte er fast desinteressiert und blickte auf die häßliche Straße hinunter, die den Namen Raboisen führt.

Was in diesem Augenblick auf der Straße vorging, war eine ganz alltägliche Szene. Aber irgendwie spielte sie dem Seelenfänger Gerhard in die Hände – in diesem grauen Krisenherbst des Jahres 1931.

Zwei Frauen gingen dort unten vorbei. Die eine war schwanger, beide waren etwa gleich alt. Beide schoben Kinderwagen vor sich her, an deren Schiebestangen abgeschabte, schwarze Einkaufstaschen aus Wachstuch baumelten. Beide Frauen trugen dünne Mäntel, und der Herbstwind pfiff ganz schön von der Alster her. Die Frauen zankten sich im Gehen. Drei kleine Kinder zottelten hinterher. Von hier oben war nicht feststellbar, welches Kind zu welcher Mutter gehörte.

»Frauen haben das gern . . .«, sagte Gerhard. Er war aufgestanden und besah sich die Manuskripte auf meinen Regalen und den Stoß Bücher auf dem Schreibtisch.

»Na, hier gibt's doch einen Haufen Stücke. Die können doch nicht alle solcher Zimt sein wie das von gestern abend, wie?«

»Gute gibt's nicht viel. Aber wenn ich was Interessantes empfehle, dann ist das für die da unten höchstens ein Warnzeichen. Wozu die einen Dramaturgen brauchen, weiß ich nicht. Aber sagen Sie's nicht weiter. Sonst kommen die auf die Idee, daß man meinen Posten einsparen kann . . .«

Gerhard ging zur Tür. Ich wußte immer noch nicht, warum er zu mir heraufgestiegen war, ein Schauspieler an einem offenbar probenfreien Tag. Im Abgehen drehte er sich noch einmal um.

»Sagen Sie, haben Sie was Besonderes vor, heute nach der Vorstellung? Wenn nicht, dann kommen Sie doch im Café Hornung vorbei, in den Kolonnaden, kennen Sie das? Es werden ein paar junge Kollegen da sein, von allen Theatern. Wir wollen doch mal sehn, was man in unserm Beruf alles machen kann. Außer Käse . . .«

Ich fragte neugierig, wer denn alles dort sein würde.

»... och, der Stiebner zum Beispiel, von den Kammerspielen, und der Axel von Ambesser. Vielleicht der Schroth, die Rossowsky, und ich hab mal mit der Cerbony gesprochen ... mal sehen ...«

Mal sehn, was man in unserm Beruf alles machen kann, außer Käse ... Vielleicht war irgendwo doch noch Platz für meine Träume.

»Also schön. Heute, so um elf, bei Hornung.«

So und dort hatte es angefangen.

Café Hornung

Es war ein düsterer Bahnhofswartesaal. Hier stärkten sich die Mädchen älteren Jahrgangs mit einem heißen Grog, bevor sie in den eisigen Wind hinausgingen. Ihre Herren Beschützer saßen herum und spielten Karten. Ab und zu kam so ein frierender, zähneklappernder Schützling wieder herein und lieferte erst mal ab. Dann ein Grog – und wieder ging's hinaus.

Im Hinterzimmer, wo es nach Karbid, schalem Bier und der Herrentoilette roch, fanden unsere Proben statt.

So war das Café Hornung damals. »Heute ist es renoviert, so auf dezent ...« (Brecht)

Ich wußte anfangs gar nicht, was ich in dieser Gruppe zu suchen hatte. Da waren erstklassige, trotz ihrer Jugend erfahrene Schauspieler, Profis, wie Axel von Ambesser, wie Gerhard – und ich war kein Schauspieler, obwohl ich, wie jeder Anfängerregisseur, Schauspielverpflichtung im Vertrag hatte und auch manchmal spielen mußte. Einen schon sehr bekannten Regisseur hatten wir auch – Hans Stiebner. Also, was sollte ich da.

Aber Gerhard hatte sich etwas für mich ausgedacht: »Alles, was wir hier spielen werden, muß stimmen. Dazu brauchen wir eine perfekte Dokumentation. Das könnte vorläufig deine Aufgabe sein.«

Das Stück, das die Grundlage unserer Arbeit bilden sollte, hatte ich entdeckt. Es war von der Direktion meines Theaters abgelehnt worden. Ein Mann namens Jan Mangels Prigge hatte es geschrieben, und es hieß *Unser Schaden am Bein.* Es hatte mit dem heutigen Deutschland, dem Deutschland von 1931, zu tun. Aber es war mehr das Skelett eines Stücks. Da war viel ausgespart, und wir waren alle so jung, daß wir nichts auslassen wollten, was wir für unsern Schaden am Bein erkannt hatten: das Wohnungselend, die Arbeitslosigkeit, die militärische Aggression Japans in China, den Zwischenhandel, der die Milch verteuerte, den bedrohlich wachsenden Nationalsozialismus – alles. Justin Steinfeld, unser Hausschriftsteller, würde das, was im Stück fehlte, schon ergänzen. Aber dazu brauchte er Fakten.

Also ging ich Fakten sammeln. Ich ging nach Barmbek, nach Elmsbüttel, ich klingelte an Wohnungstüren, ich fragte verhärmte Arbeiterfrauen aus, ich roch den sauren Geruch der Wohnküchen, auf deren Herdplatten schon lange nichts mehr geschmort hatte als Kartoffeln, Kohl und seltener eine Wurst. Ich ging zu den Stempelstellen, sprach mit Entlassenen und Kurzarbeitern bei Blohm & Voss. Und gleichzeitig probte ich im Thalia-Theater irgendeine Posse, deren Inhalt mir nicht mehr nur albern vorkam, sondern empörend. Natürlich spielte unser Theater hin und wieder etwas Wertvolleres, einen Goldoni, einen Schnitzler, einen Shaw – vor gähnend leeren Häusern.

Wann ich in jenem Winter schlief, weiß ich nicht mehr. Früh um sechs ging ich zum Hafen hinunter – die mißtrauische Pensionsmutter schüttelte argwöhnisch den Kopf: was war das für ein seltsamer Theatermensch! –, dann um zehn auf die Probe oder ins Dramaturgenbüro. Ab drei Uhr Gespräche mit kleinen Reportern vom »Hamburger Volks-Echo«, die mir Tips gaben, wo ich überbevölkerte Notwohnungen finden konnte, oder ich besuchte Junggesellenheime, die nichts waren als Elendsquartiere. Eine Hochschule für einen »jungen Herrn aus gutem Hause«.

Abends dann im dunklen Anzug die übliche Stallwache, so heißt im Theater die routinemäßige Aufsicht über ein laufendes Stück, die meist dem jüngsten Anfängerregisseur zufällt. Und um elf Uhr, im Hinterzimmer bei Hornungs, kam die wichtigste Arbeit des Tages, die Proben unserer Truppe. Zuerst wurde eine Szene gestellt, mit eigenen, improvisierten Worten. Dann ging Justin Steinfeld, unser Schriftsteller, ein kleiner Intellektueller mit rotem, gekräuseltem Haar und gelber Hornbrille, ins Vorderzimmer, und dort, am gleichen Tisch mit den Beschützern, faßte er in gute Worte, was wir soeben improvisiert hatten. Ich selbst spielte kleine Rollen und versuchte vor allem, die Erfahrungen, die ich während des Tages gesammelt hatte, die Bruchstücke echter, erlebter Atmosphäre, die Kompliziertheiten und die Zufälligkeiten des Lebens den Freunden mitzuteilen und in szenische Aktionen umzusetzen.

Ja, und irgendwann, so Mitte Dezember, kam es dann zum Krach. Hans Stiebner, das merkten wir alle, war mit der ganzen Sache unzufrieden. »Wir müssen die Dinge beim Namen nennen!« das war sein ständiger Einwand. Nichts war ihm radikal genug. Tagsüber war er Regisseur in Erich Ziegels berühmten Kammerspielen, und ein schon ziemlich prominenter dazu. Hier aber, in unserem Kollektiv, ging es ihm offenbar nicht um Einfälle, um Schauspielerführung, um Stil, um eine formale Inszenierungsidee, sondern um die politische Linie. Die müsse in jedem Augenblick sichtbar sein.

Es kam Stiebner stets auf den direkten Aufruf zur Aktion an, auf die Bezüge zu geplanten, politischen Handlungen, zu denen unser Stück das Material liefern, für die es »die Massen mobilisieren« sollte. Im Grunde ging es um die Frage, ob wir neue Menschen überzeugen und gewinnen oder, wie Stiebner es formulierte, »denen, die mit uns sind, den Rücken stärken« wollten. Er stritt mit mir, mit Justin, mit Axel, der in den Kammerspielen tagsüber sein direkter Kollege war. Vergebens beschwichtigte Gerhard, versuchte zu glätten, auszugleichen. Und ich selber wollte ja auch erst gewonnen, überzeugt werden, und nicht einfach überfahren.

In manchen Augenblicken war ich froh, daß weder Toblina Gondy noch Willy Maertens, mit denen ich befreundet war, mitmachen wollten. (Wie wenig ich doch die Menschen kannte: es war gerade Willy Maertens gewesen, der sich später, während der Nazizeit, so standhaft und mutig benommen hatte!)

Eines Abends, es war Ende November, drosch dann Stiebner auf den Tisch und verkündete: Wenn das, was wir machten, nicht klar und eindeutig auf dem Boden des kompromißlosen Klassenkampfes stände, offen und ohne Visier, dann interessiere ihn das ganze nicht mehr.

Sprach's und stampfte hinaus, während Maria Loja, seine Frau, beschwichtigend hinter ihm herflatterte. Ein Jahr später war er Nationalsozialist, und am 1. Mai 1933 trug er auf dem Tempelhofer Feld an der Spitze der Fachschaft Theater die Hakenkreuzfahne.

Nach seinem Abgang schlug Gerhard vor, wir sollten ruhig weitermachen. Wir hätten ja noch einen Regisseur unter uns. So kam ich zu meiner Aufgabe.

Erstes Opfer der Revolution

Ende Dezember bekam ich einen Brief von Lisa, die sich im Berliner Lettehaus auf ihren späteren Beruf als Laborantin vorbereitete. Ihre Klasse mache eine mehrtägige Exkursion, davor könne sie sich drücken, und vielleicht fiele mir dazu etwas ein . . .

In jenem Hamburger Winter wohnte ich in einer kleinen Pension an der Außenalster. Im ersten Stock hauste der Schauspieler Albin Skoda mit seiner ehrgeizigen Frau, die den schmächtigen Jungen unermüdlich vorwärts trieb. Im zweiten Stock wohnte Ferdinand Marian mit seiner Damaligen, einer hübschen, mittelmäßigen Schauspielerin namens Ruth. Marian und ich waren befreundet, mochten einander, seit ich, in Vertretung des Direktors, viele Proben zu Hofmannsthals »Schwierigem« geleitet hatte. Und oben in der Mansarde wohnte ich. Zu mehr langte es bei mir nicht.

Ich zog die Marians ins Vertrauen: nächste Woche käme meine Freundin aus Berlin. Sie oben bei mir unterzubringen, war ausgeschlossen. Damals gab es noch Pensionsmütter. Ruth war hingerissen: »Dann sagen wir ihr einfach, meine Kusine kommt, und offiziell schläft sie bei uns!«

Es war eine Riesengaudi. Die Skodas wurden eingeweiht. Ruth und Lisa tauschten brieflich Fotos und Informationen aus, die Pensionsmutter hatte nichts gegen die Kusine, und so saßen wir eines Dienstags alle erwartungsvoll in der Halle beim Abendessen, als draußen das erwartete Taxi vorfuhr. Ruth sprang auf, riß die Eingangstür auf, und die beiden Kusinen, die einander nie zuvor gesehen hatten, lagen sich in den Armen. Sie schwatzten beide von »Tante Huldchen« und »Onkel Gundofried«, und Lisa wurde allen vorgestellt. Auch mir. Es war, wie gesagt, eine Riesengaudi, bloß die Pensionsmutter erstarrte bei der Vorstellung zu Eis. War etwas schiefgegangen?

Ich mußte gleich ins Theater und lud Lisa, wie vorher ausgemacht, galant und ostentativ dazu ein. Ich hatte Abendregie, worunter sie sich etwas sehr Wichtiges vorstellte. Auch daß ich sie in die Direktionsloge steckte, imponierte ihr sehr. Der Kuß, den ich im Dunkel bekam, war vielversprechend – offenbar hatte sie beschlossen, so verworfen wie möglich zu sein, da ja die geheime Spritztour für ein Mädchen aus ihren Kreisen ohnehin schon eine verwegene Affäre war.

Später eröffnete ich ihr verzagt, ich müsse noch auf eine Nachtprobe, und ob ihr das nichts ausmache . . .? Sie war hingerissen: Nachtprobe! Wie verrucht das klang! Und ob es da vielleicht auch irgendwelche berühmte Schauspieler gäbe, und ob sie dort nicht störe – meine Aktien stiegen in diesem Augenblick bei ihr ins Ungemessene.

Das Hinterzimmer des Cafés fand sie etwas merkwürdig, die Vorgänge im Café selbst durchschaute sie nicht. Aber die Kollegen, die blaß und abgekämpft nach und nach auftauchten, waren nett zu ihr. Gerhard hatte sie noch vor einer halben Stunde in einer Hauptrolle gesehen, und sie war beeindruckt, weil ich sie informiert hatte, daß auch alle andern an ihren Theatern wichtige Rollen spielten. Daß Ria Bödecker, Justin Steinfelds Freundin, in keinem richtigen Theater, sondern im Zirkus Sarrasani auftrat, verschwieg ich ihr. Lisa setzte sich brav in den Hintergrund und strahlte mich an, als ich die Probe begann. Edmund von der Meden setzte sich ans Klavier und Axel machte sich an seine Glanznummer, einen Song von Justin:

Sonne und Regen und Tag und Nacht
haben das Korn so reif gemacht.
Es stehen in Reihen Millionen von Garben,
es braucht keine Maus und kein Mensch mehr zu darben.
Es häuft zu Bergen sich das Korn,
und alle Mühlen mahlen.
Aber die Menschen, die armen Menschen –
es reicht nicht von hinten, es reicht nicht von vorn –
sie können das Brot nicht bezahlen . . .

»Ist ja auch ungerecht«, flüsterte mir Lisa zu, als ich an ihr vorüber-
strich. Außerdem – Axel gefiel ihr mit seiner rauhen Stimme. Er war
zwanzig und schon ein »Star«!

Dann kam die Szene mit der Milch: Myra Rossowsky spielte eine
Kuh, die auf groteske Weise gegen den Zwischenhandel protestierte, der die Milch auf dem Weg zum Kind (dargestellt von der zierli-
chen Lux Rodenberg) unerhört verteuerte.

»Ist das auch wahr?« fragte Lisa. »Hab ich ja gar nicht gewußt.
Bist du sicher?«

Ich erklärte ihr flüsternd, daß die Fakten niet- und nagelfest
seien, schon der Arbeiterfrauen im Zuschauerraum wegen.

Lisa machte große Augen. »Ach, das wollt ihr für solche Leute
spielen?« fragte sie etwas zu laut, mitten in einer Pause. Ich genierte
mich ein wenig für sie.

Es folgte eine Szene aus China, während der japanischen Invasion, die gerade im Gange war. Hildebrandt, unser Bühnenbildner,
erklärte Lisa, daß sie sich hier die rauchenden Trümmer von Muk-
den vorstellen müsse, nach einem Bombenangriff.

Lisa unterdrückte ein Gähnen. Es war inzwischen zwei Uhr geworden. »Müßt ihr denn dauernd nur so gräßliche Sachen spielen?
Erst das verbrannte Korn, dann die teure Milch und jetzt diese arme
chinesische Tante . . .«

Sie schlief ein. Lux und ich betteten sie auf drei Stühle, und ich
deckte sie mit meinem Mantel zu. Gerhard sah mich mit spöttischem
Blick an.

»Die bist du bald los.«

Um drei lud ich das fröstelnde Mädchen in ein Taxi. Im Haus-
gang meiner Pension zog ich ihr die Schuhe aus, denn das Geklapper
ihrer Absätze auf der Holztreppe zu meiner Mansarde hätte die
Pensionsmutter alarmiert.

Oben sank sie auf mein Bett. Ich half ihr aus den Kleidern, deckte
sie zu, und als ich aus dem Badezimmer kam, schlief sie fest. Meine
Liebesnacht war im Eimer.

Am Morgen ließ ich sie schlafen. Ruth hatte versprochen, sich ihrer am Vormittag anzunehmen. Ich ging auf die Probe. Im Uhlen-
horster Fährhaus tranken wir dann zusammen Kaffee. Später lieferte ich sie im Schauspielhaus ab, wo man vor halbleerem Haus
Timon von Athen spielte. Anschließend sollte sie Ruth nach Hause

bringen, was wegen der Wirtin ohnehin klüger war. Nachtprobe gab es zum Glück keine, nur eine kurze Besprechung mit Justin.

Als ich dann so um Mitternacht in mein Zimmer kam, lag Lisa voll angekleidet auf meinem Bett. Ich dachte zuerst, sie schliefe. Aber als ich mich an den Bettrand setzte, merkte ich, daß sie wach war und weinte. Ich versuchte, sie in die Arme zu nehmen, aber sie wandte sich trotzig zur Wand. Meine Versuche, sie zu beschwichtigen, waren umsonst. Instinktlos machte ich mir an ihren Knöpfen zu schaffen.

Sie setzte sich brüsk auf.

»Nein!« sagte sie. Ihr Gesicht war verheult und verschwollen. »Ich geh runter zu Ruth. Laß mich in Ruhe! Geh zu deinen Genossen!«

Ich legte den Finger auf die Lippen. Sie war in Fahrt und dachte nicht daran, ihre Stimme zu dämpfen.

»So'n Quatsch. Niemand darf wissen, daß ich hier oben bin? Blödian. Meinst du, die Pensionsmutter ist blind? Ruths Kusine . . . hahaha . . . sehr witzig. Sieh dir das mal an . . .!« und sie deutete auf ihr Foto, das seit drei Monaten auf meinem Nachttisch stand.

Daher das eisige Gesicht der Dame bei Lisas Ankunft.

»Sie hat mich rausgeschmissen. Morgen früh fahre ich. Wenn es heut nacht noch einen Zug gegeben hätte, wäre ich schon fort. Und die Schande . . . Rühr mich nicht an!« Ich hatte es nämlich noch einmal zaghaft mit ihren Knöpfen versucht.

In dieser Nacht schlief ich wieder in meinem Lehnsessel.

Unser Schaden am Bein

In einer Dreiviertelstunde würde unsere Vorstellung beginnen. Es war Sonntag, der 8. Mai 1932 – ein strahlender Vormittag.

Ich hatte immer Lampenfieber vor einer Premiere. Ein Dirigent hat es da besser. Er hat das von ihm einstudierte Werk bis zum Schluß unter Kontrolle. Ein Regisseur dagegen kann sich beim Aufgehen des Vorhangs in Luft auflösen – sein Werk rollt ohne ihn ab.

Es gab außerdem konkrete Gründe für meine Ängste. Wir führten einen Stil vor, den wir auf den Proben entwickelt hatten. Songs, Sprechchöre, Hintergrundprojektion, Zeitungsnachrichten in Riesenfotos, Fotomontagen als Hintergrund, direktes Zitieren von Fakten und Statistiken, und eine ungewohnte Sprechweise, meist direkt ans Publikum gerichtet, wie zu Nestroys Zeiten, all das hatten wir kombiniert, und wir fühlten uns auf den Proben wie Pioniere. Jetzt aber kam die Angst: würde das alles auch ankommen?

Und da war die Jahreszeit und der strahlende Sonntag. In unseren eigenen Theatern hatten wir bereits arg gelichtete Zuschauerräume, und es gab Abende, an denen die Direktion reihenweise »wattieren« mußte, damit sich die wenigen treuen Abonnenten nicht einsam fühlten.

Würde überhaupt jemand kommen? Für Plakate an den Litfaßsäulen hatte wir kein Geld, nur die Arbeiterzeitungen hatten ein paar Voranzeigen gebracht. Gerhard hatte zwar davon gesprochen, daß der Besuch organisiert würde, aber wie schwierig es war, einen Theatersaal zu füllen, wußte ich von der Kassiererin des Thalia-Theaters.

Im Ensemble – ich hatte inzwischen gelernt, Kollektiv zu sagen – hatte es nach Hans Stiebners Ausscheiden noch einige Veränderungen gegeben. Ruth von Cerbony war abgefallen, wohl aus entgegengesetzten Gründen. Wir waren ihr zu links. »Deine Lisa hatte vollkommen recht«, entschuldigte sie sich. Dafür war meine Kollegin Louise Elber eingesprungen, eine temperamentvolle, herzhafte Schauspielerin, die gerade in Schnitzlers *Abschiedssouper* die Hauptrolle spielte. Ich selbst hatte jemand zur Schauspielerin »befördert«, eine kleine, dicke, theaterbegeisterte Amateurin, weiß der Himmel, wo sie herkam. Ilse Appel hieß sie, und sie versuchte eifrig, in langen Diskussionen, die sich oft bis zum Morgengrauen hinzogen, mich davon zu überzeugen, daß der Sozialismus nichts mit Pazifismus zu tun haben könne. (Ich habe das nie ganz begriffen.)

Von den Kammerspielen war noch der junge Dittmann zu uns gestoßen. Carl-Heinz Schroth ließ sich manchmal bei uns blicken, aber vor allem wegen Carola Krauskopf, einer schönen jungen Choreographin, die mir während der Proben viel geholfen hatte.

Am Vorabend der Premiere hatten wir unsere einzige Bühnenprobe in der Hamburger Volksoper, wo die letzte Operettendekoration noch stand.

Unsere erste und einzige Bühnenprobe war unter dem niederschmetternden Eindruck dieser Umgebung lahm und stimmungslos verlaufen. Auch der Theateraberglaube, daß schlechte Generalproben gute Premieren nach sich ziehen, tröstete uns nicht allzusehr an diesem Maimorgen.

Vor dem Theater – Polizei. Mindestens eine Hundertschaft stand vor den Eingängen, an den Mündungen der Nebenstraßen und quer auf dem Fahrdamm. Die nun schon üblichen Agitations-Lastautos der Nazis rumpelten vorbei. Sie waren oben offen, und zwanzig, dreißig Braunhemden standen darauf, mit Megaphonen und Fähnchen, und skandierten heiser »*Wer hat uns verraten – Sozialdemokraten*« und das übliche »*Juda verrecke!*«. Die Theaterbesucher sahen den Autos feindselig nach. Die Polizisten kümmerten sich nicht darum. Aber auf dem Weg zum Bühneneingang wurde ich dreimal von ihnen angehalten. Glücklicherweise hatte ich einen Handzettel mit unserer Vorankündigung bei mir, auf dem mein Name stand.

Hinter dem roten Plüschvorhang rauschte es. Ich spähte durch das Loch – der Zuschauerraum war jetzt, zehn Minuten vor Anfang, bis auf den letzten Platz gefüllt. »Watte?« fragte ich Gerhard. »Nö«, sagte er mit seinem spöttischen Lächeln, »wir haben schon zwei weitere Vorstellungen ausverkauft.« Wer auch immer das organisiert hatte – ich beschloß, ihn unserem Kartenbüro im Thalia-Theater zu empfehlen.

Und dann sagte ich mit Herzklopfen: »Bühne frei! Zuschauerraum dunkel! Gong! Vorhang . . .«

Edmund von der Meden intonierte am Klavier die musikalische Einführung, und wir traten einer nach dem andern hinaus. Jeder hatte einige Worte des Prologs zu sprechen. Auf dem linken Podium erschien Dittmann und verlas die Ernteresultate aus dem vergangenen Herbst. Dann fiel ein Lichtkegel auf das rechte Podium. Dort stand schmal und blaß Myra und verlas die steigenden Lebensmittelpreise. Inzwischen hatten wir andern im Dunkel der Mitte eine Gruppe gebildet. Axel trat vor und sang das Lied vom Brot, das bald keiner mehr bezahlen konnte.

Nach dem Song hatte ich mir eine genau abgezirkelte Pause ausgedacht, in völligem Dunkel, bevor die erste Spielszene begann. Aber es brach ein donnernder Beifallssturm los, wie wir vom offiziellen Theater noch nie einen erlebt hatten. Applaus auf offener Szene gab es bei uns höchstens nach dramatischen Tanznummern oder bei effektvollen Solo-Abgängen.

Hier aber, und das war das Neue und für uns Unerwartete, wurde nicht die künstlerische Leistung mit Beifall bedacht, sondern der Inhalt, der Text selbst. Wir hatten den Menschen da unten offenbar aus der Seele gesprochen. Einfälle, Regiekunststückchen, schauspielerische Leistungen, all das nahmen diese Zuschauer als selbstverständlich hin. Da sie nie ins Theater gingen – sie lebten in entlegenen Stadtvierteln, und ein Besuch im Deutschen Schauspielhaus wäre für sie unerschwinglich gewesen –, ahnten sie nichts von unseren Stilproblemen, von unserer gewagten Konfrontation mit dem bürgerlichen Theater, das ja für sie nicht existierte.

Textstellen jedoch, die ihnen inhaltlich etwas sagten, Wahrheiten über die Lage, in der sie sich befanden, und Vorschläge, wie man das Elend überwinden konnte, belohnten sie augenblicklich mit vergnügtem, verständnisinnigem Beifall.

Sie skandierten rhythmisch mit, als auf der Bühne die Genfer Abrüstungskonferenz (1932!) zu sehen war, deren Teilnehmer ich Gasmasken tragen ließ, und der Chor links und rechts sang: »Sie rüsten – sie rüsten – sie rüsten immerzu ab ...« Sie schwiegen ergriffen gerade da, wo wir den stärksten Beifall erhofft hatten, bei der Arbeitslosenszene:

Sie mögen notverordnen, was sie wollen –
das ist für uns am Ende einerlei!
Wir haben nichts zu steuern, nichts zu zollen –
Wir sind schon lange nicht mehr mit dabei.
Es mag der Index raufgehn oder runter –
das macht den Bauch nicht fett, das Hirn nicht munter!
Von allen Lasten, die auf dieser Welt –
da sind wir frei, und alles fällt, wie's fällt ...

Als alles zu Ende war, sanken wir einander ein wenig betrunken in die Arme. Keiner von uns, die wir alle schon einige Premieren auf dem Buckel hatten, konnte sich an etwas Ähnliches erinnern. Doch wir mußten uns ehrlicherweise sagen, daß der Beifall nicht unsern Leistungen gegolten hatte, sondern den einfachen Wahrheiten unseres Textes. Das war für unser junges Kollektiv eine ganz neue Erfahrung.

Am nächsten Morgen schrieb der seriöseste Kritiker Hamburgs, Kobbe, in den erzkonservativen »Hamburger Nachrichten«:

»Ich hoffe, daß sich die jungen Leute, die da auf der Bühne standen, umtost vom Beifall ihres Publikums, klar darüber sind, daß sie sich kompromißlos als Kommunisten deklariert haben.«

Richtig klar wurde mir dieser Satz am gleichen Abend. Ich hatte, wie schon so oft, Stallwache, und stand mit Louise Elber in den Kulissen. Der Inspizient kam zu mir: »Du sollst raufkommen, zum Alten.« Der Alte (es war der Interimsleiter des Theaters – der Direktor hatte sich schon vor den Wahlen nach Wien abgesetzt und war Burgtheaterdirektor geworden) saß hinter seinem Schreibtisch, sah mich kaum an, unterschrieb noch ein paar Briefe, wohl aus psychologischen Gründen, um mich warten zu lassen, dann entließ er seine Sekretärin.

»Also, Sie wollten uns mal zeigen, wie man, Ihrer Ansicht nach, Theater spielen und vor allem *was* man spielen sollte, wie?« Er rief ins Vorzimmer: »Ach, Daisy, gib mir doch mal die Einnahmeziffern der letzten zwei Monate rein, ja?«

Daisy kam hastig herein und legte ihm einen Packen Auszüge vor. Er begann darin zu blättern.

»Ich will nur mal was feststellen und eine Aktennotiz machen lassen. Also, in diesem Krisenwinter, zu einer Zeit, da kein Theaterleiter sicher ist, ob er morgen die Gagen auszahlen kann – Daisy, schreib bitte mit . . . also, hier sind die Einnahmeziffern für März und April – da 33 Prozent . . . hier, erste Aprilwoche 29 Prozent und hier – am 22. April, da hatten wir ganze 43 Leute im Theater – ich meine zahlendes Publikum, keine Watte! Und in so einer Zeit, wo jeder Schauspieler oder Regisseur froh sein sollte, ein Dach über dem Kopf zu haben, da halten Sie es mit Ihren Pflichten vereinbar, ein Konkurrenzunternehmen zu gründen und Ihrem eigenen Theater das Publikum wegzuspielen!« Jetzt kam er plötzlich auf Touren: »Mir geht es aber gar nicht so sehr um die Konkurrenz, gegen die wir uns im Bühnenverein zur Wehr setzen werden, sondern um was ganz anderes! Denn was da gestern früh in der Volksoper vor sich ging, das war nicht mehr und nicht weniger als eine Kampfansage ...«

Er kam hinter seinem Schreibtisch hervor und wurde unvermittelt ganz weich und väterlich:

»Junge ... mach doch keinen Unsinn! Ich versteh's ja irgendwie. Ich war ja auch mal jung beim Theater. Da haben wir gedacht, wenn der Alte keinen Ibsen spielt und keinen Wedekind, dann stürzt die Welt zusammen. Und was ist heute! Wedekind und Ibsen sind längst durchgesetzt. Und warum? Weil das wirkliche, echte Literatur war! Wenn an euren unverstandenen Genies was dran wäre, würden wir sie spielen. Mit allen zehn Fingern würden wir zugreifen! Wir spielen ja sogar Brecht! Bring mir eine neue Dreigroschenoper, und ich setze sie sofort an! Aber das hier ...« – er zauberte ein Exemplar unseres Stücks aus der Schublade, wo er es herhatte, erfuhr ich nie – »aber das hier. Ich hab's nur überflogen. Das ist gegen die Verfassung. Einfach dumme, freche Aufreizung zum Terror. Na, da gibt's ja genug Paragraphen und ein Republikschutzgesetz!«

Ich hatte noch den Beifall von gestern vormittag im Ohr und wagte Widerspruch.

»Entschuldigen Sie, Herr Direktor – von Terror war bei uns nicht die Rede. Und wir waren ja gar nicht negativ, wir haben doch konstruktive Vorschläge gemacht, was geschehen soll ... und außerdem hat mich die Sache rein künstlerisch interessiert ... weil ich doch hier bei Ihnen ... bei uns ... ich komme mir so unausgenützt vor ...«

»So. Unausgenützt. Sie sind keine zweiundzwanzig und führen bei mir Regie. *Frauen haben das gern*, das genügt Ihnen nicht. Das ist nicht genügend künstlerisch, wie? Ich will Ihnen mal was sagen: inszenieren Sie mir diesen Schwank so, daß mir die Spucke wegbleibt! Ganze Menschenschicksale kann man da auf die Bühne stellen! Wenn man nur will, und wenn man etwas kann! Das ist Theater! Dann können Sie kommen und einen Klassiker beanspruchen! Eher nicht! Oder Sie gehen in Ihr sogenanntes Kollektiv – bitte sehr! Leben Sie sich dort künstlerisch aus! Inszenieren Sie dort den Hamlet! Den Genossen Hamlet, wenn Sie wollen, Shakespeare kann sich ja nicht dagegen wehren, der Glückliche! Aber bei mir – bitte, Daisy, schreib das ins Gedächtnisprotokoll! – haben Sie dann ausgespielt. Überlegen Sie sich das. Einen Vertrag auf Lebenszeit haben Sie jedenfalls nicht. Verstehen wir einander?«

Während ich zur Tür ging, sie öffnete und den Raum verließ, hörte ich ihn noch weitersprechen.

»Wer bei so etwas mitmacht, muß wissen, was er auf sich nimmt. Der Kobbe hat schon ganz recht. Von wegen ›künstlerisches Experiment‹! Hochverrat ist das! Nicht wahr, Daisy?«

Was Daisy darüber dachte, konnte ich mir denken.

Sind wir erst mal Millionen . . .
(Prag 1932)

Der Vorhang teilte sich ein wenig. Zwei Männer traten an die Rampe. Das Publikum klatschte, bevor sie den Mund auftaten.

Der eine war dick, dem jungen Charles Laughton nicht unähnlich. Bauernschlaue Äuglein blinzelten durch Fettpolster ins Rampenlicht. Sein Gesicht, sein ganzer kugelrunder Kopf war weiß gekalkt. Sein Mund, das sah man unter der Clownsschminke, lächelte verschmitzt, aber darüber lagerte ein zweiter, mit traurig nach unten deutenden Mundwinkeln. Eine gelackte, breite, schwarze Spirale war sein Kopfschmuck. Er hieß Jan Werich und war ein brillanter Komiker, Chansonsänger und Improvisator.

Der andere hieß Jiři Voskovec. Er war schlanker und sah blendend aus. Er hätte überall eine Karriere als jugendlicher Held machen können. Auch er war ein begabter Komiker, dazu Lyriker von Gottes Gnaden. Sein Kopf leuchtete ebenfalls weiß, ein gelackter Haarschopf stand steif in die Höhe. Seine Augenbrauen waren hochgeschminkt, was ihm stets einen erstaunten Gesichtsausdruck verlieh.

Die Bühne des »Befreiten Theaters« war hell, farbenfroh und blitzmodern. Aus den Szenenbildern sprach der eben aufkommende Surrealismus, der ja außerhalb Deutschlands viel mit Humor zu tun hat. Es gab auch sechs außergewöhnlich reizvolle Girls in jedem Stück, deren Tänze den gängigen Revuekitsch auf die Schippe nahmen.

Die Kostüme der beiden Männer vor dem Vorhang, meist aus Samt und Litzen, sahen aus, als hätte man sie aus einem Opernfundus zusammengestellt und sorgfältig ergänzt durch zeitlose Zutaten aus der Surrealistenküche.

Auch ihre Unterhaltung vor dem Vorhang war ein Gemisch. Ein witziges Spiel mit Worten, dazu Floskeln, Zitate, Schlagworte und Assoziationen aus andern Sprachen, die oft die Tiefe und den Witz von James Joyce erreichten und doch nie den volkstümlichen Boden verließen. Dazwischen wurden populäre Redewendungen gestreut, falsch angewandte und so ad absurdum geführte Modewörter, Angelesenes aus der Tagespresse und harmlos klingende vergiftete Anspielungen aufs Zeitgeschehen.

Zum Beispiel gab es da einmal einen gigantischen Skandal: die konservative Agrarpartei, samt einigen ihrer hochgestellten Mitglieder im Kabinett und dem Chefredakteur ihres Parteiorgans, war in eine Riesenschiebung verwickelt. Es ging um Kohle, das wußte jeder. Am Abend des Tages, als die Affäre auch öffentlich ruchbar wurde, zog der Dünne eine zerknitterte Zeitung aus der Toga und reichte sie seinem Partner. Man sah den Zeitungskopf – es war das Blatt der Agrarpartei. Der Dicke nahm das Zeitungsblatt vorsichtig mit spitzen Fingern entgegen und wischte sich auch gleich die Hände am Hosenboden ab: »Kohlenstaub, wissen Sie?« entschuldigte er sich. »Da macht man sich leicht schmutzig.«

Jeder wußte, was da gemeint war. Man applaudierte stürmisch, gewiß auch die Leser jener Massenzeitung, und man sang das Lied mit, das die beiden gleich darauf anstimmten. Unten saßen Studenten, Arbeiter, Intellektuelle, Soldaten, kleine Leute. Ein faires Repräsentativmuster der Bevölkerung, würde man heute sagen. Nicht nur längst Überzeugte, längst Organisierte. Aber jeder, der normalerweise zu den Lesern dieser Zeitung gehörte, würde sie nun ab morgen mit den gleichen spitzen Fingern anfassen. Mit Vorsicht und Kritik.

Darin bestand zum Teil die Wirkung des Prager »Befreiten Theaters«. Außerdem beeinflußte diese Bühne auch den Geschmack der Bevölkerung. Denn was da gezeigt wurde, war niemals schlüpfrig oder vulgär. Es war frei von Ausstattungskitsch und verlogenem Sex. Die schmalzige Wiener oder Budapester Operette hatte im Prag jener Jahre wenig zu melden.

Die dritte Persönlichkeit des Theaters war Jaroslav Ježek, ein Musiker voll Witz und Charme, der sich von Ravel und Satie herleitete, der Gershwin und den neuesten amerikanischen Jazz im kleinen Finger hatte und der sich nicht scheute, »populäre« Musik zu schreiben, die so sehr ankam, daß sie noch heute, fünfzig Jahre später, weiterlebt. Außerdem – in Prag (ebenso wie in Amerika) waren sich seriöse Lyriker nie zu schade, Texte für populäre Chansons zu schreiben, eine Tradition, die bis heute anhält.

Die Dramaturgie der drei Schöpfer des »Befreiten Theaters« war denkbar einfach: sie dramatisierten irgendeinen bekannten Stoff, sofern die Sache einen Bezug zum Heute hatte. Das Clownspaar selbst spielte darin jeweils nur eine periphere Rolle: sie waren stets zwei namenlose »kleine Leute«, Spielbälle der Intrigen und Machtkämpfe der Großen. In ihrer Revue *Robin Hood* zum Beispiel verkörperten sie ein paar Bürger, die keinen andern Wunsch haben, als sich mal ausschlafen zu können. In jeder ihrer Szenen versuchten sie nichts weiter, als ihr zerlegtes Messingbett aufzuschlagen, aber immer, wenn sie beinah so weit waren, vertrieb sie der aufflammende Krieg aus dem Wald von Sherwood.

»Sind wir erst mal Millionen . . .!« sangen die beiden zeitlosen Clowns am Ende eines ihrer Stücke, und unten sang alles mit, sang es auf den Straßen während der Mobilisierung gegen Hitler – und sang es wieder, ein paar euphorische Tage lang, im August 1968.

Das war, vom Künstlerischen ganz abgesehen, in seiner Wirkung etwas anderes als Wangenheims *Mausefalle* und unsere eigenen *Schaden am Bein*-Experimente, auf die wir so stolz gewesen waren. Gewiß, sie hatten ihren Wert gehabt. Aber das hier war der Form nach raffiniert und modern, dem Inhalt nach verständlich, dazu frech und aggressiv, aber vor allem hatte es Herz, Humor und Musik. Es war nicht proletarisch-elitär. Und es vollzog nicht jene Teilung in Arbeiter, Intelligenz und Bürger, die sich gerade in diesem historischen Augenblick in Deutschland als so verhängnisvoll erwies.

Theater in Prag

Hitler stand vor der Tür, und jetzt noch ein Engagement an einer Bühne im Reich zu finden, war im Sommer 1932 für jemanden wie mich schon ausgeschlossen.

Nach Prag berufen zu werden, das war für mich ein Glücksfall – kein Abstieg, sondern die Erfüllung eines Traums. Ich würde Dramaturg, Regisseur und Bühnenbildner an dem Theater werden, das ich in meiner Jugend stets mit Herzklopfen betreten hatte. Als jüngster Mitarbeiter zwar, und es konnte schon ein paar Jahre dauern, bevor ich mich würde durchsetzen können, aber was tut's, wenn man zweiundzwanzig ist. Außerdem gibt's beim Theater immer den großen Zufall, die unerwartete Chance.

Mein neuer Chef, Dr. Eger, war ein Erzkonservativer und trat ebenfalls neu an. Er empfing mich mit großer Herzlichkeit. Einen gebürtigen Prager als Dramaturg engagiert zu haben, war ein Fang für ihn. Er hatte große Pläne, aber nur mit der Oper, der sein Herz gehörte. Um so besser, dachte ich.

Nach dem aufregenden Jahr in Hamburg war ich voller Elan. Ich hatte eine Welt entdeckt: das engagierte Theater, und ich bildete mir ein, in meiner Geburtsstadt die Welt verändern zu können. Mein neuer Chef lächelte über meinen Eifer, in meinem Alter sei er genauso gewesen. Er führte mich bei der Presse ein, ließ mich bei den wichtigsten Kritikern Antrittsbesuche machen. Vor allem bei Max Brod vom »Prager Tagblatt« und bei Otto Pick von der »Prager Presse«, beides Freunde von Franz Kafka, der damals erst wenige Jahre tot war.

Die staatliche Subvention war karg, und ohne finanzielle Mäzene hätten sich die beiden Häuser keinen Monat gehalten. Übrigens brauchten damals auch die Salondamen des Ensembles solche Geldonkel. Von der Gage allein hätten sie sich keineswegs die Toiletten für die Boulevardkomödien anschaffen können. Hier lief alles in traditionellen Bahnen. Der »Anhang« im Publikum, den eine Schauspielerin hatte, entschied oft über ihr Engagement. Meine Hamburger Kollegin Toblina Gondy hätte das »Zustände wie bei der Neuberin« genannt.

Nach der Sommerpause wehte, für mich völlig unvermittelt, ein neuer Wind. Schon die Begrüßung nach dem Urlaub war eisig.

Meine Vorschläge wurden plötzlich mit Mißtrauen aufgenommen, meine tägliche Arbeit kleinlich kontrolliert, und von einer Regieaufgabe war keine Rede mehr.

Die Erklärung kam schnell. Es stellte sich heraus, daß mein neuer Chef in der Sommerpause in Berlin an einer Sitzung des Bühnenvereins teilgenommen hatte, der Organisation der Theaterdirektoren. Dort hatte ihn mein bisheriger Hamburger Chef darauf aufmerksam gemacht, daß er sich eine Natter am Busen züchte: einen Kommunisten. Von da an war alles falsch, was ich machte oder vorschlug.

Es war oft grotesk: Als ersten Beitrag im Programmheft, das ich redigierte, wählte ich Lessings Einführung zur *Hamburgischen Dramaturgie*. Die Sätze klangen erstaunlich aktuell, maßvoll kämpferisch und wie geschaffen für die Gelegenheit. Den Namen des Autors und die Jahreszahl (1767) setzte ich an den Schluß, quasi als Überraschung.

Der Chef verlangte, die Druckfahnen zu sehen. Er las die ersten Zeilen:»Es wird sich leicht erraten lassen, daß die neue Verwaltung des hiesigen Theaters die Veranlassung des gegenwärtigen Blattes ist . . .« – viel weiter las er nicht, dann drosch er auf den Tisch und schrie:»Nein! Kommt nicht in Frage. Ihren kommunistischen Quatsch können Sie bei mir nicht anbringen. Nicht in meinem Theater!«

Im Augenblick konnte ich nichts tun, als ihn zu ersuchen, doch wenigstens bis zu Ende zu lesen. Als er dann zur Schlußzeile kam, fühlte er sich blamiert, aufs Eis geführt, und ich weiß bis heute nicht, was er mir mehr verübelte – den Kommunisten, der ich noch gar nicht war, oder die Blamage mit Lessing.

Auf jeden Fall wich seine kühle Ablehnung und sein Mißtrauen einer bösartigen Politik der Nadelstiche. Wollte ich von nun an als Dramaturg einen wirklichen Einfluß auf den Spielplan haben, mußte ich es über seine anderen Mitarbeiter versuchen oder hintenherum über einen Kritiker. Immerhin spielten wir in diesem ersten Jahr ein Stück von Ernst Toller, eine Dramatisierung eines Romans von Roger Martin du Gard, den *Ödipus* von André Gide und anstelle des üblichen Weihnachtsmärchens ein modernes Kinderstück.

Die Theatersituation in Prag war seltsam in jenen frühen dreißiger Jahren. Für die etwa siebzigtausend deutschsprachigen Bürger gab es zwei Häuser, mehr als genug also. Die großen tschechischen Bühnen dieser theaterfreudigen Stadt nahmen von ihnen keine Notiz. Von einer Koordinierung der Spielpläne war keine Rede, ja es gab zwischen den Theaterleitungen keinerlei Kontakte. So kam es mehr als einmal vor, daß aufwendige Opern zur selben Zeit deutsch und tschechisch einstudiert wurden.

Dem Publikum bekam das gut: es hatte die Wahl. Vor allem an Opernabenden gab es viele tschechische Zuschauer im Deutschen Theater, während der bei weitem modernere Spielplan der tschechischen Sprechbühnen viele Deutsche, vor allem junge Menschen, ins tschechische Theater lockte.

Aber auch da kam es zu Duplikationen. Meine erste Prager Inszenierung (die mir mein Chef schließlich doch nicht verweigern konnte), Cocteaus *Geliebte Stimme*, kam im Spätherbst 1932 fast gleichzeitig auch tschechisch im Nationaltheater heraus. Der tschechische Regisseur Frejka und ich waren übereingekommen – denn unter Kollegen bestand ein immer reger werdender Kontakt –, jede Diskussion bis zur Premiere zu vermeiden, um uns nicht gegenseitig zu beeinflussen; so konnte das Publikum zwei gänzlich verschiedene Auffassungen begutachten: für mich ging es in diesem Stück um eine Frau, der in einem letzten Gespräch mit ihrem Geliebten langsam das Leben entströmt. Bis zum letzten Augenblick versucht sie, dem Mann, der sie verlassen hat, goldene Brücken zu bauen, ihn von jeder Schuld freizusprechen. Bei Frejka, einem pessimistischen, schwermütigen Mann, wurde die Frau durch einen unsichtbaren Henker gequält und langsam hingerichtet. Cocteau, dem ich achtzehn Jahre später von der Sache erzählte, machte der unsichtbare Zweikampf zweier Regisseure großen Spaß. Übrigens spricht es für die Qualität des Stückes, daß es beide Deutungen aushielt . . .

Es gab außer den offiziellen Bühnen noch zwei bedeutende avantgardistische Theater in Prag, beide schon damals weit über die Grenzen des Landes bekannt.

Emil Burian, ein großartiger, phantasievoller Regisseur, dazu Dramatiker und Komponist, hatte Ende der zwanziger Jahre eine sogenannte Voice-Band gegründet. Mit feinem Sprachgefühl leitete er eine Gruppe junger Schauspieler, fügte sie zu einem polyphonen Instrument zusammen, mit dem er Sprechoratorien aufführte. Im Jahre 1934 gründete er dann sein Theater D 34, das er übrigens mit einer Erich-Kästner-Montage eröffnete. Das D 34 war aber nicht bloß ein Theater, sondern eine Theaterwerkstatt, in der Sprecher, Sänger und Techniker ein gemeinsames Leben versuchten, ihre Stimmen ausbildeten, Textil-, Glas- und Metallwerkstoffe ausprobierten, Gymnastik, Tanz und Fechten betrieben und vor allem ihre Stücke von Grund auf erarbeiteten. Sie dramatisierten *Werther*, spielten Wedekind und Feydeau und montierten böhmische und mährische Volkslieder zu dem stärksten Anti-Kriegsstück, das ich je sah – und alles ohne »Agit-Prop«. Fünfundzwanzig Jahre vor La Mama und Grotowski machten sie intensives, totales Bewegungstheater.

Burian, der Genius des Theaters D 34, überlebte die Jahre der deutschen Besatzung im Konzentrationslager. Nach der Befreiung verließ er es auf eigenen Wunsch als letzter. Er erhielt sein eigenes Theater in einem viel größeren Bau und war lange Zeit Chefredakteur einer Kulturzeitschrift, die dann während der Stalinzeit eingestellt wurde.

Die drei Leiter des »Befreiten Theaters« emigrierten 1939 in die Vereinigten Staaten. Der Komponist Jaroslav Ježek starb dort. Voskovec, der eine der beiden Clowns, ist heute ein bekannter amerikanischer Schauspieler. Werich, sein Partner, lebt verehrt und geliebt in Prag – und hat Auftrittsverbot für alle Medien. Er trägt den Ehrentitel Nationalkünstler, aber jeder seiner Schritte wird überwacht. Die Lieder seines Theaters werden heute noch überall gesungen.

Neben meiner normalen Tätigkeit am Prager Deutschen Theater begann ich mit Laienspielern zu experimentieren. Was so viele dieser Gruppen auf die Podien brachten, war oft nichts weiter als eine Neuauflage der Allegorien des 18. Jahrhunderts. Nur trat eben heute der »Kapitalist« auf, der »klassenbewußte Arbeiter«, der »Schwankende«, der »Intellektuelle«, und es fehlten ihnen nur noch die Schriftbänder um den Bauch.

Das war weit davon entfernt, die Herzen zu gewinnen, obwohl es den Beifall der bereits Überzeugten hervorrief. Vielleicht braucht man das, diesen Schub von der Bühne, um zu spüren, daß man nicht allein ist, man braucht die Wärme, die einen umgibt, wenn oben auf der Bühne und rechts und links von einem Gleichgesinnte sind. Wahrscheinlich gibt einem das auch die Kraft, weiterzukämpfen. Aber wie fühlt sich der Andersdenkende, Andersgesinnte in diesem Klub der Begeisterten?

Immerhin – die Prager deutsche »Rote Fahne« druckte die Serie »Neue Wege des Arbeitertheaters« ab, in der ich versuchte, das Agit-Prop-Theater zu analysieren und zu reformieren.

Es gab da eine deutsche Truppe, die ich künstlerisch leitete. Als Musiker und Autor gehörte ihr zeitweilig der begabte Lyriker Louis Fürnberg an. Das war lange vor seiner DDR-Zeit, wo dann leider viel Agit-Poesie seine frühe zarte Lyrik und seine Novellen zuzudecken begann. »Die Partei, die Partei, sie hat immer recht . . .«, das stammt von ihm. Zu Beginn der dreißiger Jahre hätte er über einen solchen Text gelächelt. Seine eigene Truppe, das »Echo von links« in Karlsbad, war in den Randgebieten sehr populär. Auch er schlug sich mit der Gewinnung der Herzen herum. Dafür wurde er als Parteimitglied von den orthodoxen Ideologen angegriffen. Mein erster, mit vollem Namen gezeichneter Artikel in der »Roten Fahne« war eine Verteidigung Fürnbergs. Der spätere reimschmiedende DDR-Barde Kuba (Kurt Barthel) begann als sechzehnjähriger begabter, frech-unorthodoxer Lyriker und Zeitungsausträger in Prag. Er war damals gar nicht weit vom heutigen Wolf Biermann . . .

Die ersten Diskussionen über den Sozialistischen Realismus, der ursprünglich alles andere sein wollte als ein Kochrezept für Kunst, erhitzten unsere Gemüter. Wir wollten auf allen Gebieten die »Wahrheit über die Wirklichkeit« zeigen. So verstanden wir ihn. Wenn man einen Apfel auf einen Baum wirft und diesen Flug dabei filmt – so schrieb ich damals –, dann entsteht zwar ein wirkliches, ungelogenes, reales Bild, aber die Wahrheit ist, daß die Äpfel vom Baum herunterfallen. Wenn in einem Film ein Millionär seine arme Sekretärin heiratet, dann ist das so ein hinauffallender Apfel. Passieren kann's. Aber Hunderte von Filmen, Büchern, Theaterstücken behandelten dieses Thema vom Happy-End für das arme Mädchen und machten daraus eine »typische« Erscheinung. Die Wahrheit war anders. Unser kleines Land hatte sechshunderttausend Arbeitslose.

Einstweilen war die Grenze zum Dritten Reich noch durchlässig. Was sich in Berlin nach dem Reichstagsbrand abgespielt hatte, die Verhaftungswelle, die Errichtung der ersten Konzentrationslager, die Gleichschaltung aller Institutionen, die Enteignungen, die Verfolgungen und die blutigen Gewalttaten – all das geschah in nächster Nähe.

Die ersten Flüchtlinge erschienen. Kommunisten, Sozialdemokraten, Juden. Was sie berichteten, war so schlimm, das ich es anfangs nicht glauben mochte. Ich dachte, wenn einer von irgendwo flüchtet, dann hat er vielleicht ein Interesse daran, seine Flucht zu dramatisieren und zu motivieren.

Aber dann erfuhr ich Einzelheiten über die Ermordung eines Kollegen, den ich gekannt hatte, des Schauspielers Hans Otto. Ein jugendlicher Held, wie es sie damals auf deutschen Bühnen wenige gab. Er war eigentlich genau das, was die Nazis eine germanische Heldengestalt nannten. Dann hörte ich von der Verhaftung meines Hamburger Freundes Gerhard Hinze. Und es verschwand, neben vielen andern, der junge Schauspieler Wolfgang Langhoff hinter den Stacheldrähten eines Konzentrationslagers.

Unter den Flüchtlingen aus München befand sich Zenzi Mühsam, die Witwe des Dichters Erich Mühsam. Von ihr erfuhr ich, was man mit ihm angestellt hatte, bevor man ihn zu Tode prügelte.

Was waren das für Menschen, die solcher Dinge fähig waren? Was waren das für Menschen, die von alldem etwas wußten oder zumindest ahnen konnten und die gleichgültig dabeistanden und nichts dagegen taten? Diese Frage der Indifferenz, der Trägheit des Herzens hat nie aufgehört, mich zu bedrängen.

Sie bedrängte mich, als ich zehn Jahre später, als amerikanischer Soldat, deutsche Soldaten und Zivilisten anhören mußte, die beteuerten, von alldem nichts gewußt zu haben, und es gab doch keinen Häuserblock, keinen Straßenzug, aus dem man nicht Menschen, langjährige Nachbarn, abgeführt hatte. Menschen, von deren rechtsgültiger Verurteilung niemand etwas vernahm. Fragte sich denn keiner, wo man sie hinbrachte und was mit ihnen geschah?

Dreihundert Lager gab es am Schluß auf deutschem Boden. Dreihundert Lager, die von Zehntausenden bewacht werden mußten, von Wächtern, die Familien hatten, die Briefe nach Hause schrieben (ich habe viele davon gelesen), die ihren Freunden darüber berichteten, was sie taten, ganz offen und zu einer Zeit, da sie noch an ein Tausendjähriges Reich und damit an tausendjährige Straflosigkeit glaubten ...

Zwei Welten

Wie ich sie damals auseinanderhielt, diese beiden Welten, das weiß ich heute nicht mehr.

Im Rahmen der einen, der bürgerlichen Welt, inszenierte ich die gängigen Boulevardstücke *(Meine Cousine aus Warschau* von Verneuil) und ab und zu ein Kinderstück. Ich machte Bühnenbilder für die Operetten jener Tage, für das Schauspiel und für die musikalischen Revuen von Friedrich Holländer. Daneben, um mir Geld zu verdienen für die andere Welt, die Welt von morgen, leitete ich Theateraufführungen begeisterter Dilettanten, die damit ihre Zeit totschlagen wollten. Sie rekrutierten sich aus der Deutschen Eishokkeygesellschaft, einem Sportklub, dessen Mitglieder der Goldenen Jugend der Prager deutschen Oberschicht angehörten. Es war eine Welt der Wohlhabenheit, in der ich mich da bewegte. Ich wurde von ihr als »Profi« beschäftigt und gesellschaftlich akzeptiert.

Der Kern dieses Klubs war die weibliche Landhockeymannschaft. Sie bestand aus einer Elite von Mädchen und jungen Frauen, die elfengleich in damals unerhört schockierenden, winzigen Höschen und schickem Dreß auf das Spielfeld schwebten – und dann dreinhauten wie Blücher. Wenn sie, nach gewonnenem Spiel gegen äußerlich weit robustere Gegnerinnen, die Umkleideräume verließen und frisch angemalt und in eleganten Pelzmänteln ihren Gatten und Freunden zustrebten, konnte man kaum glauben, mit welchen Tricks und Gewalttätigkeiten sie ihren Sieg errungen hatten.

Nach dem ersten Spiel dieser Art, das ich mir ansah, gab es die übliche Siegesfeier in einer feudalen Villa. Die Mittelstürmerin und zugleich Dame des Hauses erschien in einem schwarzen Hochgeschlossenen, das mir ein wenig den Atem benahm, besonders, als ich mit ihr tanzte. Sie war neunzehn und schon zwei Jahre verheiratet. Es verschlug uns beiden die Rede.

Auch in der Folge wurde zwischen uns beiden nicht viel gesprochen. Wir hatten von der ersten Sekunde an miteinander nur eins im Sinn. Es wurde uns heiß, wenn wir einander nur ansahen. Wir hatten einfach beide im gleichen Augenblick eine neue Welt entdeckt, die uns immensen Spaß machte.

Erstaunlicherweise dauerte dieser Zustand über vierzehn Jahre an, überdauerte sogar bei uns beiden die erste Ehe. Wir brauchten uns nur irgendwo zufällig zu begegnen, und schon strebten wir dem nächsten Obdach zu. Das gibt's.

So ziemlich zur gleichen Zeit begann eine andere Liebesaffäre, die bis zum heutigen Tag andauert: Ich fing an, für den Film zu arbeiten. Ich erhielt ein Stipendium und wurde Regieassistent. Ich hatte schon einiges über Filmtheorie veröffentlicht, zum Beispiel die wahrscheinlich ersten Betrachtungen über die Subjektivität der Kamera (»Berliner Tageblatt« vom 4. Oktober 1931), doch das ist, wie Kipling sagt, eine andere Geschichte.

Mit der anderen, für mich tausendmal wichtigeren Welt, war kein Blumentopf zu gewinnen. Allenfalls ein beträchtliches Mehr an Arbeit, ein ständiges Risiko für meine berufliche Laufbahn und eine Menge banger, gefahrvoller Situationen.

Wir gründeten einen Klub. Er sollte ursprünglich die deutsche Kultur pflegen, die jenseits der Sudeten verfemt oder entstellt oder als entartet bezeichnet wurde. Wir nannten unsern Klub nach Bert Brecht, und ich wurde bald nach seiner Gründung Vorsitzender, einfach, weil ich noch unbescholten war. Das heißt, es bestand bis dahin, soviel uns bekannt war, noch keine politische Polizeiakte von mir. Aus demselben Grund wurde ich ungefähr zur gleichen Zeit auch verantwortlicher Redakteur der »Volksillustrierten«, einer glänzend aufgemachten Bild-Wochenschrift, mit deren Mitarbeitern ich eng befreundet war (F. C. Weißkopf, Johnnie Heartfield), für die ich aber nie eine Zeile beisteuerte. Ich war einfach der sogenannte »Sitz«-Redakteur (falls jemand einmal für ihren Inhalt einsitzen müßte).

Unter den Fittichen des Bert-Brecht-Klubs, dessen Hauptsitzungen ich tatsächlich leitete, tagten später eine Reihe deutscher Emigrantengruppen. Denn nach Landesgesetz brauchte jede Zusammenkunft von mehr als einer Handvoll Menschen den Rahmen eines eingetragenen Vereins. Auch Gruppen der KPD trafen sich so, getarnt als Arbeitsgruppen des Klubs, in rauchigen Hinterzimmern Prager Cafés. Aber davon ahnte ich wenig.

In Prag hatten sich inzwischen namhafte deutsche Schauspieler versammelt, die ihre Engagements im Reich verloren hatten. Mit ihnen gelang es ab und zu, deutsches Theater zu machen, vor allem solche Stücke, die das offizielle Theater nicht spielte, teils weil das der Haltung seines Leiters entsprach, teils aus gewiß nicht unberechtigter Angst vor Einsprüchen von seiten der deutschen Botschaft.

So inszenierte ich die deutsche Uraufführung des einaktigen Dramas *Bessie Bosch* des emigrierten deutschen Graphikers und Autors Peter Nikl, der später der Gestapo in die Hände fiel und im Zuchthaus umkam. Auch ein großes Freilichtspiel von ihm brachte ich heraus, mit einer Gruppe professioneller Schauspieler und der gesamten Einwohnerschaft eines Erzgebirgsdorfes, dessen Männer allesamt arbeitslose Handschuhmacher waren. Das Stück hieß *Die Lehre von Maria Stern* und spielte während der deutschen Bauernkriege.

Wir führten auch, ich glaube zum erstenmal, Szenen aus Brechts *Furcht und Elend des Dritten Reiches* auf, veranstalteten beim Tod von Joachim Ringelnatz einen mehrfach wiederholten Gedenkabend. Wahrscheinlich ebenfalls als Uraufführung brachte ich Szenen aus der *Heiligen Johanna der Schlachthöfe* im deutschen Rundfunk heraus. Irgendwann schickte mir Hanns Eisler das ungemein starke Stück *Waiting for Lefty* des amerikanischen Autors Clifford Odets, das ich übersetzte und zur Maifeier 1935 inszenierte. Eine der erfolgreichsten Emigrantenvorstellungen war das Gastspiel der Züricher »Pfeffermühle«, bei dem ich die Freundschaft mit Erika Mann und mit Therese Giehse erneuern durfte. Beide kannte ich seit meiner Studienzeit.

Dann erschien Wolfgang Langhoff in Prag. Er hatte ein Jahr Konzentrationslager hinter sich. Man hatte ihm dort alle Zähne ausgeschlagen, einige Rippen gebrochen und Lunge und Nieren beschädigt. Als man den Hilflosen dann entließ, flüchtete er ins Ausland. Hier in Prag wartete er nun auf seine offizielle Einreiseerlaubnis in die Schweiz. Er wurde Mitglied jenes legendären Ensembles des Züricher Schauspielhauses, dem Horwitz, Kalser, Lindtberg, Ginsberg und Paryla angehörten. Sein Buch *Die Moor-*

soldaten war wohl das erste Buch über die Lager. Tausende deutscher Touristen, die in jenen Jahren der noch offenen Grenze in unser Land kamen, kauften und lasen es und erfuhren zum erstenmal authentisch, was es mit diesen Lagern auf sich hatte.

Dann lernte ich einen Mann kennen, der einen entscheidenden Einfluß auf mich hatte. Es war in den Tagen, da die Februarkämpfe in Österreich ihren blutigen Höhepunkt erreichten. Die Nachrichten von den Erschießungen gefangener Arbeiterführer durch die Regierungstruppen waren bis zu uns gedrungen. Da erschien ein Mann bei mir, den ich flüchtig als österreichischen Antifaschisten kannte. Er fragte nur kurz, ob ich einen gültigen Paß habe, um einen österreichischen Sozialdemokraten zu retten. Wer es war, verriet er mir nicht.

Wenige Tage später stand dann ein langer, schlanker Mensch am Bühneneingang und wartete auf mich. Er sprach mich an: »Hier ist dein Paß, Genosse. Vielen Dank. Er hat mich über die Grenze gebracht.«

Der Mann war Ernst Fischer.

In ihm vereinigte sich für mich alles, was unsere böse Zeit erforderte: ein klares Weltbild ohne Illusionen, eine realistische Idee, wie diese Welt zu organisieren und zu verwalten wäre, die Bereitschaft, sich mit seiner ganzen Person dafür einzusetzen, und eine unangreifbare menschliche Integrität.

Er hatte sich, Soldat des Ersten Weltkrieges, an einer Meuterei beteiligt, war Mitglied des Soldatenrates geworden, studierte später Philosophie, war Hilfsarbeiter, Redakteur gewesen, dichtete, schrieb Romane und Stücke.

Im Februar 1934 verließ er seine Partei und wurde Kommunist.

Bis dahin hatte ich selbst eigentlich nie das Bedürfnis gehabt, irgendeiner Partei anzugehören. Jetzt, da sich die Gewitterwolken immer mehr zusammenzogen, dachte ich mir oft, daß der Augenblick gekommen sei, wo man, um es amerikanisch auszudrücken, aufstehen mußte, um mitgezählt zu werden. (Stand up and be counted.)

Ich bin kein Arbeiterkind, und ich hatte niemals gehungert. Was mich im einzelnen den Kommunisten nahebrachte? Kann sein, daß es der persönliche Einsatz war, der sie damals auszeichnete, oder die Hilfsbereitschaft Menschen gegenüber, die durch politische Verfolgung in Not und Gefahr geraten waren – ich hatte die »Rote Hilfe« in Aktion erlebt –, oder es war die positive, in die Zukunft blickende Idee einer Gemeinschaft von Menschen und Ländern, die ohne mörderischen Konkurrenzkampf nebeneinander leben würden – oder es waren einfach Männer wie Ernst Fischer, wie Hanns Eisler, Erwin Piscator, Wolfgang Langhoff, Egon Erwin Kisch, die ich persönlich kannte –, ich könnte es heute nicht mehr genau sagen.

Dazu kam die täglich stärker werdende physische Bedrohung von jenseits der Grenze, der man nur mit einer straffen, entschlossenen Organisation begegnen konnte, mit der mächtigen Sowjetunion im Rücken, da doch die westlichen Verbündeten, Frankreich und England, so jämmerlich versagten.

Das, was Kommunisten und nicht nur solchen drüben im Reich geschah, war für mich und viele andere unfaßbar. Zum erstenmal hörte ich Berichte von Folterungen und lernte später ihre Opfer kennen. Auf einer Baude im Isergebirge, wo wir uns mit deutschen Arbeitern trafen, machte ich die Bekanntschaft von verprügelten und verstümmelten Genossen.

Es war auch zu direkten Übergriffen über die Grenze gekommen: ein deutsches Mordkommando hatte in Marienbad den deutschen Philosophen und Publizisten Theodor Lessing erschlagen. Ein deutscher antifaschistischer Ingenieur, der in einem Dorf nur sechzig Kilometer von Prag entfernt wohnte, war ebenfalls das Opfer einer solchen Bande geworden. Und tschechischen Kurieren, die man drüben bei illegaler Arbeit erwischt hatte, war es ebenso gegangen.

Und noch etwas. Ich zögere, es hier niederzuschreiben, weil es – besonders für junge Menschen – heute wohl sentimental klingt. Aber die Partei war bis dahin die einzige Institution in unserem Land, in der es keine Rolle spielte, ob einer ein tschechischer, polnischer, ungarischer oder deutscher Tschechoslowake war. Ich erinnere mich genau an die erste Parteiveranstaltung, an der ich teilnahm. Sie endete, wie jeder derartige Abend, mit dem gemeinsamen Absingen der Internationale.

Ich kannte den tschechischen Text nicht. Dann merkte ich, daß mein Nachbar, er war aus der Ostslowakei, ungarisch sang. Da sang ich deutsch. Keiner fand etwas dabei.

Ich fühlte mich dazugehörig. Ich befuhr die Randgebiete per Anhalter, denn wir hatten kein Geld, ich reiste in deutsche und tschechische Städte und Dörfer als Instruktor von Arbeiter-Theatergruppen, hielt Vorträge, übernachtete bei arbeitslosen Freunden, schrieb für die »Rote Fahne«, für den »Gegenangriff«, beteiligte mich an Streiks, bezog meine Ration von Schlägen mit dem Gummiknüppel, raufte mich mit den Nazis, die unsere Kulturveranstaltungen zu sprengen versuchten. Ich war sozusagen ausgelastet, und ich hatte das Gefühl, zu leben.

Was mir an den Kommunisten nicht gefiel, war die Intoleranz Andersdenkenden gegenüber. Man hatte mir eingetrichtert, daß Trotzki Anathema sei – aber warum sollte ich seine Schriften nicht lesen? Warum durfte man sich mit den Schriften von Dissidenten nicht befassen? War das Gift? Wurde man durch die bloße Lektüre angesteckt? Mußte man sie verurteilen, ohne sie zu kennen? (Viel, viel später, in den sechziger Jahren, war ich Zeuge, wie sich in den Kulturteilen der DDR-Zeitungen eine vernichtende »Diskussion« über Kafka abspielte – während das Werk Kafkas dem Durchschnittsbürger der DDR überhaupt nicht zugänglich war.)

Natürlich störte mich das schlechte, oft unverständliche, unverdauliche Parteideutsch. Ich haßte Redewendungen wie »Man muß die Frage so stellen . . .« (wieso »mußte« man?) und Ausdrücke wie »Doppelzüngler«, »Säbelraßler«, »Abweichler«, und ich bin bis heute überzeugt, daß sie ihren Ursprung bei jenen Übersetzern in Moskau hatten, die lange vorher den Kontakt mit der lebenden deutschen Sprache verloren hatten. Deren Texte wurden in allen Parteiblättern des deutschen Sprachgebietes abgedruckt und für der Weisheit letzten Schluß gehalten. Indem man sie wörtlich abdruckte, zitierte und sich selbst zu eigen machte, konnte man wenigstens einigermaßen sicher sein, nicht etwa selbst als »Abweichler« zu gelten.

Überhaupt – diese fast religiöse Anbetung alles dessen, was aus Moskau kam! Ich war glücklich über die Existenz eines sozialistischen Staates, in dem die Ausbeutung abgeschafft war, in dem so viele Völker, wie ich annahm, reibungslos nebeneinander lebten. Meine Achtung für dieses Land wäre um kein Jota geringer gewesen, wenn die kommunistische Presse Schwierigkeiten, Konflikte, Erntekatastrophen, Reibungen und Unvollkommenheiten zugegeben und darüber wahrheitsgetreu berichtet hätte. Aber, davon war ich überzeugt, diese Kanonisierung der Sowjetunion würde ja ein Ende haben, sobald unser eigenes Land sozialistisch geworden war. Wir würden unsern eigenen, unserem Volk angemessenen Weg gehen.

Aber diese Bedenken war ich bereit zu schlucken. So, wie man bereit ist, zwei oder drei Schwächen einer Frau in Kauf zu nehmen, die man liebt. Denn die Idee war richtig, die Männer, die sie für mich repräsentierten, hatten meine Achtung – und die Welt, die uns umgab, war veränderungsbedürftig, veränderungswürdig und veränderungsbereit.

Ein Arbeiter in meinem Land wurde damals Kommunist, wenn er in die Partei eintreten wollte. Ein Intellektueller wie ich wurde lange auf die Probe gestellt, bevor man an ihn herantrat.

Bei mir geschah das am ersten Frühlingstag des Jahres 1935.

Bittersüßes Intermezzo
(16. November 1936)

»Schreibst du eigentlich auch über uns beide, in deinem Tagebuch?«

»Meinst du zum Beispiel über die letzte halbe Stunde . . .?« Sie grinste ein wenig, während sie den dunkelblauen Pullover wieder über den Kopf zog und ihn glatt strich, soweit das möglich war.

»Nein«, sagte ich. »Oder hast du Angst, es könnte drinstehen, daß du hinterher immer so einen Hunger hast?«

Erst auf der Straße sprach sie weiter. Denn wir hatten es immer eilig, die jeweilige Wohnung zu verlassen.

»Nein. Es ist nur, falls mal bei dir eine Haussuchung ist und sie finden dein Tagebuch und fragen, wer das ist, diese R.«

Sie war nämlich in Prag nicht polizeilich gemeldet. Vier Monate war sie nun schon hier. Vorher eine Zeit in Berlin, im Gestapogefängnis, aus dem sie nur ihr eindrucksvoller – damals noch eindrucksvoller! – polnischer Paß befreit hatte.

Anfangs verlief ihre illegale Anwesenheit in Prag ziemlich problemlos: Sie schlief bei einer bekannten Familie, betreute die beiden kleinen Mädchen und galt im Hause als Kusine auf Besuch. Ihr Bett war eine Luftmatratze im Kinderzimmer.

Als wir uns kennengelernt hatten, wurde es schwieriger. Ich wohnte bei meinen Eltern, und Übernachtbesuche kamen da nicht in Frage. Freunde mit Villen besaßen wir nicht und Geld für eine gemeinsame Wohnung noch weniger, und selbst wenn wir es aufgebracht hätten – da blieb immer noch die Schwierigkeit mit der polizeilichen Anmeldung. Es gab dieses Mädchen einfach nicht. Es hatte sie nicht zu geben. Sie war, wie ich ihr bei unpassenden Gelegenheiten ins Ohr flüsterte, ein Astralleib, wenn auch ein ziemlich hinreißender.

Die Frage, ob ich sie in meinem Tagebuch erwähnte, war also rein konspirativ gemeint. Haussuchungen kamen im Prag jener Tage oft vor, und ich war gewitzt genug, in meinen täglichen Aufzeichnungen nichts von ihr zu erwähnen. Aus den gleichen Gründen durfte ich sie nicht einmal fotografieren. Es gibt aus dieser Zeit nur ein einziges Foto von uns beiden, von einem Straßenfotografen aufgenommen, dem ich damals auf ihr Geheiß sogar das Negativ abkaufen mußte, um es zu vernichten.

So stahlen wir uns dann eben hastige Stunden, reihum bei unseren Freunden, Sonntagvormittage, wenn die Wohnungsinhaber spazierengingen, kurze Abende als Babysitter, oder sogar eine halbe Nacht bei mir, in absoluter Schweigsamkeit und in ständiger Angst, meine Eltern könnten auf die Idee kommen, nachts mein Zimmer zu betreten.

Eines Abends jedoch – wir hatten uns bei strömendem Regen im Torbogen des Clam-Gallas-Palais getroffen – fiel sie mir um den Hals: die Partei hatte angeordnet, sie solle sich »legalisieren«. Das hieß für sie, in irgendeinem Hotel zu übernachten, sich regelrecht als Neuankömmling zu registrieren, auf eine Nacht nur, aber von da an würde sie offiziell in unserem Land existieren und, genügend Geld vorausgesetzt, sich auch eine Bude mieten können.

Natürlich hatten wir kein Geld für ein normales, bürgerliches Hotel, nicht einmal für die eine Nacht, und so machte es uns einen Heidenspaß, das billigste Stundenhotel auszuwählen. Morgen gegen Abend würde sie sich dort einmieten. Ich würde so gegen zehn vorbeigehen und unser Signal pfeifen (»aux armes, citoyens!«), der

Zimmerschlüssel, in ein Tuch gewickelt, würde heruntergeflogen kommen, und ich würde dann mit einem kühlen Lebemannslächeln am Portier vorbeigehen und ihm nötigenfalls fünf Kronen in die Hand drücken, was immer noch billiger war als das Doppelzimmer zu 150 Kronen die Nacht.

Wir waren aufgeregt wie Kinder vor der Weihnachtsbescherung. Unsere erste, ganze, ungestörte Nacht! Mit einem gemeinsamen (vorher besorgten) Frühstück im Bett!

Am Morgen jenes Tages rief mich Werner an. Sei um 3 Uhr Ecke Eisengasse und Altstädter Ring.

An sich hatte ich mit der deutschen Partei nichts zu tun. Man sah sich natürlich, im Café, im Bert-Brecht-Klub. Mit einigen Genossen war man befreundet. Da waren Langhoff, Geschonnek, Erpenbeck, Theaterkollegen, mit denen man bis tief in die Nacht hinein klönen konnte.

Werner war etwas anderes. Werner – weiß der Himmel, wie er wirklich hieß – war der Apparat. Womit er seine legale Existenz in Prag bestritt, war mir nicht ganz klar. Ich glaube, er war Feinmechaniker. Aber es war fast unanständig, Fragen zu stellen.

Wir gingen quer über den Ring, dann die Langegasse hinauf, bis zum Hotel Regina. Werner grüßte den Portier, und wir betraten den Lift. Oben ging es dann noch eine schmale Treppe hinauf, bis zu einer Mansarde.

Im Halbdunkel lag ein Mann auf seinem Bett. Schmal, dunkelhaarig, intelligent. Er trug ein Schottenhemd und eine Leinenhose. Die Schuhe standen schön sorgfältig neben dem Bett.

»Hast du Lust, mal nach Berlin zu fahren? Ich höre, dein Paß ist in Ordnung. Der Zug geht morgen früh um 5 Uhr 39 ...«

So ging das. Natürlich hatte ich Lust. Ich hatte so was noch nie gemacht. Was es bedeutete, war mir klar: Kurierdienst. Mit einem unbescholtenen tschechoslowakischen Paß war das durchaus noch möglich.

Der Mann auf dem Bett sah müde aus. Alle deutschen Genossen, die wir vom Sehen kannten, sahen müde und abgespannt aus. Wir alle hatten eine fast andächtige Hochachtung vor ihnen. Wir wußten, daß sie ab und zu ins Reich zurückfuhren und daß ihr Leben dann an einem Faden hing.

»Du nimmst diesen Koffer hier. Kannst ihn dir ruhig genau ansehen. Es ist nichts Besonderes dran. Ein Pyjama und eine Zahnbürste ist drin, du wirst aber nichts davon benutzen. Am Bahnhof gibst du ihn ab und verwahrst den Gepäckschein gut. Klar?«

Ich wiederholte alles.

»Schön. Dann hast du anderthalb Stunden Zeit. Um Punkt dreiviertel zwölf gehst du die Linienstraße entlang. Nummer 53 ist eine Wäscherei. Da gehst du rein. Hinterm Tresen steht eine dicke Frau. Wenn andere Leute im Laden sind, macht das nichts. Du sagst: Ist das Zeug für Anton schon fertig? Sie wird dich ins Hinterzimmer schicken. Dort sitzt ein Genosse . . .«

»Verzeih«, fragte ich, »die dicke Frau ist keine Genossin?«

»Nö«, sagte der Mann auf dem Bett, »das ist bloß so eine nette Frau, die uns hilft. Gibt noch mehr solche. Schön. Du gehst also hinter und sagst dem Mann nur schönen Gruß von Hermann. Und gibst ihm den Gepäckschein. Dann gehst du mittagessen. Er wird dir sagen, wann er dich wieder treffen will. Du triffst dich mit ihm, und er gibt dir wieder so einen Gepäckschein. Das ist alles.«

»Und was ist meine Geschichte?«

»Ganz einfach. Du bist doch Regisseur. Wolltest dir am Abend eine Vorstellung anschauen. Such dir eine aus. Hier ist die ›B.Z.‹. Nach der Vorstellung gehst du auf den Bahnhof. Dein Zug geht um 24 Uhr 17. Werner holt sich dann den Koffer bei dir ab. Alles klar?«

Alles war sonnenklar. Ich konnte sofort nach der Grenze hochgehen, während ich den Koffer oder den Gepäckschein bei mir trug. Der Mann im Hinterzimmer der Wäscherei konnte schon vorgestern hochgegangen sein, und an seiner Stelle saß dann schon einer von der Gestapo. Wir konnten, wenn der Mann richtig war, am Nachmittag geschnappt werden, bei der Übergabe des zweiten Gepäckscheines. Ich konnte im Theater hochgehen, dann auf dem Bahnhof, und dann den ganzen Weg zurück bis zur Reichsgrenze, in Schandau.

Der Mann auf dem Bett beobachtete mich. Ich glaube, er las jeden meiner Gedanken.

»Natürlich«, sagte er, »das kann alles passieren. Und deine Regierung dürfte kaum einen Finger für dich rühren, wenn sie dich schnappen. Ich will dir nichts vormachen. Also?«

Es war alles sonnenklar. Ich war jung, unverheiratet, hatte einen guten Paß. Diese Männer hier hatten Schwierigeres gewagt, wagten es immer wieder. Von dem Mann im Hinterzimmer der Wäscherei gar nicht zu reden. Der mußte dort leben. Und für ihn konnte der Mann aus Prag, den die dicke Frau zu ihm ins Hinterzimmer weisen würde, ebenfalls bereits ein Gestapomann sein.

Ich bekam einen Umschlag mit hundert Reichsmark und unterschrieb eine Quittung. Als Petr Hradec. Unter diesem Namen wurde ich geführt.

Der Mann schüttelte mir die Hand. Ich mochte ihn auf Anhieb. Aus irgendeinem blödsinnigen Grund war es mir sympathischer, von solch einem Menschen in dieses Abenteuer auf Leben und Tod geschickt zu werden als von einem kalten Apparatmann. Obwohl es im Prinzip aufs gleiche herauskam.

Es nieselte. Das Licht der Gaslaternen spiegelte sich trübe auf den fettigen Steinen des Kopfpflasters. Vom Petersturm schlug es zehn.

Der Portier blinzelte mir verschwörerhaft zu, als ich ihm die fünf Kronen hinlegte. Sein Blinzeln galt der Weinflasche und dem Paket, auf dem er den Namen Lippert lesen konnte, des feinsten Prager Delikatessengeschäfts.

Sie hatte sich von ihrer Wirtin einen Schlafrock ausgeborgt, und wir spielten ohne Verabredung »junger Ehemann kommt abends aus dem Büro«. Zum Auspacken des Pakets kamen wir erst eine halbe Stunde später.

»Du bist wohl vollkommen verrückt«, sagte sie. »Für das Geld hätten wir uns ein Zimmer im Alcron nehmen können . . .«

Dann erzählte ich ihr, warum es wieder keine ganze Nacht geben würde und kein gemütliches gemeinsames Frühstück. Sie hatten mich zwar zum Schweigen verpflichtet, aber schließlich mußte es doch einen Menschen geben, der mich ausklingeln lassen würde, falls ich verschüttging. Wir hatten noch fünf Stunden füreinander.

Irgendwann, so um zwei Uhr, standen wir am Fenster und schauten hinaus. Ich fühlte ihr Haar an meiner Schulter, an meinem Hals. Gegenüber war das Ladenschild eines Pferdemetzgers. Karabec hieß er. Prager Droschkenkutscher pflegten den Hals ihres Gaules zu tätscheln: Wenn du nicht parierst, holt dich der Karabec.

Der leise Regen hatte sich in Schnee verwandelt. Aus der Biskupskà kam ein Pärchen aus einer Bar und steuerte auf unser Hotel zu. Das gelbliche Licht der Straßenlaternen warf den Schatten der beiden auf die Pflastersteine.

Sie war federleicht, als ich sie zurücktrug.

Das Kanonenöfchen glühte rot und war die einzige Beleuchtung in unserem Zimmer.

Der Portier las die Morgenzeitung und nickte mir kurz zu. Ein paar Fenster des Hotels waren jetzt erleuchtet. Unseres nicht. Ich sah sie weiß und schmal oben stehen. Sie winkte mir zu.

Prag behält seinen Zauber, auch wenn es naßkalt und spätherbstlich ist. Berlin, an diesem Novembertag, war nur grau und verdrossen. In Prag hat jeder Trambahnpassagier eine Zeitung oder ein Buch vor sich. Hier blickten die Menschen nur vor sich hin, obwohl manchem der »Völkische Beobachter« aus der Rocktasche lugte.

In der Nähe des früheren Bülowplatzes stieg ich aus.

Der Wäscheladen war voll Kunden, um dreiviertel zwölf. Die dicke Frau hinter dem Tresen, flankiert von zwei Mädchen, trug eine nickelumränderte Brille.

»Jehnse man nach hinten. Sie kennen ja den Weg!« sagte sie.

Sie schenkte mir keinen zweiten Blick. Mein Regisseurgehirn registrierte: harmloser und natürlicher kann man so etwas nicht spielen. Außerdem – diese kleine Episodenrolle war blendend besetzt.

Im Hinterzimmer (Nähmaschine, Segensspruch in Kreuzstich an der Wand, Schale mit künstlichem Obst auf dem Tisch, säuerlicher Geruch in der Luft) saß ein Mann auf dem Wachstuchsofa. Blondes, spärliches Haar, gelbe Hornbrille, graue Wollweste, die Jacke hing säuberlich über einer Stuhllehne.

Unser Geschäft war in wenigen Sekunden erledigt. Wir würden uns um vier unter dem Eisenbahnbogen am Bahnhof Friedrichstraße treffen, vor dem Zigarettenladen. Ich stand auf, um zu gehen. Dann sagte ich etwas, das nicht im Text stand. Ich fragte ihn, ob er mit mir am Abend ins Theater gehen würde. Er war überrascht, dachte eine Sekunde nach und sagte zu.

Im Sekretariat des Deutschen Theaters saß ein nettes Fräulein. Natürlich würden am Abend für den durchreisenden Regisseur des Prager Deutschen Theaters zwei Steuerkarten an der Kasse liegen.

In der Nähe der Charité fand ich ein kleines Lokal. Die Zeitung war voll von der Reminiszenz an einen Kommunistenprozeß. Das Urteil war hart ausgefallen. Drakonische Strafen für die angeklagten Kommunisten. Aus dem Bericht über den Prozeßverlauf war für jeden, der zwischen den Zeilen zu lesen verstand, zu ersehen, daß nach einigen Verhandlungstagen, die nicht allzuviel Belastendes gegen die Angeklagten zutage gefördert hatten, die dramatische Wendung eingetreten war: Ein hoher Nazi war als Zeuge aufgetreten. An Tatsachen brachte er nichts Neues vor. Aber seine Aussage war ein vorweggenommenes Plädoyer des Staatsanwalts. Er bezeichnete alle entlastenden Indizien als Lüge und Betrug und verlangte – ohne den Richtern vorgreifen zu wollen, versteht sich! – die härteste Strafe.

Mein Tischnachbar, der die Zeitung von mir übernahm, las die Schlagzeilen mit unbewegtem Gesicht, während er seine Suppe löffelte.

Die Übergabe des neuen Gepäckscheines, während über uns ein ankommender Eisenbahnzug donnerte, dauerte nur einige Sekunden. Wir waren flüchtige Bekannte, die einander kurz begrüßten.

Am Abend, im Gedränge des Kassenraums des Deutschen Theaters, erschien Gustav in einem tadellosen blauen Anzug. Einzig die graue Strickweste unter dem Sakko erinnerte an den Mann im Hinterzimmer der Wäscherei. Er entschuldigte sich dafür. Sein Mantel sei einfach zu dünn für dieses Wetter. Er sei übrigens schon vier Jahre nicht mehr im Theater gewesen.

Es gab *Das Wintermärchen* von Shakespeare, mit einer herrlichen Besetzung. Theodor Loos, Lil Dagover, Wilfried Seyfert.

Das Furchtbare geschah in der zweiten Szene des dritten Aktes. Gerichtsverhandlung. Angeklagt ist Hermione, die Gemahlin des Königs von Sizilien, Leontes. Sie ist unschuldig. Wir wissen es, der Gerichtshof weiß es. Leontes beschuldigt sie mit harten Worten. Da treten zwei Sizilianer auf, die den Spruch des Delphischen Orakels überbringen. Auch das Orakel bestätigt Hermiones Unschuld.

Da mischt sich der König, Leontes, in die Verhandlung:

»... nur Lüg und Falschheit spricht aus dem Orakel;
fort geht die Sitzung, dies ist nur Betrug.«

Eine kleine, betäubte Stille nach diesem Rechtsbruch. Nur zwei, drei Bühnensekunden lang, vom Regisseur mit sicherem Zeitgefühl geplant.

Doch da kam eine Stimme aus dem Zuschauerraum, von irgendwoher, rechts hinter uns, aus einer der letzten Parterrereihen wahrscheinlich:

»Richardstraße.«

Es wurde sofort hell im Zuschauerraum. Überraschend schnell erschienen von beiden Seiten Beamte.

»Ausweise! Keine langen Reden. Wird's bald . . .«

Der Mann neben mir, von dem ich nichts wußte als seinen angenommenen Namen Gustav, straffte sich.

»Wo hast du den Zettel?«

»Draußen in der Manteltasche.«

Überraschend schnell verdunkelte sich der Saal wieder. Ob jemand abgeführt wurde, kann ich nicht sagen. Jedenfalls konnten die Beamten nicht mehr als zwei, drei Reihen kontrolliert haben.

Die Vorstellung ging weiter. Wir verabschiedeten uns im Gedränge des Foyers durch einen Händedruck.

Um neun Uhr früh kam Werner und holte den Koffer ab. Ich übergab ihm das restliche Geld und eine Aufstellung meiner Ausgaben. Bei »2 Steuerkarten, Deutsches Theater, à 2,50« stutzte er.

»Mit wem bist du ins Theater gegangen?«

»Mit dem Genossen Gustav. Ich habe ihn eingeladen.« (Jetzt würde ich die Szene im dritten Akt beichten müssen, und die entsetzliche Gefahr, in die ich den Genossen und die Sache gebracht hatte . . .)

»Was heißt das, eingeladen? Der Mann hat sein eigenes Geld zu verrechnen. Der darf sich nicht einladen lassen, und du hattest kein Recht dazu!«

Ich fragte Werner, was wohl gewesen wäre, wenn ich die zweite Steuerkarte nicht erwähnt, dafür aber drei Glas Bier mehr angerechnet hätte.

Werner grinste nun doch: »Für unsere Buchführung wäre das bestimmt das beste gewesen.«

Tom Sawyers großes Abenteuer

Stefan Heym war so um die zwanzig, ich vierundzwanzig, als wir einander kennenlernten. Er war gerade aus Chemnitz geflohen, und es erschienen gelegentlich Gedichte von ihm, in der von Bruno Frei redigierten Wochenzeitschrift namens »Gegenangriff«. Ich schrieb dort ebenfalls manchmal, über Theater, Film und Kultur.

Stefan kam eines Tages zu mir in die Dramaturgie des Deutschen Theaters, es war um Weihnachten 1934, und brachte eine Idee. Man müsse ein gutes Kinderstück schreiben, die Weihnachtsmärchen seien gräßlich. Eine fabelhafte Idee, gab ich zu. Aber warum käme er zu mir. Er habe ein Kinderstück von mir gesehen, ein paar Inszenierungen und meine Aufführung von Kästners *Pünktchen und Anton*. Und er ließ eine Synopsis bei mir zurück, für eine Dramatisierung von Mark Twains *Tom Sawyer*. Ich war keineswegs hingerissen davon, und die Chancen einer Aufführung am Deutschen Theater waren gleich Null.

Ein Jahr verging. Ich hatte mich verliebt, aber es wurde nichts Rechtes draus, und ich war todunglücklich. Irgendwo hatte ich gelesen, daß es gegen unglückliche Liebe nur ein Rezept gäbe: nämlich intensive Arbeit. Da ich schon alles andere probiert hatte, sogar mit gepumptem Geld einige Male quer durch Europa geflogen war, so einem Dreikäsehoch von Frau zuliebe, die mich zwar mochte, aber eben nicht genug, versuchte ich dieses anstrengende Rezept. Ich wollte wieder ein Stück schreiben, und der *Tom Sawyer* fiel mir ein. Plötzlich sah ich die ganze Sache vor mir: ein kleiner Junge im Kampf gegen die Gleichgültigkeit einer ganzen Stadt.

Ich hätte es für unfair gehalten, an der Sache allein zu arbeiten, da mir doch ein Jahr vorher jener Stefan Heym die Idee ins Haus gebracht hatte. Seine Synopsis war zwar inzwischen immer noch nicht besser geworden, man mußte sich also gemeinsam etwas einfallen lassen. Ich entwickelte ihm die Idee von der Zivilcourage und der Gleichgültigkeit, und wir einigten uns schnell.

Damals war der Reichstagsbrand und der darauffolgende Prozeß in aller Erinnerung, und das benachbarte Dritte Reich bot noch eine Reihe weiterer Angriffspunkte: den brutalen Rassismus, die organisierte Aufwiegelung des »gesunden Volksempfindens« und die Bedeutung von Solidarität.

Wir hielten es für eine gute Idee, die Aufklärung des Mordes am guten Doktor Robinson in den Mittelpunkt unseres Stückes zu rükken. Aus dem zu Unrecht angeklagten armen Teufel Muff Potter machten wir einen Neger, dem wir Züge des Negers Jim aus *Huckleberry Finn* gaben, während bei uns Indianer-Joe kein wirklicher Indianer sein durfte, sondern ein mieser Weißer, der in den Indianerkriegen eine zwielichtige Rolle gespielt hatte, daher der Spitzname.

Erst Jahre später, als ich mich intensiv mit den Problemen des Kindertheaters beschäftigt hatte, fand ich, daß unsere damalige Theorie durchaus haltbar war: daß nämlich Kinder bestimmter Altersstufen vor allem eine geliebte Figur auf der Bühne sehen wollen, ganz gleich, ob die Abenteuer, die sie durchlebt, genau dem Buch entsprechen. Im Gegenteil. Ich habe es immer bedauert, daß es von Max und Moritz nur sieben Streiche gab – ich hätte ohne weiteres noch sieben weitere verkraften können, ganz gleich, wer sie geschrieben hätte.

Inzwischen ist unser *Tom Sawyer* in den vierzig Jahren seit seiner Entstehung über 6000mal aufgeführt worden, und es hat noch nie einen Protest gegeben, nicht einmal von seiten der Theaterkritik.

Wir wollten damals einfach ein handfestes Stück bauen, wir wollten unser Kinderpublikum unterhalten, die Kinder ein wenig über die Welt, die sie umgab und bedrohen würde, informieren. Ein Stück für den Alltag also. An mehr dachten wir nicht.

Kurz nachdem es fertig war, emigrierte Stefan nach Chicago. Wie erwartet, lehnte mein eigenes Theater das Stück ab. Auch in tschechischer Übersetzung wanderte es erfolglos von Bühne zu Bühne. Schließlich wurde es vom Prager »Befreiten Theater« angenommen, das damals in Europa so bekannt war wie heute etwa die Berliner Schaubühne oder das Theater des Roger Planchon.

Ich hatte den Ehrgeiz, es deutsch und tschechisch herauszubringen, und studierte es nun gleichzeitig auch mit deutschen Emigrantenschauspielern. Zweiversionentheater, und noch dazu im gleichen Haus – das gab's damals noch nicht.

Aber es gab bereits den von uns gegründeten Klub der tschechischen und deutschen Bühnenangehörigen, dem erst der Einmarsch der deutschem Truppen im März 1939 den Garaus machte. Die Doppelpremiere sollte unter dem Patronat dieses Klubs stattfinden.

Aber kurz davor wurde die deutsche Originalfassung verboten: Das Deutsche Theater protestierte gegen die angebliche Konkurrenz. In Wirklichkeit hatte ein Nazi im Ensemble des Deutschen Theaters der deutschen Botschaft ein Exemplar des Stückes zugespielt, wo man es unschwer als direkten Angriff auf die Methoden des Dritten Reiches erkannte. Es gab eine Demarche des Botschafters.

Die tschechische Uraufführung stieg im Februar 1937, in meiner Regie und mit meinen Bühnenbildern. Den Tom spielte ein echter Elfjähriger, der Sohn des Komponisten Schulhoff. Er ist heute einer der interessantesten Regisseure der mittleren Generation in Prag.

Die Kinder im Zuschauerraum gingen mit, wie es keiner von uns erwartet hatte. Bei der Gerichtsverhandlung im letzten Bild herrschte zuerst atemlose Stille. Die Frage hing in der Luft, ob Tom, der Mitwisser des Mordes an Doktor Robinson, seine Angst vor den daran mitbeteiligten Honoratioren des Städtchens überwinden kann und ob er seinen Freund Muff Potter freibekommt. Dann brach ein Sturm im Publikum los. Die Kinder beschworen ihren Helden, Mut zu haben, sie seien alle auf seiner Seite. Schließlich waren sie ja alle ebenfalls Augenzeugen gewesen . . .

Wenige Tage nach dem riesigen Erfolg stieg dann doch die deutsche Fassung, am Stadttheater in Teplitz-Schönau, und im Herbst des gleichen Jahres durfte ich das Stück in Wien herausbringen – am traditionsreichen Theater an der Wien. (Die beiden Jungen hatte ich einfach auf der Straße aufgelesen.) Das war aber schon fünf Minuten vor dem »Anschluß«.

Fünfzehn Jahre und einen Weltkrieg später war Stefan bei mir in Prag zu Besuch. Um unseren beiden Frauen zu imponieren, kämpften wir noch einmal alle Schlachten durch und klopften einander gönnerhaft auf die Schultern. Dann fiel Stefan unser altes Stück ein, und ob es noch existiere? Wir durchsuchten alte Kisten und Koffer und fanden tatsächlich ein vergilbtes Exemplar. Ich schrieb es säuberlich ab und sandte es an drei Adressen: an das Theater der Freundschaft in Ost-Berlin, an Karl Paryla, den alten Freund an der Wiener Scala. Und ich übergab es dem staatlichen Kindertheater in Prag.

Die Reaktionen waren unterschiedlich.

Ost-Berlin: Genosse Burger, wir mögen euer Stück. Wir nehmen es fürs nächste Jahr in unsern Spielplan auf.

Prag: Genosse Burger, wir finden euer Stück interessant. Es enthält jedoch eine Reihe ideologischer Mängel, zum Beispiel das völlige Fehlen eines Vertreters der klassenbewußten amerikanischen Arbeiterschaft. Außerdem sind deine Helden abergläubisch, und wir bekämpfen doch jede Art von Aberglauben. Die Rolle des Advokaten Thatcher ist zu zwiespältig. Manchmal schlägt er sich auf die Seite der klassenbewußten Elemente des Stücks, manchmal wieder nicht. Das verwirrt . . .

Wien (Karl Paryla): Lieber Hans, wir finden das Stück prima. Otto Tausig inszeniert es. Die Proben sind im Gange. Kommst du zur Premiere?

Als ich bei den Behörden anfragte, ob das möglich sei, wurde ich aufs Kulturministerium gerufen. Wie ich denn dazu komme, ein Stück ohne Erlaubnis außer Landes zu schicken? Mit Mühe konnte ich verhindern, daß man mich und Stefan zwang, gegen die Aufführung unseres Stückes in Wien – also im Westen – Protest einzulegen. Ans Hinfahren war nicht zu denken. Damals, 1952, war eine Reise eines privaten tschechoslowakischen Bürgers ohne offiziellen Status in den Westen noch undenkbar.

Wien war ein Riesenerfolg. Das Stück wurde auch im Abendspielplan aufgeführt. Dann kamen die Premieren in Halle und Berlin, aber auch in die befreundete DDR durfte ich nicht fahren, Stefan jedoch konnte sich beim Publikum für den Beifall bedanken. (Seither hat es jedes Theater in der DDR gespielt, die meisten studierten es inzwischen schon ein zweites und sogar ein drittes Mal ein. Es wurde im Fernsehen übertragen, auch in einigen Städten der Bundesrepublik gespielt, in Jugoslawien und abermals in Wien.)

Und dann endlich kam es zu »ideologischen Besprechungen« in meiner Heimatstadt. Ich änderte keine Zeile, und schließlich durfte ich es inszenieren. Die Kinderrollen wurden hier traditionsgemäß von Mädchen gespielt, eine Technik, die aus der Sowjetunion kam und die sich sehr bewährt hat.

Ich habe die Vernachlässigung des Theaters für Kinder nie begriffen. Schließlich ist das erste Theatererlebnis für jedes Kind eine einschneidende Erfahrung, die ein wenig dazu beiträgt, es zu formen, Maßstäbe zu setzen für sein späteres Verhalten, für seine Haltung dieser Welt gegenüber, für seine Erwägungen darüber, was man tun kann und was nicht, um in dieser Gesellschaft als anständiger Mensch zu bestehen. Zuviel verlangt von einer Kindertheatervorstellung?

Am 18. Juni 1944, zwölf Tage nach der Invasion, verhörte ich als amerikanischer Soldat mit Deutschkenntnissen in der Nähe von Ste-Mère-Eglise einen deutschen Soldaten. Er war zwanzig und stammte aus Wien, aus Floridsdorf. Er hatte fünfzehn Mann seiner Einheit zum Schlußmachen überredet und war mit ihnen herübergekommen. (Einen hatte es dabei erwischt, ein zweiter war schwer verwundet worden, und seine Kameraden hatten ihn mit herübergeschleppt. Er lag jetzt im ersten Feldlazarett des VII. US-Armeekorps bei St. Sauveur.) Glücklicherweise war es nicht meine Aufgabe, ihn über taktische, militärische Dinge auszufragen. Mir ging es mehr um Stimmungsberichte, und in diesem Fall um seine Beweggründe, die ihn zum Überlaufen gebracht hatten – immerhin keineswegs ein risikoloser Entschluß, der aber im Endeffekt ihn und seine Kameraden für das Leben nach dem Krieg erhalten hatte. Es ging um die Argumente, mit deren Hilfe er seine Kameraden davon überzeugt hatte, daß die Sache, für die sie kämpfen sollten, eine schlechte Sache und daß es besser sei, den Krieg zu überleben.

Er beschrieb mir, dem Amerikaner, für den er mich hielt, seine Familie, sein Stadtviertel, das ich genau kannte, und was er getrieben hatte, bevor er zur Wehrmacht mußte. Als Mitglied der sogenannten Psychologischen Kriegführung interessierten mich vor allem Denkanstöße, Erfahrungen oder Erlebnisse, die ihn schließlich zu seinem entscheidenden Schritt geführt und die ihm und vierzehn seiner Kameraden das Leben gerettet hatten.

Wie sein Nachdenken angefangen habe? Er grinste ein wenig. Das könne mich als Amerikaner vielleicht interessieren. Sicher kenne ich den Schriftsteller Mark Twain und seinen *Tom Sawyer*, das sei doch sozusagen das Hauptwerk dieses Nationalschriftstellers. Nun – er habe als Elfjähriger ein Stück über diesen *Tom Sawyer* im Theater an der Wien gesehen, vor neun Jahren, und da habe er nachzudenken begonnen . . .

Die Geschichte des Kaspar Brandhofer

Leo Reuß war in den zwanziger Jahren ein prominenter Berliner Schauspieler. Nicht so berühmt wie Bassermann, George oder Krauss, aber das hatte nichts mit seiner Qualität zu tun. Eher damit, daß er seinem Rollenfach nach kein »Held« war, kein Darsteller zentraler Figuren, sondern ein großartiger Episodenspieler, ein wundervoller Komödiant, der Figuren auf die Bühne stellte, die man nicht vergaß.

1933 mußte er Deutschland verlassen. Er war »rassisch untragbar« geworden. Daran änderte auch der Umstand nichts, daß er mit einer der großen Damen jener Theaterepoche liiert war, mit Agnes Straub.

Er ging nach Wien. Aber auch da wurde es langsam schwerer für einen Theatermann seines Kalibers, neue Wurzeln zu schlagen und die Stellung einzunehmen, die er beanspruchen durfte. Nach einem Jahr vergeblicher Versuche verschwand er, spurlos. Kein Mensch wußte, wohin.

Und dann, an einem Herbsttag des Jahres 1936, stand ein Tiroler Bauer auf dem Wiener Burgring. Er war untersetzt, stiernackig, gekleidet wie ein Bauer, der sich stadtfein gemacht hat. Sein blonder Vollbart reichte bis zum Gürtel. In unverfälschtem Tirolerisch fragte er sich nach dem Burgtheater durch. Dort überreichte er dem Pförtner einen Brief an den Herrn Direktor.

Der Brief war von Max Reinhardt aus Salzburg. Professor Reinhardt schrieb an seinen Kollegen von der Burg, da habe er doch vor einigen Tagen ein Tiroler Bauerntheater besucht, und es sei ihm dieser Mann aufgefallen, Kaspar Brandhofer. Ob es wohl möglich sei, dem Mann eine Chance zu geben.

Das geschah. Kaspar Brandhofer wurde zu einem Vorsprechen eingeladen. Im verdunkelten Zuschauerraum saß eine Anzahl von Regisseuren und Theaterleitern. Man ersuchte den blondbärtigen Tiroler, einen Monolog zu sprechen. Irgendeinen.

Was das denn sei, ein Monolog, fragte der Mann. Man lächelte etwas spöttisch, und einer versuchte, es dem Mann zu erklären.

Ach so, sagte er. Das sei wohl so eine Art »Zwiesprach' mit mei'm Herrgott?«

Die Herren lächelten nachsichtig und sagten ja.

Kaspar Brandhofer, allein auf der kahlen Bühne, hielt seine Zwiesprach' mit seinem Herrgott.

Unten wurde es still. Ernst Lothar, damals Direktor des Theaters in der Josephstadt, kam nach vorn an die Rampe. Er bereite gerade in seinem Theater eine Dramatisierung von Schnitzlers *Fräulein Else* vor. Da sei eine Episode drin, die passe für Herrn Brandhofer: ein Tiroler Bauer . . .

Kaspar Brandhofer probte. Es war die schwerste Nervenanspannung, die er je erlebt hatte. Denn in seiner Vergangenheit, als Leo Reuß, war er dutzendmal auf dieser Bühne gestanden, und einige Schauspieler, mit denen er jetzt probte, waren seine Partner gewesen.

Die Premiere von *Fräulein Else* war ein voller Erfolg – vor allem wegen dieses »Naturwunders«. Die Kritiker überboten einander in Lobeshymnen. Besonders hingerissen schrieben die Nazi-Blätter. Da sehe man es endlich! Wieviel Talent schlummere doch im einfachen Volke, darniedergehalten von einer Clique jüdischer Direktoren und Regisseure. Da kam nun einer, urwüchsig und volksverbunden, und er zeigte es ihnen! So ging es weiter, spaltenlang.

Tags darauf warf Kaspar Brandhofer die Maske ab. Die Nervenanspannung war einfach zu groß für ihn gewesen.

Sensation!

Leo Reuß war über Nacht ein Star geworden. Die Angebote überpurzelten sich. Die erste Rolle, die er annahm, war der Napoleon in *Madame-sans-gêne*, im Theater an der Wien, mit Christel Mardayn als Partnerin. Und da er ja abends noch seinen Tiroler Bauern im Theater in der Josephstadt mimte, probte er morgens seinen Napoleon im blonden Vollbart.

Ich lernte ihn auf einer dieser Proben kennen und fand einen Mann, der jetzt, nach der fast unerträglichen Anspannung, nervös und hektisch geworden war. Denn es ging ja nicht nur um diese letzten Wochen, wo er seinen Part zu spielen hatte, sondern um die letzten Jahre, da er in einem Tiroler Dorf auftauchen mußte, um dort eine plausible Existenz zu gründen und sich als respektierter Einheimischer im Bauerntheater durchzusetzen, wo ihn dann schließlich Max Reinhardt entdeckte.

Jetzt kamen auch die Angebote aus Übersee. Denn natürlich war die Nachricht von dieser Sensation bis nach Hollywood gedrungen.

Und auch dort gönnte so mancher den Nazis diese unsterbliche Blamage. Leo Reuß schloß einen Vertrag mit Metro-Goldwyn-Mayer und ging 1938 nach Kalifornien.

Ich weiß nicht, ob es dort bei seinem Eintreffen einen großen Bahnhof gab. Ich weiß auch nicht, was man alles mit ihm vorhatte. Ich weiß nur, daß eines Tages der Generalkonsul des Dritten Reiches aus San Franzisko kam und den Herren von der Metro einen Besuch abstattete: »Wenn der Jude Reuß bei Ihnen auftritt, wird kein M-G-M-Film mehr in Deutschand gezeigt . . .«

Die Herren sahen das ein. (Daß kurze Zeit später das Geschäft ohnehin zu Ende gehen würde, konnten sie nicht ahnen.)

So mußte Leo Reuß ein zweites Mal seinen Namen ändern, und die Metro-Goldwyn-Mayer lieh den unbequemen Mann an andere Firmen aus, wo er dann ohne Fanfare kleine Rollen spielen durfte. Das Kaspar-Brandhofer-Zwischenspiel geriet ebenso in Vergessenheit wie der Schauspieler Lionel Royce.

Er starb kurze Zeit später.

Das Jahr der Wende, die nicht war

Das Wiener Theater in der Josephstadt, ganz rotsamtene Würde und Tradition, besitzt einen riesigen Kristallkronleuchter, der an einem roten, samtumkleideten Seil tief in den Zuschauerraum hineinhängt. Wenn die Lichter ausgehen, schwebt er langsam und feierlich nach oben, und die Vorstellung kann beginnen.

Viele Male hatte ich als junger Mensch das Entschweben des Kronleuchters und die langsam im Saal verlöschenden Lichter erlebt. Nun, zu Beginn des Jahres 1938, schwebte er zum ersten Mal für mich selbst in die Höhe: auf der Bühne ging eine Arbeit von mir über die Bretter, die Uraufführung von Ferdinand Bruckners *Napoleon*. Das Jahr 1938 fing gut für mich an.

Für die Welt war 1938 das Jahr, das eine Wende zum Guten hätte bedeuten können. Die besten Kenner der Lage, Hitlers höchste Militärs bezeugten es, in zeitgenössischen Tagebüchern, geheimen Botschaften an die westlichen Alliierten und später vor dem Nürnberger Tribunal. In jenem Jahr hätte Hitler gestoppt werden können. Die Landkarte Europas sähe heute anders aus. Es gäbe kein Doppeldeutschland und keine gespaltene Stadt, und über 60 Millionen Menschen hätten die nächsten sieben Jahre überlebt.

Am 12. März ging der erste Teil der Tragödie über die Bretter Europas: der Anschluß. Hitlers Wehrmacht strömte über die Grenzen Österreichs, stellenweise aufgehalten nicht etwa von österreichischen Truppen, sondern durch Organisationsfehler und größere logistische Pannen. Und dann, am Montag, dem 14. März, kam er selbst, umjubelt von Hunderttausenden auf dem Wiener Heldenplatz – die es dann im Mai 1945 nicht gewesen sein wollten, die sich als armes, besetztes, vergewaltigtes Volk unverfroren auf die Seite der Sieger schlugen und von denen sich heute, nach so vielen Jahren, wieder so viele ohne zu erröten mit Tränen der Rührung an jenen Tag erinnern ...

Die Tschechoslowakei war eingekreist.

Wenn ein beachtlicher Teil der Deutschen im Reich, zumindest den Enkeln gegenüber, behaupten kann, in den Faschismus hineingeschliddert zu sein, wenn die Hunderttausende, die an jenem 14. März 1938 in Wien ihrem Führer hysterisch zujubelten, von sich glauben können, Jahre der Dollfuß- und Schuschniggherrschaft und der begeistert geduldete Austronazismus habe sie konditioniert – die dreieinviertel Millionen Deutsche in den Randgebieten der Tschechoslowakei, die sich an jenem 14. März auf den Straßen unseres Landes heiser brüllten, daß sie jetzt auch heim wollten, ins Reich, sie hätten es besser wissen müssen.

Denn in der demokratischen Tschechoslowakei, die gewiß nicht fehlerlos funktionierte, die viele der habsburgischen Nadelstiche nun an ihren deutschen, ruthenischen, ungarischen Minderheiten nacherzierte, gab es immerhin um die fünfzehn politische Parteien. Es gab Zeitungen aller Richtungen, die schreiben konnten, wozu sie Lust hatten. Durch sie konnte jeder Deutsche in der Tschechoslowakei alles über den Nazismus und die Konzentrationslager erfahren – und viele Hunderte Opfer des Naziterrors hatten im Lande Asyl gefunden.

Es gab freie Gewerkschaften, die es nördlich der damals noch offenen Grenze schon fünf Jahre nicht mehr gab. Sie hatten deutsche Buchverlage aller Richtungen zur Verfügung und deutsche Buchläden, in denen man deutsche Bücher aller Färbungen kaufen konnte. Sie lebten in einem Lande, in dem es Versammlungs- und Demonstrationsfreiheit gab, und man konnte dort die Regierung ungestraft kritisieren. Die Wahrheit über das Dritte Reich war ihnen ebenso zugänglich wie den Menschen im übrigen Europa, nur daß sie diese Wahrheit greifbar und in allernächster Nachbarschaft hatten und daß sie in ihrer eigenen Sprache an jeder Straßenecke verkauft wurde.

Für sie war der Anschluß Österreichs ein Signal. Alles, was sich in den letzten fünf Jahren angekündigt hatte, setzte nun mit voller Wucht ein. Sozialdemokraten, Kommunisten und andere Deutsche, die Freundschaft und friedliches Zusammenleben mit den Tschechen propagierten, wurden isoliert, boykottiert, beschimpft. Scharenweise gingen junge deutsche Bürger der Tschechoslowakei über die offene Grenze und sammelten sich wenig später unter den Fahnen der Sudetendeutschen Legion, die offen die Zerschlagung ihres Staates im Programm hatte. Die Sudetendeutsche Partei (SdP) und ihr Hauptorgan, die »Zeit«, regierten die Straße. (Einer der Hauptredakteure dieser Zeitung, Dr. Walter Becher, »regiert« heute die Sudetendeutschen Landsmannschaften in der Bundesrepublik.)

Damals kaufte ich in einem Buchladen in Karlsbad legal erscheinende Broschüren, in denen deutsche Bürger der Tschechoslowakei instruiert wurden, wie man die Behörden des eigenen Staates schikanieren kann. Darin waren auch Anweisungen für Mitglieder der Bürgergremien – nebenan im Dritten Reich schon lange abgeschafft – über empfohlene Taktiken der Obstruktion. Ich habe in jenen Wochen viele Versammlungen der SdP besucht, in denen offen zu Terror und Landesverrat aufgerufen wurde. Jede dieser Reden wäre heute in der Bundesrepublik belangbar. Ich habe einige dieser Reden aufgezeichnet und gefilmt.

Denn der Zufall wollte es, daß ich in jenem Jahr einen Logensitz einnehmen konnte, in jenen Tagen, da der Kronleuchter langsam in der Decke verschwand und es dunkel wurde in Europa.

Ein Bekannter von mir, der amerikanische Journalist Herbert Kline, war in Prag erschienen. Er hatte sich – was damals nicht allzu schwer war – ausgerechnet, daß die Tschechoslowakei als nächstes auf der Liste der Opfer Hitlers stand. Er konnte weder Deutsch noch Tschechisch und hatte von unserem Land nur nebelhafte Vorstellungen. Er brauchte also einen Autor und Mitregisseur für einen Dokumentarfilm.

Wie dieser Film aussehen würde, wußten wir beide nicht. Das Drehbuch wurde erst geschrieben – in Berlin, beim Nürnberger Parteitag, in Berchtesgaden, auf dem Landsitz der Lady Astor in Cliveden, in Paris und auf der Prager Burg. Die Autoren hießen Chamberlain, Daladier, Mussolini und Hitler. Ihre Schachfiguren waren Konrad Henlein, Karl Hermann Frank und Dr. Eduard Beneš, der Präsident unserer Republik. Wir waren bloß die Chronisten.

Es sollte ein abendfüllender Film werden, ein durch und durch politischer Dokumentarfilm, ein Typ, den es damals noch kaum gab. Und er sollte nicht aus zusammengesuchtem, -gekauftem oder gestohlenem Material bestehen. Wir hatten den Ehrgeiz, jeden Meter selbst zu drehen.

Dazu brauchten wir noch einen dritten Mann, einen Kameramann, der auch Schnittmeister sein mußte.

Alexander Hackenschmied war das, was man heute einen Jungfilmer nennen würde. Er hatte bis dahin fast ausschließlich Reklamefilme gedreht, und zwar für den eitlen Chef der riesigen Schuhfabriken Bata. Ich hatte nur einen seiner Filme gesehen, der Autoreifen propagierte, ebenfalls ein Produkt der Bata-Werke. Der Film war voll Poesie. Es war eine Zehnminutensymphonie der mährischen Landschaft. Außerdem hatte er den Film *Land der Lieder* von Karol Plicka geschnitten, der zu Beginn der dreißiger Jahre den großen Preis von Venedig erhielt. Die Arbeit an unserem Film zwang ihn dann, noch im Winter dieses Jahres nach Amerika zu fliehen, wo er bis heute lebt und eine ganze Reihe großer Filme gedreht hat. Damals aber, als ich ihn für unsern Film engagierte, war er ein Geheimtip, ein Außenseiter. Manchmal kommt man ohne jede Absicht in die Lage, Schicksal zu spielen.

Für mich selbst wurde das Unternehmen auch ein Stück Schicksal. Nach so vielen, in rauchigen Cafés ausgeheckten und später von zweifelhaften Produzenten verwässerten Projekten sollte das nun für mich der erste wichtige Film werden. Einer, der etwas aussagen würde über das Land und die Menschen und was sie bewegte.

Der Anlaß war tragisch – denn nach und nach war es jedem von uns klar, daß diese Krise wahrscheinlich mit einem Krieg, oder aber mit einem schmählichen Ausverkauf enden mußte. Und wenn es zum Schlimmsten kommen sollte, dann würde unser Film, so dachten Hackenschmied und ich, vielleicht eine Flaschenpost sein, um draußen in der Welt zu zeigen, worum es hier ging und wie die Menschen in unserem Land damit fertig wurden. Ans eigene Überleben dachten wir wenig.

Wir waren alle drei jung, keiner über dreißig. Wir hatten alle drei ein ähnliches Weltbild, und wir machten uns nichts vor, nichts über die Herrenrasse, die uns jetzt von allen Seiten umzingelt hatte, nichts über unsere Verbündeten. Was Hackenschmied und mich von unserem Geldbeschaffer und Mitproduzenten Kline unterschied, war eine tiefsitzende Liebe zu diesem Land, während er außer einer ehrlichen Überzeugung vor allem eine kühl kalkulierende, journalistische Spürnase mitbrachte. Wir fanden bald heraus, daß das wichtig war.

Wir versicherten uns der Hilfe unseres Außenministeriums und der Militärs, denn wir würden ja ausgiebig in den Grenzgebieten drehen. Wir waren in Kontakt mit den bürgerlichen Zeitungen und mit den ausländischen Korrespondenten, die ihre Nachrichtenbörse in der Halle des Hotels Alcron aufschlugen. Und ich hatte ja noch meine Spezialverbindung zur »Roten Fahne«, für die ich oft geschrieben hatte. Deren Korrespondenten, meist Arbeiter in den Randgebieten, wurden dann, wie sich zeigte, oft unsere besten Informanten.

Ich hatte mir für unsern Film eine Art Romeo-und-Julia-Geschichte ausgedacht, die ja sehr nahe lag: ein tschechisches Mädchen aus Prag und ein Junge aus dem Erzgebirge, ein Deutscher, würden einander im Verlauf des Films kennen- und liebenlernen. Was auch immer an Konflikten zwischen Deutschen und Tschechen aufkäme, und an Anlässen war da kein Mangel, es mußte auf ihrem Rücken ausgetragen werden.

Das Mädchen würde die sechzehnjährige Mirka sein, die ich als Mitglied einer Gesangsgruppe kennengelernt hatte. Sie hatte ein weiches, slawisches Gesicht und riesige, verträumte Augen. Der Junge war siebzehn und hieß Willy. Er war blond und frisch, und von Beruf Instrumentenbauer in Schwaderbach, knapp vor der sächsischen Grenze. Die Gesangsgruppe, die er leitete, wollten die SdP-Leute für sich gewinnen. Als er ablehnte, wurde er von seinen

»Volksgenossen« überfallen und blutig geschlagen. Als Andenken trug er eine Narbe quer über die Nase.

Als erstes drehten wir die Szene des Kennenlernens. Der Anlaß war eine Aktion der »Erzgebirgshilfe«, einer Organisation, die aus Tschechen bestand und die allsonntäglich deutschen Arbeitslosen im Rahmen eines kleinen Volksfestes Unterhaltung, Eßpakete, Kleidung und ärztliche Hilfe brachte.

Das nächste war dann ein Besuch Willys in Prag. Mirka nahm ihn mit zu einer Vorstellung des »Befreiten Theaters«.

Wir konnten damals nicht ahnen, daß wir die einzige, heute existierende Aufzeichnung aus diesem Theater drehten. Es war der Song »David und Goliath«, der den Geist der Menschen in diesem Krisenjahr symbolisierte. Dreißig Jahre später erklang er wieder auf den Straßen Prags.

Seit dem Anschluß kamen aus den Randgebieten, dem Böhmerwald, den Bädern und Dörfern täglich alarmierendere Nachrichten. Menschen wurden überfallen, Kulturveranstaltungen von heimischen Nazis gesprengt. Ich selbst sprach in Karlsbad bei einer Büchnerfeier, die von SdP-Leuten gestürmt wurde, wobei einige Teilnehmer der Feier krankenhausreif geschlagen wurden.

Wir hielten sehr viel von diesen Dingen fest, da wir durch die Arbeiterkorrespondenten auf dem laufenden gehalten wurden. Wir besuchten als »amerikanische Filmgruppe« Veranstaltungen der SdP, liehen uns dabei ihre Scheinwerfer aus und hörten uns mit steinernem Gesicht ihre Hetzreden an. Wir trafen viele Menschen, die Angst hatten, die jeden Tag mit dem Einmarsch von Hitlers Wehrmacht rechneten und mit der dann folgenden Nacht der langen Messer. (Sie kam!) Wir filmten auch die Häufchen aufrechter Sozialdemokraten und Kommunisten, die einen oft verzweifelten Kampf an zwei Fronten kämpften: gegen das Mißtrauen und die Schikane der eigenen Behörden und gegen die Schlagringe der Sudetendeutschen, wie sie sich nannten, auch wenn sie aus dem Böhmerwald oder aus Südmähren stammten.

Die Stimmung bei den Grenzern, bei den Soldaten und bei den alteingesessenen Tschechen war düster, oft resigniert und manchmal auch von tiefem Haß gegen die »Burg« erfüllt, die eigene Prager Regierung, die das alles zuließ. Es war ein nebliger, unsicherer, wetterwendischer Mai.

Und dann geschah das Wunder.

Wir ahnten noch nichts, als wir am Abend des 21. Mai 1938 in Aussig ankamen. Obwohl es spät war, wollten wir uns doch beim Abschnittskommandanten melden, um zu erfahren, wo wir am besten anderntags hinfahren sollten. Wir waren übereingekommen, daß wir den Militärs nichts davon sagen würden, was wir am Nachmittag von einem der amerikanischen Korrespondenten – war es Theodore Draper oder William Shirer? – als sicher erfahren hatten: auf dem Landsitz der Lady Astor in Cliveden hatte am Tag vorher Chamberlain ganz offen davon gesprochen, die Tschechoslowakei werde geopfert werden. Ungeachtet ihrer Vertragsverpflichtungen würden weder die Engländer noch die Franzosen zu Hilfe kommen.

Die Wache ließ uns überraschend schnell durchs Portal. Ein junger Leutnant holte uns beim Pförtner ab. Er federte förmlich, war gut gelaunt, aber er sagte nichts, während er uns durch die Gänge des scheußlichen Gebäudes führte.

Der Kommandant, ein Oberst mit einem Schädel wie eine Kanonenkugel, empfing uns, als ob er uns erwartet hätte. Wir hatten längst bemerkt, daß wir beobachtet wurden: unser riesiger, offener Cadillac, Jahrgang 1927, mit den Kameras und dem übrigen seltsamen Gepäck mußte jedem auffallen.

Der Oberst grinste wie ein Kater, der gerade einen Kanarienvogel verspeist hat, und er strich sich, weiß Gott, den buschigen Schnauzbart, bevor er zu sprechen anfing. Die übrigen Offiziere sahen uns mit erwartungsvollen Gesichtern an, als wollten sie die Wirkung dessen auskosten, was er uns sagen würde.

Er sagte nicht viel. Eigentlich bloß, daß wir am besten schon im Morgengrauen in Richtung Grenze aufbrechen sollten, und wir würden dann schon sehen, was los sei. Leutnant K. würde uns begleiten. Jawohl – etwas habe sich verändert. Gott sei Dank!

Die Wahrheit war, daß in jener Nacht vom 20. zum 21. Mai die Tschechoslowakei mobilisiert hatte. Eine Teilmobilisierung nur, und »einige« Reservisten waren einberufen worden. In Wirklichkeit waren seit wenigen Stunden alle Forts besetzt, in jedem Bunker hockten nervös rauchend die Männer hinter ihren MGs oder ihren Anti-Tank-Geschützen. Die Wahrheit war, daß sich in dieser Nacht die Regierung entschlossen hatte, den Feind nicht einen Meter tief ins Land zu lassen. Und daß daraufhin die Botschafter Frankreichs und Englands dem Präsidenten versicherten, ihre Länder seien diesmal nicht gegen gewisse Maßnahmen.

In dieser Nacht. Später dann nicht mehr. Aber das konnten wir nicht wissen. Das wußte auch dieser Oberst noch nicht, und noch weniger wußten es die Männer in ihren Bunkern.

Später, viel später, acht, zehn Jahre später, sechzig Millionen Tote später, las ich es in vielen Dokumenten, daß es in jener Nacht bei Hitler beinahe zu einer Palastrevolution gekommen war. Generaloberst Beck hatte seinen Führer darauf aufmerksam gemacht, daß sich die Tschechen nicht überrennen lassen würden, daß ein müheloser Anschluß nicht in Frage komme und daß unter diesen Umständen ein Angriff in der ganzen Welt als Bruch des Weltfriedens gewertet werden würde. Entgegen allen Erwartungen werde Frankreich, und dann auch England, wie es die Verträge vorsähen, und anschließend auch die Sowjetunion der Tschechoslowakei zu Hilfe kommen. Und daß die im Augenblick verfügbaren deutschen Verbände nicht ausreichen würden, den Einmarsch zu vollziehen und gleichzeitig auch im Westen anzutreten. Der Westwall befände sich zum großen Teil erst auf den Reißbrettern.

Es kann, nachdem so viele Dokumente, Protokolle des Nürnberger Prozesses, Tagebücher, interne Mitteilungen veröffentlicht wurden, kein Zweifel daran bestehen, daß maßgebende Mitglieder von Hitlers Generalität sich in jenen Tagen zu sammeln begannen. Hier, in den Tagen um den 21. Mai 1938, kann man die Wurzeln des 20. Juli suchen. Die Namen derer, die jenen 20. Juli sechs Jahre später so dilettantisch planten und so tragisch büßen mußten, sie tauchten hier zum ersten Mal als Gruppe auf.

Worauf hofften sie? Keineswegs auf ein neues, vielleicht gar sozialistisches Deutschland, wohl aber auf ein Land, das seine Nachbarn nicht bedroht und sich auf unsichere Abenteuer einläßt. Deshalb hofften und bauten sie auf eine entschlossene Haltung der westlichen Mächte, vor allem Englands. Eine machtvolle, eindeutige Erklärung der britischen Regierung, darin sind sich die kompetentesten Chronisten jener Jahre einig, hätte damals zur ersten Niederlage Hitlers geführt. Wahrscheinlich auch ohne jedes Blutvergießen. Hitlers Feldherrnruhm wäre gar nicht erst in Erscheinung getreten, sein Nimbus wäre zerstört gewesen. Vergessen wir nicht: es gab noch keinen Westwall, die deutsche Rüstungsindustrie war noch keineswegs voll organisiert, und von Generaloberst Beck stammt die damalige interne Erklärung, daß die deutsche Wirtschaft in jenen Tagen schwächer war als 1917/18.

Das Land war taufrisch an jenem Morgen. Die Landstraßen, die zur Grenze führten, waren plötzlich verbarrikadiert. Panzerfallen waren aus dem Erdboden gewachsen. Das Material dazu mußte schon lange parat gelegen haben. Waldstücke, die ich gut zu kennen glaubte, erwiesen sich als Tarnung für Artilleriestellungen. Eine harmlose Ziegelmauer quer zum Hang eines sanften Hügels verbarg einen unterirdischen Hangar, den uns Leutnant K. filmen ließ. Mit seiner Hilfe schlängelte sich unser Wagen durch die Sperren.

In den Waldschluchten, in denen wir Indianer gespielt hatten, oder Araber, je nach dem Karl-May-Buch, das wir gerade lasen, lagen jetzt olivgrüne Männer mit Stahlhelmen. In einer Waldhüterhütte, die uns oft als Versteck gedient hatte, hockten ein paar Generalstäbler, über Landkarten gebeugt – und ich hätte ihnen doch jeden Pfad, jede Bodenwelle zeigen können, und jedes Rinnsal, und jede Stelle, wo es Erdbeeren gab, oder Kreuzottern . . .

Ich kletterte, diesmal ein Kamerastativ hinter mir herziehend, auf den kahlen Sandsteinschädel eines riesigen Teufelskopfes, wo zwanzig Jahre früher ein kleiner Junge sich mit zerschundenen Knien und zerrissener Hose hinaufgehangelt hatte. Dort oben war er oft und einsam gelegen und hatte ins Land hineingeschaut, auf die flache, glitzernde Elblandschaft und auf den vulkanischen Hügel, der sich unvermittelt aus den Feldern erhob. Ein sanft geschwungener Hügel, mit einem gerade noch erkennbaren spitzen Kirchturm auf seinem höchsten Punkt. Ein Hügel bloß, unsagbar vertraut – jetzt, als erwachsener Mann, erkannte ich mit Erschauern, was mich damals an diesem Hügel unbewußt so angezogen hatte: es war eine Brust, eine sanft gewölbte Frauenbrust, mit ihrem kleinen Krönchen. (Fünf Monate später lag der Feind dort oben, hatte eine Geschützstellung errichtet, das handgreifliche Symbol einer Vergewaltigung, hatte sich des sanften Hügels samt seines Krönchens bemächtigt.)

Als wir nach zwei Tagen Filmarbeit im Grenzgebiet nach Prag zurückkehrten, war für uns und die fremden Korrespondenten im

Hotel Alcron die Welt noch in schönster Ordnung: Hitler war nicht marschiert, und die nordböhmischen Nazis waren in ihre Löcher gekrochen. Man konnte wieder freier atmen, und nicht nur im Innern des Landes: auch die deutschen und tschechischen Demokraten in den Sudeten atmeten auf und blickten sich voller Hoffnung um.

Unsere letzte Kameraeinstellung an jenem 23. Mai, bevor wir zurückfuhren, war der sonnenüberflutete Marktplatz von Eger. Er war menschenleer. Ein einziger Mann stand da, der die weißen Wadenstrümpfe der SdP trug. Er blickte sich um, blinzelte in die Sonne, kratzte sich am Kopf und ging davon. Der Spuk war vorüber.

Beinahe ...

Vierhundert Dollar für ein Lächeln

Vergebens durchsuche ich die authentischen Berichte aus jenen Tagen. Shirer erwähnt es nicht, ebensowenig Churchill, noch der Alibist Sir Neville Henderson in seinen Memoiren. Auch in den Protokollen, die mir zugänglich waren, ist die Sache kaum erwähnt. Und doch bin ich sicher, daß hier die Tendenzwende (um ein Modewort zu gebrauchen) stattfand.

Was war geschehen? Am 21. Mai, dem Mobilmachungstag, wollten zwei sudetendeutsche Nazi-Kuriere, Spione also, illegal die Grenze zum Dritten Reich überschreiten. Die Grenzwache vereitelte diese Absicht: die beiden Kuriere wurden durch Zuruf gewarnt, hielten nicht an, die Grenzwache machte von der Schußwaffe Gebrauch, und die beiden wurden getötet. Die Ortsgruppe der SdP in Eger ersuchte die Prager Regierung um die Erlaubnis, den beiden ein öffentliches Begräbnis zuteil werden zu lassen. Prag sah nicht ein, warum man zwei Spione mit großem Gepränge beisetzen sollte. Das feierliche Begräbnis wurde verboten. Jeder wußte davon, die ausländischen Korrespondenten aller Richtungen hielten die Entscheidung allesamt für richtig. Erledigt also.

Nicht erledigt.

In der Nacht vom 24. auf den 25. Mai rief mich um Mitternacht ein Arbeiterkorrespondent der »Roten Fahne« zu Hause an. In

Eger würden große Vorbereitungen für das Begräbnis getroffen. Ich fragte bei jemandem an, der Beziehungen zur »Burg« hatte. Zehn Minuten später rief er zurück: Beerdigung gestattet.

Wir berieten nicht weiter. Innerhalb weniger Minuten war unser Cadillac reisefertig und vollgeladen. Aufgetankt war er immer. Außer uns dreien fuhr noch ein zweiter Kameramann mit, Jan Lukas. Wir erreichten Eger in der Morgendämmerung.

Jawohl – etwas war los.

Schon jetzt standen die Menschen dicht gedrängt rechts und links von der Straße, wartend und ganz offenbar genau informiert, wo der Trauerzug passieren würde. Die weißen Wadenstrümpfe, lächerliches Erkennungszeichen der Gleichgesinnten, seit dem 21. Mai außer Sicht, traten wieder in Erscheinung.

Die Beamten im Rathaus, trotz der frühen Stunde schon vollzählig versammelt, zeigten sich nervös und ratlos. Sie konnten nicht begreifen, warum Prag klein beigegeben hatte. Sie zeichneten uns die Route des Trauerzuges in unsern Stadtplan. Nein – die Endstation war nicht der Friedhof der kleinen Heimatgemeinde der getöteten Kuriere, sondern der riesige Marktplatz von Eger.

Dort waren inzwischen aus dem Nichts hölzerne Tribünen entstanden. Werkleute bespannten sie mit den Fahnen der SdP. Die halbe Stunde, die wir im Rathaus verbracht hatten, genügte, um auch den letzten Quadratmeter Straße zu füllen. Ordner der SdP marschierten zackig in kleinen Trupps, im Gänsemarsch meist, die genagelten Stiefel mit Gusto aufs Kopfpflaster knallend. Alles war darauf angelegt, so zu tun, als gehöre diese Stadt bereits zum Dritten Reich. Befehle wurden ausgegeben, Meldungen erstattet, Ordonnanzen flitzten von Kommandostab zu Kommandostab, es wurde bei jeder Gelegenheit mit erhobenem Arm gegrüßt, immer und immer wieder. Bekannte grüßten einander so, einfach aus Spaß an der Freude, auch Frauen, biedere dicke Hausfrauen rissen die Hacken zusammen und grüßten forsch und rissen die Arme in die Höhe und blickten der so begrüßten Nachbarin mit verzücktem Blick in die Pupille. Und eventuell noch einmal, für die Filmkamera der »Amerikaner«.

Wir beschlossen, uns aufzuteilen. Kline würde mit Lukas versuchen, die allgemeine Atmosphäre festzuhalten. Sascha Hackenschmied und ich nahmen den Wagen. Wir spekulierten auf die Eitelkeit und Publicitygier der Nazis. Der große, offene Wagen, die Stative und das übrige Gerät, das wir absichtlich zur Schau stellten, und ein kleines amerikanisches Fähnchen erhöhten in ihren Augen den Pomp der Veranstaltung, gab ihr noch mehr den Anstrich des Offiziellen. Vielleicht bildeten sie sich ein, die Welt nähme durch uns von diesem Spektakel Notiz – leider tat sie es nicht.

Es gelang uns, den Wagen direkt hinter die Karosse mit den beiden Särgen einzureihen. Ich saß am Steuer, Sascha kniete auf dem Rücksitz, die Kamera vor sich aufgebaut.

Der Zug formierte sich. Vorneweg die Musik, eine Fahnenkompanie, der Leichenwagen, dann kamen wir, direkt gefolgt von zwei hohen deutschen Offizieren in voller Uniform, mit allen Orden. Der eine war Oberst Toussaint, Militärattaché der deutschen Botschaft, der andere ein Generalstäbler aus Berlin. Mit ihnen schritten Konrad Henlein, rundgesichtig, wohlgenährt, und Karl Hermann Frank, dürr und fanatisch, bis zum Schluß übrigens, bis zu seiner Hinrichtung im Jahre 1946. Dahinter dann die Angehörigen, dann wieder Fahnen, und der Trauerzug, in Sechserreihen, drei Kilometer lang.

Es ging im Schritt. Schwarzbespannte Trommeln wurden gerührt. Vor den Menschen auf dem Gehsteig standen die Schläger in Uniform, und alle grüßten mit »deutschem Gruß«, wenn die Leichen, die hohen Gäste, die Fahnen vorbeizogen. Schwarze Banner und SdP-Fahnen hingen aus den Fenstern, und hier und da auch schon eine Hakenkreuzfahne.

Sascha hatte seine Kamera auf die Vierergruppe direkt hinter uns gerichtet, auf die beiden Offiziere und die Satrapen Hitlers. Ich fuhr im Schritt hinter den Särgen her, immer wieder mußte ich den Wagen neu starten, denn für dieses Trauertempo war der alte Motor nicht geschaffen. Wir verständigten uns auf englisch.

Einer der vier Prominenten mußte eine zum Lachen reizende Bemerkung gemacht haben, denn alle vier feixten. Ich rief es Sascha zu, denn ich hatte die Szene im Rückspiegel gesehen, aber der hatte natürlich längst auf seinen Knopf gedrückt. Die paar Meter der vergnügt und siegessicher einherschreitenden Ehrengäste zeigten klar, daß sie wußten, wie effektvoll die Show war, die hier abgezogen wurde.

Alles, was den Weg umsäumt hatte, schloß sich dem Trauerzug

an und drängte auf den Marktplatz. Ich weiß nicht, wieviel Menschen er faßt. Die Stadt hatte damals ein wenig über 20 000 Einwohner. Aber laut Polizeibericht waren auf dem Platz und der gesamten Innenstadt über eine Viertelmillion Menschen versammelt, die die SdP über Nacht aus allen Teilen der Randgebiete mit Bussen und Lkws hierhergeschafft hatte. Ein beachtlicher Organisationserfolg.

Ein Katafalk war errichtet worden, Fackeln brannten, aus breiten Bronzebecken loderten Flammen. Es war eine Szene aus dem dunkelsten Mittelalter. Ein Kardinal, ein Fürst, ein Heiliger mochte damals so geehrt worden sein. Die beiden Wehrmachtsoffiziere legten einen enormen Kranz nieder, auf dessen Schleife die Widmung Hitlers und das Hakenkreuz prangten.

In jener Stunde habe ich zu lernen versucht, daß ein Chronist sich nicht empören oder zumindest seine Empörung nicht zeigen darf. Richtig gelernt habe ich das nie.

Was in jenen Tagen außerhalb des Landes geschah, man kann es sich heute wie ein Puzzle aus Dokumenten unschwer zusammenreimen: Die tschechoslowakische Regierung demonstrierte zum erstenmal während der Krise die Entschlossenheit, das Land nicht kampflos preiszugeben. Das wurde in Berlin voll und ganz verstanden. An diesem 21. Mai dämpften die Regierungen Frankreichs und Englands eine kurze Atempause lang ihre Besänftigungspolitik und ließen Beneš wissen, sie könnten ihm seine Haltung und seinen Entschluß nicht verübeln.

Hitler erlitt, seine Paladine gaben das zu, einen großen Prestigeverlust – den ersten. Selbst einer seiner Getreuesten, Jodl, vermerkt das in seinem Tagebuch.

Dann aber ließ Beneš unerklärlicherweise die Zügel schleifen und gestattete die arrogante Machtdemonstration in Eger und die offizielle Teilnahme des Dritten Reiches.

Am 28. Mai, zwei Tage später, berief Hitler seinen Generalstab in die Reichskanzlei und erklärte, daß er sich nunmehr entschlossen habe, »die Sudetenfrage radikal zu lösen«. Er setzte an diesem Tag auch ein Datum für die militärische Operation fest, den 2. Oktober. Ferner befahl er an jenem 28. Mai eine Beschleunigung der Vorbereitungen für den Ausbau des Westwalls und plante die Mobilisierung von – vorläufig – sechsundneunzig Divisionen.

Ausnahmsweise zeigten wir nach unserer Rückkehr in die Hauptstadt unsere »Muster«, das heißt die Aufnahmen dieses Tages, ungeschnitten einer Gruppe von Korrespondenten. Der Vertreter von Fox Tönender Wochenschau bot uns auf der Stelle 400 Dollar für die paar Meter Film mit den lachenden Naziführern im Trauerzug.

»Peace in our time«

Vielleicht hatten wir nach jenem 25. Mai trotz allem immer noch geglaubt, die Sache sei gewonnen.

Wir filmten die eindrucksvolle Sokol-Show, bei der täglich mehrere Male dreißig- bis vierzigtausend Menschen in einer Riesenarena, dem Masarykstadion, tanzten und gymnastische Übungen vorführten, die das ganze Land traditionsgemäß ein Jahr lang eingeübt hatte, bis ins entlegenste Dorf der Republik. Mehr als eine Viertelmillion sah täglich zu – Fernsehen gab es noch nicht.

Wir filmten in flimmernder, gelber Hitze die Ernte auf den Feldern Böhmens und Mährens, wir filmten Flößer und Holzfäller in der Slowakei, Glasbläser in Nordböhmen, den Stahlausstich in den Skodawerken.

Wir ließen Mirka und Willy an einem Volksfest in Reichenberg teilnehmen, bei dem ihre beiden Gesangsgruppen auftraten. Drei Sonderzüge aus Prag, Kladno und Pilsen brachten tschechische Arbeiter und ihre Familien heran, die gemeinsam mit den sudetendeutschen Nicht-Nazis zeigen wollten, wie Solidarität aussieht.

Und wir filmten ein Sommerlager an der Sazawa. Tschechische, deutsche, polnische und ungarische Kinder von Arbeitslosen lebten hier miteinander, aßen – oft zum ersten Mal in ihrem Leben – regelmäßig gesunde Kost und wurden von freiwilligen Ärzten betreut. Prager Arbeiter hatten sich das Geld für dieses Lager vom Lohn abgespart. Mirka, die Sechzehnjährige, hatte fünf Zelte unter sich, die sie mit Sorgfalt betreute.

Wir hatten die beiden Volksschauspieler Voskovec und Werich eingeladen, das Kinderdorf zu besuchen. Die beiden waren auf der

Höhe ihrer Popularität und wurden stürmisch begrüßt. Sie hielten eine kleine Ansprache, und dann sangen sie mit den Kindern eins ihrer Lieder, das jeder im Land kannte. Wenn erst mal Millionen von uns, so sangen sie, gegen den Wind marschieren, dann braucht sich jeder von uns nur einen Meter gegen den Sturm zu stemmen. Zusammen ergibt das dann viele hundert Kilometer. Wir hatten Glück an diesem Tag. Die Sonne schien, keine Wolke stand am Himmel, die Kinder waren glücklich, in der Nacht wehte der Duft von frischem Heu in unser Zelt.

Am nächsten Tag erhielt ich einen heißen Tip. Ein gewisser Lord Runciman, ein Abgesandter Chamberlains, würde angeflogen kommen, um sich im Namen der britischen Regierung mit eigenen Augen davon zu überzeugen, was in unserem Land vorging. Und er werde versuchen, zu vermitteln.

Wir hatten böse Vorahnungen. Erstens fanden wir diese Mission idiotisch. Es waren Hunderte von Korrespondenten im Land, die täglich unzensuriert ihre Berichte nach Hause sandten. Die Botschaften hatten ihren Stab, ihre Beobachter. Die Grenzen waren offen. Und zweitens konnte jeder, der lesen konnte, an jeder Straßenecke erfahren, wer da hetzte und am laufenden Band Hochverrat betrieb: die Zeitungen der SdP, großzügig vom Reich subventioniert, erschienen frei und unbeschnitten. Wozu also kam Lord Runciman?

Kline und ich sprachen mit Shirer in der Hotelhalle des Alcron. Auf unsere Frage, was er von der Mission halte, machte er nur jene charakteristische Handbewegung: er hielt sich die Nase zu. It stinks, hieß das.

Statt durch die Gebiete, um die es ging, zu reisen, verzog sich Runciman auf das Schloß der Hohenlohes, den Freunden der Lady Astor und ihres Cliveden-Sets, nach einem kurzen Antrittsbesuch bei Beneš.

Wir fertigten fieberhaft einen Rohschnitt unseres bisherigen Filmmaterials an, und ich setzte mich drei Tage lang in die Hotelhalle, wo der Lord offiziell wohnte. Aber ich gelangte nur zu seinem Adlatus, einem Mr. Ashton-Gwatkin (ein Name wie aus Gogols *Revisor*), der mich nach einer Minute mit einem desinteressierten »very interesting, indeed« unterbrach und davonging. Mehrere Male ging Runciman an diesen drei Tagen an mir vorbei. Stets war er in Gesellschaft bekannter sudetendeutscher Funktionäre und Redakteure der »Zeit«. Schließlich sprach ich ihn an und sagte kurz, auf die Filmrollen deutend, was ich zeigen wollte: »Have it sent to me to London . . .«, und schon war er fort, stieg in seinen Wagen und rollte samt Gefolge nordwärts, zu seinen Freunden.

Runciman war vom 3. August bis zum 16. September im Lande, und es gibt außer Beneš keinen kompetenten Nicht-Nazi, mit dem er sich in diesen sechs Wochen unterhalten hätte. Shirer nennt diese Mission unverhohlen einen schäbigen Trick der Chamberlain-Regierung.

Denn inzwischen hatte Hitler längst den 2. Oktober als Einmarschtag festgesetzt, hatte sich der aktiven Mitwirkung der Polen und der Ungarn versichert, und es wurde bereits ein »Zwischenfall« vorbereitet, eine Provokation ähnlich der späteren von Gleiwitz, die den Vorwand für den Einmarsch abgeben sollte. Es gibt übrigens ein Memo von General Jodl, datiert am 24. August, in dem er – fünf Wochen vor dem Einmarsch – eine genaue Fixierung des geplanten »Zwischenfalls« verlangt, da ihm die Organisation der Truppenbewegung anvertraut war.

Runcimans Empfehlung an seine Regierung ging noch weiter als Hitlers damalige Forderungen: er verlangte sofortige bedingungslose Abtretung der Randgebiete (über ein Drittel der Republik!) ohne Plebiszit. Alle Kritik an Deutschland in der tschechoslowakischen Presse sei sofort zu verbieten. Und das Restgebilde des Staates, beraubt aller Befestigungen, sollte dann einen – Nichtangriffspakt unterzeichnen . . .

Als ich diese Einzelheiten durch Shirer erfuhr, eröffnete ich meinen Kameraden Hackenschmied und Kline, daß für mich jede Filmerei sinnlos geworden sei. Sie fanden, jetzt sei sie besonders wichtig geworden.

Ich meldete mich freiwillig. Ich unterschrieb, füllte aus, liquidierte meine Wohnung. Aber die Ereignisse überstürzten sich.

Am 17. September zeigten wir den Film, den jener Runciman nicht hatte sehen wollen, in der Villa Theresa – dem Sitz der Sowjetbotschaft.

Ich war im Vorführraum, um ein Verwechseln der vielen Blechdosen zu verhindern. Der Vorführer war ein untersetzter, bärenstarker Mann mit weißem Haar und buschigen schwarzen Augenbrauen, ein Fünfziger. Er war der erste Sowjetrusse, mit dem ich in meinem Leben gesprochen hatte.

Während im kleinen Kinosaal der Botschafter dem Producer und dem Kameramann Wodka anbot, sprachen wir über den russischen Film.

Ich hatte kurz zuvor einen Zyklus der ersten großen Sowjetfilme gesehen und sprach in verballhorntem Tschechisch, von dem wir annahmen, es sei Russen verständlich, von der ungeheuren Wirkung, die Eisensteins *Panzerkreuzer Potemkin* nach dreizehn Jahren seit seiner Entstehung immer noch auf uns Filmleute ausübte. Ob sich wohl alles wirklich so abgespielt habe wie in dem Film, fragte ich den Vorführer.

Er lächelte verschmitzt und sagte nur: »Potschti . . .« (fast), und er hob dabei die Filmrolle hoch, um sie in den Vorführapparat einzulegen. Dabei verschob sich sein Ärmel. Auf dem braunen Unterarm zeigte sich zuerst ein tätowierter Anker. Darüber, in kyrillischer Schrift, das Wort *Potemkin*. Er war einer der wenigen Überlebenden.

Vier Jahre später, in New York, entstand aus diesem Erlebnis der Grundeinfall zu meinem ersten amerikanischen Spielfilm *Seeds of Freedom*.

Ich glaube, daß die gescheiten Leute, die sich in Cliveden bei Lady Astor trafen, zutiefst davon überzeugt waren, daß das Dritte Reich für sie kein echter Feind sei. Das ökonomisch ausgepowerte Nachkriegsdeutschland dagegen war ein Geschwür gewesen, ein echter Gefahrenherd. Das Dritte Reich, wenn es bloß Ruhe gegeben hätte, war der Lady und ihren weltpolitisch einflußreichen Freunden gar nicht so ungelegen gekommen. Dort gab es ja jetzt keine Möglichkeit mehr für eine soziale Revolution, und wenn der Hysteriker mit dem etwas lächerlichen Schnurrbart sich mit aller Gewalt ausbreiten wollte, dann gefälligst nach Osten! Beistandsverträge mit der Tschechoslowakei? Sie waren in jenem Sommer genausoviel wert wie Hitlers Versicherung nach dem Anschluß Österreichs, er habe keine territorialen Forderungen mehr.

Auch die nachher so oft und aus offiziellem Mund gehörte Ausrede »Wir waren 1938 noch nicht vorbereitet« sticht nicht. Denn erstens hatte ja bis dahin die tschechoslowakische Außenpolitik gefälligst diesen Verträgen gemäß zu funktionieren! Sie mußte, diesen

Verträgen gemäß, eine Armee unter Waffen halten, die dem kleinen Land keineswegs angemessen war. Und die Befestigungen des Landes wurden unter Aufsicht der westalliierten Militärs zu einer Super-Maginotlinie ausgebaut – auf Kosten der tschechoslowakischen Steuerzahler.

Und zweitens stimmte das mit der mangelhaften Vorbereitung nicht. Churchill, und darin unterstützt ihn jeder halbwegs seriöse Militärhistoriker, schreibt in seinen Memoiren: »Diese einjährige Atempause, die durch München ›gewonnen‹ wurde, beließ England und Frankreich in einer viel schlechteren Lage im Vergleich zu Hitlers Deutschland, als sie zur Zeit von München gewesen war.«

Aber bei München halten wir noch nicht.

Informiert durch die deutsche, englische und französische Presse und durch mancherlei Verbindungen zur »Burg«, sahen wir zwar die Katastrophe kommen, aber im Herzen weigerten wir uns immer wieder, an die Infamie zu glauben. Nicht an die Hitlers, sondern an die der Freunde im Westen. Der tschechoslowakische Botschafter in London, Jan Masaryk, Sohn des Begründers der Republik, sagte mir später im New Yorker Exil nach einer Vorführung unseres fertigen Films, daß es »ihn ankotzte, sich die täglichen verlogenen Erklärungen eines Lord Halifax anhören zu müssen«. Ich glaube fest, daß in jenen Sommertagen die wahren Wurzeln für Masaryks Entschluß zu suchen sind, die ihn zehn Jahre später, als aus dem Land eine Volksdemokratie geworden war, veranlaßten, dort zu bleiben und sich dem Land wieder als Außenminister zur Verfügung zu stellen. (Die Umstände seines Todes – Selbstmord oder Ermordung –, über die so viele Vermutungen umlaufen, werden gewiß einmal bekanntwerden. Aber wie auch immer sie waren, ich bin überzeugt, er blieb damals, weil er seit München nicht mehr an irgendwelche Garantien des Westens glauben mochte.)

Um uns herum begann man, sich auf den Krieg vorzubereiten. Jedermann wurde aufgefordert, sich eine Gasmaske anzuschaffen. Auch Säuglinge und Tiere bekamen welche. Jedermann besuchte Kurse, in denen gelehrt wurde, wie man sich bei Bombenangriffen verhalten müsse. Keller wurden zu Unterständen. Die Fenster wurden, als Maßnahme gegen den Luftdruck, kreuzweise mit Papierstreifen beklebt. In allen Betrieben gab es Probealarm, dann auch in den Wohnvierteln, von jedermann ohne Murren hingenommen.

Ich will nicht sagen, daß die Menschen keine Angst zeigten. Aber in jenen Tagen rechnete jeder mit dem Krieg, sah keinen andern Ausweg aus der Lage und war willens, ihn zu akzeptieren.

Nur einmal – genau dreißig Jahre später, im Sommer 1968, stand das Land so einhellig hinter seiner Regierung wie damals. Allerdings – in jenem Spätsommer 1938 saßen in Beneš' Kabinett Leute, Agrarier und andere Konservative, die zwar öffentlich ihren Mund hielten, aber im stillen bereit waren, sich mit Hitler zu arrangieren. Analog dazu gab es 1968 eine kleine stalinistische Minderheit, die ihr Heil beim mächtigen großen Bruder suchte.

Wir arbeiteten in jenen Tagen fieberhaft. Versuchten, die Stimmung in Städten und Dörfern einzufangen, die Entschlossenheit, nicht nachzugeben.

In den Randgebieten, aufgeputscht durch die SdP, aber auch aktiv unterstützt durch Waffentransporte und durch herübergeschleuste Banden von Mitgliedern der Sudetendeutschen Legion, kam es jetzt zu blutigen Exzessen. Zivilisten, Beamte, Grenzpolizisten wurden in ihren Betten niedergemacht. (Wir filmten die Stimmung nach der Mordnacht von Haberspirk, das Begräbnis der Opfer.) Das ging so lange, bis Beneš gezwungen war, das Standrecht auszurufen. Dann war Ruhe.

Einmal, in der Gegend von Falkenau, wurden wir von der Grenzpolizei aufgegriffen. Es sah gefährlich aus für uns, da wir allzu oft bei Naziveranstaltungen gesehen worden waren. Wir wurden verhört, dann eingesperrt und schließlich unter schwerer Bewachung interniert. Der deutsche kommunistische Senator Karl Kreibich, den ich gut kannte, bürgte für uns. Leute wie er und andere deutsche Links-Abgeordnete hatten urplötzlich das Vertrauen der Grenzer. »Das sind Deutsche, auf die man sich verlassen kann«, sagte mir der Polizeimajor in Brüx.

Beneš war durchaus bereit, das Seine zum Weltfrieden beizutragen. Am 5. September, nach dem, soviel mir bekannt ist, einzigen Gespräch mit Runciman, rief er die beiden sudetendeutschen Funktionäre Kundt und Sebekowsky auf die Burg und verlangte von ihnen, sie sollten ihre Forderungen zu Papier bringen. Was auch immer es wäre, er sei willens, es zu akzeptieren. Karl Hermann Frank rief am nächsten Tag aus: »Mein Gott, die haben uns alles gegeben . . .« Aber das wollten die Führer der SdP nicht mehr. Am

7. September brach Henlein auf Befehl Hitlers alle Verhandlungen mit der Regierung ab.

Am 20. September, nachdem Beneš die »Vorschläge« der westlichen Verbündeten, die Randgebiete und damit auch alle Befestigungen bedingungslos auszuliefern, in würdiger Form abgelehnt hatte, erschienen um zwei Uhr fünfzehn, mitten in der Nacht, die Abgesandten Frankreichs und Englands, Newton und Lacroix, weckten den Präsidenten und verlangten von ihm, die Ablehnung zurückzuziehen, da sonst die Tschechoslowakei der Friedensstörer sei und dafür die Verantwortung tragen müsse.

Beneš berief sofort seinen Generalstab, sein Kabinett und die Führer der wichtigsten Parteien ein. Die Sowjetunion, obwohl ihre Verpflichtung zur Hilfeleistung erst nach dem Eingreifen der Briten und Franzosen vertraglich vorgesehen war, hatte erklärt, zur aktiven, militärischen Hilfe bereit zu sein. Die Tschechoslowakei müsse sie nur dazu auffordern. Um diese Aufforderung ging es bei dieser Besprechung. Beneš, als Oberkommandierender, brauchte dazu jetzt nur noch einen Federstrich.

Ich war an jenem Abend in der Redaktion der »Roten Fahne«, die im gleichen Stockwerk wie die Leitung der kommunistischen Partei gelegen war. Ich sah mit eigenen Augen, wie Gottwald, der Parteiführer, damals ein ungemein populärer, kraftvoller und lauterer Mann, von seinem Besuch auf der Burg zurückkam. Mit hängenden Schultern, heiser und abgekämpft, kam er die Treppe herauf, von uns allen erwartet. Er winkte ab. »Ich habe vier Stunden auf ihn eingeredet. Mit dem Mann ist nichts zu machen . . .«, und er ging in sein Büro. Es gibt Sternstunden, und es gibt gewiß auch Anti-Sternstunden. Was geschehen wäre, wenn Gottwald Beneš damals dazu gebracht hätte, die Sowjetunion via Völkerbund zu Hilfe zu rufen? Eins ist sicher: Im September 1938, ebenso wie dreißig Jahre später unter Dubček, war die Partei in ihrer überwältigenden Mehrheit entschlossen, niemand ins Land zu lassen.

Am 21. September kapitulierte die tschechoslowakische Regierung. »Wir hatten keine andere Wahl, denn wir wurden allein gelassen.«

Es folgten die hektischen, schamvollen – nein schamlosen Versuche Chamberlains von Godesberg und Berchtesgaden. Was da alles hinter den Kulissen geschah, konnten wir nur hinterher zusammenstückeln. Was wir sahen, miterlebten und filmten, war zuerst der Generalstreik, der zum Rücktritt des Kabinetts führte. Ein General, Syrový, stand nun an der Spitze der Regierung. Hatte ein Land jemals Glück mit Generalen?

Die Prager Arbeiter, nein, nicht nur die Arbeiter, die ganze Stadt zog zum Parlament. Wir nahmen die Kameras mit, und es gelangen uns die einzigen, heute existierenden Aufnahmen der spontanen Demonstration. Sprechchöre donnerten über den Platz: »Gebt uns Waffen, wir haben sie ja bezahlt!« (*Dejte nàm zbraně, dali jsme si na ně!*) Ich stand eingekeilt in der Menge, außerstande, den innerlich unbeteiligten Chronisten zu spielen. Mit meiner kleinen Reportagekamera drehte ich, was ich um mich herum sah, auch den Schwur, die Tausende erhobener Hände konnte ich filmen. Es wurde aber kein »gutes Material« daraus.

Das Land mobilisierte. Oberst Toussaint, der deutsche Militärattaché, telegraphierte ans OKW: »Prag ist ruhig. Die letzten Maßnahmen der Mobilisierung glatt durchgeführt. Schätzungsweise wurde eine Million Mann einberufen, davon 800 000 sofort einsatzfähig.« (Rückübersetzung aus dem Englischen.)

Soviel Mann hatte in diesem Augenblick Deutschland an allen Fronten, im Westen und im Osten, zusammengenommen. Gemeinsam mit Frankreich war das Kräfteverhältnis gegen Hitler an diesem Tag zwei zu eins. Und dabei ist die Sowjetunion noch nicht einmal berücksichtigt, die ihre Absicht unzweideutig erklärt hatte.

Und in Deutschland selbst standen Halder und Witzleben und ihre gleichgesinnten Offiziere bereit, ihren Plan auszuführen und Hitler zu verhaften, sollte er seinen Plan eines gewaltsamen Einfalls durchführen.

Das war die Lage, als Chamberlain und Daladier Hitler aus der Klemme halfen. Das war die Lage auf dem europäischen Schachbrett, und sie prägte sich meiner Generation ins Herz und ins Gehirn und erklärte für uns vieles, das später geschah und von dem manches so schwer zu verdauen war, vor allem der Stalin-Hitler-Pakt.

Die Botschaft von München, der Vertrag, in dem »ohne uns über uns« entschieden wurde, erreichte unsere kleine Gruppe in Prag auf dem Wenzelsplatz. Es war später Nachmittag, da kam sie über die Lautsprecher. Die Menschen rotteten sich zusammen. (Vergessen wir nicht, das Land war voll mobilisiert, alle wehrfähigen Männer standen an der Grenze, und es gab damals schon Zyniker, die behaupteten, General Syrový habe mobilisieren lassen, um die Männer von den Straßen wegzubekommen . . .) Wir holten hastig Kameras und Filme, obwohl es bereits dämmerte. Trotzdem gelangen uns ein paar Aufnahmen von Menschen, die auf die Burg ziehen wollten. Aber es war zu spät.

Gegen sieben Uhr, es war schon völlig dunkel geworden, stand ich in der Menge. Ein paar Panzer ratterten am Fußende des Platzes vorbei, kamen von links, von der Moldau her. Die Klappen waren geöffnet. In jedem Panzer stand aufrecht ein Soldat, die Hand an der Mütze, das Gesicht tränenüberströmt. Alles war still und sah den Maschinen nach.

An allen Abschnitten des Befestigungsgürtels kam es in dieser Nacht zu Selbstmorden von Offizieren und einfachen Soldaten. Die genaue Zahl wurde nie veröffentlicht.

Den Einmarsch filmten für uns ein paar Wochenschauleute. Wir waren an den Grenzen zu bekannt.

Unser Hauptproblem war jetzt der Abschluß des Films – falls wir ihn überhaupt retten konnten. Alles, was uns noch blieb, waren die unmittelbaren Opfer von Chamberlains *Peace in our time,* die armseligen, hoffnungslosen Häufchen der Flüchtlinge, die von allen Seiten auf das Restgebiet strömten. Für viele war es zu spät geworden, die Wehrmacht hatte sie überrannt. Und die meisten derer, die in jenen Stunden noch flüchten konnten, erreichte das Schicksal ein halbes Jahr später.

Erst Ende November war es möglich, sich einen Überblick zu schaffen: Die Tschechoslowakei hatte etwa 17 600 Quadratkilometer an Deutschland verloren, in denen 2 800 000 deutsche Staatsbürger der Tschechoslowakei und 800 000 Tschechen lebten. Zu einem Plebiszit, das die britische Regierung sich »ausbedungen« hatte, kam es nie. Sie bestand auch gar nicht mehr darauf. 1050 Quadratkilometer raubte Polen, samt 228 000 Einwohnern, von denen 133 000 Tschechen waren. Ungarn erpreßte 12 000 Quadratkilometer, mit 500 000 Ungarn und 272 000 Slowaken.

Wichtiger aber, und jede Hoffnung für den Reststaat zerstörend, war der Umstand, auf den es Hitler angekommen war: das gesamte Verkehrssystem und die Kommunikationen waren zerrissen. Nach offiziellen deutschen Angaben verlor das Land 66 Prozent seiner

Steinkohle, 80 Prozent seiner Braunkohle, mit der damals in beinahe allen Haushalten geheizt wurde, 86 Prozent seiner chemischen Industrie, 70 Prozent der Eisen- und Stahlproduktion, 70 Prozent seiner elektrischen Ressourcen und 40 Prozent seiner Holzvorräte.

Und selbstverständlich seine gesamte Verteidigungslinie. Das Land war hilflos, unfähig zu funktionieren und hatte mehr als ein Drittel seiner Grundfläche eingebüßt. Die Grenze der Rest-Tschechoslowakei verlief jetzt 42 Kilometer nördlich von Prag.

Unsere tschechisch-deutsche Romeo-und-Julia-Geschichte mußte über Bord geworfen werden. Über Nacht schnitten wir alle Szenen mit Willy aus dem Film und vernichteten auch das dazugehörige Negativ. Wir mußten damit rechnen, daß das Material beschlagnahmt würde, und dann war Willy in Lebensgefahr. Er war es ohnehin, denn er und seine Truppe waren allzu bekannt in Nordböhmen. Wahrscheinlich endete er sein Leben in einem deutschen Konzentrationslager. Ich erhielt noch im Dezember einen letzten Brief von ihm.

Der Film wurde von unserem amerikanischen Produzenten über die Grenze geschmuggelt, getarnt als *Böhmens Haine und Seen*. In Paris entstand die musikalische Begleitung, später in New York der Kommentar.

Mein Freund Walter Taub und ich versuchten Einreisevisa in die Sowjetunion zu bekommen. Aber das erwies sich als hoffnungslos. Nur einige Auserwählte, mit besonderen Beziehungen zu den Spitzen der Partei, erhielten die nötigen Einladungen.

So blieb uns nur der Westen. Walter und seine Frau flohen später nach Schweden. Mir gelang es, ein amerikanisches Visum zu ergattern. Über Paris, wo meine Eltern und meine Schwester lebten, erreichte ich New York im Januar 1939.

Greenhorn

Ich habe in Amerika nicht als Tellerwäscher angefangen, wie sich's immer so romantisch liest. Ein Tellerwäscher, Gewerkschaftsmitglied, hätte mehr verdient.

Meinen ersten Job in New York erhielt ich durch den Dramatiker Ferdinand Bruckner, dessen *Napoleon* ich ein Jahr vorher im Wiener Theater in der Josephstadt deutsch uraufgeführt hatte. Er brachte mich mit seiner samtäugigen Tochter zusammen, die Sekretärin einer Theaterakademie war, der »New Theatre School«. Der Leiter der Schule war Lee Strasberg, der dort den Grundstein zu seiner späteren »method« legte, einem weiterentwickelten, modernen Stanislawsky-Verschnitt.

Ich hielt in dieser Schule wöchentlich gleich drei Parallelkurse in Theatergeschichte ab – vom Urbeginn des Theaters, vom Elisabethanischen Theater und vom modernen europäischen Theater. Das Geld für die drei Kurse reichte gerade für meine Miete.

Es muß ziemlich grauenvoll gewesen sein. Mein Englisch war miserabel, und meine Kolleghefte aus den Münchner Tagen bei Borchardt und Arthur Kutscher halfen mir wenig. Morgens saß ich in der Stadtbibliothek und büffelte. Am Spätnachmittag liefen die Kurse. Durch mein Gestammel, verbunden mit meiner krausen Aussprache, müssen damals unter meinen Hörern seltsame Ansichten über das Theater entstanden sein. Und welches europäische Greenhorn weiß schon, daß Aeschylos im Amerikanischen wie Eßkeleß ausgesprochen wird?

Demzufolge gab es unter meinen Schülern eine beträchtliche Fluktuation. Ich kann es ihnen nicht verdenken. Ein bezauberndes, blondes Ding mit etwas schlampigen Schlafzimmeraugen hielt merkwürdigerweise lange aus, aber weder meinetwegen noch Eßkeleß zuliebe. Es war da ein dunkelhaariger, ungepflegter junger Mann, den sie erst nach und nach überzeugen konnte, daß es amüsantere Dinge gab als mittelalterliche Mysterienspiele. Damals hieß das Mädchen noch Shirley Schrift. Erst später, in Hollywood, wurde Shelley Winters daraus.

Immerhin entstand durch diese zweifelhafte Betätigung ein inspirierender Kontakt zum »Group Theatre«, das nach den Methoden Stanislawskys arbeitete. Der Hausautor war Clifford Odets, dessen *Waiting for Lefty* ich vier Jahre vorher ins Deutsche übersetzt und in Prag aufgeführt hatte. Leif Erikson, ein strahlend blonder Recke (heute spielt er den Alten in der Serie *High Chaparal*) hatte den Kommentar zu meiner *Crisis* gesprochen. Durch ihn lernte ich mein damaliges Filmidol Sylvia Sidney kennen.

Im ganzen schien mir die New Yorker Theaterszene ein wenig antiquiert zu sein, gemessen an der sprudelnden Modernität und dem Esprit der Prager Avantgarde. Nur die Musicals rissen mich hin. Die waren aus einem ganz andern Teig geknetet, wie es im Tschechischen heißt. Die musikalische und tänzerische Adaptierung von Shakespeares *Komödie der Irrungen* mit dem Titel *The Boys from Syracuse* inspirierte mich noch vierundzwanzig Jahre später, als ich in Berlin das Musical *Was Ihr wollt* mitverfaßte und inszenierte.

Ich war noch keine vier Wochen in New York, da passierte es. An einem bitterkalten Februarabend.

Ich ging ins Theater, und zwar, um das Geld für die Garderobe zu sparen, ohne Mantel, denn das Theater war ziemlich nahe meiner Wohnung.

In der Pause stand ich zitternd vor Kälte auf der Straße, nicht weil ich rauchen wollte, was man im Foyer nicht durfte. Aber draußen stand ein bleiches, schlankes Mädchen, das die Augen zusammenkniff und aus Eitelkeit keine Brille trug. Aber es mußte eben dringend rauchen.

Wenn dir eine Frau gefällt, so sagte ich zu mir, dann reiß dich gefälligst zusammen und sprich sie an. Was kann dir schon geschehen? Der Vorwand spielt keine Rolle, wenn du ihr dabei charmant lächelnd direkt in die Augen schaust. Und sage sofort, was du von ihr willst.

Ich ging vorschriftsmäßig auf das Mädchen zu und erledigte, wegen der Kälte, gleich beide Vorsätze in einem.

Sie fand mich komisch. Vor allem mein Englisch fand sie etwas seltsam. Zu einem gänzlich abschlägigen Bescheid kam es nicht. Ermutigt lud ich sie zu einer Pressevorführung meines Films *Crisis* ein, und das wollte sie riskieren. Erst nach anderthalb Jahren Zusammenleben und -wohnen gelang es mir, sie dazu zu überreden, was ich von Anfang an vorhatte: sie zu heiraten.

Sie hieß Dena und schrieb aushilfsweise Filmkritiken für den

»Daily Worker«. Da man davon nicht leben kann, war sie hauptberuflich Sekretärin des Jewish Writers Club. Sie konnte sogar auf einer hebräischen Schreibmaschine von rechts nach links tippen.

Ihre Eltern waren politische Emigranten aus dem zaristischen Rußland, Revolutionäre von 1905, und jetzt Anhänger von Trotzki. Es gab also zwischen uns Differenzen. Aber sie waren die liebevollsten Schwiegereltern, die man sich denken kann. Als Dena und ich noch in Sünde lebten und gemeinsam auf eine Woche Skilaufen fahren wollten, luden sie mich zum ersten Mal zu einem Sonntagessen ein und schenkten mir ein wunderschönes kariertes Wollhemd, »damit unsere Tochter mit einem anständig angezogenen Menschen beim Mittagessen erscheint«.

In ihrem Haus hörte ich zum ersten Mal Jiddisch als Umgangssprache. Sie hatten stets interessante Menschen zu Besuch, alte Revolutionäre aus der Heimat, Schriftsteller, Schauspieler. Anfangs hatte ich Besorgnisse, daß es unter ihnen zu Tätlichkeiten kommen würde, bis ich mich an ihre laute, temperamentvolle Art der Verständigung gewöhnt hatte. Marc Chagall war damals einer ihrer Gäste, in dessen Bildern aus jener Zeit Denas kringelhaariger Kopf herumgeistert.

Inzwischen, im März 1939, war *Crisis* angelaufen, im Playhouse auf der 55. Straße. Sieben Wochen lief der Film dort, soviel ich mich erinnere. Fast gleichzeitig war Hitler in Prag einmarschiert – hatte jemand vielleicht erwartet, daß die Engländer und die Franzosen diesmal zu ihrem Wort stehen würden?

Der Erfolg meines Films half mir ein wenig weiter, obwohl mein damaliger amerikanischer Producer einen Versuch machte, mich um meinen schöpferischen Anteil daran zu betrügen.

Ich begann mich schlecht und recht zu ernähren. Meine Lage besserte sich ein wenig, als *Crisis* durch den National Board of Review – der im Gegensatz zur Hollywooder Filmakademie Filme aus der ganzen Welt auszeichnete – zum besten Film des Jahres erklärt wurde. Anläßlich dieses Ereignisses durfte ich bei feierlichen Anlässen längere Reden halten, und ich machte mir damals öffentlich Gedanken über das Problem der Manipulation von »objektiv« gefilmten Fakten.

Und dann betrat ich zum ersten Mal – ohne je eine Sendung gesehen zu haben – ein Fernsehstudio. Man probte ein Fernsehspiel. Die Kameramänner trugen wegen der infernalischen Hitze silberlackierte Tropenhelme. Die Kameras waren, verglichen mit den heutigen, fahrbare Häuser.

Die zwei Stunden im Studio machten einen tiefen Eindruck auf mich, und ich begann, über dieses aufregende Medium theoretisch nachzudenken. Im Frühling 1939 hatte noch kaum jemand, den ich kannte, einen Fernseher. NBC und CBS waren die einzigen Gesellschaften, die ab und zu Studiensendungen veranstalteten.

Ich las jede Zeile, die ich über Fernsehen erwischen konnte. Es waren ausschließlich Artikel, die sich mit den elektronischen Vorgängen beschäftigten. Über die Ästhetik des Mediums schien sich noch niemand den Kopf zerbrochen zu haben.

Ich schrieb eine Serie von Artikeln, zuerst für das Magazin »Theatre Arts Monthly«. Darin versuchte ich, einen Aspekt der neuen Kunst zu untersuchen und zu entwickeln, der mich faszinierte. Ich erinnerte mich an das mittelalterliche Marktplatztheater und dachte mir eine Theorie aus über die mit Hilfe des neuen Mediums neu zu entdeckende Dreidimensionalität. Der Fernsehregisseur würde, genau wie sein Vorfahr in jenen mittelalterlichen Spielen, sein Stück so inszenieren, daß es von allen Seiten, eben wie auf den Marktplätzen, zu betrachten war. Ganz im Gegensatz zu unseren Guckkastenbühnen, denen die Dekoration bei jener einzigen Probe, die ich beim NBC gesehen hatte, verzweifelt ähnelte. Die Schauspieler hatten dort (und das ist heute noch genauso) stets auf jene Kamera hin gespielt, die ihnen durch ihr grünes Licht anzeigte, daß sie »dran« waren.

Bei der Sendung nun, die ich mir erträumte, würden dann drei, vier Kameras das fertig inszenierte Stück von allen Seiten, gleichsam als Reportage, aufnehmen, ohne grünes Licht.

Die ersten Artikel waren kaum erschienen, da erhielt ich einen Anruf von CBS, der Columbia Broadcasting Company, Abteilung Fernsehen. Der Leiter des Studios, Gilbert Seldes, wollte mich kennenlernen.

Er fragte mich ohne viel Umstände, was ich vom Fernsehen verstünde. Ich gab zu: nichts. Deshalb schriebe ich ja gerade . . .

Das schien ihm zu gefallen. Und weil ich in Fahrt war und genau wußte, daß so eine Chance nicht wiederkommt, erzählte ich ihm gleich noch von einer anderen Idee, die mir beim Studieren der Fachbücher gekommen war. Da doch die ganze Fernseherei darauf beruhe, daß Lichtimpulse von verschiedener Intensität in wahnwitziger Geschwindigkeit eine Mattscheibe abtasten, müßte es doch möglich sein, diese elektrischen Impulse auch auf eine Schallplatte zu übertragen, eine Bildplatte, sozusagen.

Gilbert Seldes lachte sich tot und bot mir einen Job an. Ob ich am 1. September antreten könne? Als Mit-Pionier, quasi. Ich war »in«.

Am 1. September brach der Krieg aus. Die CBS schränkte daraufhin ihre Fernsehtätigkeit ein und behielt nur ein kleines Forschungsteam von Elektronikern.

Ich war »out«.

Der Ausbruch des Krieges erzeugte ein ernstes Problem für mich – meinen ersten Konflikt mit der Partei, der ich übrigens als Ausländer gar nicht angehörte.

Der Neutralitätspakt zwischen Stalin und Hitler hatte mich nicht erschüttert. Die Ereignisse um München hatten mich darauf vorbereitet. Oft erinnerte ich mich auch an jene Begegnung in der Halle des Hotels Alcron mit einem der Akteure dieses schändlichen Dramas, mit Lord Runciman, dem Abgesandten der britischen Regierung. Sein arrogantes Lächeln, sein völliges Desinteresse am Schicksal des Landes, das er angeblich als Vermittler betreten hatte, und schließlich seine Empfehlungen, die in ihrem Zynismus noch über Hitlers damalige Forderungen hinausgingen, hatten die wahre Haltung der Chamberlain-Regierung deutlich demonstriert. Unser Land – das war »hinten weit in der Türkei«.

Auch nach der endgültigen Besetzung der Rest-Tschechoslowakei im März hatten Frankreich und England trotz feierlich erneuerter Garantien nicht die Hand gerührt. Aber auch im Anschluß daran hielten sie es nicht für nötig, sich mit den Russen ernsthaft zusammenzusetzen, um weitere Aggressionen Hitlers zu verhindern. Sie hatten bloß so getan, als ob. Eine kleine Gruppe von Militärs war nach Moskau geschickt worden. Die Russen, die nun konkrete Abmachungen für den erwarteten nächsten Akt des Dramas treffen wollten, sahen sich »Delegierten«-Häuflein gegenüber, die mit keinerlei Vollmachten ausgestattet waren.

Die Zusammensetzung der Gruppe und die niederen Chargen verrieten, daß auch jetzt noch, nach Verletzung aller Garantien, die Hitler nach München abgegeben hatte, die beiden westlichen Alliierten nicht daran dachten, ihre eigenen Versprechungen zu erfüllen. Darüber hinaus weigerte sich die halbfaschistische Regierung Polens, die Hilfe der Sowjetunion in Anspruch zu nehmen. Sie schien es nicht wahrhaben zu wollen, daß sie jetzt selbst dran war. Sie glaubte immer noch an Hitlers Garantien.

Die Reaktion der Russen auf die Haltung der Chamberlain- und Daladier-Regierungen schien mir durchaus realistisch und verständlich zu sein. Für mich war der Pakt ein unappetitliches, aber in Anbetracht der Umstände durchaus vertretbares Manöver. (Die Geheimabmachungen zwischen Stalin und Hitler, der Umfang der Lieferungen an die Deutschen, all das und noch mehr wurde erst nach dem Krieg allmählich bekannt.)

Nach Kriegsausbruch war die Linie der Kommunisten in den Vereinigten Staaten etwa folgende: Dies ist ein imperialistischer Krieg. Amerika muß die Hände davon lassen.

Der *phony war* nach der Eroberung und Zerstückelung Polens schien zu beweisen, daß England und Frankreich nur pro forma diesmal ihren Verpflichtungen nachgekommen waren.

Porträt eines Linientreuen

Der Film – mein erster in Amerika – sollte *Porträt einer Bibliothek* heißen.

Die kleine, schmucke Stadtbibliothek von Montclair, New Jersey, hatte etwas Geld geerbt, und die rührige Dame, die sie leitete, wollte ihr Lebenswerk verewigen. Der Film sollte den Einfluß einer kleinen Kulturstätte auf eine überschaubare Gemeinde dramatisieren.

Die Dame hatte Ambitionen: der Film sollte in viele Länder gehen, vor allem in die lateinamerikanischen Staaten, um zu zeigen, was so ein Kulturzentrum ausrichten kann. Deshalb würden Kommentare in vielen Sprachen notwendig sein. Sie schrieb einen Wettbewerb für das beste Drehbuch aus.

Ich bekam die Irrsinnsidee, den einstündigen Film ganz ohne Kommentar in einer einzigen Version zu drehen. Schließlich herrscht in einer Bibliothek Stille, Bücherlesen macht kein Geräusch, und warum soll dazu dauernd geredet und interpretiert werden? Der Dame gefiel die Idee.

Viel Geld war nicht da, der Stab bestand im ganzen aus zwei Menschen, dem Kameramann Sy Wexler und mir. Und wie das damals Brauch bei Dokumentaristen war, zog ich erst einmal auf sechs Wochen in die kleine Stadt, lebte mich ein und versuchte zu begreifen, was so eine Stadtbibliothek – zehn Jahre vor dem Fernsehen! – den Menschen bedeutete. Das war nicht wenig, wenn man bedenkt, daß Montclair kein Theater besaß und daß für Lesehungrige allenfalls Comics und Krimis in den Drugstores zur Verfügung standen. Auch Pornofilme gab's noch nicht.

Die Bibliothek hatte auch einen Zeitungslesesaal. Dort hielt ich mich gerade auf, als eine Bibliothekarin hereinkam, um die Tageszeitungen auszuwechseln. Die Schlagzeilen betäubten mich. Ich hatte mich tagelang nicht um die Vorgänge in Europa gekümmert:

Paris von den Deutschen eingenommen!
Hitler in Versailles

Meine Eltern und meine Schwester lebten in Paris. Ging mich der Krieg vielleicht doch etwas an?

Die Zeitungen berichteten von der Übergabe der Stadt, vom Zusammenbruch der französischen Armee und wieder einmal vom Zug der Flüchtlinge, von endlosen Kolonnen vertriebener Menschen, von Kranken, Greisen und Kindern auf den Landstraßen nach dem noch unbesetzten Süden, von Franzosen, die alles im Stich ließen, was sie besaßen.

Anderthalb Jahre vorher hatte ich solche Szenen in meiner Heimat gefilmt. Jetzt wiederholte sich die Geschichte, wiederholte sich das unsagbare Elend verzweifelter Menschen. (Als ich dann fünf Jahre später vom schrecklichen Jammer der Trecks aus Pommern und Ostpreußen erfuhr, und dann von der Vertreibung der Deutschen aus der Tschechoslowakei, mußte ich an diese Flüchtlingsströme denken. Ich glaube weder an »Revanche« noch an eine ausgleichende Gerechtigkeit, aber wer nicht aufhört, über die Vertreibungen von 1945 und 1946 empört und schmerzerfüllt seine Stimme zu erheben, sollte dabei nicht die Tage von 1939 und 1940 vergessen.)

Jetzt waren meine drei nächsten Angehörigen dabei. Und bei all den Schreckensnachrichten konnte ich nur hoffen, daß sie wirklich dabei waren und nicht bereits auf dem Weg in die Lager.

Von da an, mindestens, konnte ich nicht begreifen, warum dieser Krieg mich, den Antifaschisten, nichts angehen sollte. Aber ich blieb in jenen Monaten das, was man linientreu nennt, wider besseres Wissen und vor allem Gewissen. Ich hypnotisierte mich mit allen Kräften in diese widersinnige Haltung hinein, weil ich ja, wie alle Linientreuen, gewohnt war, nie zu diskutieren, *ob* eine Entscheidung der Partei richtig war, sondern *warum* sie so gefallen war. Denn sie war, so redete ich mir ein, auf den ersten Blick zwar schwer verständlich, aber richtig . . .

Man kann eben nicht einen Pakt mit Hitler schließen – ganz gleich, ob es ein Neutralitäts-, ein Nichtangriffs- oder gar ein Freundschaftspakt genannt wird – und gleichzeitig den Kommunisten in aller Welt gestatten, gegen Hitler zu kämpfen.

Es hat viele Jahre gedauert, bis ich das begriff, und es ist kein Trost und keine Entschuldigung für mich, daß ich nicht allein war in dieser Begriffsstutzigkeit.

The Yanks are coming!

Der beschämendste Tag für mich war der 22. Juni 1941, der Tag des Überfalls auf die Sowjetunion.

An diesem Tag war ich zufällig in Washington. Am Morgen hatte ich vor dem Weißen Haus die *picket-line* gesehen. Etwa dreißig Kommunisten demonstrierten hier täglich von früh bis spät gegen den imperialistischen Krieg. *The Yanks are not coming* hieß es auf den Transparenten in Umkehrung eines Songs aus dem Weltkrieg. Roosevelt war der Buhmann, der amerikanische Menschen opfern wollte. (Wenige Wochen vorher hatte mir noch Joseph Losey in seiner Wohnung eine Platte vorgespielt, in der Roosevelt als Mörder bezeichnet wurde.)

So um die Mittagszeit kam die Nachricht vom Überfall auf die Sowjetunion. Hastig wurde die *picket-line* aufgelöst. Aber am nächsten Morgen war sie wieder da. Jetzt hieß es *The Yanks are coming* . . .

Es war natürlich leicht, diese unseriöse Purzelbaumpolitik zu belächeln. Dazu gab es allen Grund, und diese komplette Kehrtwendung hat bestimmt nicht geholfen, die kommunistische Partei populär zu machen. Aber in der Folge zeigte es sich, daß die Kommunisten gute Soldaten wurden, als wollten sie die Widersinnigkeit ihrer Haltung in den ersten beiden Kriegsjahren wettmachen.

Im Herbst dieses Jahres gelang meinen Eltern und meiner Schwester samt Mann die Flucht nach Amerika.

Der Zusammenbruch Frankreichs hatte sie in Paris überrascht. Noch am Tag zuvor war meine Mutter operiert worden. Aber mit unglaublicher Energie gelang es meinem Vater, irgendwo ein Fahrgestell samt Motor aufzutreiben, und die Familie entzog sich dem Abtransport nach Auschwitz durch die Flucht nach Marseille, in den noch unbesetzten Teil des Landes. Mit Zehntausenden anderer – Anna Seghers und Lion Feuchtwanger haben davon geschrieben – belagerten sie dort die Konsulate der amerikanischen Staaten. Sie waren unter den wenigen, denen es schließlich gelang, ein Visum für die Vereinigten Staaten zu ergattern.

Zu Fuß überquerten sie die Pyrenäen und erreichten schließlich jenes seither berüchtigte spanische Schiff, die »Navemar«. Es gehörte einer gerissenen Schiffahrtslinie und war für 28 Passagiere eingerichtet, auch was die sanitären Einrichtungen anlangte. Jetzt wurden über 1800 Menschen in den Schiffsbauch gepfercht. Eine Typhusepidemie brach aus, auch meine Schwester erkrankte schwer. Die Zahl der auf der Reise Umgekommenen blieb vertuscht.

Es war beglückend, sie nun hier zu haben.

Mein Vater war hingerissen – er war im Land der Freiheit! Wir suchten eine Wohnung für die Eltern, und mit Hilfe eines Maklers fanden wir auch eine, in einem modernen Wohnblock, mit prächtiger Aussicht auf den East River. Wir mieteten sofort und machten eine Anzahlung.

Am Nachmittag desselben Tages rief mich der Makler an. Er war etwas verlegen: »Wissen Sie, beim Namen Burger ist mir nichts weiter aufgefallen. Und Ihre geschätzten Eltern sehen ja nicht so aus wie . . .« – »Wie denn?« fragte ich. »Na, Sie wissen doch. Kurz, dieser Häuserblock ist . . . ist . . . kurz gesagt, dort dürfen keine Juden wohnen. Bitte, betrachten Sie den Vertrag als null und nichtig. Ihre geschätzten Eltern würden sich dort nicht wohl fühlen. Ich schicke Ihnen Ihre Anzahlung sofort zurück, und natürlich finde ich für Ihre Eltern etwas Gleichwertiges. Ich meine damit ein Wohnviertel, in dem sie sich wohl fühlen werden . . . wo noch mehr Ihrer Leute . . .«

Das war das erste Erlebnis meiner Eltern im Land der Freiheit.

Bei der Ankunft meiner Eltern hatte ich fünf Filme hinter mir. Dokumente und Spielfilmchen. Darunter war ein Jazz-Film *Boogie Woogie Dream*. Ich hatte bei einer Party in Harlem eine junge Frau kennengelernt, die mich faszinierte. Ihre Hautfarbe erinnerte an dunkles Teakholz, und sie trug eine weiße Gardenie im Haar. Sie hatte einen seltsam abwesenden Blick, den ich mir damals noch nicht zu deuten wußte. Sie wollte von Prag hören, von den Ereignissen des Jahres 1938. Später sang sie mit großer Intensität jenes Lied von einem Lynchmord, »Strange Fruit«, das damals entstanden war. Sie hieß Billie Holliday.

Als ich das Geld für den Film aufgetrieben hatte, war Billie fort. Auf einer Entziehungskur? Jedenfalls mußte ich ohne sie starten. Die damals noch unbekannte, zauberhafte Lena Horne, ein Geheimtip, spielte und sang die Hauptrolle. Teddy Wilson und seine Band traten darin auf, und die Vertreter des klassischen Boogie Woogie, Pete Johnson und Albert Ammons. Dazu, so unwahrscheinlich es klingt, Karl Farkas, vom Simpl.

Ich war am Schluß nicht allzu glücklich mit dem Film. Er spielte zwar angeblich sein Geld ein, aber ich fand ihn, als er fertig war, sentimental. Ein Jahr später hätte ich ihn anders gedreht. Hätte . . .

Der letzte Film aber, den ich drehen durfte, bevor ich Soldat wurde, war dagegen in allen Phasen ein aufregendes Erlebnis, und ich glaube, er geriet einigermaßen gut.

Irgend jemand hatte einem geschäftstüchtigen Produzenten eingeblasen, man könne doch den alten *Panzerkreuzer Potemkin* abstauben, der in Amerika völlig unbekannt war. Ob ich ihn synchronisieren wolle?

Ich war mehr als skeptisch und wandte mich an Jay Leyda, damals Kurator der Filmothek. Jay war Eisensteins Assistent gewesen und sozusagen sein Vertreter in Amerika. Jay warf mich nicht sofort hinaus, sondern fragte bei Eisenstein an. Schließlich ging es ja um einen der Klassiker des internationalen Films. Die Antwort war erstaunlicherweise positiv. Vorausgesetzt, Jay passe auf, daß der Sinn des Films nicht verfälscht wurde. Das war schon einmal geschehen: in Mussolinis faschistischem Italien nämlich hatte man den Film gezeigt – allerdings etwas umgeschnitten. Auf die Meuterei folgte dort der Anfang des Films, die Erschießung der meuternden Matrosen.

Der Produzent war enttäuscht. Es stellte sich heraus, daß der Film nur vierzig Minuten lang war. Die Idee wurde geboren, den Film nicht nur zu synchronisieren, sondern in eine heute spielende Rahmenhandlung einzubauen. Denn der Film mußte mindestens neunzig Minuten dauern, um in den Kinos gespielt zu werden.

Außerdem ergab sich ein weiteres Problem: der Film war so gedreht, wie man in den zwanziger Jahren Stummfilme gedreht hatte, nämlich mit sechzehn Bildern pro Sekunde. Die Menschen bewegten sich demzufolge mit grotesker Schnelligkeit. In mühseliger Laboratoriumsarbeit wurde der Streifen auf normale Geschwindigkeit gebracht. Dann wurden die Zwischentitel entfernt, und es entstanden Löcher. An dreißig Stellen drehten wir Ersatzeinstellungen – kein Kritiker merkte es!

Nun die Rahmenhandlung, die länger sein mußte als der Film selbst.

Damals wurde Odessa, der Schauplatz des *Potemkin*, gerade von den Hitlertruppen belagert und bald darauf eingenommen. Ich hatte mir ausgedacht, daß sich unter den Verteidigern der Hafenstadt sehr wohl noch ein ehemaliger Matrose des berühmten Panzerkreuzers befinden konnte, nicht alle waren damals hingerichtet worden. Der Mann müßte – wir schrieben das Jahr 1942 – jetzt so um die Sechzig sein. Der Anführer einer kleinen Partisanengruppe, die nur aus Frauen, alten Männern und Halbwüchsigen besteht. Diese zusammengewürfelte Gruppe sollte eine Art Himmelfahrtskommando bilden, zum Schutz der Evakuierung eines wichtigen wissenschaftlichen Instituts. Der alte Mann, in der Nacht vor dem Einsatz, müßte seinen Kameraden die Geschichte des »Potemkin« erzählen, und zwar in Episoden, die dann ungekürzt und unverändert eingeblendet würden. Eisenstein sagte ja.

Für das Drehbuch gewannen wir Albert Maltz, einen der bekanntesten Hollywood-Autoren, dem die Sache so gefiel, daß er auf seine ihm zustehende Stargage verzichtete. Es wurde eine gute Zusammenarbeit und der Beginn unserer bis heute andauernden Freundschaft. Der Film, in meiner Regie, mit den Stars Henry Hull und Aline McMahon, kam unter dem Titel *Seeds of Freedom* Anfang 1943 heraus.

Greetings!

So beginnt der Einberufungsbefehl in den Vereinigten Staaten. Unter dieser Anrede erhält der Adressat die Mitteilung, daß ein Gremium aus Männern seiner unmittelbaren Nachbarschaft – der Draftboard – ihn dazu bestimmt hat, sein Land zu verteidigen. Studenten, Familienväter und Männer, die in ihrer Stellung unersetzlich sind oder deren Einberufung das Unternehmen, in dem sie arbeiten oder das sie leiten, schädigen würde, sind von der Einberufung ausgenommen, oder sie wird aufgeschoben. Ausgenommen von der Einberufung sind natürlich auch Männer mit körperlichen Schäden und merkwürdigerweise auch Homosexuelle. (Noch nie vorher hatten in diesem Land so viele junge Männer zugegeben oder vorgegeben, Homosexuelle zu sein.)

Übrigens bedeutete so ein Einberufungsbefehl nicht, daß man sofort einrücken mußte. Im allgemeinen hatte man dann noch ein gutes halbes Jahr Zeit. Man konnte in Ruhe seine Angelegenheiten ordnen.

Das in jenen Tagen so häufige Wort »greetings« wurde zu einer ständigen Quelle von Heiterkeit. Ein junger Mann, in einem Varietéprogramm vom Ansager auf die Bühne gerufen, erhielt von ihm die Erfüllung eines sehnlichen Wunsches in Aussicht gestellt. Er dachte angestrengt nach – natürlich war es ein Mitwirkender – und sagte schließlich: »Ich möchte Hitler an den Kragen!« Im nächsten Augenblick klingelte es, und ein Stubenmädchen brachte dem jungen Mann einen Einschreibebrief. Der junge Mann öffnete ihn und las das erste Wort: »Greetings . . .!« Der Ansager gratulierte ihm – sein Wunsch sei in Erfüllung gegangen. Donnernder, lachender Applaus.

Ich erhielt meine Greetings im Sommer 1942. Ein Jahr vorher, am Tag nach dem Überfall auf die Sowjetunion, war ich brav aufs tschechoslowakische Generalkonsulat gegangen und hatte mich beim Militärattaché Dr. Steinbach, den ich gut kannte, freiwillig in die in England stationierte tschechoslowakische Armee gemeldet. Der schaute mich von oben bis unten an und sagte dann etwas für mich sehr Beschämendes: »Jetzt kommst du. Seit zwei Jahren kämpfen unsere Leute in Europa. Sie haben den Rückzug der französischen Armee gedeckt, waren bei Dünkirchen mit dabei, und in Afrika. Das war dir egal. Angeblich war das ein imperialistischer Krieg. Jetzt, wo die Sowjetunion drinsteckt, willst du mitmachen. Aber jetzt brauchen wir dich nicht. Geh zu den Amerikanern, wenn du unbedingt willst!« Ich weiß seit einiger Zeit, daß er recht hatte.

Ich meldete mich also bei den Amerikanern, beim Signal Corps, das sprachkundige Film- und Funkleute suchte. Denen war ich als »vorzeitiger Antifaschist« suspekt. Als Amerikaner durfte man erst seit Pearl Harbor unverdächtigt Antifaschist sein. Ich wartete also auf meine Einberufung.

Bevor ich erfuhr, wann ich normal einrücken sollte, machte ich die Bekanntschaft dreier Männer, die ich drei Jahre lang vergebens zu treffen versucht hatte. Daß sie alle drei gleichzeitig anrücken würden, und dazu in voller Uniform, von den besten Schneidern Hollywoods angefertigt, um sich einen Film von mir anzusehen, hatte ich nicht erwartet. Es waren Oberst Frank Capra, Oberst William Wyler und Major Anatole Litvak. Alle drei arbeiteten jetzt für das War Department und waren dabei, eine Serie von Filmen herzustellen, die den amerikanischen Rekruten erklären sollten »Why we fight« – warum wir kämpfen. Nach der *Crisis*-Vorführung berieten sie, welche Teile des Films sie für ihre Serie gebrauchen konnten. Und im Anschluß daran fragte mich William Wyler, was mein militärischer Status sei. Meinen Stellungsbefehl hatte ich in der Tasche, aber es würde wohl noch einige Monate dauern bis zur Einberufung. Wyler lachte: Er habe eine hohe Priorität, ich solle mir keine Sorgen machen. Eine Oberleutnantstelle sei bei ihm frei, und die sollte ich haben. Er hielt Wort: Keine vierzehn Tage später geriet ich in die Mühle, wie man das nannte: ärztliche Untersuchungen, Interviews mit Army Intelligence, Maßnehmen für die Uniform, Impfungen. Aus den letzteren entnahm ich, daß ich für den Pazifik vorgesehen war, und leider nicht in Europa. Nach den Untersuchungen aber stockte alles. Irgendwo war Sand in die Mühle gekommen. Wyler, längst wieder in Hollywood, vertröstete mich. Wenn meine Nummer drankäme, solle ich ruhig einrücken. Er würde mich schon loseisen.

Am 3. Januar war es soweit. Einen Tag vorher stand ich noch im Atelier und drehte die letzten Szenen meines Films *Seeds of Freedom*. Es war eine seltsame Situation: am Morgen im Studio hatten sich noch ein umfangreicher Stab und eine Menge Schauspieler in militärischen Uniformen nach meinen Anordnungen gerichtet, morgen aber, ab sechs Uhr, würde ich nichts mehr zu sagen haben.

Unsere Ehe, für uns beide die erste, war bisher das gewesen, was man stürmisch nennt. Dena war eine temperamentvolle, intelligente Frau, verstand viel von Literatur und Musik, wir hatten niemals Langeweile. Aber was die emotionelle Seite anlangt, so waren wir beide noch viel zu unreif – ich bestimmt. Außerdem lag mir der Schrecken des Münchner Jahres noch in den Knochen. Diese bezaubernde und bildhübsche Person hätte wahrscheinlich einen ausgeglichenen, etablierten und wahrscheinlich auch älteren Partner gebraucht, als ich es war. Beruflich hatte es für uns mehr »downs« als »ups« gegeben. Erst jetzt, mit dem eben abgedrehten ersten großen Spielfilm, war so etwas wie eine berufliche Perspektive entstanden. Die war nun durch die Einberufung im Keim unterbrochen worden, und wenn ich aus dem Krieg heil zurückkommen würde, dann stand wieder einmal ein Anfang vor mir – der dritte: damals wußte ich nicht, daß es noch mehrere Neu-Anfänge meiner Berufskarriere geben würde – und jedesmal vom Nullpunkt aus. Auch für unsere Ehe, das ahnten wir beide, würde es nach dem Krieg einen neuen

Anfang geben müssen. Daß drei Jahre Trennung vor uns lagen, ahnten wir allerdings nicht . . .

So tranken wir also etwas zittrig unsern amerikanischen Champagner, knabberten an den leckeren Sachen herum, die Dena gekauft hatte, und wir hatten beide das Gefühl, in diesen Stunden müsse etwas ganz Besonderes passieren, in dieser letzten Nacht. Ein wenig bangte uns beiden davor. Aber Erwartungsangst hat noch keiner Liebesnacht genutzt.

Um elf Uhr hörten wir vor der Wohnungstür eine Gitarre. Draußen stand Woody Guthrie, damals der populärste der Bänkelsänger. Und hinter ihm die gesamte Tanzgruppe der Martha Gràham. Sophy, ein Mitglied der berühmten Truppe, wohnte unter uns, und es hatte bei ihr irgendeine Feier gegeben. Wir kannten uns alle gut, und so hatte Sophy vorgeschlagen, die Party bei uns fortzusetzen, weil ich doch morgen einrücken sollte. Uns beiden war das nur zu recht. Später verzog sich die Gruppe samt Sophy und Martha, und Woodie sang noch eine gute Stunde nur für uns beide, sein ganzes Repertoire, seine Hillbilly-Songs, Arbeiterlieder, Streiklieder.

Unser privater Abschied dauerte dann nur noch ein paar sentimentale Stunden. Partir, c'est mourir un peu, heißt es auf französisch. In diesem Fall ging es um unsere Liebe. Wir ahnten es damals beide.

Auf der Pennsylvania Station – draußen schneite es in dichten Flocken – wartete eine andere Musik. Eine lärmende, schmetternde Band, Fahnen, Konfetti und schicke Rote-Kreuz-Mädchen, langbeinig und langbewimpert. Ich weiß nicht, wieviel tausend Männer außer mir, alle mit Pappköfferchen in der Hand, an diesem Morgen Abschied nahmen. Es war eine bombastische Schau voll Kitsch und Patriotismus, und Dena und ich waren froh darüber. Was unserer letzten Nacht an »Weihe« und Pathos – Gott sei Dank – gefehlt hatte, wurde uns jetzt nachgeliefert. Seltsamerweise tat es merkwürdig gut, sich jetzt hier einzureihen, anonym zu werden, einer von Tausenden zu sein. Einer von Tausenden Rekruten, und eine von Tausenden Frauen, die sich nicht zu schämen brauchten, falls ihnen die Tränen die Wangen herunterliefen.

Es waren die schäbigsten Eisenbahnwaggons, die ich je kennenlernte. Wahrscheinlich hatte man sie für den Normalverkehr längst ausrangiert. Die Plüschsitze waren durchgewetzt und durchgeschwitzt, die Fenster speckig und teilweise gesprungen. Es stank aus den Aborten. Die Männer, allesamt um gut zehn Jahre jünger als ich, waren ein verschreckter Haufen. Wir gehörten uns nicht mehr, und plötzlich war für uns alles in Frage gestellt, was wir durften oder nicht.

Der Zug hatte sich auch noch kaum in Bewegung gesetzt, da kam der erste uniformierte Mensch herein, forsch und zackig, die Macht der Armee demonstrierend, die wir hinter ihm wußten. Gleich beim Empfang wollte er es uns zeigen: Wir waren Niemande, und er hatte einen Winkel auf dem Ärmel, er war ein Pfc, ein Private first class, ein Gefreiter also, und daher turmhoch über uns. Er durfte uns an-brüllen, und das tat er auch sofort. Wir mußten verschreckt auf die Sitzbänke steigen, und er durchsuchte die Räume darunter nach Waffen. Dann machte er Stichproben mit unserem Gepäck. Eigentlich lächerlich, dachte ich. Wir würden doch in wenigen Stunden alle mit Schießprügeln ausgestattet, wer sollte sich also eine Privatwaffe mitnehmen? Außerdem – warum brüllte er so? Ein Himmelstoß auf amerikanisch! Das gab's also.

Ich landete im Fort Dix im Staate New Jersey. Es war das Sammel- und Verteilungslager für alle Waffengattungen an der Ostküste. Wir kamen am Nachmittag an, übermüdet und unsicher, ange-brüllt von jeder Uniform, sogar von solchen, die nur den Vorzug hatten, ein paar Tage länger hier zu sein.

Wahrscheinlich ist jede Armee der Welt, ganz gleich, in welchem gesellschaftlichen System sie zu Hause ist, eine Anstalt zur Erniedrigung des Menschen. Kapitalistische und sozialistische Armeepsychologen haben sich offenbar darauf geeinigt, daß das Soldatenleben mit Erniedrigungen beginnen muß, die so lange dauern, bis man sie nicht mehr als solche empfindet.

In Fort Dix, wir hatten noch kein einziges Uniformstück gefaßt, begann es mit der Schwanzparade. Wir wurden durch einen Kanal von Sergeanten und Sanitätsgefreiten geschleust, mußten unsere Hosen herunterlassen und wurden auf Geschlechtskrankheiten untersucht. Wie man das in solcher Eile und mit solch summarischer Flüchtigkeit feststellen kann, ist mir immer ein Rätsel geblieben. Dann trieb man uns durch Baracken, in denen wir Stück für Stück unserer Ausrüstung ausgefolgt bekamen. Es war unheimlich viel und von unheimlich guter Qualität, verglichen mit dem Zeug, das wir in den letzten Jahren für teures Geld zu kaufen bekommen hatten.

Dann trieb man uns in eine Baracke, wo wir uns splitternackt ausziehen mußten. Es wurde uns vorgeschrieben, welche Uniformstücke wir anzulegen hätten, in diesem Fall die sogenannten Fatigues, formlose blaugrüne Drillichuniformen und abenteuerliche Schlapphüte. Wir sahen aus wie Strauchdiebe, obwohl doch alles neu war.

Dann jagte man uns in kleine Zelte, die eiskalt waren. Einige von uns wurden dazu bestimmt, Kohlen zu holen und die kleinen Kanonenöfen zu heizen. Ein Sergeant schnarrte uns an, daß wir um vier Uhr geweckt würden und dann sofort vors Zelt zu stürzen hätten, *on the double,* im Laufschritt. Jetzt aber ginge es, ebenfalls *on the double,* in die Eßhalle, wo es nach kaltem Kakao und Desinfektionsmitteln roch.

Am andern Morgen um vier standen wir zähneklappernd und unausgeschlafen vor den Zelten, denn das *processing* – die Einweisung, die Entgegennahme weiterer Ausrüstungsstücke, die Injektionen und die Tests – sollten um neun beginnen. Ich habe nie begriffen, und ich weigere mich zu begreifen, warum man in allen Armeen der Welt so früh aufstehen muß. Warum können sich da nicht die Gegner einigen? Vielleicht wäre das ein guter, von allen begrüßter Ausgangspunkt. Wecken um halb zehn! Im Anschluß daran könnte man sich dann, nach und nach, über alles mögliche andere einigen.

Ich weiß nicht, wußte es auch damals nicht, gegen wieviel Krankheiten wir gleich am ersten Tag geimpft oder immunisiert wurden. Drei Arten von Typhus waren bestimmt dabei. Und Tetanus, und Gelbfieber und Cholera. Aber eins weiß ich genau: von irgendwelcher elementarer Antisepsis war keine Rede. Wir schwankten nackt zwischen zwei Reihen uniformierter Heilgehilfen hindurch, die uns abwechselnd rechts und links Injektionsspritzen in die Oberarme oder in die Brust rammten und meist das vorherige Betupfen mit Alkohol in der Eile vergaßen, und ich war sicher, daß auch die Kanülen nicht allzu oft ausgewechselt wurden. Es war ja auch praktischer, gleich drei oder vier Portionen des Serums in einer Spritze zu sammeln und dann gleich dreien oder vieren von uns zu verpassen. Ich fühlte mich gefeit gegen alle Krankheiten der Welt, um so mehr, als ich vor einigen Wochen ja eine ähnliche Prozedur, allerdings für den Pazifik, über mich hatte ergehen lassen müssen.

Beim Appell am nächsten Morgen – wieder um vier Uhr – war mir speiübel, und ich hatte Fieber. Es konnte alles sein: die normale Reaktion auf die Impfstoffe oder Blutvergiftung. Aber der Mensch ist wahrscheinlich robuster, als er glaubt. Jedenfalls blieben mir Übelkeit und Fieber für die nächsten Tage und Nächte.

Blieben auch, als wir in einen Saal getrieben wurden, wo große Fragebögen auf uns warteten. Ein Gong erklang, und wir rasten durch die Fragen. Wir wußten: hier würde unser IQ, unser Intelligenzquotient, bestimmt, und von dem hing es ab, ob wir später zur Offiziersschule zugelassen würden oder nicht. Ich weiß nicht, wie ich mit meinem hohen Fieber und dem Drang, mich zu übergeben, überhaupt durchkam und die 120 Punkte schaffte, die nötig waren. Aber ich hätte mir die Mühe sparen können. Die Offiziersschule legte keinen Wert auf *premature antifascists*.

Wie immer war es noch tiefste Dunkelheit, als wir – ein immer noch völlig unsoldatischer Haufen – wieder einmal irgendwohin geführt wurden. Zwar trugen wir bereits Uniformen, aber wir waren immer noch keine Menschen, denn wir wußten noch nicht einmal, wie man salutiert, und die Gefreiten, die uns führten, gaben sich nicht einmal die Mühe, uns im Gleichschritt marschieren zu lassen.

Das Lager war riesig und unübersichtlich. Kreuz und quer, in verschiedenen Höhen, führten hartgefrorene Straßen, an Kandelabern schwankten drahtgeschützte Glühbirnen, die kaltes Licht ausstrahlten, dunkle Umrisse von Baracken tauchten vor uns, neben uns, unerwarteterweise auch über uns auf. Zu beiden Seiten, oder auch unsern Weg kreuzend, zogen endlose Kolonnen, überholt von menschenbeladenen Lastautos, deren Scheinwerfer die schattenhaften Reihen in helle, emsig einhertrottende Papierfiguren auffächerten. Dazwischen zog grauer Rauch aus immer neuen, viereckigen Zelten. Das Ganze gab mir das Gefühl eines phantastisch organisierten Mechanismus, der mich in seiner Geschäftigkeit und Vielschichtigkeit an ein elektrisch angetriebenes, bewegliches Bergwerksmodell erinnerte, das ich einmal im Museum der alten Silbermine von Kuttenberg gesehen hatte. Nur einmal noch, während der Invasion im Juni 1944, hatte ich ein ähnliches Gefühl. Ich war ein wenn auch nur mikroskopischer Teil in diesem pulsierenden Geäder, ein winziges Atom, mit dem aber gerechnet wurde, das seinen Platz im Ganzen hatte – waren nicht vorgestern bei der Kleiderausgabe die richtigen Stiefel Nummer elfeinhalb für mich bereitgelegen? Und jetzt hastete meine Kolonne auf eine riesige Halle zu, in der jeder von uns erfahren sollte, welchem Truppenkörper wir zugeteilt waren: das Ergebnis aus all den vielen Interviews, Tests, ausgefüllten Fragebögen, verarbeitet in geheimnisvollen Lochmaschinen des Pentagon. (Computer gab es noch nicht.)

Die Entscheidung für mich lautete: als *premature antifascist*, als unsicherer Kantonist also, wurde ich dem Train zugeteilt, dem Quartermaster Corps, mit der Möglichkeit, mich für eine von drei Sparten zu entscheiden. Nämlich Lkw-Fahrer zu werden, in einer Armeewäscherei zu arbeiten oder meine Erfahrungen als Regisseur, Dozent der Theaterwissenschaften, Autor und Bühnenbildner in der Desinfektionsabteilung zu verwerten, kurz, beim Entlausen.

Am Abend des gleichen Tages hatte ich K.P., *kitchen police*. Ich saß vor einem Berg von Kartoffeln, die ich schälen durfte. Jemand muß das ja machen. Als Übergang zu Größerem.

In diesem Augenblick kam ein Telegramm für mich. Ich solle morgen früh um neun bei der zuständigen Armeestelle in New York erscheinen. Es ginge wohl um meine Offiziersstelle bei William Wyler, hatte meine Frau hinzugefügt. Ich zeigte dem Küchensergeanten das Telegramm und verlangte, zu meinem Captain gelassen zu werden, der mir die Erlaubnis für den morgigen Besuch in New York geben müßte. Der Küchensergeant besah sich das Telegramm, buchstabierte es sorgfältig, dann verschwand er. Wenige Minuten später erschien er wieder, gefolgt von zwei Leuten, die auf einem Karren vier weitere Säcke mit Kartoffeln schoben und vor mir ausschütteten.

»Okay, Lieutenant«, sagte er, »halt dich mal ran! So eine qualifizierte Kraft hab ich noch nie hier gehabt!«

Wochen später erfuhr ich, daß mein nicht stattgehabter Besuch in New York ohnehin mit einer Absage geendet hätte.

Lesen gestattet

Zum ersten Mal im Süden.

Wann immer man Amerikanern blinden Rassismus, einen für Kulturstaaten unverhältnismäßigen Prozentsatz von Analphabetismus, Bildungsfeindlichkeit und hinterwäldlerischen Provinzialismus vorhält, erhält man die Antwort: Aber das ist doch nicht Amerika! Das ist doch der Süden. Das ist so, als würfe man einem Zuckerbäcker vor, seine Torte sei miserabel, und erhielte die Antwort, das seien doch bloß die unteren Lagen und der zugegeben versalzene Zuckerguß, aber das sage doch nichts gegen die Torte selbst.

Ich war jung und neugierig. Die Reise aus dem eiskalten Januar von New York und New Jersey nach West-Virginia dauerte einen Tag. Als wir in Fayetteville ausstiegen, wehte uns Blütenduft entgegen, und auf dem Bahnsteig standen Soldaten in hellem Khaki und ohne Mäntel. Die Mädchen trugen leichte, geblümte Kleider, lachten und schwatzten und besahen sich die schlecht rasierten, übermüdeten und schwitzenden Neuankömmlinge, die ihre unförmigen grünen Säcke schulterten und die wartenden Lkws bestiegen.

Im Speisesaal von Camp Lee gab es tatsächlich zu unserer Begrüßung Southern Fried Chicken – Backhendl zu deutsch, und dazu sogar vierprozentiges Near Beer – »Beinahe Bier«.

Dann lernten wir unsern Captain kennen, der uns in einer Gymnastikhalle versammelte. Er sah schick aus, in seiner gut gebügelten Uniform, hatte einen Bürstenhaarschnitt und war hinten glatt rasiert. Er hielt uns einen Einführungsvortrag. Ich habe mir damals aufgeschrieben, was er uns sagte, wenigstens den Schluß:

»Ja, und noch was möchte ich euch sagen, weil ihr aus dem Norden kommt und euch hier noch nicht auskennt. Also das hier ist ein sehr großes Lager, wir haben über 40 000 Mann hier. Und es sind auch Nigger hier. Mein Rat ist – kümmert euch möglichst wenig um sie. Es ist alles so organisiert, daß ihr sie während eures Trainings wenig zu Gesicht bekommt. Sie sind ganz lustig, und ihr werdet sehen, sie sind auch ziemlich stramm. Das Marschieren macht ihnen Spaß, und ich muß gestehen, sie machen dabei eine gute Figur. Das hat richtigen Zug, wenn die vorbeimarschieren, da könnt ihr euch eine Scheibe abschneiden, wenigstens bevor wir mit euch so weit sind. Aber es gibt da ein Problem. Natürlich haben sie auch ihre Offiziere. Muß so sein. Aber der Haken ist der – ein Offizier muß salutiert werden. Das ist eine Armeeregel. Da kann man nichts dran ändern. Mit andern Worten, wenn ihr mal so einen Nigger-Offizier seht, müßt ihr das auch tun. Am besten, ihr seht die Sache so an: Man salutiert nicht den Mann, sondern die Uniform. Was ihr euch dabei denkt, ist schließlich eure Sache. Tja, das ist alles im Augenblick. Morgen beginnt für euch der Ernst des Lebens. Wir wecken hier um halb fünf, um fünf ist Frühstück, dann kommt eine halbe Stunde Zeltsaubermachen, und um halb sechs stehen wir alle gut rasiert und gewaschen vor den Quartieren. Kapiert?«

Dann kam das Erwartete: Wir wurden bewaffnet und lernten mit dem Gewehr umgehen, lernten möglichst im Gleichschritt marschieren, was in der amerikanischen Armee erhöhte Ansprüche an die Stimmbänder des Sergeanten stellt, die Stiefel der Männer haben nämlich Gummisohlen, und wenn er sie auf Zack bringen will (die Männer), weil ein Offizier in der Nähe ist, dann muß er laut zählen.

Wir lernten robben und laufen und das Gewehr präsentieren und auch, es mit verbundenen Augen in seine Teile zu zerlegen und es ebenso wieder zusammenzusetzen. Dann brachte man uns Bajonettkampf bei, und es kamen einige Geländemärsche mit voller Belastung, für den Anfang fünfzehn Meilen am Tag – so lange, bis wir zu jeder Zeit im Stehen einschlafen konnten.

Am Ende der ersten Woche begann die sogenannte Indoktrination. Wir sollten endlich erfahren, worum es in diesem Krieg ging. Darauf freuten wir uns schon – Oldtimers hatten uns verraten, daß man in einem Kinosaal herrlich schlafen kann. Gleich am ersten Tag gab es einen Film. Es wurde dunkel im Saal, und ein Film blendete auf, und ich begann auch sofort zu dösen. Aber eine Sekunde bevor ich einschlief erschien auf der Leinwand ein Bild, das mir bekannt vorkam. Ich riß mich zusammen: da oben erschienen Szenen, die ich wenige Jahre zuvor selbst gedreht hatte – sie waren aus meinem Film *Crisis*. Auf meine schlafenden Kameraden machte das keinen Eindruck.

Mit meinem Sergeanten vertrug ich mich gut. Das kam so: In West-Virginia gab es damals eine Art Prohibition. Kein erwachsener Mann konnte sich pro Woche mehr als eine Literflasche Whisky im Laden kaufen. Dafür gab es Bezugscheine. (Darüber hinaus war nichts dagegen einzuwenden, wenn man sich an einer Bar in Fayetteville vollaufen ließ.) Ich hatte meinen Bezugschein dem Sergeanten gegeben, und von da an behandelte er mich mit einem Anflug von echter Zuneigung.

Nach etwa vierzehn Tagen nahm er mich beiseite:

»Du weißt doch, ich meine es gut mit dir. Paß mal auf – ich hab gemerkt, daß du liest – nein, brauchst dich nicht zu entschuldigen, im Prinzip ist da nichts dabei. Bloß – mach's nicht zu auffällig. Die Jungs machen schon Bemerkungen . . .«

Aber völlig ohne Kultur sollten wir nicht bleiben. Es gab (und gibt) im Rahmen der Armee eine Institution namens USO, die sich laut Statut darum kümmerte, daß wir Soldaten guter Laune blieben. Sie veranstaltete bunte Abende, oft unter Mitwirkung bekannter Stars. Für die war so eine Veranstaltung der USO eine glänzende Publicity. Sie wetteiferten um die Gunst »unserer Jungs in Uniform«. Ihre Mitwirkung kostete die USO keinen Cent, es war ihre patriotische Pflicht und ihr Beitrag zur Moral der Truppe. Ich kenne übrigens nur einen Weltstar, der nicht nur für die Soldaten sang und spielte, sondern auch anonym und ohne Werbetrommel hart für sie arbeitete: Marlene Dietrich. Sie wusch Geschirr und schrubbte Tische in den Kantinen, außerhalb des Scheinwerferlichts, und später war sie vielleicht die einzige, die bis in die vordersten Linien ging, um einer Handvoll verdreckter Frontsoldaten ein wenig Freude und Unterhaltung zu bringen.

Natürlich organisierte die USO auch kleinere Veranstaltungen. Für uns in Camp Lee brachte sie jeden zweiten Samstagnachmittag in zwei Autobussen junge Damen aus Richmond zum Tanzen. Wir wurden vorher eindringlich darauf hingewiesen, daß das beileibe keine »leichten Mädchen« seien, sondern Töchter erster Familien, die es sich zur patriotischen Pflicht gemacht hätten, den Jungs in Camp Lee ihr Soldatendasein zu verschönen. Man trank Limonade, ließ sich von den Herren Rekruten zum Tanz auffordern, man überhörte mit einem Lächeln alle Anträge mehr oder weniger unsittlicher Art, und nach zwei Stunden patriotischer Pflichterfüllung bestiegen die göttlichen Wesen wieder ihre Autobusse und fuhren nach Richmond zurück. Unsere Großmütter im längst vergessenen Ersten Weltkrieg hatten weiße Stoffreste zerdröselt, Scharpie zupfen nannte man das, um die schwindenden Wattevorräte zu ergänzen. So erfüllt eben jede Generation ihre patriotische Pflicht.

Oft, wenn ich in meiner Baracke lag, einer von hundertzwanzig, und das Schnaufen und Atmen hörte, das gelegentliche Stöhnen, Husten, den Fluch aus dem Schlaf und das Knirschen der Schritte, wenn einer zur Latrine ging, dachte ich, wie wenig sie mit dem zu tun hatten, was in diesem Augenblick drüben in Europa vorging. Keiner hatte drüben gelebt, keiner konnte sich vorstellen, was das eigentlich sei, diese Barbarei, wegen der sie ihre Arbeit aufgegeben, ihre Familien verlassen hatten.

Bei den meisten war es so, daß sie einen ungewissen, langweiligen Alltagsjob gegen eine neue, ebenso langweilige Arbeit eingetauscht hatten. Bloß – dieser Armyjob war ihnen sicher, keiner konnte sie kündigen. Das Geld für die Familie sahen sie erst gar nicht: es wurde ihnen abgezogen und den Ehefrauen überwiesen, die Familie mußte sehen, wie sie damit zurechtkam. Keiner konnte einem Soldaten zumuten, sich darüber Sorgen zu machen. Auf seltsame Art fühlten sich die Männer freier und unbeschwerter, es drückte sie keine Verantwortung.

Ihre Zivilexistenz war endloser Stoff für die Gespräche beim Essen, bei der Rast am Straßenrand, beim Sitzen auf den Latrinen. Man zeichnete den zivilen Alltag je nach Laune grau in grau, oder man glorifizierte ihn, hörte mit mildem Interesse dem andern zu, eigentlich bloß als Gegengabe fürs Zuhören der eigenen Story.

Es stank in den Baracken. Die meisten legten sich hin, ohne sich zu waschen, behielten die Unterwäsche an, über die sie am Morgen dann die Uniformen streiften.

Sonntags rasierte man sich sorgfältiger, nahm die ODs aus der schwarzen Kiste, die das Spind ersetzte. Die ODs, das war die Ausgehuniform, die *olive drabs*. Bei dieser Gelegenheit zeigte man dem Nachbarn die Familienfotos, die Freundin unter brüchigem Zellophan und fuhr heim, falls der Wohnort in Reichweite war, um dann anderthalb Tage lang zu Hause erst wirklich Soldat zu sein, jemand, der in der Armee Pflichten, Verantwortung, einen geheimnisumwitterten Tageslauf, eine nie genau definierte Bedeutung hatte.

Was hatten sie zurückgelassen, seit sie ihre *greetings* zugestellt erhielten?

Nolan, der Mann links von mir, dreiundzwanzig: *I worked in a poolroom* . . . Seit er die Schule mit vierzehn verließ, hatte er meist in Gastwirtschaften gearbeitet, Gläser gespült, den Lippenstift mit

129

den Nägeln von den Glasrändern gekratzt, sie kurz in die gelbe Brühe getaucht, abgestellt, weiter so, wochenlang, monatelang, ab und zu eine Rauferei, dann einmal im Hinterhof neben dem Pissoir gemeinsam mit einem Kumpel einen Betrunkenen fertiggemacht, ihn nach ein paar Dollars abgesucht, sich dann in der Bar an der Ecke sinnlos vollaufen lassen. Drei Häuser weiter, da war, scheint's, eine große Autowerkstatt, dahinter ein Schuppen mit Haufen alter Reifen, die jeden Monat abtransportiert wurden. Dort gab es eine Frau, es kostete im Stehen einen Dollar, wenn man einen übrig hatte, hinten auf ihrem grün-weiß gemusterten dünnen Fähnchen konnte man die Abdrücke sehen, kreuz und quer, da sie sich dabei immer an die stinkenden, staubigen Reifen lehnte.

Ein paar Wochen hielt er es meistens aus, schwang sich dann auf einen Güterwagen zu den übrigen Tramps, fuhr – wohin? Irgendwohin, im Sommer nordwärts, nach Neu-England, und wenn es kalt wurde, wieder hinunter nach Alabama, Louisiana, Florida. Ab und zu mal ein längerer Job, als Wagenwäscher, dann eine Tankstelle in Tennessee, da blieb er ein paar Monate. Es gab da eine kurzbeinige, drahthaarige Frau, deren Bild er immer noch herumschleppte (*no nigger, take my word for it!*), dann ihretwegen eine Schlägerei, mit tödlichem Ausgang für den andern, fast zahnlos sprang Nolan wieder auf einen Viehwagen, trank noch den letzten Whisky, den sie ihm zugesteckt hatte, bis er nichts mehr von sich wußte. Aufgeweckt durch den Knüppel eines Bahnpolizisten, dann ein paar Nächte in einer trockenen, warmen Zelle (es war November) und dann wieder die Landstraße, ein guter Job als Fernfahrer, ganz durch Zufall, da konnte er sogar etwas sparen, dann das Unglück, er hatte sich wieder einmal vollaufen lassen und war mit einem Klaviertransport im Graben gelandet.

Da war er einundzwanzig. Dann kam der Poolroom: fast zwei Jahre lang holte er den Männern eilfertig ihr Bier vom Tresen, sie mußten nicht einmal aufblicken von ihrem Spiel, oh, er wußte genau, wann einer wieder eins wollte, so gut war er, jawohl, Berufsstolz, wenn man so will. Dazu die schalen Witze, der Stadtklatsch, die relativen Vorzüge der drei, vier Weiber im Ort, die angeblich jeder ins Heu werfen konnte – und dann die Einberufung.

Ich kannte seine Geschichte auswendig, sogar den Tonfall. Nur die Ausschmückung und die Reihenfolge änderten sich von Mal zu

Mal, und da er mir alles so oft erzählt hatte, rief er mich manchmal zum Zeugen an. Nur gewisse Einzelheiten blieben sich immer gleich, das Kleid mit den Spuren der Autoreifen auf dem Rücken, das war dokumentarisch.

Briefe bekam er selten, ich mußte sie ihm oft vorlesen. Aber beim Verlassen des Lagers am Samstagabend konnte er fehlerlos seinen Namen auf die Liste setzen. Beim Zurückkommen im Morgengrauen, nach einem Wochenendurlaub, in der prophylaktischen Station ging das schon schwerer. Aber die waren Kummer gewöhnt.

Rechts von mir schlief Dave Lonergan. Ein Junge aus einer Kleinstadt, irgendwo im Mittelwesten. Ein stiller Junge. Er verließ das Lager nie. An freien Wochenenden streunte er in den umliegenden Wäldern herum oder lag auf seiner Matratze und las Cowboygeschichten. Einmal kam ihn sein Mädchen besuchen, ein schlankes, lustiges, nicht allzu hübsches Wesen voller Sommersprossen. Sie hatten gemeinsam für diesen Besuch gespart. Dave war aufgekratzt und lebhaft wie nie zuvor.

Nach ihrer Abfahrt wurde Dave stiller und bedrückter. Nach einigen Tagen fragte ich ihn, was los sei. Ob etwas zwischen ihnen nicht geklappt habe.

Doch – alles sei wunderschön gewesen. Aber er würde ihr sagen müssen, daß von einer Heirat keine Rede sein könne. Und deshalb sei er jetzt traurig.

Ob er sie denn nicht mehr gern habe, fragte ich ihn. Doch. Er versicherte, daß sie für ihn der liebste Mensch auf der Welt sei. Aber er könne ja kein Mädchen heiraten, das keine Jungfrau mehr sei.

»Das kapier ich nicht«, sagte ich. »Hat sie denn vor oder neben dir andere Freunde gehabt? Sie sieht mir nicht danach aus, aber schließlich ist sie zweiundzwanzig, da kann doch so etwas sein, oder?«

»Nein«, sagte er. »Ich war ihr erster Mann . . . und da gibt's keinen andern. Das weiß ich bestimmt!«

»Ja, um Gottes willen, warum kannst du sie dann nicht heiraten, wenn ihr euch doch gern habt?«

Es sei doch egal, sagte er. Sie habe sich nicht beherrschen können, und jetzt sei sie eben keine Jungfrau mehr, und so eine könne er nicht heiraten . . .

Er habe keinen Mumm gehabt, ihr das vor ihrer Abreise zu sagen, und jetzt müsse er ihr das schreiben, damit sie sich keine Hoffnungen mache.

Drei Wochen hielt ich ihn von diesem Brief ab. Dann desertierte er. Ich habe nie wieder etwas von ihm gehört.

Von den drei mir zur Wahl gestellten »Waffen«-Gattungen gefiel mir der Army-Job eines Lkw-Fahrers noch am besten. Aber dort suchten sie robuste Typen mit eisernen Nerven, und so mußte ich mich zwischen der Wäscherei und der Entlausung entscheiden.

Inzwischen waren aber die Lochmaschinen des Pentagon wieder in Bewegung gesetzt worden, denn eines Morgens lag in der Schreibstube ein Marschbefehl für mich. Ich zerbrach mir den Kopf, worin ich mich wohl von meinen Kameraden unterschied und warum ich als einziger das Lager verlassen mußte. Das Wort Camp Ritchie sagte mir nichts. Aber mein Captain, der mir die Marschpapiere übergab, behandelte mich wie ein rohes Ei. Camp Ritchie mußte etwas Besonderes sein.

Camp Ritchie

war eine der seltsamsten, unwahrscheinlichsten und denkwürdigsten Schöpfungen dieses verflossenen Weltkrieges. Wenn aber jemand dieses Phänomen heute, nach über fünfunddreißig Jahren, würdigen sollte, dann müßte er sagen: der Aufwand war einer besseren Sache würdig.

Denn soviel Mittel, soviel Intelligenz und soviel Phantasie am rechten Ort eingesetzt, hätten anderes hervorbringen müssen als jene groteske, diabolische, machiavellistische Institution, genannt psychologische Kriegführung.

Ähnlich wie in der staubigen Hochebene von Nevada – wenn auch in sehr viel wohlfeilerem Maßstab –, wo sich etwa zur gleichen Zeit die gescheitesten Köpfe der Nuklearphysik versammelten, um das große Massenverbrechen zu erdenken und zu konstruieren, so wurde auch hier, nahe der Nordgrenze des Bundesstaates Maryland, eine Menge blitzgescheiter (und manchmal auch blitztörichter) Köpfe zusammengetrommelt. Das Endziel: Die Erforschung der psychischen Widerstandskraft des Gegners und ihre Lähmung. Gleichzeitig war dieses Camp auch ein Ausdruck der verspielten, oftmals naiven, öfters infantil primitiven, aber stets pragmatischen Natur der Amerikaner.

Landschaftlich lag Camp Ritchie wundervoll. Die Baracken standen quer zu einem weiten, grünen Berghang, der Sonne zu ausgerichtet. Ein Lungensanatorium hätte man nicht günstiger anlegen können. Dem Hang und dem Lager gegenüber erhob sich ein Gebirgskamm, Blue Ridge, von dessen höchstem Punkt man auf der andern Seite weit ins Tal nach Pennsylvanien blicken konnte. Einmal führte man uns mitten in der Nacht auf die Kammhöhe, bloß um uns vorzuführen, daß man genau sehen konnte, wenn jemand zwei Kilometer weit unten im Tal ein Streichholz anzündete.

Wenige Meter vom Lagereingang entfernt war eine kleine Fremdenpension mit Bar, die »Foxhole«, wo sich zu allen Zeiten Frauen und Geliebte der Lagerinsassen auf- und für gelegentliche Liebesabstecher bereithielten.

In dieses Camp, das gewiß über dreitausend Mann faßte, wurde man aufgenommen, wenn man irgendwelche Sprachen Europas halbwegs passabel meisterte. Es wimmelte hier also nicht nur von Ex-Deutschen, Ex-Österreichern, Ex-Franzosen und -Italienern, sondern die Lochkartenmaschinen des Pentagon hatten darüber hinaus alle ausgespuckt, die diese Sprachen aus den verschiedensten Gründen irgendwann gelernt hatten. Außer Emigranten konnten also ebensogut Ur-Amerikaner hierher verschlagen werden, Universitätsdozenten zum Beispiel, die Germanistik lehrten und Spezialisten für Walther von der Vogelweide waren, oder Hotelportiers, die fünfundzwanzig gängige Sätze in vier verschiedenen Sprachen beherrschten, die mit ihrem Beruf zusammenhingen. Lochkarten sind da unparteiisch.

Da stand eines Tages ein Corporal (Obergefreiter) mit seinem schweren Soldatensack auf der sonnigen, staubigen Hauptstraße des Lagers. Er war gerade angekommen und sah sich verstört um. Außer seiner Marschorder hatte man ihm nichts verraten, denn das Lager war »geheim«. Was sollte er hier? Man wußte nichts mit ihm anzufangen. Die Quartiermeister des Camps, von sich auf andere schließend, waren der festen Ansicht, man könne es weißen Soldaten nicht zumuten, mit einem Neger im gleichen Schlafsaal zu schlafen. Aber seine Marschpapiere waren in Ordnung, und so mußte man sich etwas einfallen lassen. Man steckte ihn in ein Einzelkämmerchen und ernannte ihn für die Dauer des Krieges zum Verwalter der Sportgeräte. So kam es, daß Bill Warfield, einer der profiliertesten Baritone des Landes, mindestens ein Jahr lang Baseballschläger, Basketbälle und Badehosen ausleihen und verwalten mußte. Mit seinen Marschorders hatte es seine Richtigkeit: Er hatte den Sarastro und den Scarpia in den Originalsprachen studiert sowie alle übrigen deutschen und italienischen Opernpartien seines sehr weiten Stimmbereichs. Er »beherrschte« also diese beiden Sprachen.

Das vielsprachige Camp hatte auch eine Kompanie Indianer in seiner Belegschaft. Sie wohnten abseits der übrigen Soldaten. Ich erkundigte mich nach dem Grund dieser Absonderung und erhielt die Erklärung, die Indianer röchen so stark, daß keiner in ihrer Nähe wohnen wolle . . . von dieser idiotischen Begründung abgesehen, konnten sie sich mit größerem Recht Amerikaner nennen als die meisten übrigen Bewohner. Mich eingeschlossen, der ich ja immer noch meinen tschechoslowakischen Paß in der Tasche hatte.

Was aber wollte man mit ihnen anstellen? Irgendein brillanter Kopf im Pentagon hatte sich ausgedacht, es müsse so einfach wie genial sein, jedem Frontabschnitt in Europa je einen Indianer beizugeben. Über das Feldtelefon (der Feind hört mit!) würden dann die Indianer vom Dienst ohne besondere Verschlüsselung in ihrer Stammessprache miteinander reden und Nachrichten übermitteln können, und der Feind – zum Beispiel die Deutschen – könnte dann ohne weiteres unsere Leitungen anzapfen. Der Haken war bloß, daß diese jungen Burschen ihre Stammessprache gar nicht oder nur noch mangelhaft beherrschten, und überdies gehörten sie mindestens zehn verschiedenen Stämmen mit ebenso vielen Sprachen an – ihre Lochkarten hatten eben nur angezeigt, daß ihre Hautfarbe rot war.

Aber es gab noch merkwürdigere Dinge in Ritchie. Zum Beispiel die »Meerschweinchen«. Ich begegnete ihnen zufällig gleich bei meiner Ankunft und dachte, ich sähe nicht recht: eine Gruppe von etwa zweihundert Mann in kompletten deutschen Uniformen, mit den vorschriftsmäßigen Waffen. Es stimmte alles bis zum letzten Detail: Kragenspiegel, Ordensschnallen, Knobelbecher, Schmeißerpistolen – alles. Es waren keine Gefangenen, sondern deutsch sprechende Amerikaner, die den ganzen Krieg hindurch in Ritchie stationiert blieben, um den im Lager auszubildenden Soldaten als Verhörspartner, eben als Meerschweinchen, zur Verfügung zu stehen. Es war ein Querschnitt durch ein deutsches Armeekorps, bei dem alle Waffengattungen und Ränge vertreten waren. Die Männer hatten präzise vorgeschriebene Texte, wußten genau, was sie beantworten durften und was nicht, wann sie einem geschickten Verhörer auf den Leim gehen konnten, wo sie sich »verraten« durften oder irreführende Angaben machen mußten. Sie waren bereits Routiniers auf ihrem Gebiet und spielten ihre Rollen mit der Perfektion alter Schmierenkomödianten. Dabei war kein Berufsschauspieler unter ihnen und kaum einer, der aussah wie ein typischer Deutscher. Sie hatten ihre Sprache auf Universitäten oder als Handelskorrespondenten gelernt, meist aber sprachen sie schlicht und einfach jiddisch. Die Komik des Mißverhältnisses zwischen Aussprache und Naziuniform war überwältigend.

In einer andern Abteilung des Lagers lernte man das Interpretieren von Luftbildern, von stereoskopischen Fotos. Es waren meist Aufnahmen, die von der amerikanischen Luftwaffe über Frankreich und Deutschland gemacht worden waren. Man lernte dort, getarnte feindliche Stellungen zu erkennen, falsche Waldschneisen von echten zu unterscheiden, harmlose Baumgruppen als verkleidete Treibstofflager zu entlarven und friedliche Bauernanwesen als deutsche oder italienische Kommandostäbe. Ich wußte nicht, was ich mehr bewundern sollte: die cleveren Tarnkünstler der Wehrmacht oder die scharfsinnigen Luftbild-Interpreten. Im ganzen eine Kunst, die einer besseren Sache würdig gewesen wäre.

In einer Sonderbaracke lagerten zentnerweise erbeutete Dokumente, Briefe, Landkarten und Ausrüstungsstücke. Hier wurde unterrichtet, wie man solches Fallobst des Schlachtfeldes ausdeutet, auswertet und archiviert. Als ich Anfang 1943 nach Ritchie kam, lag bereits die erste Frucht dieser Auswertungen vor: eine dicke Broschüre, in der man nachschlagen konnte, wie der deutsche Abschnittskommandeur von St. Sauveur in der Normandie hieß, wie lange er im Dienst war, ob ihn seine Mannen schätzten und warum, ob er verheiratet, ob er ein lauer oder scharfer Nazi war. Das ganze Ding hieß »German Order of Battle«, und es gab Kameraden, die es auswendig kannten. Aber was konnte sich alles geändert haben, bis wir selbst in Frankreich landen würden!

Es gab noch eine Sonderbaracke. Dort regierte Major Applegate, ein ehemaliger Polizist aus Chicago. Er hatte eine Macke: Waffen. Schon sein Büro war ein Arsenal. Dazu hatte er die Wände mit Aufschriften behängt, die den Colt verherrlichten, *the great equalizer*, den großen Gleichmacher. Kannst so schwach sein, wie du willst – mit einem Colt in der Tasche bist du so stark wie ein Riese. Der Großteil der Baracke war ein Labyrinth, ein echtes, eine Art Geisterbahn. Jeder mußte da einmal hindurchgehen, den scharf geladenen Colt im Hosenbund. Das Labyrinth war schwarz ausgeschlagen und unbeleuchtet. Ab und zu aber tauchte aus der Finsternis, grell angestrahlt, eine schreckenerregende, lebensgroße Puppe auf und bewegte sich auf den Besucher zu. Der mußte sofort von der Hüfte weg schießen. Die Treffer wurden elektrisch registriert, und beim Ausgang stand der grinsende Major und präsentierte einem die Abschußliste.

Der phantasievoll gestaltete Ausbildungsplan sah noch etwas vor: in *ad hoc* geschriebenen Theaterstücken sollte dem am Kurs teilnehmenden Soldaten anschaulich gemacht werden, wie er das, was hier gelehrt wurde, an der Front anwenden konnte. Am ersten Kurstag gab es ein Stück über die Wahrung militärischer Geheimnisse. Ein zweites Stück führte die Verhörtechnik vor. Ein weiteres dramatisches Kunstwerk zeigte das erstrebenswerte zukünftige Verhalten gegenüber der örtlichen Bevölkerung – im noch nicht befreiten Frankreich und im zu erobernden Deutschland. Über das Verhalten der GIs in Amerika selbst existierte kein Stück.

Dann gab es ein ideologisches Drama: Im großen Kinosaal des Lagers wurde alle sechs Wochen, also für jeden neuen Lehrgang, eine nationalsozialistische Massenversammlung inszeniert. Zu diesem Zweck schmückte man den Saal mit Hakenkreuzfahnen, Spruchbänder zogen sich von Galerie zu Galerie. Der Badenweiler Marsch, Erika und das Horst-Wessel-Lied wurden gespielt, und Offiziere, verkleidet und geschminkt als prominente Nazis, fungierten als Redner. Diese Show fand in englischer Sprache statt, und außerdem kam über die Lautsprecher ein erklärender Kommentar. Der Sprecher war auch der Autor dieser Show, Leutnant Gordon Ewing, von dem die Sage geht, daß er zehn Jahre später als Regisseur den westlichen Beitrag zum 17. Juni 1953 in Berlin lieferte.

Für den jeweils letzten Kurstag hatten sich die Intelligence-Leute als spektakulären Abschied etwas Ungewöhnliches ausgedacht. Die Armee hatte ein großes, zweistöckiges Farmhaus erworben, das an der tiefsten Stelle eines steilen Abhangs stand. Die Frontwand, die dem Hang zugekehrt war, wurde abgetragen, und so konnte man vom Hang aus jeden Raum, das Treppenhaus und den Kellereingang sehen. Der Hang selbst wurde zu einer natürlichen Tribüne.

In und um dieses aufgeschnittene Haus wurde vorgeführt, was Nachrichtendienstler zu tun haben, wenn sie einen deutschen Kommandostab irgendwo in Frankreich einnehmen und besetzen. Zukunftsmusik also, denn es war ja noch mehr als ein Jahr vor der immer wieder verschobenen Zweiten Front.

Zuerst wurde dem Publikum das Funktionieren des deutschen Gefechtsstandes vorgeführt, sein Verhalten den französischen Dorfbewohnern gegenüber (*très correct!* Wie oft habe ich dieses Wort ein Jahr später von hochgestellten Franzosen gehört!) und dann die etwas hektischen und kopflosen Aktivitäten während eines amerikanischen Angriffs. Die ersten Granaten schlugen in nächster Nähe ein, der Schlachtenlärm kam näher, auf Platten übrigens, denn es gab in Amerika noch keine Bandgeräte, die Fronteinheiten setzten sich »planmäßig« ab, und schließlich erfolgte die Einnahme durch eine amerikanische Kampfgruppe.

Dabei wurde – und darauf kam es vor allem an – gezeigt, wie man Dokumente sicherstellt, wie man die Ortsbevölkerung verhört, es erschien auch ein hoher französischer Verbindungsoffizier, dargestellt von einem französisch sprechenden Obergefreiten, man entdeckte Sabotage durch einen französischen Kollaborateur, der sich im Keller versteckt gehalten hatte. Deutsche Gefangene wurden eingebracht und verhört, die neuen Erkenntnisse durch Feldtelefon verschlüsselt (und ohne Indianer!) weitergegeben, Kuriere ausgeschickt, der Motorpark des Lagers war in vollem Einsatz, kurz, es war eine Riesenshow, ein Drei-Manegen-Zirkus, der in dem präzis aufs Stichwort durchgeführten Überflug eines Kurierflugzeugs gipfelte, das eine Botschaft für den Intelligence Officer abwarf.

Die Zuschauer auf ihrer natürlichen Tribüne applaudierten, sie hatten einen vergnüglichen Nachmittag erlebt.

Die wichtigsten Rollen wurden von ersten Broadway-Schauspielern dargestellt, abkommandiert von ihren Einheiten. Normalerweise wären ihre Gagen unerschwinglich gewesen, hier jedoch mußte für den gewöhnlichen Sold gespielt werden, ohne Extrahonorare. Die Schauspieler gehörten einfach zur ständigen Lagerbelegschaft wie die Kantinenköche und das Sanitätspersonal. Sie waren sicher, den ganzen Krieg in Camp Ritchie verbringen zu können.

Als ich ankam, wurde ich dem gerade beginnenden Kurs zugeteilt. Aber meine Teilnahme dauerte nicht lange: meine Akten kamen hinterher, und wieder einmal wurde ich für unwürdig erklärt, als vorzeitiger Antifaschist. Meine militärische Laufbahn als Mitglied des Latrinen-Reinigungskommandos im Camp Ritchie schien gesichert.

Es kam anders. Da man bei meiner Ankunft nicht recht wußte, was man mit mir anfangen sollte, machte man mich zum Komparsen des Farmhaus-Epos. Ich sollte einen französischen Einheimischen darstellen. Wartend stand ich in der »Kulisse«, zufällig in der Gruppe der Broadwayschauspieler. Der eine hieß Curtis Conway, ich hatte ihn oft auf der Bühne gesehen. Wir kamen ins Gespräch. Beim Vorstellen wurde er aufmerksam: »Moment mal, Burger — meine Freundin hat mir geschrieben, daß Sie bald hier auftauchen würden. Sie sind doch Regisseur.« Er rief die andern heran, und mir wurde es warm ums Herz: Kollegen! Sie nahmen ihren Leiter, einen jungen Leutnant namens Koch (zwanzig Jahre später Chef des RIAS), beiseite und redeten eifrig auf ihn ein. Man machte uns bekannt, er versprach, etwas für mich zu tun, und wenige Tage später war ich Regisseur der Gruppe und bald auch Mitautor und Bühnenbildner.

Wir schrieben die primitiven Stücke um, fertigten Dekorationen an, denn bisher wurden die Szenen vor der blanken Kinoleinwand präsentiert, ich malte Projektionsbilder auf Glasplatten als Hintergrund, drehte zum gleichen Zweck Filme, und wir hatten eine Menge Spaß. Als ich Piscator während eines New-York-Urlaubs von allem erzählte, amüsierte ihn das sehr. Vor allem meine Verwendung von Fotos, Diapositiven und Filmen als szenischen Hintergrund in einem Trainingslager der amerikanischen Armee.

Unsere Offiziere bis hinauf zu Oberst Banfill waren stolz auf uns und schickten uns kreuz und quer durchs Land, in die großen Camps, wo sich Truppen zu Überseetransporten versammelten. Schließlich drehte ich sogar einen fünfteiligen Ausbildungsfilm mit dem schönen Titel *Kill or Be Killed*, der in der US-Armee lange

Jahre zum normalen Bildungsangebot gehörte, bis er während des Koreakrieges durch den Streifen *Dirty Fighting* abgelöst wurde.

Die Washingtoner Lochkartenmühle spuckte brav alle sechs Wochen meine Karte als Sprachkundiger aus, jedesmal von neuem wurde ich dem jeweils beginnenden Kurs zugeteilt, jedesmal von neuem für unwürdig befunden, in Dinge eingeweiht zu werden, die ich in den von mir inszenierten Stücken in- und auswendig gelernt hatte. Jedesmal wurde ich dann von Leutnant Koch wieder als Regisseur reklamiert. Und jedesmal feierten wir die Rückkehr zu meinem Job in der »Foxhole«.

Nach und nach hielt sich wohl jeder Emigrant wehrfähigen Alters sechs Wochen lang in diesem Lager auf. In jener »Foxhole« lernte ich zum Beispiel Kadidja Wedekind kennen, die mit einem Ritchie-Offizier verheiratet war. Auch Klaus Mann gehörte vorübergehend zu meinen Kollegen, ebenso Peter Beauvais. Hans Habe, frisch aus Nordafrika und Unteritalien, hielt einen Vortrag im Camp. Graf Trautmannsdorf repräsentierte den österreichischen und Graf Sforza den italienischen Adel. Und täglich lasen wir an dem Schwarzen Brett die Namen der Neueingänge, »die Kurliste«, wie es Benno Frank nannte, der später amerikanischer Theateroffizier in West-Berlin wurde.

Es war Spätherbst geworden. Der Wind pfiff von der Blue Ridge herunter. Frierend und verstohlen schlichen wir uns ohne Passierschein an den Wachen vorbei in die »Foxhole«, um einen schnellen Grog zu trinken. Wir beneideten die deutschen »Meerschweinchen«, denn da bei ihnen alles echt sein mußte, trugen sie bereits dicke, wattierte Wehrmachtsmäntel – lange bevor uns unsere Winterkluft zugewiesen wurde. Die Gerüchte von einer baldigen Zweiten Front verdichteten sich. Und ich saß in Maryland und spielte Theater . . .

Eines Tages kam ein Brief aus Schweden. Darin war von den Schicksalen gemeinsamer Freunde die Rede. Vieles wußte ich, ahnte es zumindest. Am meisten erschütterte mich die Nachricht, daß mein Freund Kurt Konrad hingerichtet worden war. Nach der Besetzung der Tschechoslowakei hatten ihn die Russen zum Presseattaché ihrer Prager Botschaft gemacht, um ihn vor dem Abtransport in ein KZ zu schützen. Das ging gut, solange der Stalin-Hitler-Pakt noch Gültigkeit hatte. Aber sofort nach dem Überfall auf die Sowjetunion hatten ihn die Deutschen verhaftet und irgendwann im Jahre 1942 hingerichtet. Seine Frau hatte sich seine letzten Kleidungsstücke abholen dürfen. Sie zeigten Spuren dessen, was man mit ihm angestellt hatte. Im Futter der Hose fand sie etwas Geschriebenes: »Ich sterbe als anständiger Mensch.«

Von Stefan Heym, der ebenfalls Passant in Camp Ritchie war, erfuhr ich, daß eine neue Einheit zusammengestellt würde, eine mobile Sendekompanie, für den Fronteinsatz bestimmt, die zum größten Teil aus Spezialisten bestehen sollte – aus Druckern, Radiotechnikern, Sprechern und Autoren. Das schien etwas für mich zu sein.

Trotz heftigen Protestes meiner Kollegen – wir waren inzwischen zu einem kompakten Ensemble geworden – meldete ich mich an die Front. Ich bekam mein Interview mit dem zukünftigen Leiter dieser neuen Einheit, und weil ich meine alte Erfahrung nicht wiederholen wollte, sagte ich ihm gleich, man habe mich als vorzeitigen Antifaschisten eingestuft. Er lachte nur. Das sei er auch, sagte er später. An die Front dürfe man immer.

Es war der 16. November 1943.

Streng geheim

Oberst Sharpe gehörte zum Stab des Generals Grant. Als ich mich für ihn zu interessieren begann, war er schon zweiundsechzig Jahre tot. In einer Armeezeitschrift fand ich seine Kurzbiographie. Er war Nachrichtenoffizier gewesen. Das hätte mir einen Fingerzeig geben können. Die Armee benannte später ein kleines Camp nach ihm, das sich auf dem Gelände des Schlachtfelds von Gettysburg befand, jenem letzten großen Treffen im blutigsten aller Kriege, den Amerika je geführt hat, im Sezessionskrieg von 1861 bis 1865. Das Camp bestand aus zwei Baracken für die Mannschaft und einer größeren Bude, der Schreibstube. Dort müssen auch damals, im vorigen Jahrhundert, die Offiziere geschlafen haben. Zu Pferd war es für sie nur wenige Stunden bis Washington, wo sie sich von der Unbill des primitiven Lagers erholen konnten.

Später verkam das Lager und wurde nur noch als Geräteschuppen und Nachtquartier für die (schwarzen) Arbeiter verwandt, die das historische Schlachtfeld für die Touristen instand hielten. Aber auch dafür erwies es sich wegen völliger Unzulänglichkeit der hygienischen Einrichtungen als zu primitiv und wurde schließlich aufgelassen.

Ende 1943 erkämpfte sich ein ehrgeiziger Oberleutnant mit guten Verbindungen in Washington – er hatte die Tochter eines wichtigen amerikanischen Botschafters geheiratet – das Recht und die Aufgabe, qualifizierte Soldaten zu Nachrichtenexperten auszubilden, wobei »Nachrichten« sowohl im herkömmlichen Sinn (Intelligence) als auch im wörtlichen zu nehmen war. Auch er nahm jenes Lochkartensystem des Pentagon in Anspruch, und dieses schüttete ihm eine sehr bunt zusammengewürfelte und abenteuerliche Gesellschaft in den Schoß, zu der auch ich gehörte. Wir dachten oft darüber nach, der heutige Burgschauspieler Manfred Inger und ich, was wohl der Generalnenner sei, unter dem man uns hier versammelt hatte, denn es waren unter uns Universitätsdozenten, Hotelportiers, Rundfunksprecher, Studenten, Radiomechaniker, Schriftsteller, Drucker, Musikprofessoren und kleine Kaufleute.

Der Oberleutnant, gewiß der bestangezogene Offizier der US-Armee, hieß Hans Habe.

Wir waren im übrigen jetzt eine kompakte Kompanie, nicht mehr eine lose Schar von Soldaten wie in den verschiedenen Trainingscamps, die wir durchlaufen hatten. Wir besaßen einen Captain, drei Leutnants, die nötigen Fahrer, Köche und Schreiber, eine Gruppe Fernmeldetechniker und einen aufsässigen, schrullenbehafteten Haufen von Intellektuellen. Dazu standen auf einem Sturzacker hinter den beiden Baracken im eisigen Novemberregen einige gewichtige Tonwagen, Gerätewagen, ambulante mechanische Werkstätten, und es lagen dort auch die Teile eines zerlegten Sendemastes, fertig zum Abtransport.

Hier nun, im braungrauen, regenschweren November, saßen wir, die Spezialisten, mit klammen Fingern um Kanonenöfen herum und ließen uns schulen. In der andern Baracke saßen die Fahrer, Techniker, Kompanieschreiber ebenfalls um ihren Ofen herum und haßten uns, weil wir geschult wurden, weil wir uns in ihnen fremden Sprachen unterhalten konnten, weil wir mehr Streifen an den Ärmeln trugen, weil unser Ofen etwas wärmer war. Vor allem deshalb.

Es war ein Schulungskurs, wie ich ihn noch nie erlebt hatte. Der Stundenplan glich dem einer höheren Journalistenakademie. In einer Deutschlektion (täglich) lernten wir, uns kurz und prägnant auszudrücken und überflüssige Worte zu vermeiden. Wir lernten, wie man eine Zeitungsseite zusammenstellt, wie man Überschriften erfindet und anordnet und welche Schrifttypen man dazu verwendet. Wir mußten Rundfunknachrichten abhören, mitschreiben, verarbeiten und neu formulieren. Jeden Tag war ein anderer von uns »Chefredakteur«, stellte mit Hilfe zweier gewöhnlicher Rundfunkempfänger die wichtigsten Tagesnachrichten zusammen, faßte sie in knappe, leicht sprechbare Sätze, zwang das ganze in die uns bewilligten fünfzehn Minuten und wies den Sprecher – jeden Tag war es ein anderer von uns – an, wie er sprechen sollte. Alle übrigen, samt dem Instruktor, mußten diese fünfzehn Minuten scharf kritisieren. In einem weiteren Kurs lernten wir Zeitgeschichte, wir büffelten die Namen der Politiker und Militärs, die in den Nachrichten vorkamen, prägten uns ein, welchen Parteien sie angehörten, welche Organisationen sie vertraten und unter welchen Abkürzungen diese Organisationen bekannt waren. Wir mußten auf Anhieb die Teilnehmer wichtiger Konferenzen nennen können und natürlich auch die Resultate dieser Konferenzen. Wir lernten, welche Zeitungen wessen Interesse vertraten, wer sie finanzierte, wer von den wichtigen Männern für sie schrieb. Und wir analysierten Nachrichten und Kommentare und schrieben selber welche.

Jede Unterrichtsstunde dauerte fünfzig Minuten, wir konnten mit unseren Notizen kaum nachkommen und unsern Kopf auf das nachfolgende Thema umstellen. Dem Instruktor bereitete diese Umstellung offenbar keine Schwierigkeiten – es war immer derselbe: Oberleutnant Hans Habe.

Dieser Mann, mit dem ich in den nächsten anderthalb Jahren so manche kritische Situation durchstehen sollte, war und blieb für mich ein Phänomen. Auch heute noch, wo uns politisch und weltanschaulich Welten trennen.

Ich nehme an, daß er sich mit Hilfe seines erstaunlichen Selbstvertrauens in Washington das geschaffen hatte, was man eine Marktlücke nennt. Zwar gab es eine hochdotierte Akademie, in der Offiziere für die zukünftige Militärverwaltung im besiegten Deutschland ausgebildet wurden. Wir hörten damals Wunderdinge über dieses Institut: mit welcher Tiefe dort Deutsch gelehrt, deutsches Wesen und Denken studiert und deutsche Ökonomie analysiert werde. Aber als wir dann Zeugen wurden, mit welcher Naivität und Ahnungslosigkeit die Absolventen dieser Hochschule später an ihre Aufgabe herantraten, da fragten wir uns, was denn dort eigentlich gelehrt und gelernt worden war. Hier lagen ohne Zweifel die Ursprünge jener seidenbestrumpften Großmacht im besiegten Deutschland – ich meine die Dolmetscherinnen der amerikanischen Stadtkommandanten.

Diese wendigen, meist bildhübschen Fräuleins, Bettgefährtinnen, Bürodamen und Schutzwälle vieler Vertreter der Besatzungsmacht, von deren Gunst es oft abhing, ob jemand eine Kinolizenz bekam oder Penicillin für einen kranken Familienangehörigen, ob er seine alte Großmutter besuchen durfte oder seine Zugehörigkeit zur KZ-Bewachungstruppe verheimlichen konnte – sie waren das Produkt der wirklichkeitsfremden Ausbildung, die in jener millionenschweren Akademie betrieben wurde.

Habe, seiner Vergangenheit nach Journalist, hatte wenigstens ein genaues Bild davon, wie die Presse in einem neuen, demokratischen Nachkriegsdeutschland aussehen müßte und wie man sie organisatorisch auf die Beine stellen konnte. Dabei wußte er ebensowenig wie wir, was wir in Deutschland vorfinden würden. Er rechnete damit, daß man den besiegten Deutschen eine demokratische Presse vorexerzieren müsse, und er ging mit fanatischer Zähigkeit daran, diese Aufgabe vorzubereiten. Camp Sharpe war sein Sandkasten.

Natürlich half ihm dabei der Umstand, daß er in die höchsten Washingtoner Kreise hineingeheiratet hatte. Seine damalige Frau war die Tochter des Botschafters in Moskau. Er nutzte diese Beziehung voll aus. Aber andererseits kann ich mir gut vorstellen, was sich der damalige, versnobte, weiße, angelsächsische »Jet-Set« (wie wir heute sagen würden) von diesem »ungarischen, getauften Einwanderer« dachte. In meinen Augen erhöht das seine Leistung.

Ich nehme an, daß er ihnen keine Ruhe gab. Und da das, was er anstrebte, sinnvoll war und weil jeder begriff, daß auch ein geschlagenes Volk eine Presse braucht, und weil schließlich hier einer kam, der offenbar freiwillig diesen Job auf sich nehmen wollte, ließ man ihn gewähren. »Sie wollen eine Akademie für zukünftige Redakteure, Nachrichtenschreiber, Flugblattautoren, Umbruchspezialisten, Zeitungsgründer? Okay, Lieutenant Habe. Da gibt's doch dieses, zugegeben, etwas vermoderte Camp Sharpe, das können Sie haben. Aber Lehrkräfte müssen Sie selbst besorgen.«

Hans Habe besorgte sie.

Er war erstaunlich. Nicht nur schlüpfte er scheinbar mühelos von einer Rolle in die andere – es hätte uns nicht überrascht, wenn er sich wie ein Verwandlungskünstler in einem Varieté jedesmal in den kurzen Pausen umgezogen und umgeschminkt hätte. Er war jeweils Deutschlehrer, Journalist, Metteur, Politinstruktor, Korrektor, Sprachlehrer, Stimmbildner, Psychologieprofessor – was immer der Lehrstoff verlangte. Und nach Schulende brauste er allabendlich nach Washington, erschien allmorgendlich wohlgepflegt und stets in einer andern Uniform, in unglaublichen Variationen, in Phantasieuniformen, die eher nach Operette aussahen. Man sagte ihm nach, seine damals hellblonden, sorgfältig gelockten Haare seien das Werk eines bekannten Washingtoner Coiffeurs. Dazu kam noch das kleine, goldene Kreuz, das er um den Hals trug. »Goldilocks« – Lockenköpfchen – nannten ihn später seine Offizierskollegen.

Wir waren in diesen modrigen, novemberkalten Baracken auch in politischer Hinsicht ein zusammengewürfelter Haufen – Kommunisten, Sympathisanten, Antikommunisten. Habe brachte es fertig, uns für unsere Arbeit zusammenzuschweißen. So wurde in jenen Tagen immer wieder von der Zweiten Front gesprochen, die unsere russischen Verbündeten, die bis dahin fast allein dem brutalen Ansturm der Hitlerwehrmacht standhalten mußten, stürmisch verlangten. Es sah im Winter 1943/44 äußerlich noch ganz so aus, als richteten sich die westlichen Alliierten nach jenem vielzitierten Satz des Senators Harry Truman: »Sollen sich doch die Deutschen und die Russen gegenseitig weißbluten! Wir Amerikaner werden dann immer die gerade verlierende Partei unterstützen, damit dieser Zustand andauert!« Habe selbst aber war, solange der Krieg andauerte, betont fair. Obwohl schon damals stramm antikommunistisch, nahm er zur Kenntnis, daß die Russen Verbündete im Kampf gegen Hitlerdeutschland waren, und er duldete auch nie die geringste antirussische Tendenz in unseren Nachrichten und Kommentaren, weder hier im Camp noch später in den Sendungen für die Wehrmacht von Radio Luxemburg, die er leitete.

Aufbruch

Wieder einmal las uns unser Captain die Kriegsartikel vor, sichtlich froh, daß er uns nach Habes Kursen auch einmal unterrichten durfte. Er unterstrich besonders jene Stellen, die vom Verrat militärischer Geheimnisse handelten. Zum hundertsten Mal wurde uns eingeschärft, daß wir über unser Training im Camp Sharpe niemandem auch nur ein Sterbenswörtchen erzählen dürften. Das allerstrengst zu hütende Geheimnis aber sei das Datum unseres Aufbruchs nach Übersee. Zu Anfang des Jahres hatte ich in Camp Ritchie mit meiner Gruppe einen Sketch einstudiert, der Schnitzlers *Reigen* nachempfunden war. Darin wurde vorgeführt, wie das unbedachte Wort eines Soldaten zu seiner Geliebten bis zum Feind gelangt, der dann mit einem U-Boot dem Transportschiff auflauert. Unser Captain ließ uns einen Nachmittag nach Ritchie transportieren, wo wir den Sketch vorgeführt bekamen. Wir waren alle beeindruckt. Auch ich, obwohl ich ihn auswendig kannte.

Unsere Frauen und Freundinnen waren jetzt fast vollzählig versammelt. Sie wohnten wenige Minuten vom Camp, im Grand Hotel Gettysburg, und waren gekommen, um Abschied zu nehmen. Stefan Heym heiratete noch schnell seine Gertrude. In aller Herrgottsfrühe liefen wir im nahen Hagerstown von Pfarrer zu Pfarrer, bis wir einen aus den Federn bekamen, der die beiden trauen wollte. Ich spielte dabei auf meiner Mundharmonika: »Treulich geführt...«

Vierzehn Tage dauerte der Abschied schon, als wir schließlich erfuhren, daß es morgen soweit sei. Da auf Verrat eines solchen militärischen Geheimnisses die Todesstrafe stand, beschlossen wir, es nicht einmal unseren legitimen Frauen zu verraten.

Als wir am Spätnachmittag zum letzten Besuch zu unseren Marketenderinnen kamen, saß meine Frau mit Gertrude Heym und einigen anderen in der Hotelhalle.

»Weißt du schon? Morgen fahrt ihr«, begrüßte mich meine Frau mit Stentorstimme. Wir waren völlig vernichtet. Offenbar wußte es bereits jeder in dieser geräumigen Hotelhalle. Sogar der Barmixer.

Die Erklärung war einfach. Meine Frau hatte am Morgen ihr Kleid ausbügeln lassen wollen. Aber der Mann im Schneiderladen hatte keine Zeit. »Wir müssen den Offizieren ihre Uniformen ausbügeln, denn morgen geht's ja los...«

Es ging aber noch nicht nach Übersee.

Wieder einmal war ich beeindruckt von der nahtlos funktionierenden Organisation. Drei Millionen Soldaten der verschiedensten Waffengattungen zur richtigen Zeit an die richtige Stelle zu verschicken, samt ihrem umfangreichen Kriegsgerät, das erforderte so etwas wie einen riesigen Rangierbahnhof, und schiefgehen durfte diesmal nichts. Der Rangierbahnhof war für uns ein Lager an der Ostküste, Camp Shanks.

In Shanks herrschte eine merkwürdige, schwerelose Atmosphäre. Jeder wußte, es ging los. Unsere Ausbildung war beinahe abgeschlossen, es gab für uns fast nichts zu tun als zu warten. Die Verbindung zu unseren Familien war abgeschnitten. Und natürlich hatten wir absolute Ausgangssperre. Die Brücken waren abgebrochen. Irgendwo wartete ein Schiff.

Es wurde gepokert und gewürfelt. Noch hatte keiner durch Schiebergeschäfte und Schwarzhandel sein Vermögen vermehrt, man spielte um den Familienbesitz, den so mancher in desperater Stimmung in einer Nacht verlor. Außer Sport gab es nochmals und nochmals ärztliche Untersuchungen, die in ihrer Oberflächlichkeit täglich unser Gaudium erregten. Ich hatte mir beim Medizinballspielen durch eigene Unachtsamkeit vier Rippen gebrochen, und mein Brustkasten war von oben bis unten bandagiert. Aber keiner der Ärzte, an denen wir immer wieder nackt vorbeidefilieren mußten, schien das zu bemerken. Ich war froh darüber, denn jetzt noch ausgeschieden zu werden, wäre beschämend gewesen.

Wir probten »Unter-Beschuß-an-Land-Gehen«. Ich ahnte nicht, daß einige von uns, ich eingeschlossen, dieses Manöver einige Monate später tatsächlich gebrauchen würden. Man hatte auf dem Gelände die gut zwanzig Meter hohe Bordwand eines Schiffes aufgebaut, und wir mußten diese Kulisse in voller Ausrüstung auf einer Leiter erklimmen. Vorne hingen Strickleitern an der Bordwand, bis hinunter ins »Meer«. Das Meer war ein Bassin, auf dem ein kleines, gefährlich schwankendes Boot auf und nieder wippte. Die Januarnacht war eisig, ein Schneesturm schüttelte die grau lackierte Bretterwand. Schnatternd vor Kälte klammerten wir uns an die gefrorenen Stricke und tappten im Dunkeln nach dem gebrechlichen Kahn. Dann zog man uns an »Land«.

Anderntags mußten wir auf einem halbverschneiten, breiigen

Sturzacker gut hundert Meter robben. Man hatte uns vorher ein MG gezeigt, das den Sturzacker mit scharfer Munition bestreichen würde – in fünfzig Zentimeter Höhe. Dann erklärte uns unser Captain, daß man höheren Orts durchaus mit einem Ausfall von sieben Prozent rechnete. Mit echter Todesangst krochen wir an kleinen Markierungspflöcken vorbei, quer über das Feld. Todesslalom nannten wir das. Rechts und links von uns explodierten vorher eingegrabene Dynamitladungen. Nasse Lehmklumpen überschütteten uns. Einem zerfetzte es tatsächlich den aufgeschnallten Tornister und den Hosenboden.

Am Abend des folgenden Tages wurden wir verladen.

Um zwei Uhr morgens verließen wir den Zug am Pier von Hoboken. Es fiel immer noch dichter Schnee. Vor uns ragte die graugrüne Bordwand eines Truppentransporters auf. Neben den Lauftreppen trieben sich frierend in ihren schicken Lanvincréationen einige Damen vom Roten Kreuz herum, die uns heißen Kaffee und Nähzeugbeutelchen verpaßten. Eine Militarkapelle spielte schmetternde Märsche.

Wie das Schiff hieß, durften wir aus konspirativen Gründen nicht erfahren. Es war die »Queen Elizabeth«, die erst nach dem Krieg ihre offizielle Jungfernfahrt antrat. Wir hatten sozusagen das *Jus primae noctis*. Ich und 14 000 Mann plus Besatzung.

Beim Anbordgehen dachte ich, daß wenige hundert Meter weiter, auf der anderen Seite des Hudson, meine Frau in einem warmen Bett lag, den Kopf auf ihrem rechten Oberarm.

Das Schiff war so überfüllt, daß in jeder der steifleinenen Hängematten schichtweise drei Mann schlafen mußten. Acht Stunden würden wir schlafen können, dann durften wir vier Stunden aufrecht umherstehen oder gehen, denn zum Hinsetzen fehlte der Platz, danach würde die Mahlzeit im riesigen Speisesaal folgen, dann wieder vier Stunden auf den Beinen und nach der zweiten Mahlzeit ebenfalls. Anschließend mußte dann der augenblickliche Inhaber unserer Hängematte wachgerüttelt werden, und für acht Stunden gehörte sie wieder uns.

Stefan Heym und ich besahen uns die Sachlage und gingen ohne viel zu reden zum Schiffskapitän, einem britischen Admiral. Heym stellte sich als Journalist vor und erhielt sofort die Aufgabe, eine tägliche Schiffszeitung, die »Ocean News«, zu redigieren, und eroberte sich eine bequeme Schlafzelle im Funkraum.

Ich erklärte dem Kapitän, ich sei Regisseur, und unter den 14 000 Mann gäbe es doch bestimmt viel Show-Talent. Man könnte eine Revue auf die Beine stellen, die am letzten Tag der Überfahrt vom Stapel laufen würde. Der Admiral war dankbar für den Einfall. Während die »Queen« bei Nacht und Nebel den Pier von Hoboken verließ, dröhnte es schon über die Lautsprecher: Jeder, der etwas mit Show Business zu tun gehabt habe, solle sich melden.

Es meldeten sich gut zweihundert Mann – nein, auch ein paar sehr ansehnliche WACs – von Women's Auxiliary Corps – waren dabei, und Corporal Joseph Pevney, der später ein bekannter Hollywoodman wurde. Wir kannten einander vom Sommertheater her, wo ich Bühnenbildner gewesen war. Auf der Stelle begannen wir mit der Auswahl der Mitwirkenden.

Unsere Band bestand aus Negern, motorisierter Kavallerie, die ihre Instrumente mit in den Krieg genommen hatten. Ein Maler, Ed Grigsby, wurde ihr Leiter, und er nannte sich und seine *ad hoc* ausgewählten Kameraden »Ed Grigsby's 'Gators«. Dann entdeckten wir, daß Joe Louis an Bord war, mit zwei Partnern und einer fertigen Kabarettnummer für die Frontsoldaten. Wir beschlossen, die Nummer in unsere Show einzubauen. Im übrigen hatte ich die Qual der Wahl, denn es gab eine Menge begabter junger Leute an Bord, und mehr als fünfzehn Blitznummern konnte ich nicht gebrauchen.

Die Show stieg am Nachmittag vor unserer Ankunft in Glasgow. Sie dauerte fünfzig Minuten, inklusive Applaus. Denn der große Aufenthaltsraum faßte nicht mehr als tausend dichtgedrängte Menschen, und mehr als sechsmal hintereinander konnten wir nicht spielen. Nach jeder Vorstellung hatten wir genau zehn Minuten Zeit, um den Saal zu leeren und wieder zu füllen und die Bühne und uns für die nächste Reprise herzurichten. Sechsmal mußte also jeder seine Nummer abziehen – die Australier ihre »Waltzing Mathilda«, fünf braune Jungs aus Jamaica ihre Calypso Songs, Joe Louis seinen Sketch, der ihn als leicht schwachsinnigen Tölpel vorstellte, wie es das Publikum von ihm erwartete. In Wirklichkeit war er ein liebenswerter, gescheiter Junge mit viel Mutterwitz.

Sechsmal sangen vier als Köche verkleidete Texaner kitschige

Balladen, und sechsmal zwitscherte eine Gruppe von bezaubernden, ebenholzfarbigen WACs ihre Ansichten über die Nichtsoldaten, die Unabkömmlichen, die Verteidigungswichtigen, die Schwulen ins Mikrophon. Im Gegensatz zu uns durften die weiblichen Soldaten auch Zivilkleider mitführen, und es war eine Erholung, nach soviel olivgrünen Uniformen attraktive Frauen in bunten Kleidern zu betrachten.

Am Schluß traten wir dann jedesmal alle auf, weiße, braune und schwarze Soldaten, hakten uns unter und sangen nach einer Melodie von Schostakowitsch ein Lied, das der Obergefreite Weidenreich gedichtet hatte. Darin hieß es, wir seien entschlossen, nach dem Sieg über den Faschismus eine neue Welt zu schaffen, in der Nationalität und Hautfarbe keine Rolle mehr spielen würden. Der Beifall war jedesmal frenetisch, und am Schluß zogen wir in den Speisesaal, wo man uns wie üblich trennen wollte – die Weißen von den Farbigen. Wir protestierten und veranstalteten einen Hungerstreik. Der Admiral mußte schlichten. Er entschuldigte sich und deutete an, daß die Anordnung auf Wunsch der amerikanischen Offiziere erlassen worden sei; wir gingen dann gemeinsam in den Speisesaal. Mein Gott, waren wir stolz . . .

Händel und Miss Jones

Das Dorf hieß Wotton-under-Edge, lag in den Cotswolds (Gloucester) und sah aus wie eine Märchenbuchillustration. Die Häuser hatten Strohdächer, die Fensterrahmen waren sauber geweißt, und jeden Morgen trieben zwei vollbusige Mädchen eine Schafherde an unseren Zelten vorbei, auf die Weide.

Erst bei näherem Hinsehen entpuppte sich ein Zeitungsstand am Dorfeingang als getarnter Betonbunker, entdeckte ich rechts und links von der Ausfallstraße hinter Sträuchern versteckt eine Pyramide von Balken und Eisentraversen – Material für eine Panzersperre, für den Fall einer deutschen Invasion. Und die beiden Schafhirtinnen, die hier ihren Armeedienst versahen, stammten aus London.

Im Kolonialwarenladen roch es nach Thymian und Tee. Ich kaufte mir einen Krimi, trödelte, hörte zu und war mitten in der Welt von Agatha Christie. Sogar der Dorfpolizist kam aufs Stichwort und kaufte sich seine Ration Zigaretten. Eine Tafel Schokolade lockte mich, aber die Frau hinter dem Tresen erklärte mir, die gäbe es nur auf Bezugsschein. Im nächsten Augenblick hielt mir der Polizist die Tafel hin, während er der Verkäuferin seinen eigenen Abschnitt reichte. Ich mußte das Geschenk annehmen.

Unsere Fahrer waren sich einig, daß die Leute hier ganz nett seien. Bloß wegen der Mädchen habe es schon einigen Krach gegeben. Ihre Freunde seien fort, irgendwo in Birma oder in Afrika, und die Mädchen hätten vorsintflutliche Ideen von Treue und so. Ja, und einige Messerstechereien habe es gegeben – wegen »unserer Nigger«. Am andern Ende des Dorfes gab es nämlich noch ein anderes amerikanisches Zeltlager, und da waren ein paar schwarze Fahrer dabei. Die wollten auch mit den britischen Mädchen ausgehen, und denen habe man doch klarmachen müssen, wo sie hingehörten.

Auf einem Hügel stand die kleine gotische Kirche. Der Pfarrer zeigte mir – erfreut, daß sich ein Amerikaner bei ihm blicken ließ – die Grabplatten und die Orgel. Ob ich spielen wolle? Er hielt mich für einen Musiker. Ich habe noch nie Orgel gespielt und versuchte ein leichtes Bach-Präludium. Der Pfarrer bediente für mich die Pedale und die mir völlig fremden Manuale. Dann zeigte er mir stolz eine Inschrift, die besagte, daß einmal Händel diese Tasten berührt hatte.

Sechs Wochen eines sonnigen Vorfrühlings erlebten wir in Wotton-under-Edge, bis meine Bewunderung fürs anglo-amerikanische Organisationsgenie einen schweren Schock erlitt: Unsere Offiziere wurden von Tag zu Tag unruhiger und begannen zu telefonieren und nervös das nächste Hauptquartier zu suchen. Dort stellten sie fest, wo wir eigentlich hingehörten und schon lange erwartet wurden.

Ein wenig hastig brachen wir auf.

Im Morgengrauen schaukelten wir in unseren offenen Lkws durch die Londoner Vorstädte. Ein seltsamer Geruch lag in der Luft. Es roch nach Brand und aufgeborstenen menschlichen Behausungen.

Die großen Luftangriffe vom Vorjahr hatten deutliche Spuren hinterlassen. Die Gegend um St. Pauls war ein Trümmerfeld.

Vor den Milchläden saßen die Frauen mit Flaschen und Krügen. Den Treppen zur Underground entstiegen graue Gestalten, zusammengerollte Decken unterm Arm – Ausgebombte, die noch keine Notquartiere oder die einfach Angst hatten, zu Hause zu schlafen. Der große »Blitz« war zwar vorbei, aber immer noch gab es Luftangriffe, Brände, Todesopfer. Mehr als ein Jahr vor Dresden . . .

»Das ist einer von meinen Jungs!« hörte ich unsern Captain zu dem britischen Offizier sagen, der uns durch die Stadt lotste. Wir fuhren gerade an einem Kino vorbei, über dessen Eingang ein Film angezeigt war: *Hostages* von Stefan Heym, mit Paul Lucas und Luise Reiner. Unser Captain war so stolz, als hätte er selbst Stefan zu diesem Film inspiriert. Dabei konnte er seinen Widerwillen gegen uns Schlawiner nie verbergen.

Und weil es im Leben mehr Zufälle gibt, als in der Literatur tragbar ist, fuhren wir doch, weiß Gott, keine zehn Minuten später an einem andern Kino vorbei, das ebenfalls einen amerikanischen Film spielte: *Seeds of Freedom* mit Henry Hull und Aline McMahon, und der Regisseur war wieder einer von unseres Captains Jungs.

In Brondesbury, einer Londoner Vorstadt, schleuste man uns wieder durch einen Kurs, das nahm kein Ende. Diesmal ging es um die Technik der Meinungsbefragung. Wir würden die Bevölkerung der befreiten Gebiete und später im besiegten Deutschland auf ihre Stimmung abzuklopfen haben.

Nach und nach merkten wir, daß die Zweite Front wirklich unterwegs war. Allerdings, die Vorbereitung trieb manchmal seltsame Blüten: da kam ein britischer General zu uns, der als Verbindungsoffizier bei den Russen gewesen war. Er hielt uns einen Vortrag über die Gründe für die Schlag- und Widerstandskraft der Russen. Allen Ernstes erzählte er uns, die GPU entsende in alle Ortschaften, die zwar noch in deutscher Hand, aber kurz vor der Befreiung ständen, Spezialagenten, die ein paar Dorfbewohner aufzuhängen hatten. Das erboste die dann später eindringenden Rotarmisten derart, daß sie nun mit doppelter Kraft . . .

Ungelogen! Das sagte uns General King am 4. April 1944 in Brondesbury, einer Vorstadt von London. Ich habe vierzig Zeugen dafür. Gleich nach dem Abgang des Generals nahm einer unserer britischen Instruktoren, ein Major, das Wort und sagte trocken und scheinbar ohne jeden Bezug auf das Vorhergehende: in vornehmen britischen Familien erbe stets der gescheiteste Sohn das Gut, der Zweitintelligenteste werde Akademiker, der Drittgescheite Kaufmann, der Viertgescheite Geistlicher. Und wenn's dann noch einen gäbe, na, der ginge dann auf die Militärakademie ...

Wieder einmal begann sich die Lochkartenmühle im Pentagon zu drehen und spuckte fünfzig Namen aus unserer Einheit aus, quer durchs Beet, Offiziere und Gemeine. Nach welchem Schlüssel das geschah, habe ich nie begriffen. Wir fünfzig sollten an einem supergeheimen Test teilnehmen. Er fand in Watford statt, auf einem herrschaftlichen Adelssitz mit Schloß und Park. Zehn Tage prüften uns dort ein Dutzend hoher Offiziere und ein Psychologe auf unsere Führungsqualitäten. Eignungstests wechselten mit Mutproben, Sandkastenprobleme mit Hindernisläufen, tiefenpsychologische Untersuchungen mit offensichtlich unfundierten Scharlatanerien.

Unsere Quartiere wurden von einer Abteilung außergewöhnlich hübscher weiblicher Soldaten in Ordnung gehalten. Nachdem ich zweimal mit einer von ihnen ausgegangen war, warnte mich mein Bettnachbar mit großer Besorgnis: Ob wir dieser Versuchung unterlägen, das gehöre wahrscheinlich auch zu den Tests, die man mit uns vorhabe. Am Abend stellte ich daraufhin Evelyn zur Rede. Sie lachte vielsagend. Ich werde nie erfahren, wieviel Plus- oder Minuspunkte ich mir verdient hatte.

Im ganzen war es eine amüsante Woche, die dem Prüfungskollegium darüber Auskunft geben sollte, wer von uns sich zum Offizier, wer zum Agenten hinter den deutschen Linien und wer zum Nachrichtenmann eignete. Heute glaube ich, daß dort vor allem geeignete Typen für die spätere CIA gesucht wurden.

Das ganze Unternehmen, alle zehn Tage mit neuen Teilnehmern wiederholt, und der Aufenthalt in dieser feudalen Umgebung muß die Armee ein Vermögen gekostet haben. Der Test selbst war ein volles Jahr in der Harvard University wissenschaftlich ausgearbeitet worden.

Am letzten Abend, über einem Glas Scotch, als sich um uns her die Zungen der uniformierten Professoren und ihrer Probierkaninchen lösten, nahm mich der amerikanische Psychologe beiseite.

»Nehmen Sie's nicht so tragisch, Sergeant«, sagte er.

»Bestimmt nicht. Um was geht's denn?«

»Ach, tun Sie doch nicht so. Sie wissen doch genau, daß Sie mit Ihrer Vergangenheit weder Offizier noch Agent, noch Generalstäbler werden können.«

Ich sagte ihm, daß ich sehr erleichtert sei.

Weston-super-Mare ist ein Badeort an der Westküste des Vereinigten Königreichs, wenige Kilometer von Bristol entfernt.

Bungalows, kleine Badehotels in Fachwerk, aus den letzten Jahren des vorigen Jahrhunderts, eine pompöse Jugendstilmuschel für das Kurorchester und eine asphaltierte Strandpromenade.

Es ist Mai geworden.

Der Badeort ist trotz der Vorsaison zum Bersten voll. In jedem Familienhotel wohnen Soldaten, die alle auf den großen Schub warten. Sie stehen in Trupps auf der Strandpromenade und blicken hinaus aufs graugrüne, noch nicht sehr einladende Meer. Es ist windig, die Möwen kreischen und sehen gar nicht so aus, als ob sie Emma hießen. Vielleicht eher Ethel oder Rosemary.

Über uns hängen die Fesselballons, unzählige, die den Ort gegen Fliegerangriffe schützen sollen. Natürlich wiederholt mindestens einmal täglich einer den trüben Witz, man solle doch die Haltetaue der Ballons endlich kappen und die verdammte Insel untergehen lassen.

Ab und zu macht es über uns laut plopp-plopp, und am Himmel erscheinen zwei, drei, vier kleine weiße Wölkchen. Die Flugabwehrgeschütze, hier heißen sie Ack-Ack, müssen ab und zu getestet werden, erklärt man uns. Warum nicht – uns hat man ja auch zur Genüge getestet. Wahrscheinlicher aber geschieht es, damit wir nicht vergessen, daß Krieg ist, und daß sich der Blitz mit seinen Schrecken jede Nacht wiederholen kann.

Die Quartiere sind improvisiert. Unseres ist in Zivil eine Fremdenpension, gebaut für die Familien sparsamer Buchhalter und kleiner Ladenbesitzer aus Bristol. Es gibt ein Musikzimmer, wo im Sommer wahrscheinlich die Kinder bei Regenwetter Krach machen dürfen. Jetzt aber stehen hier zwanzig zweistöckige Bettgestelle dicht beieinander, ebenso wie in der Halle und im Schreibzimmer. Durch die kaputten Jalousien sehe ich eine Plakatwand, auf der ich lesen kann, daß Guiness-Bier gut für mich ist und daß der Feind anscheinend auch hier mithört. Was er von uns hören könnte, sind höchstens ein paar schale Witze. Ein deutscher Spion, als Kurgast verkleidet, würde sich hier kaum seine Spesen verdienen.

Es ist wärmer geworden. Was man uns vom Golfstrom gesagt hat, scheint tatsächlich zu stimmen. Am dritten Abend haben wir Ausgang. Gewitzigt durch Vorkommnisse in anderen amerikanischen Lagern, findet er en bloc und unter Aufsicht statt. Ich bekomme fünfzig meiner Kollegen aufgehalst, die ebenso mündig sind wie ich, wenn nicht mündiger, die bloß ein paar Streifen weniger haben. Um 22 Uhr 30, wenn die wenigen offenen Pubs schließen müssen, soll ich möglichst alle fünfzig zurückbringen.

Das Pub heißt »The Anchor« und ist eine Kneipe für die Einheimischen. Die Sommergäste halten sich gewiß eher an die Cafés unten am Strand.

Dann aber kommen die Mädchen. Eine Kompanie Soldaten – in England gilt für Frauen die allgemeine Wehrpflicht. Sie kommen uns merkwürdig klein vor – ach so, sie tragen Militärschuhe mit flachen Absätzen, die unsere schicken WACs kaum anziehen würden. Die Uniformen sind auch nicht von bekannten Couturiers entworfen, und auch angemalt sind die Mädchen nicht. Wenn sie hübsch sind, dann sind sie es von eigenen Gnaden und nicht durch die Kunst Helena Rubinsteins oder Max Factors. Auch fehlt das Zahnpastalächeln, das wir gewohnt sind. Auf eine seltsame Art wirken sie rührend.

Keine fünf Minuten später sitzen wir schon »bunte Reihe«, denn wozu sind sie, sind wir denn hergekommen.

Auch die Mädchen haben einen mehrstreifigen Unteroffizier. Wir verständigen uns. Die Haare sind kurz geschnitten, sie hat helle, etwas müde Augen, und wenn sie lächelt, dann ist es eine Belohnung für etwas Nettes. Sie trägt dicke, olivgrüne Armeestrümpfe, unsere WACs tragen hauchdünne Seidenstrümpfe, von der Armee geliefert, wenn sie Ausgang haben, und sie sind überhaupt besser ausgestattet, von Amts wegen sogar. Es gab vor einem halben Jahr daheim in den Staaten einen Krach, als herauskam, daß die Mädchen für ihren Wochenendpaß mit Präservativen ausgerüstet werden.

Sergeant Olive Jones trägt also keine Seidenstrümpfe. Ihre Knie sind aber trotzdem so, daß ich sie streicheln möchte. Ich tu's aber nicht. Dreistigkeit zieht nicht immer bei britischen Mädchen.

Olive und ich trinken das bittere Bier. Nach einigen Verhandlungen mit dem Wirt hinter dem Tresen trinken wir einen Scotch, und dann noch einen. Scotch ist jetzt im Krieg teures einträgliches Ausfuhrprodukt.

Olive stammt aus Schottland. Der Vater hat einen Papierladen, zwei Brüder sind an der Front, in Afrika. Sie arbeitet in einem Damenhutgeschäft. Ich frage, was sie da tut, Hüte verkaufen oder Hüte machen. Sie setzt sich ihr Uniformschiffchen schief auf und demonstriert, wie sie Kundinnen Hüte andreht. Sie lacht dabei, und dann sieht sie mich prüfend an, ob sie ihre Ausgelassenheit nicht falsch auslege. Sie hat einen reizenden Mund, aber sie wird todernst, als ich es ihr sage. Sie hat schon eine Menge Amerikaner getroffen und ist etwas mißtrauisch. Daß ich kein geborener Yankee bin, hilft etwas.

Um halb elf heißt es: »Time, gentlemen«, und wir brechen alle auf, denn der »Anchor« wird geschlossen. Olive und ich treffen einander eine halbe Stunde später, unten am Strand.

Es ist jetzt ganz dunkel, der Blackout wird peinlich eingehalten. Die Nacht ist warm, erstaunlich warm.

Gegen halb sechs bringe ich sie zu ihrem Quartier. Ich frage sie, was für einen Job sie in der Armee hat, falls das kein militärisches Geheimnis sei, und erfahre, daß sie ein Ack-Ack-Girl ist. Sie bedient, sagt sie, ein Flackgeschütz. Ich reagiere etwas ungläubig – ist denn das ein Job für ein Mädchen? Aber sie sagt ausgelassen: »Wenn du mir's nicht glauben willst, bitte, dann schieß ich früh drei Runden für dich. Sagen wir Punkt sieben Uhr! Okay?«

Es gibt dann noch einen Abschied, und im letzten Augenblick merken wir wahrscheinlich beide, daß hier etwas entstehen könnte, gäbe uns der verdammte Krieg nur Zeit.

Im Dunkeln suche ich dann den Weg zu meinem Quartier, verberge mich zweimal vor MP-Streifen und komme gerade recht zum Wecken. Auf meinem Bett liegt ein Zettel, die Kompanie müsse um sieben Uhr abmarschbereit vor dem Haus stehen.

Um fünf Minuten vor sieben stehen wir schwer bepackt in zwei Gliedern auf der Straße. Der Leutnant verläßt gerade seine Villa schräg gegenüber, kommt auf uns zu.

Ich brülle mein »Atten-tion!«

Und oben an dem hellen Morgenhimmel macht es plopp-plopp-plopp, und es entstehen drei kleine Wölkchen.

Jetzt wird's ernst

Am ersten Juni wurden drei Mann unserer Kompanie zur Teilnahme an der Invasion angefordert. Einer sollte die erste französische Zeitung auf französischem Boden schreiben und herausgeben, der zweite die ersten taktischen Flugblätter abfassen und der dritte vor allem als Sprecher fungieren – eine miese Aufgabe, wenn man bedenkt, daß sie nicht in einem bequemen Rundfunkstudio, sondern wenige Meter von den Adressaten – den deutschen Soldaten in der Frontlinie – erfüllt werden mußte. Dieser dritte, den der Captain für den Job auswählte, hatte gewiß nicht mehr Angst als wir übrigen, aber er konnte oder wollte sie weniger verbergen. Der Captain hatte nichts dagegen, daß ich seinen Platz einnahm.

Wir drei wurden sofort aus dem Verkehr gezogen. Von nun an, bis zum Einsatz, konnten wir schlafen, solange wir wollten, es galten keine Appelle mehr für uns, man konnte uns nicht mehr zum Latrinenreinigen heranziehen, und wir durften sogar nach Bristol, uns amüsieren, vorausgesetzt, wir waren immer erreichbar. Der Zar und Wilhelm II. (und ihre Vorgänger) ließen bei solchen Gelegenheiten Rum oder Wodka verteilen. Der Mann, mit dem ich mich austauschen ließ, spendierte uns dreien eine kostbare Flasche Scotch. Wir waren Freiherren.

Ganze vierundzwanzig Stunden. Dann steckte man uns in eine Extrabaracke und verpaßte jedem von uns zwei Garnituren Unterwäsche – lange, bis zu den Knöcheln reichende Unterhosen und langärmlige Trikots. Alles stank gottserbärmlich, denn es war gegen irgendwelche Kampfgase imprägniert, und wir sollten auch darin schlafen, um uns daran zu gewöhnen. Ich erkundigte mich, gegen welchen Typ Gas die Dinger gut seien, und erhielt die Antwort: gegen einige. Wir dachten nach, ob wohl zwischen Freund und Feind eine Einigung erzielt worden war, welche Gase an der Front zur

Anwendung kommen würden. Als Resultat dieser Überlegungen zog ich das stinkende Zeug heimlich aus und vergrub es, so tief ich konnte. Nachher war mir leichter.

Einige Sorgen bereitete mir, daß ich wegen meines London-Aufenthalts meinen fälligen Sold noch nicht bezogen hatte. Ich wurde vertröstet. Die Armee vergäße niemanden.

Am 4. Juni erinnerte sie sich meiner. Wir wurden, wie immer bei Nacht und Nebel, von einem Lkw abgeholt. Es war mein fünfunddreißigster Geburtstag, und ich versuchte, mich mit dem Gedanken zu befreunden, daß es sehr wohl mein letzter sein konnte. Der vertrackten Eigenschaft des Menschen, sich dauernd selbst zu beobachten, verdanke ich eine ziemlich konkrete Erinnerung an das, was ich in jenen Stunden empfand. Natürlich spürte ich vor allem das Kribbeln der nun ganz nah bevorstehenden Gefahr in den Gedärmen. Ich sagte mir, daß ich diese Gefahr gesucht hatte, wahrscheinlich aus dem Wunsch heraus, ich müsse später, bei meiner Rückkehr nach Prag – falls es eine für mich geben würde –, vor meinen Freunden, die dort geblieben waren, bestehen können.

Dann war da die Neugier meiner fünfunddreißig Jahre. Bisher hatte der Krieg für mich in einigen Bombenangriffen bestanden, die ich in London erlebt hatte: ein Krieg der Ohnmacht, eine Todeslotterie. Das Glücksspiel würde jetzt aufhören. Ich besaß eine Waffe, und sie gab mir die Illusion, daß der Krieg, in den ich jetzt zog, eine Mann-gegen-Mann-Angelegenheit war.

Das dritte Gefühl konnte ich im Augenblick noch nicht genau definieren. Es wurde mir erst einige Tage später klar, in einem Schützenloch in der Normandie. Das Gefühl, zum erstenmal im Leben in Harmonie mit etwas Großem zu sein. Bis dahin, als Mitglied der Partei, war ich stets in Opposition zu meiner Umgebung gewesen. Der Polizist an der Ecke war mein Feind, ebenso mein Arbeitgeber und die meisten Politiker meines Landes. Und natürlich auch die Börsenspekulanten und die Herren von Standard Oil, die Aktionäre und die Manager von General Motors. Jetzt aber dienten die Panzer dieser General Motors, die vom Naphta der Standard Oil angetrieben wurden, *uns*, und ich gehörte (obwohl nur als mikroskopisches Teilchen) zu der riesigen Masse von Menschen, die gemeinsam gegen die Barbarei angetreten waren. In jenen Tagen, um meinen Geburtstag herum, hatte ich trotz vieler vergangener Zweifel doch die Hoffnung, daß diese immense Kraftanstrengung, diese gigantische Konzentration von Menschen, Material und Organisationskunst sich hinterher nicht einfach in nichts auflösen würde, sondern in Permanenz als Gemeinschaft aller Bürger guten Willens weiterexistieren müsse, was auch immer die bisherigen Männer an der Macht davon denken würden. Deren Zeit war vorbei, dachte ich. Der Vormarsch der Russen hatte zu dieser Vereinigung der Kräfte entscheidend beigetragen, und das schien mir ebenfalls sehr wichtig zu sein. Für beide Seiten. Alles, was in diesen Tagen geschah, zielte auf diesen Punkt. Die Sanduhr einer Epoche lief aus.

An das Grausen, das uns in diesen Tagen bevorstand, dachte ich ohne Illusionen. Aber es würde gewiß nicht schlimmer sein als das, was die Russen seit jenem Junitag 1941 durchstehen mußten, auf ihrem Zug nach dem Westen, durch ihre verbrannte und verwüstete Heimat. Es war, so empfand ich, nicht mehr als gerecht, daß auch wir etwas auf uns nahmen.

Vorläufig fuhren wir durch die südenglische Landschaft. Die Fahrer hatten Befehl, bewohnte Gegenden zu vermeiden. Ortsschilder gab es in diesem auf eine deutsche Invasion vorbereiteten Land schon lange nicht mehr – vierundzwanzig Jahre später, im August 1968, erinnerte ich mich wieder daran, als unsere böhmischen und mährischen Bauern während der russischen Invasion ihre Dörfer zu namenlosen Siedlungen machten.

Unsere Fahrer durften aus dem gleichen Grund auch nicht in der Nähe von vereinzelten menschlichen Behausungen haltmachen. So hielten wir am Abend dieses Tages auf freiem Feld, für die notwendigen fünf Minuten. Rechts von uns war ein Grashang, und darüber erhob sich eine Gruppe gigantischer Steine. Ich kannte sie von zahlreichen Bildern. Wir mußten dreizehn Kilometer nördlich von Salisbury sein. Wahrscheinlich steuerten wir nach Portsmouth. Als wir weiterfuhren ging die Sonne hinter Stonehenge unter.

Mitten in der Nacht erreichten wir ein riesiges Zeltlager. Natürlich – irgendwo mußten wir uns versammeln, bevor man uns auf die Boote verlud. Ich dachte an Aigues-Mortes in der Provence, wo die Kreuzfahrer zusammenkamen, bevor sie sich einschifften.

Im Dunkeln bauten wir uns Zweierzelte: in der US-Armee hat jeder Soldat eine halbe Zeltbahn. Wenn er ein Zelt bauen will, muß er dazu einen Kameraden finden.

Knoll, der Flugblattschreiber, und ich krochen unter unser gemeinsames Dach, aber schlafen konnten wir nicht. Und rings um uns, als hätte man eine Handvoll Hummeln unter einem Glassturz gefangen, raunte es aus jedem Zelt. Als hoffnungslosem Theaternarren fiel mir *Heinrich V.* ein, der am Vorabend der Schlacht von Azincourt unter seinen Soldaten umhergeht. Sie sitzen an Lagerfeuern, liegen in ihren Zelten, und er spricht zu ihnen, während sie dem Morgen entgegenfiebern, an dem sich so viel entscheiden soll: Auf morgen ist Sankt Krispian!

Um fünf Uhr früh zog mich einer an den Beinen aus dem Zelt, leuchtete mir mit seiner abgeblendeten Lampe ins Gesicht und ging mit mir durch die Zeltreihen. Von überall hörte ich ein Flüstern. Vor einem größeren Zelt standen zwei Offiziere. Sie checkten meinen Namen mit einer Liste. Dann ließen sie mich schwören, daß das, was da drinnen auf mich warte, streng geheimzuhalten sei. Auch vor den Kameraden! Drinnen aber geschah nichts weiter, als daß ich meinen Sold erhielt. Allerdings in französischer Währung . . .

Am Morgen wurden wir drei einem dicken, britischen Captain zugeteilt. Er hieß Langlaan und war ein Nachrichtenoffizier. Er stellte keine Fragen. Offenbar wußte er, wer wir waren, oder – einfacher – er hatte drei Kerle mit bestimmten Qualifikationen verlangt, und jetzt nahm er sie in Empfang. Wieder staunte ich über die Präzision, mit der das komplizierte Uhrwerk ablief.

Am Abend in Portsmouth fanden wir Unterkunft in einer riesigen, gähnend leeren Halle. Sie war warm und roch nach Teer, Schmieröl und Schweiß. Noch vor wenigen Stunden mußten hier Männer und schwere Vehikel auf den Einsatz gewartet haben.

Gegen vier Uhr früh sagte Langlaan ruhig: Jetzt muß es losgehen. Fast gleichzeitig erklang aus der Ferne etwas, das sich wie ein dumpfer Wirbel auf einer tiefgestimmten Kesselpauke anhörte. Fliegende Festungen waren unterwegs.

Wir machten Frühstück. Langlaan verschwand auf einige Zeit, kam dann wieder und füllte sich seinen Becher. Bis jetzt verliefe alles programmgemäß, sagte er und blies in seinen Kaffee.

Der Himmel war grau, Regen knatterte in Böen über die schwarzgerußten Holzplanken der Verladerampe. Über uns knarrte und pendelte der Haken an der Kette einer Laufkatze.

Um halb zehn kamen die ersten Schiffe zurück. Es waren drei

vom Victory-Typ und ein paar kleine Libertys. Sie waren allesamt schwer mitgenommen. Man sah Spuren von Einschlägen, bei einem der kleinen Kähne war eine Seitenwand aufgerissen, bis unter die Wasserlinie. Verwundete wurden an Land gebracht.

Das Brummen der Kesselpauken hörte nicht auf, der Strom der viermotorigen Fliegenden Festungen riß nicht ab. Am Horizont, dort wo Frankreich war, blitzte es auf, immer wieder, aber hier drüben hörten wir nichts als das Brummen.

»St. Laurent heißt der Ort, wo wir landen«, sagte der Captain. »Der Codename ist Omaha. Bloß zu Ihrer Information. Es wird wenig von dem Ort übrig sein. Hoffentlich finde ich dort noch jemand von meinen Freunden vor . . .«

Ich fragte, wann er das letzte Mal dort gewesen sei. Vor dem Krieg wohl, setzte ich voraus.

»Vor sieben Wochen«, sagte Langlaan.

So verlief für mich der 6. Juni 1944.

In der *Kartause von Parma* läßt Stendhal seinen Helden Fabrice an der Schlacht von Waterloo teilnehmen. Der junge Mann sieht nur ein winziges Teilstückchen der Schlacht, und aus seiner Perspektive sieht sie anders aus als in den Geschichtsbüchern, banaler, kläglicher und völlig unübersichtlich. Fabrice hat nicht einmal das Gefühl, an einem weltgeschichtlichen Ereignis teilzunehmen: ». . . mein Pferd ist nicht schön, sagte sich Fabrice . . . am nächsten Morgen, eine Stunde vor Tagesanbruch, war er schon unterwegs, und es war ihm mit Hilfe von Liebkosungen gelungen, sein Pferd zum Trab zu bewegen. Gegen fünf Uhr hörte er die Kanonade: das waren die Präliminarien von Waterloo.«

Im Gegensatz zu Fabrice wußte ich zwar, daß ein weltgeschichtliches Ereignis im Gange war, und es bedeutete mir viel, daran teilzunehmen. Aber genau wie Fabrice sah ich nur einen winzigen Ausschnitt, und was da vor sich ging, konnte ich nur ahnen. Auch der ruhige, umsichtige Langlaan, übrigens ein Holländer von Geblüt, trotz britischer Uniform, wußte nur von einer Landung – dort, wo er noch vor sieben Wochen den Boden rekognosziert hatte –, während die Zeitungsleser in New York, Sidney und London bereits von dreien erfahren hatten. Unser Omaha-Beach war die mittlere, westlich davon hatte es eine zweite Landung gegeben, die Utah-Beach genannt wurde, und östlich von Omaha waren britische Verbände an Land gegangen.

Fabrice wußte nichts von Waterloo, wußte nicht einmal, daß es so einen Ort gab. Ich hatte bis jetzt noch nichts von einem kleinen Badeort St. Laurent gewußt. Was dort auf mich wartete, falls ich bis dorthin gelangte, konnte ich nicht einmal ahnen. Noch weniger wußte ich, ob dieser Ort ein Waterloo für uns oder für die Deutschen bedeuten würde. An diesem Abend des 6. Juni wußte es noch niemand. Eine Landung in Dieppe, vor drei Jahren, war fehlgeschlagen. Heute mußten die westlichen Verbündeten gegen einen gigantischen Festungswall anrennen, den Atlantikwall, den es damals erst in Rudimenten gegeben hatte.

Ich dachte an 1938, an das Jahr von München. Damals hatte es noch nicht einmal einen Ansatz zum Westwall gegeben, und mit ein wenig Festigkeit hätte man einen Sieg über Hitler billiger haben können. Vielleicht sogar ohne Krieg.

Viele von uns, und beileibe nicht nur Kommunisten, sahen in dem Unternehmen, an dem wir jetzt teilnahmen, vor allem die Sorge des Westens darüber, wie sich Europa gestalten würde, wenn die Russen bis an den Rhein vordringen und Hitlerdeutschland allein auf dem Schlachtfeld besiegen würden.

Aber ganz gleich, aus welchen Beweggründen es nun endlich losging – zwei Dinge waren sicher: in diesen Stunden starben auf beiden Seiten Tausende für die Fehler, für die Verbrechen der Politiker. Wenn aber dieser Ansturm Erfolg hatte, so würden sich am Ende irgendwo in Europa Menschen von beiden Seiten die Hände reichen, und es würden keine Bankiers sein, auf beiden Seiten nicht, sondern Leute wie ich, wie Langlaan, der sein Leben riskiert hatte, um den Boden für diese Invasion vorzubereiten. Es würde etwas Neues in Europa entstehen. Keine Räterepubliken, darauf kam es nicht an, aber eine Gemeinschaft, die weitere Kriege nicht zulassen, die nicht mehr auf den Bedürfnissen der Rüstungsgroßverdiener aufgebaut sein würde. Das war die Hoffnung. Dafür lohnte sich alles.

Am Nachmittag bestiegen wir unser Schiff. Es war eine Liberty, eine Nußschale also. Jeder von uns erhielt einen Rettungsgürtel, drei konzentrische, gelbe Gummischläuche, die man um den Bauch legen mußte. Am Koppel waren drei kleine Preßluftbomben befestigt, ähnlich jenen, die man für Syphonflaschen verwendet. Das Koppelschloß war so konstruiert, daß die Bleiverschlüsse der Preßluftflaschen bei der geringsten Bewegung perforiert wurden. Die ausströmende Luft blies dann die Schläuche auf, selbst wenn der Soldat verwundet und nicht in der Lage war, die Verschlüsse selbst zu durchlochen.

Jeder von uns erhielt eine rote Pille – gegen die Seekrankheit, sagte man uns. Ich nehme an, sie enthielt ein starkes Beruhigungsmittel.

Unter Deck warteten wieder Hängematten aus Segeltuch auf uns, immer sechs übereinander, bis hinauf zur Decke. Im Schlafwagen nehme ich immer das obere Bett – hier hatte ich die eisernen Deckplanken wenige Zentimeter über meiner Nase.

Als wir aufbrachen, war es nach Mitternacht.

Es muß so etwa vier Uhr gewesen sein, als die beiden Maschinengewehre an Deck zu feuern begannen. Einige Sekunden später wußten wir, auf wen sie feuerten: Tiefflieger. Während unsere MGs ihren Rhythmus beibehielten, dröhnte plötzlich ein Fliegermotor, kam mit blitzschnellem, drohendem Crescendo näher, und nun trommelten Geschosse auf die Eisenplatten direkt über mir, mindestens doppelt so schnell wie unsere eigenen Schüsse. Dann schlugen zwei Granaten direkt neben unserem Boot ein, und ich wurde aus meiner Hängematte geschleudert. Ich stieg nicht wieder hinauf, bloß meinen Brotbeutel langte ich mir. Erst lange nach dem Krieg lernte ich, daß der plötzliche Heißhunger, den ich verspürte, eine typische Angst- und Streßerscheinung war.

Noch einmal kam der Tiefflieger. Wieder das Prasseln der Geschosse auf die Eisenplanken. Das rhythmische Tom-Tom unserer eigenen Maschinengewehre ging weiter, hörte dann auf. Langlaan kam herein, ich sah ihn zum ersten Mal im Stahlhelm. Wir sollten hinaufkommen.

Wir krochen an Deck. Keine zweihundert Meter vor uns lag die Küste. Frankreich. Es war bereits hell.

Vor uns lag der Streifen, der schon in unserer Hand war – nicht breiter als der Strand von Westerland. An beiden Enden, in guter Sichtweite, wurde gekämpft. Panzer krochen aus Landefahrzeugen, verließen ihre Bäuche und schienen sich an den Dünen festzunagen.

Einer drehte sich im Kreis, hilflos wie ein Käfer, den ein Kind auf den Rücken gelegt und einiger Beine beraubt hat. Auch vor uns, diesseits der Dünen, war alles in Bewegung. Im Sand lagen überall ausgebrannte Maschinen, einige mit aufgeplatzten Geschützläufen.

Um uns herum schaukelte eine große Zahl seltsam geformter Landefahrzeuge. Die See war *choppy,* grau, trug ungezählte Schaumkrönchen. Die kleinen Signalfähnchen auf den Schiffen knatterten im Wind. Auf größeren Schiffen waren Scheinwerfer aufgestellt, die ohne Unterlaß Blinksignale funkten. An wen waren sie gerichtet? Wer konnte sich da auskennen? Waren es Befehle oder Hilferufe?

Hinter uns, bis zum Horizont, lagen Kriegsschiffe. Sie feuerten aus allen Rohren – die Detonationen waren nicht zu hören. Wohl aber die Einschläge der Geschosse aus den deutschen Küstenbatterien, die hinter den Dünen waren.

Ein Landefahrzeug kam längsseits. Netze aus Tauen wurden über unsere Bordwand geworfen, und wir machten uns fertig zum Hinunterklettern. In Camp Shanks hatten wir geprobt, unsere Gürtel und Gepäckriemen zu lösen, um sie schnell abwerfen zu können, falls wir verwundet ins Wasser fielen. Nur die Koppel der Rettungsschläuche ließen wir intakt.

Der Mensch kann seinen Beruf schwer verleugnen: während ich hinter meinen Kameraden stand und wartete, bis an mich die Reihe kam, über die Bordwand zu klettern, sah ich die Szene als Stück aus einem Film. Wenn das ein gutes Drehbuch für einen Reißer ist, so dachte ich, dann müssen sie gerade dann kommen, wenn ich einen Fuß drüben habe. Nun, es war ein gutes Drehbuch – sie kamen. Einer wenigstens, ein Tiefflieger. Ich saß gerade rittlings auf der Bordwand, und unter mir, nicht so tief wie drüben in Camp Shanks, schwankte das Boot. Aber unsere beiden Maschinengewehre verscheuchten ihn. Keine hundert Meter von uns erreichte ihn ein Geschoß, und er stürzte ins Meer.

Ich kletterte ins Boot hinunter. Es war nicht so klein wie das in Camp Shanks, aber es schaukelte viel gefährlicher. Zwei *halftracks* – Panzerautos mit Ketten – waren schon an Bord, wir klemmten uns rechts und links davon gegen die Reling. Dann tuckerten wir dem Land zu.

Im Wasser schwamm alles erdenkliche Kriegsmaterial. Kisten,

Segeltuchgürtel, Rollen von Stacheldraht, die von weißen und roten Korkpilzen getragen wurden, blecherne Munitionsbehälter, Feldflaschen, Gasmasken, Handschuhe, Uniformjacken, und dazwischen – Tote. Sie lagen im Wasser, getragen von den grotesk aufgeblasenen Rettungsschläuchen, oder von hellgelben Schwimmwesten, die wir Mae West nannten. Sie lagen meist auf dem Bauch, wippten im Wasser auf und nieder, manchmal hielt eine Hand noch krampfhaft den Stahlhelm oder ein Stück blutigen Verbandstoff. Es fiel mir auf, wieviel Neger darunter waren. Die Arme waren meist ausgebreitet – unser Boot pflügte zwischen ihnen hindurch, das Wasser gluckste, die See war unruhig, von Böen gepeitscht, manchmal drehte sich ein Toter langsam um seine Achse.

Das Stück Ufer, auf das wir zusteuerten, war besät mit Fahrzeugen, mit verkrümmten Eisentraversen, die den Strand vor unseren Panzern hätten schützen sollen, Gurten mit Maschinengewehrmunition, Uniformstücken. Dazwischen bewegten sich Menschen, formierten sich zu dünnen Schützenreihen, saßen an Feldtelefonen oder vor olivgrünen Funkgeräten. Drähte durchzogen den Sand oder hingen an windschiefen Speeren, schlapp und schlammbekränzt. Die Masse von Drähten war verwirrend – später wurde uns nachgesagt, jeder amerikanische Soldat habe seine eigene Telefonleitung.

Was vom Schiff aus wie flacher Strand ausgesehen hatte, erwies sich als schmaler Streifen vor einer ziemlich hohen Düne. Viereckige Öffnungen zeigten, daß Betonbunker in sie eingelassen waren. Aus den länglichen Vierecken hingen leere Patronengurte, zerrissene Tarnnetze und Menschen, die aussahen wie Handpuppen eines Kasperletheaters, die der Puppenspieler beiseite gelegt hat.

Unser Landefahrzeug knirschte im Sand, wir mußten noch einige Meter an Land waten, weißen Bändern entlang, denn das Wasser war voller Minen. Langlaan führte uns, eine Gruppe von zwanzig Mann, einen ausgetretenen Weg entlang durch einen Einschnitt zwischen den Dünen.

Auf der wenige Meter hohen Böschung lag das Land vor uns, Wiesen und Äcker, umrahmt von Hecken. Einen halben Kilometer vor uns bewegten sich Panzer. Rechts hinten waren die Reste einer Ortschaft zu sehen, an mehreren Stellen stiegen schwarze Rauchwolken auf. Ich hatte bei unserem kurzen Marsch eine deutsche

Kartentasche aufgelesen und stellte fest, daß der Ort Trevières hieß. Unser kleiner Franzose hatte Humor. Als eine Granate krachend im Ort landete, brüllte er: »Ces cons! Tu vois ce qu'ils font avec mon imprimerie?« Seine erste Nummer auf französischem Boden kam trotzdem zwei Tage später heraus.

Der erste Trupp Gefangener kam uns entgegen, bewacht und geführt von zwei Mann. Langlaan schickte Knoll mit ihnen zurück zum Strand. Er solle sie verhören. In ein paar Stunden spätestens würden sie gegen Engelland fahren . . .

Der eine der Wachsoldaten zeigte Langlaan auf der Karte einen Punkt tiefer im Land, wo in diesem Augenblick angeblich bereits ein erster *cage*, ein kleines, eingefriedetes Gefangenenlager, bestehen sollte. Langlaan meinte, das sei ein Verhörjob für mich und ich sollte mich dorthin durchschlagen und ihn morgen früh wieder an dieser Stelle treffen, und er drehte und grub dabei seinen Stiefelabsatz in den Sand, wie wir es als Jungen getan hatten, und wir grinsten einander an, beide einen Atemzug lang um fünfundzwanzig Jahre jünger.

Ich war allein. Es war inzwischen schon ziemlich dunkel geworden.

Nie zuvor in meinem Leben, und später ebensowenig, habe ich mich so allein gefühlt wie in dieser Stunde, obwohl um mich herum tausend Dinge geschahen. Ich hörte Panzerketten quietschen und schleifen und rattern, Schwärme von Jägern fegten über mir dem Inland zu, Salven von Maschinengewehrfeuer prasselten auf allen Seiten, Motorradfahrer knatterten an mir vorbei, querfeldein, schienen genau zu wissen, wo sie hinwollten, Ambulanzen kreuzten meinen Weg, fuhren der Landungsstelle zu, drei Lkws voll von Infanteristen holperten in Richtung Trevières, hielten an, die Männer sprangen ab, bildeten eine dünne Schützenkette und bewegten sich auf den brennenden Ort zu.

Kein Mensch kümmerte sich um mich.

Kein Mensch, aber drei Mörsereinschläge dicht neben mir erinnerten mich daran, wozu man uns ausgebildet hatte. Ich warf mich in eine Vertiefung und wartete. Es kam aber nichts mehr. Jetzt wußte ich endlich, wie ein Mörsergeschoß klingt, wenn es auf einen zupfeift. (Ich wäre auch ohne diese Erfahrung ausgekommen.) Wenn man nicht direkt getroffen wurde, dann hatte man Zeit, Dekkung zu suchen, vor den Splittern und Steinen. Na ja – zwei Sekunden Zeit. Immerhin. Man lernt schnell.

Es war Nacht geworden, aber offenbar gab es hier keine internationale Abmachung über Ruhepausen. Ich durfte die Richtung nicht verlieren. Mehr als die Richtung hatte ich nicht. Was passieren würde, wenn ich meinen *cage* nicht fände, war mir unklar.

Noch dreimal rasten Nachtjäger über meinen Kopf hinweg. Ich stolperte über Erdklumpen, Stacheldraht, immer wieder Stacheldraht, in dem ich mich verhedderte, dann kam ein Sturzacker, aus dem überall Eisenspitzen hervorragten, dann ging es ein wenig bergauf, durch einen Hohlweg, an Weidengebüsch vorbei, ein paarmal zischte und pfiff etwas in meiner nächsten Nähe, es klang wie Peitschenschwingen, und ich fand heraus, wie Gewehrkugeln vor dem Einschlag klingen – bisher hatte ich sie nur beim Abschuß gehört. Das brennende Trevières vor mir, halb rechts, war mein einziger Wegweiser.

Dann sah ich das erste Gefangenenlager vor mir liegen. Eine Grasfläche, etwa so groß wie zwei Tennisplätze, umgeben von Stacheldraht. Daneben zwei niedrige Zelte. In der Einfriedung hockten dunkle Gestalten. Ein paar gruben sich Schützenlöcher. Klar: wir hatten drüben gelernt, unseren Gefangenen tröstlich zu sagen, der Krieg sei jetzt für sie zu Ende. Aber er war es für sie ebensowenig wie für ihre Bewacher.

Aus dem einen Zelt kroch ein Leutnant. Ich kannte sein Gesicht aus Camp Ritchie. Wir begrüßten einander und machten ein paar Witze über diese blödsinnige Übung – *field problem* hatten wir es in Maryland genannt –, und daß es Zeit sei, in die »Foxhole« zu gehen, zu unseren Frauen. Als er herausfand, daß ich hier verhören sollte, fragte er mich, ob ich verrückt geworden sei. Er ließe mich im Dunkeln nicht in den *cage*. »Such dir ein Loch und schlaf dich aus – morgen früh sehen wir weiter!«

Auf der Suche nach einem Erdloch zum Schlafen stolperte ich in der Gegend umher und fand auch ein ziemlich großes, etwa zwanzig Meter vom *cage*. Eine Stange war daneben in den Boden gerammt, und an ihrem Ende sah ich ein Brettchen mit einer Aufschrift, aber zum Lesen war ich zu müde. Ich ließ mich in das Loch fallen, löste meinen Gürtel und schlief sofort ein. Drei Tage hatte ich nicht geschlafen. Den Lärm hörte ich nicht mehr.

Als es hell wurde, wachte ich auf, zog meinen Gürtel wieder zu und kroch aus meinem Schlafloch. Jetzt sah ich die Aufschrift an der Stange, an der ich mich aus meiner Kuhle gehievt hatte:

Hier liegen drei deutsche Soldaten

Das war meine erste Nacht auf französischem Boden.

Wunderwaffen

Es gab auch später hin und wieder einen Tag, eine flüchtige Stunde, da glaubte ich, es könne vielleicht aus diesem Krieg etwas Neues, etwas Großes entstehen. Kein sozialistisches Europa, aber ein Bund von Staaten, die zwar an die verschiedensten Götter glauben, die einander aber respektieren und tolerieren würden.

Da war Isigny.

Isigny ist eine kleine Stadt in der Normandie. Das Bombardement, das der Invasion voranging, hatte sie in ein Ruinenfeld verwandelt. Was dann noch stand, zerrieb unsere Artillerie.

Dann, am 11. Juni, erschienen wir zum ersten Mal mit einem Lautsprecherwagen auf dem Marktplatz. Es war ein hochgebautes britisches Fahrzeug mit Lautsprechern auf dem Dach. Unsere Aufgabe: die erste direkte Nachrichtenlesung auf befreitem Boden.

Staub flimmerte in der Luft, und aus einigen Trümmerhaufen stiegen immer noch dünne Rauchsäulen zum dunkelblauen Himmel. Kein Mensch war zu sehen. Zwei Katzen berochen den Inhalt einer fast leeren Konserve. Als der Fahrer den Motor abstellte, war Sommerstille um uns. Sogar der Geschützdonner machte gerade Pause.

Ich holte die Platten mit den Nationalhymnen aus ihrem Blechbehälter. Wir hatten Befehl, unsere Nachrichten für die Bevölkerung mit den Hymnen einzuleiten. Das schien sinnlos – die Stadt war offensichtlich gestorben. Wer hätte auch in diesem Trümmerhaufen noch Zuflucht gefunden?

Blechern und pathetisch schmetterte die schwungvolle Marseillaise über den weißgelben Staub und die Pflastersteine. Anderthalb Jahrhunderte lang hatte das Lied müde Kämpfer angefeuert.

Von irgendwoher kam ein Kind, ein barfüßiger, blasser Junge im schwarzen, staubigen Schulkittel. Er hielt einen kleinen Hund im Arm. Aus einem Winkel, der aus den Resten zweier zertrümmerter Mauern gebildet wurde, erhob sich ein kleines Mädchen (hatte ich sie vorher übersehen?) mit einer gliederlosen Puppe in der Hand. Eine schwangere Frau löste sich aus dem Mauerschatten.

Als das Sternenbanner erklang und ich nach dem Plattenwechsel wieder hinaussah, standen zwei Männer vor unserem Wagen – wo sie hergekommen waren, wußte ich nicht. Weit hinten, wo noch vor wenigen Tagen die Kirche gestanden hatte, hockte ein Invalide auf halbverbranntem Kirchengestühl, und zwei Frauen mit schwarzen Kopftüchern näherten sich uns zögernd.

Bei der britischen Hymne hatten wir schon an die dreißig Zuhörer, die Kinder mitgerechnet. Die Männer hatten ihre Mützen gezogen und sahen erwartungsvoll zu uns herüber. Nachdem die Hymne verklungen war, trat alles näher heran, um uns zu begrüßen. Ich legte vorschriftsmäßig noch die Internationale auf.

»Wacht auf, Verdammte dieser Erde . . .«

Alles erstarrte mitten in der Bewegung. Die Männer sahen einander ungläubig an. Hände, die schon mechanisch die Mützen aufsetzen wollten, senkten sich wieder. Der Invalide und zwei Alte, die dicht beim Wagen standen, hatten feuchte Gesichter. Eine Frau stellte sachte ihr Kind auf den Boden und wischte sich die Augen mit dem staubigen Rockzipfel.

Es konnte nicht sein, daß die Internationale das Lied aller Überlebenden von Isigny war. Aber daß sie erklang, frei und öffentlich, aus einem Lautsprecher der Befreierarmee, wirkte wie ein Programm: So war das also. Die Befreier meinten es ernst mit dem Verbündetsein.

Am nächsten Tag schickte mich Langlaan nach Utah-Beach, die andere Landungsstelle der Amerikaner.

Noch waren die Brückenköpfe nicht miteinander verbunden. Man mußte, in der Bucht von Carentan bei der Mündung der Vire, ein Stück Land überqueren, das noch von den Deutschen kontrolliert wurde. Irgendwo bei Carentan stand noch eine deutsche Batterie, die den Übergang über das Flüßchen beherrschte.

Der Fahrer Tyson, ein Südstaatler, fluchte erbärmlich, als er unterwegs Soldaten sah, die die pockennarbige Straße betriebsfähig hielten, indem sie nach jedem Einschlag Kies und Schotter in die Trichter füllten. »Warum müssen das Weiße tun? Das ist doch Arbeit für Nigger . . .«

In Sichtweite der Viremündung setzte er mich ab, wendete im knirschenden Schotter und war bald verschwunden.

Vor mir lag die Straße, besät mit noch unaufgefüllten Löchern, und die notdürftig instand gesetzte Holzbrücke, die gewiß noch kein Gefährt aushalten konnte. Auf der anderen Seite verlor sich die Straße in den Hecken.

Stille. Wenn man das Rollen der Artillerie abzog, das uns seit Beginn der Landung kaum verlassen hatte. Nur ein hoher, singender Ton lag in der Luft. Als Kinder liebten wir das hohe Summen der Telegraphendrähte an heißen Sommertagen. Wir bildeten uns ein, das seien die Telegramme, die da pausenlos und geschäftig in die Welt summten. Wo hier das hohe Pizzicato in der Luft herkam, wußte ich nicht.

Harmlos und armselig lag die Brücke vor mir. Drüben hingen die üblichen Drähte der Feldtelefone schlapp an ihren Speeren, in etwa zweihundert Meter Entfernung arbeitete ein Trupp vom Signal Corps daran.

Die Planken an der Bruchstelle der Brücke schwankten bedrohlich. Ich hatte vorgehabt, möglichst lautlos und behutsam hinüberzugehen, aber einmal auf der Brücke, zog ich es vor zu laufen, um den wackligen Planken nicht erst Zeit zu lassen, unter mir zusammenzubrechen.

Nichts passierte. Für das unsichtbare Geschütz war ein einzelner Soldat kein lohnendes Ziel.

In Ste. Mère-Eglise fragte ich mich zum Gefechtsstand des VII. Armeekorps durch und meldete mich bei Oberst Kirk, der einen Sprecher und einen Flugblattschreiber angefordert hatte. Offenbar war er ein Freund der psychologischen Kriegführung. Gefechtsstand war das Gehöft eines Obstbauern, an dem aus Tarnungsgründen nichts verändert worden war. Kühe grasten träge in der Junisonne, Hühner liefen auf dem Hof herum, ein Heuwender stand da, wo er stehen mußte – für einen deutschen Beobachter ein Bild des Friedens, von oben gesehen. Bloß, daß es keine anderthalb Kilometer weiter ähnlich harmlos aussehende Gehöfte gab, die deutschen Kommandeuren zu gleichen Zwecken dienten.

Der Oberst amtierte im Obstgarten. Er war enttäuscht, daß ich allein war. Er hatte Arbeit für zwei. Einen wollte er mit einem Lautsprecher nach vorn schicken, der andere sollte schreiben. Da er Flugblätter im Augenblick für wichtiger hielt, wollte er mich dem vergleichsweise größeren Risiko nicht aussetzen. Das Lautsprecher-Kommando, sagte er kühl, sei eine *fifty-fifty*-Angelegenheit, und dann hätte er niemanden, der das Flugblatt abfassen könne. Sein Adjutant erklärte dazu, der deutschkundige Schütze Rosenberg sei gestern bei seinem Lautsprecherappell abgeschossen worden: »A nice guy, somewhere from Speyer, originally . . .«

Ich hatte vier Stunden Zeit, den Text zu einem taktischen Flugblatt zu liefern. Taktisch heißt, es würde direkt über der deutschen Einheit abgeworfen werden, die uns gegenüberlag. Das war unsere Zielgruppe. (Strategische Flugblätter warfen die Alliierten täglich in Millionen Exemplaren über der gesamten Front und über dem Reichsgebiet ab.)

Repräsentanten dieser Zielgruppe standen mir zur Verfügung. Es war ein trauriger Haufen. Sechs Tage Einsatz hatten die Verteidiger von Picauville zermürbt. Vor allem war es das mörderische Artilleriefeuer, das pausenlos an ihren Nerven gerüttelt hatte. Zu allem waren sie auch noch ausgehungert, denn amerikanisches Sperrfeuer hatte sie zeitweilig von ihren Feldküchen abgeschnitten. Sechs Tage in feuchten Erdlöchern hatten ihre Uniformen verschlissen. Darüber hinaus war ein beträchtlicher Teil von ihnen noch wenige Tage vor dem Einsatz auf Heimaturlaub gewesen. Der schroffe Übergang von Heimat, Frau und Kindern und von Goebbels' *peptalks* zum Schock der aktiven Front hatte sie schnell demoralisiert. Sie fühlten sich ausgesetzt, von ihrer Führung hintergangen, die sie ohne Vorbereitung, vor allem aber ohne genügende Luftunterstützung ins Invasionsgebiet geworfen hatte.

Diese Geschichte hörte ich während der nächsten Stunde, die ich im *cage* zubrachte, in immer neuen Variationen. Besonders ironisch klangen die Kommentare zur dauernd wiederholten Versicherung der Offiziere, der Führer wisse es schon, alles sei bestens geplant,

Verstärkung sei unterwegs, und dann sei da noch der bevorstehende Einsatz der Vergeltungswaffe . . .

Daraus entstand bei mir der Grundeinfall für mein erstes Flugblatt: Die Geheimwaffe des Führers – der Landser. Ich war sehr stolz darauf. Die immer wieder versprochene Geheimwaffe sei der arme Landser in seinem Schützenloch, den überlegenen Verbänden der Anglo-Amerikaner mit ihren unerschöpflichen Materialreserven preisgegeben, oder so ähnlich.

Ich feilte mein »Werk« sorgfältig aus, fertigte auch eine wortgetreue Übersetzung an, denn der Oberst verstand gewiß kein Deutsch, und gab meinen Erstling voll Selbstgefälligkeit dem Leutnant, der schon ungeduldig darauf wartete.

Bis zum nächsten Mittag hörte ich nichts. Hatten sie meinen Text bereits zur Felddruckerei geschickt? Wurde das Flugblatt vielleicht schon in Tausenden von Exemplaren über den Deutschen abgeworfen? Aber da hätte mir als Autor doch ein Belegexemplar zugeschickt werden müssen. Von Tantiemen gar nicht zu reden!

Nachmittags ließ mich der Oberst rufen. Er nahm mich beiseite (er amtierte unter freiem Himmel, im Obstgarten) und fragte kurz und barsch: »Haben Sie irgend etwas gewußt? Hat Ihnen jemand was verraten?«

Ich war sehr verwirrt und fragte stotternd, ob mein Flugblatt denn nicht gut gewesen sei. Der Oberst hielt mir eine Art Telex hin, das am oberen Rand den Vermerk Confidential trug.

»Lesen Sie das, und lassen Sie sich dann etwas Besseres einfallen!«

Der Text begann so:

Deutsche fliegende Bomben fallen auf London
Erstes Geschoß auf Bethnal Green sechs Tote stop
mehr erwartet . . .

So weit durfte ich lesen, dann zerknüllte er das Papier und steckte es in die Tasche.

Es war der 13. Juni, eine Woche nach der Landung.

Achtzig Tage lang hagelte es täglich um die hundert V 1 auf England, meist auf London. Eine eindeutig gegen die Zivilbevölkerung gerichtete Waffe. Im ganzen wurden, sagt man, eine Million Häuser durch sie zerstört, dazu 149 Schulen, 111 Kirchen und 98 Krankenhäuser. Es dauerte einige Zeit, bevor die Royal Air-Force herausbekam, wie man die »fliegenden Bomben« abschießen oder ins Meer ablenken konnte. Die genaue Zahl der Toten ist nicht bekannt.

Ich finde das Bombardement von Dresden grauenvoll und tragisch. Es sollte aber keiner, der sich darüber mit Recht aufregt, diese zweite »Schlacht von London« vergessen, oder daß sechs Jahre vor Dresden Warschau und acht Jahre vorher die spanische Stadt Guernica von deutschen Fliegern in flammende Infernos verwandelt worden waren, zu einer Zeit, als in Deutschland noch kein Dachziegel gescheppert hatte. Von Rotterdam und Coventry ganz zu schweigen.

Ihr Zug, Sergeant

Es begann ganz harmlos. Die Nacht war stickig heiß, die Nacht vom 12. auf den 13. Juli 1944, sechs Wochen nach der Landung. Ich mußte die Wachen inspizieren – normale Pflicht eines Sergeanten. Ich machte die Runden, stellte fest, daß Benson am Südtor des Schlosses mit zwei andern Gefreiten pokerte. Als er meine Schritte hörte, wollte er aufspringen – geschenkt. Er war wach, und das war die Hauptsache.

Geschehen kann hier nichts Aufregendes, denn die winzige Halbinsel, die ihren Namen mit dem dort fabrizierten Apfelschnaps gemein hat, ist voll von uns, Einheit kampiert neben Einheit.

Dann um den halb ausgetrockneten Schloßgraben herum, über dem die Mücken schwärmen, zum Westtor. Dort lehnte Manfred Inger – dreißig Jahre später werde ich ihn im Burgtheater in einem Nestroystück sehen – und duselte so vor sich hin. Wir quatschten ein wenig. Diese Nachtproben müßten eigentlich extra bezahlt werden, bemerkte er. Nach dem Krieg wolle er mal mit der Bühnengenossenschaft darüber reden.

Weiter, immer am Graben entlang. Die Grillen klangen wie das

Aufziehen einer Taschenuhr, immer wieder, nie platzt die Feder, angeblich gehört das zum Liebesleben, zirp, zirp, zirp . . .

Jetzt tauchte vor mir aus dem Dunkel das Zelt auf, das sich der Captain hier aufbauen ließ, als gutes Beispiel für uns, sozusagen. Denn er hatte uns verboten, im Schloß zu schlafen, aber jeder tat es, denn drin war es trocken, falls es regnete, und das geschah in diesem Sommer ziemlich oft, und es gab drin keine Schnaken. Man konnte dort auch rauchen, ohne daß einer gleich brüllte: Licht aus! – wegen der Fliegergefahr. Aber seit vier Tagen hatte uns kein Kraut überflogen.

Heute nacht brannte im Zelt des Captains die Kerosinlampe. Zwei Schatten zeichneten sich auf der Zeltwand ab: einer saß, das war der Captain (in Zivil ein kleiner Verkäufer von Radioersatzteilen, irgendwo in Alabama, und Saxophonspieler in einer obskuren Band). Der zweite Schatten ging im Zelt auf und ab. Das war der Major, der heute nachmittag angekommen war. Einer von der XII. Armeegruppe, ein hohes Tier.

Seine Stimme übertönte das Gezirp der Grillen und den weit entfernten Kanonendonner. Eigentlich hätte ich die Pflicht, ihn zur Ruhe zu mahnen, Major hin, Major her, und der Feind hörte mit.

Daß ich nicht lache. Der Feind. Ein Sergeant aus Prag hört mit, kann es gar nicht verhindern, daß er mithört. Außerdem wäre er schön blöd gewesen, wenn er nicht mithörte. Denn sein Captain bekam in diesem Augenblick ganz offenbar eins aufs Dach.

»Wissen Sie was? Sie sind seit dem 27. Juni sozusagen im Einsatz, wenn man das Einsatz nennen kann, diesen Kuraufenthalt in einem garantiert echten Château, fünfzehn Tage also, und Ihre Herren Psychologen haben noch keinen einzigen Kraut zum Rüberkommen überredet . . . keinen einzigen!«

Mein Captain antwortete, aber ich konnte den trägen Südstaatakzent nicht ausmachen. Es schien eine lahme Erklärung zu sein, denn der Major unterbrach ihn unwirsch:

»Okay, okay. Aber das Fazit bleibt dasselbe. Wenn Sie mich fragen, Captain – Sie gehen einfach nicht nah genug ran an die Krauts. Schiß haben Sie, samt Ihren Jungs. Ich will Ihnen mal was sagen . . .«

Wieder die quäkende Stimme des Captains, der dem Major offenbar die Zahl der Lautsprechermissionen ins Gedächtnis brachte, jener Missionen, bei denen ein des Deutschen kundiger Soldat, also einer von uns zwanzig Emigranten, mit einem Techniker und einem Fahrer zu einem Außenposten vordringt und den Krauts klarmacht, daß sie umzingelt waren.

Das nennt man Mission, und jeder von uns hatte schon eine Handvoll solcher erfolgloser Abenteuer hinter sich.

»Wissen Sie was? (offenbar ein Lieblingssatz des Majors) Wissen Sie was? Wenn das so weitergeht, dann kann's passieren, daß man Ihren Laden hier auflöst, und Sie wandern alle in die Infanterie. Alle, sage ich! Sie haben ja noch nicht mal einen Verwundeten! Keinem von Ihnen wurde bis jetzt ein kostbares Härchen gekrümmt! Der beste Beweis, daß Ihr Feiglinge seid. Kennen Sie die Verlustquote da draußen an der Frontlinie?«

Es entstand nach diesem eindrucksvollen Satz eine Pause. Dann stand der Captain auf. Seine Stimme klang entschlossener, und ich konnte jetzt jedes Wort verstehen.

»Okay, Major, Sir ... (nur ein Südstaatler sagt Major, Sir) Dann schick ich halt bei der nächsten Gelegenheit einen von meinen Herren jüdischen Intellektuellen raus, irgendwohin, wo's mulmig ist, damit er auch ganz bestimmt was abbekommt und damit die Herren sehen, daß wir uns hier nicht drücken.« (Das mit den jüdischen Intellektuellen war nicht einmal rassistisch gemeint. Einfach eine Gattungsbezeichnung für seine Sprachspezialisten. Seine Techniker waren samt und sonders »weiße« Südstaatler, seine Köche *wops*, also italienischer Herkunft.)

Mir blieb jetzt nichts übrig, als lauten, knirschenden Schritts am Zelt vorbeizugehen, als ob nichts gewesen wäre, bis hinüber zur staubigen Landstraße vor dem Nordeingang, wo heute nacht Bordischew Wache hielt, in Zivil ein bulgarischer Musikprofessor, den wir Bodycheck nennen, obwohl er von uns allen gewiß der harmloseste, gütigste Mensch war. Bodycheck sah meinen Schatten kommen, erkannte mich nicht und fummelte hastig an seinem Gewehr herum, mit dem er nicht mal theoretisch umgehen konnte, und ich beruhigte ihn schnell, denn es hätte ja tatsächlich aus Versehen ein Schuß losgehen können.

Dann ging ich in die Klappe.

Um halb sieben standen wir alle in der frischen Morgenluft auf dem Schloßhof, und Lieutenant Birnbaum (Assessor aus Richmont, Virginia) verlas die Tagesbefehle. Der Captain trat später aus dem Haus. Er hielt ein Stück Papier in der Hand. Birnbaum stotterte sich durch seine Verlautbarungen (»Latrinendienst haben heute die folgenden . . . Küchensergeant Fanti beschwert sich über mangelnde . . . den französischen Zivilisten in der Druckerei von Isigny darf auf gar keinen Fall . . .«), und dann löste ihn der Captain ab. Soeben sei eine Meldung gekommen, daß im Frontabschnitt St. Sauveur eine Abteilung deutscher Panzergrenadiere möglicherweise umzingelt sei, und er habe beschlossen . . .

Lieutenant Birnbaum beugte sich zu ihm und fragte halblaut: »Haben die uns angefordert?« Aber der Captain wiederholte, als hätte er die Frage seines Adjutanten nicht gehört, er habe beschlossen, dort eine Mission hinzuschicken. Erbitte Meldung von einem Freiwilligen.

Sehen Sie, Herr Sergeant. So sieht Zugzwang aus. Jetzt kannst du also erstens deinen Mund halten. Vielleicht meldet sich einer. Das wäre Zug Nummer eins. Oder es meldet sich keiner, und dann wird einer bestimmt. Du wirst sicher nicht bestimmt, denn du warst erst vorgestern draußen. Aber wer auch immer jetzt geht, ob freiwillig oder unter Orders, der geht wie weiland Feldhauptmann Urias auf ein Himmelfahrtskommando. Wer auch immer jetzt hinausgeht – natürlich ist es auch möglich, daß das vom Captain in der Nacht geplante Himmelfahrtskommando erst morgen steigt oder übermorgen –, der geht möglicherweise in sein Verderben, damit die Zweite Mobile Sendekompanie endlich einen Ausfall hat und weiter im Schloß Colombières kampieren darf und nicht aufgelöst und an die Front geschickt wird.

Und du bist ein Mitwisser, Sergeant, und wenn du jetzt deinen Mund hältst, dann ist es nicht der Captain, sondern du selbst, der den ahnungslosen Kameraden hinausgeschickt hat. Solltest du aber wider Erwarten doch selbst hinausgeschickt werden, da kannst du sagen, und das wäre dann Zug Nummer drei, daß deine vier gebrochenen Rippen noch nicht verheilt sind und daß du (was übrigens stimmt) auf Befehl des Stabsarztes heute um elf Uhr zur Kontrolle nach Isigny mußt.

Beim Korpskommando staunten sie etwas. Eine eingekesselte Panzergrenadiereinheit? Eher umgekehrt. Und sie schickten uns nach vorn zum Divisionskommando. Dort bestätigten sie uns, daß es tatsächlich einen Kessel gegeben habe, einen wunderschönen Kessel sogar, aber so ungefähr vor sieben Stunden. In der Zwischenzeit sei die Front begradigt worden. Sie sagten uns nicht, wer begradigt hatte, wir oder die Krauts. Aber wir sollten ruhig nach vorn gehn und unsere Schau abziehen. Schaden könne es nicht.

Ganz vorn, beim Regiment, entdeckten wir zwei Dinge, die mies aussahen: Erstens waren die Panzerleute fast unsichtbar. Sie hockten in ihren Löchern zwischen und unter den Panzern, und dafür gab es gute und handfeste Gründe. Diese Gründe kamen fast ohne Unterbrechung herüber und machten einen Höllenlärm. Allein die Kompanie, in deren Sektor wir uns befanden, hatte im Laufe der letzten vierundzwanzig Stunden 32 Mann verloren und war im Augenblick nicht einsatzfähig.

Zweitens die farbigen Markierungen. Sie lagen schön ausgebreitet auf einigen Fahrzeugen und im feuchten Gras, um unsern eigenen Tieffliegern zu zeigen, wo wir aufhörten und die Krauts begannen.

Der Kommandeur erklärte mir fast schadenfroh, was ich über die feindlichen Stellungen wissen mußte, während unser Techniker mit einem anderen Offizier debattierte, wo wir unsern Lautsprecher aufstellen sollten. Dann krochen wir beide ins nächstbeste Loch und steckten unsere Köpfe zusammen. Seine Aufgabe war schwierig, und er tat mir leid. Und als er meine Geschichte hörte, tat ich ihm leid. Wenn ich vorher noch zweifelte, warum man uns in diesen Abschnitt beordert hatte, dann sah ich jetzt klar.

Dem Techniker sagte ich nichts von dem, was ich ahnte. Er war beunruhigt genug. Denn vorn in der ersten Reihe zu liegen und sich um sich selbst, um ein Gewehr und ein Schützenloch zu kümmern, ist eine Sache. Aber dort vorn zu sein und sich um einen unförmigen Lautsprecherwagen zu kümmern, und das an einer Stelle, wo jeder Gegenstand, der größer ist als ein Fahrrad, sofortiges Granatfeuer auf sich zieht, das ist (amerikanisch ausgedrückt) ein Pferd aus einer ganz andern Garage. Das war sein Job in dieser Lage. Und in der Nähe dieses Vehikels zu sitzen und die Krauts mit Ruhe und Souveränität zum Rüberkommen zu überreden, und das ausgerechnet in einem Moment, wo sie sich nicht gerade »planmäßig absetzten«, sondern eher umgekehrt – das war mein Job.

Ich fluche gern. Und ich höre immer mit Vergnügen, wenn die

andern fluchen. Sie sind da sehr erfindungsreich. Aber die Flüche, die wir an diesem Sommernachmittag zu hören bekamen, als wir mit unserem Ungeheuer hinter der vordersten Reihe auftauchten, das war drastischer und wütender als alles, was ich in meinem zweijährigen Militärleben je gehört hatte.

Die Jungs da vorne hatten zehn böse Stunden hinter sich. Der Feind war in einem Wäldchen auf der andern Seite des Baches. Vor sieben Stunden hatten die Unsern das Waldstück von beiden Seiten umgangen, und die Geschichte mit der Einkesselung war zu dieser Zeit Tatsache. Jetzt aber gab es keinen Kessel mehr, dafür hatten sich ein paar Achtundachtziger auf uns eingeschossen. Grüße aus der Heimat, dachte ich bitter: die Achtundachtziger werden in Pilsen fabriziert.

Unser Gefährt schwankte vorwärts. Dann kroch ein besorgter Sergeant aus seinem Loch und versuchte uns zu überreden, unsere Psychologische Kriegführung anderswo auszuprobieren, möglichst in der Etappe, auf jeden Fall aber nicht hier, wo es sie in Gefahr bringen würde.

Plötzlich hörten die dichten Hecken zu beiden Seiten auf, und wir mußten anhalten. Wir krochen nach vorn – der Techniker schob den Lautsprecher vor sich her.

In diesem Augenblick eröffneten die Krauts in dem Wäldchen auf der andern Seite des Baches ihr Feuer auf unser Gefährt. Ich ergriff das Mikrophon und hechtete in etwas, das wie ein Graben aussah. Es war aber nur hohes Gras.

Sssssst . . . es hörte sich an wie das Schwingen einer gigantischen Peitsche. Kopf runter, tief ins nasse Gras. Die Erde bebte unter mir. Dann trommelte der Dreck auf meinen Helm. Ich hielt mein Mikrophon fest und dachte, daß sich das Kabel zum Lautsprecher in zwei Minuten anspannen würde, falls es den Techniker nicht erwischt hatte. Und dann würde ich aus meiner Kuhle hinauskriechen müssen, zum Lkw zurück und den beschissenen Generator starten. Der Generator würde knattern, und die Krauts würden das garantiert zwischen zwei Einschlägen hören, und . . . Sssssst – Kopf runter! . . . Krach. Oder vielmehr »Bang«, wie es in den Sprechblasen der Comics heißt.

Also schön. Sagen wir das ganze Gastspiel ab. Oder vielleicht verständige ich einfach die Bühnengenossenschaft. Das können die doch nicht mit einem Mitglied machen, das seine Beiträge immer und regelmäßig bezahlt hat. Sssssst – bang! Das war aber verdammt nahe. Vielleicht stand's im Vertrag, klein gedruckt, wie üblich. Aber, verdammt noch mal, mein Agent hätte mich darauf aufmerksam machen sollen. Wofür kassiert er seine zehn Prozent?

Taktaktaktak . . . so, und jetzt haben sie sich mit ihrem 20 mm MG auf uns eingeschossen, zumindest von dieser Seite. Aber vielleicht gehts von der andern.

Plötzlich beginnt ein Junge jenseits der Hecke zu stöhnen, vielleicht zwanzig Meter von mir entfernt. Ich höre den Sergeant, der fragt, wen es erwischt habe. Seton. Der Ruf nach Sanitätern wird weitergegeben. Seton stöhnt weiter, mehr als zwanzig Meter von mir ist es bestimmt nicht. Jetzt müßte mein Captain hier sein. Der könnte dann über die Hecke kriechen und Seton in Sicherheit bringen.

Seton stöhnt und stöhnt. Ich halte es nicht aus und klettere aus meinem Loch. Aber der Sergeant brüllt, ich soll bleiben, wo ich bin, mit meiner Scheißpsychologischen Kriegführung. Ich schäme mich, weil ich wie ein Greenhorn gehandelt habe. Ein Sanitäter kriecht zu dem Mann, und er behandelt ihn besser, als irgendeiner von uns es könnte.

Außerdem zuckt jetzt das Kabel in meiner Hand: der Lautsprecher ist in Stellung. Das Ganze kommt mir jetzt idiotisch vor. Wer kann denn überhaupt etwas hören bei diesem Radau? Aber das ist bloß eine faule Entschuldigung. Denn zwischen mir und unserem Lkw sind etwa fünfzehn Meter offenes Terrain. Fünfzehn Meter bis zu dem verdammten Generator.

Ich hole tief Luft, und dann bin ich plötzlich im Wagen, und ich habe die Anlasserschnur um die Rinne im Radkranz gewunden und ziehe dran.

Pft – pft – pft – und aus. Und das Gefühl der Sicherheit im Wagen ist eine Illusion. Leinwand hält keine Kugel auf. Aber jetzt funktioniert das Drecksding wenigstens. Es scheint mir, daß das Geknatter des Benzinmotors lauter ist als der Lärm draußen. Dann ein Hechtsprung ins Loch zurück, zu meinem Mikrophon, und ich schalte ein.

Können Sie mich hören, da drüben im Besetzungsbüro der Metro-Goldwyn-Mayer? Haben Sie Ihrem Agenten an der Front von dieser Show gesagt? Dieses Programm kommt zu Ihnen mit besonderer Empfehlung der US-Armee . . .

Achtung, Achtung, ihr Krauts! Kommt aus euren Löchern, die genauso aussehen wie unsere. Kommt 'raus! ihr seid keineswegs umzingelt, laßt euch das nicht einreden, und eure Artillerie ist eins a. Und dieses Maschinengewehr da links, das ist mehr als prima, wenn Sie mich fragen. Aber kommt trotzdem aus euren Löchern, ergebt euch, sonst muß mein Captain an die Front!

Gerade, als ich meine Rede beginnen will, beginnt ein neuer Lärm. Ein neuer Ton in dieser Fuge, der mit einem Schlag die Achtundachtzig zum Schweigen bringt.

Flugzeuge! Es ist ein herrliches Geräusch. Ein tiefes, drohendes Brummen, wie von einem wütenden Bienenschwarm. Leider hat die Sache einen kleinen Schönheitsfehler: die farbigen Markierungen, die anzeigen, wo unsere Linien enden, haben wir inzwischen hinter uns gelassen. Einen Augenblick lang überlege ich, ob ein Kraut in seinem Schützenloch wesentlich anders aussieht als ein GI, wenn man ihn aus der Luft betrachtet.

Der Anflug dauerte fünf ohrenbetäubende, dröhnende Minuten. Im gleichen Augenblick, da der Lärm erstarb, begann ich: »Achtung, Achtung . . .!« Komisch, wie meine Stimme klingt. Der Lautsprecher steht etwa 40 Meter weiter. Ich sage denen da drüben, wie sie rüberkommen sollen. Ich erzähle ihnen keine Lügen. Alles, was ich sage, muß stimmen. Sie können es ja nachprüfen.

Zehn Minuten später kommt die erste Achtundachtziger wieder herüber. Der Trick ist jetzt, ruhig weiterzusprechen. Das soll sie beeindrucken, habe ich gehört. Vielleicht sollte jetzt auch jemand zu mir sprechen, um mich zu beeindrucken. Denn ich habe die Hosen voll.

Ja, und dann geschieht tatsächlich das Unglaubliche. Aus den Büschen kommen mit aufgehobenen Händen vier Deutsche in verdreckten Tarnuniformen. Sie sind völlig betäubt. Alle vier sind sehr jung. Und dann dämmert es mir – Fallschirmjäger! Ich kann's nicht glauben. Das müßten doch Panzergrenadiere sein. Ich richte mich auf und besehe mir die Kragenspiegel, um sicher zu sein. Die vier Mann stolpern auf mich zu. Wirklich, Fallschirmjäger. Wie lange sind sie im Einsatz? Seit heute morgen! Was für ein Glücksfall!

Jungs von einer Einheit, die erst heute eingesetzt wurde, und schon haben unsere Intelligence-Leute ein Muster zur Verfügung.

Ich reiße das Mikrophon wieder hoch.

»Achtung, Achtung! Die erste Gruppe eurer Kameraden ist schon bei uns. Sie sind der Hölle entgangen. Sie sind in Sicherheit.«

Ssssssst – bang! Wir lassen uns alle in den nächsten Graben fallen, GIs und Gefangene. Die zweite Gruppe kommt aus den Büschen. Noch dreizehn Fallschirmjäger und ein Panzergrenadier. Alle sind unglaublich jung. Sie kommen herangeschwankt, und sie sind ebenso betäubt wie die ersten vier und wie ich. Einen hat eine Explosion knapp vor seinem Gesicht geblendet. Er starrt ins Leere. Er sieht mich nicht. Hebt bloß seine Hände hoch und sagt mit mechanischer Stimme: »Ich bin siebzehn . . .«

Ich sehe, daß du die Wahrheit sprichst. Du bist siebzehn. Und Jirka, den sie in Prag aufgehängt haben – der war auch siebzehn . . .

Einem andern wurde der Arm knapp über dem Ellbogen abgeschossen. Er hat eine Aderpresse, hergestellt aus einem Koppel, nah unter der Schulter. Der Unterarm hängt noch im Ärmel, und sein Kamerad hält diese tote Hand, als habe er versprochen, sie nicht fallen zu lassen. Keiner von beiden ist älter als achtzehn. Der mit dem abgeschossenen Arm geht wie ein Automat. Wieso er überhaupt gehen kann, ist mir unbegreiflich. Er verlangt Wasser. Warte, Junge, gleich kriegst du's, weiter hinten. Und der Feldwebel hält beide Hände vor seinen Bauch. Er hat es genau unter das Koppelschloß bekommen. Das kann ich sehen. Und sie haben Hanna in Prag in einen versiegelten Lkw gestopft und haben sie und die andern mit Kohlendioxyd erstickt, sage ich mir vor.

Die Unsern sind jetzt schwer begeistert. Achtzehn Krauts, die nicht mehr auf sie schießen werden! Der Techniker und ich wissen natürlich genau, daß nicht unser lächerlicher Lautsprecher diesen Erfolg erzielt hat, sondern die Tiefflieger. Oder die achtzehn hatten ohnehin die Nase voll.

Vier von unsern Jungs werden bestimmt, die Gefangenen nach hinten zu bringen. Ich hänge mich an, weil ich noch herausfinden will, ob vielleicht drüben noch mehr Deutschen die Sache zum Hals heraushängt.

Ich entdeckte jetzt, daß es unter uns einen echten Helden gab: den Fahrer Billy unseres Lkws, einen österreichischen Emigranten, der am Steuer saß und sich nicht rührte, um uns nötigenfalls in Sicherheit zu bringen. Er zwinkerte mir zu, als ich mit den achtzehn Herrenmenschen und ihrer Eskorte vorbeizog.

Ohne jeden Grund hatte ich das Gefühl, als sei die Gefahr vorbei. Hoffentlich wußten unsere Infanterieboys, wo wir hingingen. Rechts und links von uns hockten immer noch GIs in ihren Löchern. Aber nach ein paar Minuten merkte ich – irgend etwas stimmt nicht. Dann dämmerte es mir: Sie zielten alle in die Richtung, in die wir gingen. Ich fragte meine vier Begleiter, ob sie wüßten, wo wir hinliefen. Vier ausdruckslose Gesichter sahen mich an. Plötzlich begriff ich. Diese vier GIs waren schon tagelang in dieser Hölle und genauso betäubt von all dem Krachen und Dröhnen wie die Gefangenen.

Was jetzt geschah, sah genauso aus, wie ich es in unzähligen Filmen gesehen hatte. Auf der Lehmaufschüttung links, knapp vor uns, erschien eine Reihe Löcher mit kleinen Wölkchen von Staub und Steinen rundherum. Wo hatte ich das zuletzt gesehen? In dem Film von Milestone mit Ann Sheridan? Oder vielleicht in dem Sowjetfilm *Tschapajew*? Die Löcher, die sich schnell vermehren, sehen nicht real aus, weil wir in dem allgemeinen Getöse den dazu passenden Ton nicht hören. Und außerdem sind die Löcher viel zu nah. Wirkliche Einschüsse würden sie doch bei einer Aufnahme nicht so nah bei uns zulassen! Das muß ein Kameratrick sein!

Kameratrick! Ich muß mich zusammenreißen. Zum ersten Mal in meiner Armeekarriere wende ich meine fünf Streifen am Ärmel auf einfache GIs an. Den Weg kenne ich auch nicht, aber ganz bestimmt müßten wir in die entgegengesetzte Richtung gehen. Sonst liefern wir die Krauts am Ende noch dort ab, wo sie hergekommen sind . . .

An diesem Abend bestellte ich mir in Schloß Colombières eine kostbare warme Dusche. Der Captain hatte nichts einzuwenden. Er sorgte sich wie eine Mutter um mein Wohlergehen. Ich ließ mich korrumpieren.

Wir blieben bis zu Pattons Durchbruch in unserem Quartier.

Befreiung

Was auch immer in den Historienbüchern der Zukunft stehen mag – Paris wurde nicht von den Amerikanern befreit. Das besorgten die Truppen des Generals Leclerc, vor allem aber die Streitkräfte des Innern (FFI) und die Pariser selbst.

Unter den ersten Amerikanern, die am Nachmittag des 25. August 1944 in die Stadt einzogen, befand sich eine *task force* – die Schreibmaschine sträubt sich, die korrekte Übersetzung »Kampfgruppe« zu gebrauchen – von fünfzig Mitgliedern der Psychologischen Kriegführung. Die meisten steuerten direkt ins Hotel Scribe. Habe und ich bekamen ein Zimmer im ersten Stock zugeteilt.

Wir bezogen es so ungefähr um fünf Uhr nachmittags. In wenigen Minuten hatte sich die kurze Rue Scribe in ein ambulantes Freudenhaus verwandelt. Die olivgrünen Fahrzeuge standen Stoßstange an Stoßstange, die bunten Kleider der jungen und enthusiastischen Pariserinnen flatterten dazwischen umher, aus den Tonwagen erklangen amerikanische Rhythmen in voller Lautstärke, Wein- und Cognacflaschen gingen von Mund zu Mund, und bald gab es kaum ein Mitglied der Kampfgruppe, das nicht schon mit allem wohlversorgt war.

Habe und ich blickten hinaus auf den weiten Lichthof. In allen Fenstern gegenüber standen Offiziere und winkten und prosteten einander zu, jeder hatte ein Mädchen im Arm, nicht alle von ihnen noch angezogen, man wiegte sich im Takt der Musik, die von unten heraufklang, man trank Champagner, küßte sich und feierte Befreiung.

Vergebens suchten Habe und ich einen Fahrer dingfest zu machen, der in der Lage gewesen wäre, uns in einen entfernten Stadtteil zu fahren, wo angeblich eine noch intakte Sendestation operierte. Wir mußten uns zu Fuß auf den Weg machen.

Zu dieser Zeit wurde an einigen Stellen noch geschossen. Die deutschen Besatzer, soweit sie nicht längst die Stadt verlassen hatten, waren meist schon abgeführt und in Gewahrsam. Es ging gegen ein paar Nester französischer Milizionäre – Kollaborateure, Miliciens –, die nichts mehr zu verlieren hatten.

In einem kleinen, versteckten Studio sprach Habe seine Botschaft an die deutschen Landser: »Paris hat sich selbst befreit!«

Es war spät in der Nacht, als wir unsern Weg zurück suchten. Die Stadt lag im Dunkel, und ein verspäteter, desperater Angriff deutscher Stukas zwang uns, in einem vornehmen, kleinen Hotel in der Rue du Faubourg Montmartre Zuflucht zu suchen.

Auch die zweite Nacht im befreiten Paris verbrachte ich nicht im Hotel Scribe. Ich empfahl mich am Abend und begab mich durch die verlassenen Straßen – Zivilisten hatten noch Ausgehverbot – auf eine sentimentale Pilgerfahrt: Ich suchte und fand mitten in der Nacht ein gewisses winziges Hotel in der Rue de Vaugirard.

Ich weiß nicht, was ich mir davon versprach. Das Mädchen würde es nie erfahren, ja ich wußte nicht einmal, in welchem Erdteil sie sich jetzt befand. Während in und um das Hotel Scribe, fünf Kilometer weiter, die Befreiungsfeier weiterging, klingelte ich eine verschreckte Hotelbesitzerin heraus und bat sie, mich im Zimmer Nummer 6 übernachten zu lassen. Ich glaube, sie muß den amerikanischen Sergeanten für wahnsinnig gehalten haben.

Das Zimmer war winzig, kleiner als jenes in dem Prager Stundenhotel, in dem wir einst unsere kurze erste ungestörte Nacht verbracht hatten. Das Bett füllte fast den ganzen Raum, das Bettzeug war zwar sauber, aber grau, und alles roch nach dem vertrauten Desinfektionsmittel Eau de Javelle.

Ich lag lange wach, blickte im Morgengrauen durch die verstaubten Scheiben, sah drüben die Fassade eines andern Studentenhotels und dachte an zwei junge Menschen, die hier vor sieben Jahren bittersüßen Abschied voneinander genommen hatten.

Am nächsten Tag, an dem de Gaulle seinen feierlichen Einzug in Paris halten sollte, gerieten Habe und ich in unserem offenen Jeep auf der Place de la Concorde ins Gewühl der wartenden Menge. Wir blieben hoffnungslos stecken und beschlossen, dem Einzug von hier aus zuzusehen.

Kopf an Kopf standen die Menschen. Eine Gruppe französischer Panzer ragte aus der Menge, ebenso eingekeilt wie wir mit unserem Jeep.

Der festliche Zug, mit dem General an der Spitze, hatte fast den Platz erreicht, da kam es zu einer Panik. Vom Dach des Marineministeriums – oder war es das Hotel Crillon? – eröffneten ein paar Miliciens das Feuer auf die Menge. Es war die Tat von Desperados.

Nur auf der Kinoleinwand, in einer berühmten Szene aus Eisensteins *Panzerkreuzer Potemkin*, auf der breiten Treppe in Odessa, die zum Hafen hinunterführt, hatte ich eine ähnliche Panik gesehen. Bloß – die Menschen auf jener Treppe hatten eine Richtung vor sich, in die sie flüchten konnten.

Hier, auf diesem riesengroßen Platz, gab es keine Deckung. Um uns herum herrschten Todesangst und Hysterie.

Habe reagierte auf eine seltsame, ihm eigentümliche Weise. Es war ein wenig theatralisch, quichottisch, vielleicht ein wenig lächerlich. Vor allem aber war es in diesen Minuten unerwartet zweckmäßig.

Er stand auf, zog seine Pistole aus dem Gurt, stemmte die linke Hand in die Hüfte und feuerte in Richtung aufs Dach, wo die winzigen, kaum erkennbaren Heckenschützen hinter ihren MGs hockten. Es war völlig sinnlos. Seine Pistole reichte ja nicht im entferntesten so weit. Aber er erreichte, was er wohl beabsichtigt hatte. Die Menschen um uns herum, die schreiend hinter unserem Jeep unzureichende Deckung gesucht hatten, sahen entgeistert den verrückten amerikanischen Offizier an, der da breitbeinig in seinem offenen Jeep stand und seine Pistole leerschoß. Die Panik, zumindest in Sichtweite unseres Vehikels, beruhigte sich.

Dann hatten auch die Männer in ihren Panzern die Rohre ihrer Geschütze auf das gegenüberliegende Dach gerichtet. Ihre Salven krachten, die Kapitelle der griechischen Säulen splitterten und brökkelten, und der Spuk war vorbei.

Wochen später lag ich vorübergehend in einem Lazarett bei Verdun. Es ging mir schon wieder gut, und ich hatte nur eine Sorge: Welcher Einheit würde ich nach meiner Entlassung zugeteilt werden? Denn aus einem amerikanischen Militärlazarett kehrt man nicht in seine alte Einheit zurück, sondern wird in ein »Repl Depl« gebracht (*replenishment depot*), aus dem dann dezimierte Einheiten an der Front aufgefüllt werden.

Vergebens hatte ich versucht, Verbindung mit meiner Kompanie aufzunehmen. Ich wußte nicht einmal, wo sie stand. Der Stabsarzt war trotz des kleinen Bändchens, das mittlerweile meine Uniform zierte, unerbittlich. Das Repl Depl war mein Schicksal.

Am Tag vor meiner Entlassung erhielt ich unerwarteten Besuch. Corporal Coleman aus meiner Kompanie saß an meinem Bett und flirtete mit der hübschen Schwester.

Kaum war sie außer Sicht, raunte er mir zu: »Du wirst morgen um elf Uhr entlassen, hat sie mir gesagt. Warte nicht auf deine Entlassungspapiere. Scheiß drauf. Ich stehe um zehn Uhr rechts vom Ausgang hinter dem Gesträuch.«

Dort stand er auch, ließ das Motorrad an, als er mich sah, und wir brausten davon. Unsere Einheit sei in Belgien, erklärte er. Dort fuhr er aber nicht hin. Statt dessen ratterten wir bald über das Kopfsteinpflaster von Luxemburg, das inzwischen befreit worden war, durchfuhren einen Park und hielten vor dem weißen Sandsteingebäude von Radio Luxemburg. Er nahm mich beim Ärmel, schob mich durch einige Gänge, klopfte an eine Tür, schubste mich hinein und sagte: »Hier ist er!«

Hinter seinem Pult saß Captain Hans Habe.

Drei Wochen lang schrieb ich für ihn, als Mitglied seiner Vier-Mann-Redaktion, der auch Stefan Heym angehörte, Nachrichten für die deutsche Wehrmachtsendung.

Dann kaperte mich ein liederliches Frauenzimmer namens Annie . . .

Unternehmen Annie

Der Major residierte im Erdgeschoß von Radio Luxemburg. Im holzgetäfelten Vorraum amtierte Mademoiselle Felix, sommersprossig, rothaarig (echt), herausfordernd.

Sie blickte kaum von ihrer Maschine auf, näselte mit britischem Beiklang: »Will you be seated, Sergeant«, und zupfte ihren Büstenhalter zurecht.

Der Major, der mich zu sich befohlen hatte, war nicht mein Vorgesetzter. Unsere Einheit lag in Spa. Das Oberkommando des Senders führte ein Oberst, der im Privatleben eine gutgehende Advokatenfirma in Philadelphia besaß. Die Rolle des Majors, der mich hatte rufen lassen, war niemandem klar.

Klick machte der kleine Lautsprecher auf dem Schreibtisch. Mademoiselle drückte den Hebel nieder. »Yes, he's right here«, näselte sie. Quäk machte der Lautsprecher, und sie ließ den Hebel los. »You may go in«, sagte sie salopp und wandte sich voll Interesse ihrem Nagellackentferner zu.

»Geben Sie acht, daß Ihnen der Kaugummi nicht in die Bluse rutscht«, sagte ich deutsch, bevor ich die ledergepolsterte Tür öffnete. Die Antwort hörte ich nicht mehr.

Am Schreibtisch saß unrasiert und übernächtigt Major Pat Dolan aus Chicago, Illinois.

Er salutierte mit einem Finger. Sein Hemdkragen war offen, und auf dem Schreibtisch stand ein halbgefülltes Glas. Seine weißen Finger spielten mit zwei weißen Pillen, die er gerade einem silbernen Döschen entnommen hatte.

»Setzen Sie sich, Sergeant. Bevor ich Ihnen sage, worum es geht, möchte ich vorausschicken, daß eigentlich schon alles geregelt ist. Ich habe heute früh mit Spa gesprochen. Ihr Captain hat Sie mir für den Rest des Krieges geliehen. Habe schimpft noch ein wenig, aber das bringe ich in Ordnung. Wenn ich Sie also jetzt frage, ob Sie bei uns mitmachen wollen, so ist das pure Formsache. Unnötig hinzuzufügen, daß das, was Sie hier hören, *top secret* ist. Wenn Sie quatschen, könnte das unangenehm werden – für Sie. Im übrigen verspreche ich Ihnen viel gute Unterhaltung und einen interessanten Job, nach dem sich Ihre Kollegen vom Wehrmachtsprogramm alle zehn Finger ablecken würden. Sie nehmen an?«

Er hielt eine leere Whiskyflasche gegen das Licht, warf sie in den Papierkorb und drückte auf den Hebel des Tischmikrophons. »Schick mir einen Scotch herein, Tootsie, und ein halbwegs sauberes Glas!«

Quäk, quäk, machte es im Lautsprecher.

»Scotch«, wiederholte der Major, und ich war sicher, daß die Vorzimmerdame mahnend eingeworfen hatte, ob nicht der ordinäre Cornwhiskey für einen Sergeanten genüge. Meine Aktien stiegen in diesem Augenblick bei Tootsie bestimmt um hundert Prozent. Ich merkte es kurze Zeit später, bei meinem Abgang.

Der Major kramte in seinem Schreibtisch. Schließlich fischte er schnaufend eine dicke Brasil in Cellophanhülle aus dem untersten Schubfach. Er gab mir sogar Feuer, und ich dachte an die Danaer, die man fürchten soll, wenn sie Geschenke bringen.

»Welchen Haken hat die Sache?« fragte ich laut.

Der Major grinste. »Gar keinen. Sie können die Zigarre zu Ende rauchen und wieder weggehen, zu Habes Propagandakindergarten. Aber es entgeht Ihnen ein Knüller – außerdem ist auch für den Nachkrieg was drin . . .«

Der Whisky kam. Um ihre Würde zu wahren, hatte Mademoiselle Corporal Coleman aufgetrieben, der ihn mürrisch hereinbrachte. Er hatte den Daumen tief in das mir bestimmte Glas versenkt und knallte es außer Reichweite vor mich auf den Schreibtisch.

»Jetzt will ich eine halbe Stunde nicht gestört werden«, schnarrte der Major ins Mikrophon. Seine Stimme klang, als kämpfe seine Zunge mit kleinen Kieselsteinen.

Die Zigarre war unverschämt gut. »Henry Clay« stand auf der Bauchbinde. Der Whisky – Black & White – hatte auch eine Bauchbinde: Deutsche Marketenderware, I. Sorte.

Major Patrick Dolan war von der OSS.

Zu Beginn des Krieges entstanden in Washington eine Reihe von Regierungsorganen, deren Aufgabe es war, verschiedene für die Kriegführung notwendige Dienste zu versehen. Die für den *comic-strip-mind* des Normallesers interessanteste davon war die OSS, die spätere CIA.

Die Methoden der OSS, von denen man flüsterte, trugen den Stempel des Unorthodoxen. So machten sich zum Beispiel im Herbst 1942 Mitarbeiter dieses Amtes an harmlose Europaflüchtlinge heran und versuchten, ihnen auf mehr oder minder höfliche Art ihre europäischen Kleidungsstücke und ihre Unterwäsche abzukaufen: OSS-Agenten sollten für ihre Geheimmissionen im besetzten Europa bis zum I-Tüpfelchen echt ausgestattet werden. Sogar in ihren Unterhosen würde man die Namen Pariser oder Wiener Firmen finden.

Ein junger Mann, der lange in Frankreich gelebt und drei Jahre in der Fremdenlegion gedient hatte, wurde beauftragt, den OSS-

Aspiranten das Kartenspiel Belotte beizubringen und ihnen abzugewöhnen, beim Essen vor jedem Bissen die Gabel in die rechte Hand zu jonglieren, wie es in Amerika Brauch ist.

Männer der OSS begannen in der Phantasie des Durchschnittsamerikaners die legendären Helden des Wilden Westens zu verdrängen. Sie wurden zu Desperados unseres Jahrhunderts. Man erzählte sich von Giftampullen, eingebaut in hohle Zähne oder eingenäht in die Haut unter der rechten Achselhöhle – die linke war für den Pistolenhalfter reserviert. *Cloak and Dagger* – Mantel und Dolch – waren die romantischen Requisiten der OSS.

Selbstverständlich war jeder OSS-Mann ein Meister im Jiu-Jitsu und im *unarmed offense* – er konnte mühelos sein Opfer durch einen Schlag auf die Halsschlagader oder mit Hilfe einer Drosselschlinge ins Jenseits befördern. Er war fähig, vierzehn Tage zu hungern oder mit Hilfe der unwahrscheinlichsten Materialien zu vegetieren. Auch Hypnotiseure, Graphologen und Gedankenleser hatten angeblich ihren Platz in dieser Organisation. Fassadenkletterer und Kassenknacker seien von der OSS angefordert und mit ihrer Hilfe amnestiert worden.

Viele waren angeblich Verkleidungs- und Maskenkünstler. Es gab bereits unzählige Witze in den Zeitschriften, die darauf anspielten. Die Geschichte von einem Obersten zum Beispiel, der bei einem Staatsessen zu Ehren ausländischer Militärs seiner entzückenden jungen Tischnachbarin unter dem Tisch sehr handgreiflich den Hof machte, bis er freundschaftlich und mit Baßstimme von ihr gewarnt wurde. Er könne ruhig weitermachen, aber er müsse einige Überraschungen gewärtigen . . .

Im übrigen hatte die OSS anscheinend unumschränkte Macht und konnte sich Männer, an deren Dienst ihr gelegen war, sogar direkt von der Front wegangeln. Es wurde gemunkelt, daß in Nazieuropa hochgestellte Persönlichkeiten, Beamte in Schlüsselstellungen, aber auch einfache Eisenbahner, Postbeamte und simple Schmuggler zeitweilig für sie arbeiteten, ohne Rücksicht auf ihre politischen Bindungen. Jeder, der irgendwie am Sturz des Naziregimes interessiert war, kam für die OSS in Betracht, ganz gleich, ob ehrliche Überzeugung dahintersteckte, ob er sich seine Dienste bezahlen ließ, oder ob sich der Betreffende bloß ein Alibi für den Fall einer Niederlage der Nazis schaffen wollte.

Expediency – Zweckdienlichkeit! Das war das Motto dieser Organisation.

Von Major Dolan hörten wir zum ersten Mal kurz nach der Einnahme von Cherbourg.

Augenzeugen berichteten, daß er mutig einen Jeep mit einem deutsch sprechenden Unteroffizier gegen eine deutsche Stellung nahe der Hafenstadt vorgeschickt hatte, der sie zur Übergabe auffordern sollte. Die Stellung ergab sich, vor allem, weil die Aufforderung durch eine Batterie leichter Feldartillerie unterstützt worden war.

Drei Tage nach der Einnahme von Cherbourg stolperten wir drei, der kleine Franzose, Knoll und ich, müde auf der Landstraße von Grand-Camp-sur-Mer nach Isigny dahin, als ein Jeep neben uns hielt. Damals hörte ich zum ersten Mal Dolans träge, rasselnde Stimme. »*Hop in*«, sagte er, als er erfuhr, wo wir hinwollten. Unsere Einheit war heute aus England nachgekommen und lag in einem alten Schloß bei Isigny. Eine halbe Stunde später tauchte es vor uns auf.

Schloß Colombières war völlig verwahrlost. Der Graben, der es umzog, war sumpfig und ließ auf Ratten und Mücken schließen. Die Wache am Eingangstor – es war Benson – nahm wegen des Majors so etwas wie Haltung an. Er wies uns den Weg zur Schreibstube. Nach drei Wochen Front hieß es jetzt für uns drei, sich wieder in den geordneten Lauf der Kompanie einzufügen.

Dolan stand mit spöttischem Grinsen dabei, als wir im Schloßhof zum erstenmal mit antraten. Einige Befehle wurden verlesen. Niemand schläft im Schloß, hieß es darin. Dabei wußten wir schon, daß der Captain bereits das bequemste Schlafzimmer bezogen hatte. Wir drei »Veteranen«, so schloß der Befehl, sollten unsere Kameraden im fachgemäßen Bau von Schlaflöchern unterweisen.

Während der Befehlsausgabe hatte es zu regnen begonnen, und wir drei verzogen uns stillschweigend auf den zugigen, baufälligen, aber trockenen Dachboden des Schlosses.

Um elf Uhr weckte uns Bloch. »Der Captain weiß, daß ihr hier seid. In fünf Minuten will er nachschauen, ob ihr in euren Löchern liegt!« Knoll warf ihm einen Stiefel an den Kopf.

»Bitte, wie ihr wollt.« Damit zog sich Corporal Bloch, Neffe des Sexualforschers, in seine Schreibstube zurück. Wir wickelten uns in unsere Decken.

Zehn Minuten später brüllte jemand unsere Namen durch die Hallen von Schloß Colombières: »Zum Rapport!«

Der Captain trug ein feldgrün getupftes Pyjama unter dem feldgrünen Schlafrock. Er war vierundzwanzig Jahre alt, mit beginnender Glatze, und aus Alabama, glaube ich. In Camp Sharpe hatte es ihm besonderes Vergnügen bereitet, uns jede Latrine von Pennsylvanien und Maryland reinigen zu lassen, um uns unsere Intelligenzlermanieren auszutreiben, wie er immer wieder vor versammelter Kompanie betonte.

»Kennen Sie die Kriegsartikel?« brüllte uns der Captain an. »Wissen Sie, was Befehlsverweigerung ist? Und noch dazu vor dem Feind! Wissen Sie, daß ich Sie vors Kriegsgericht bringen kann? Und auch bringen werde, darauf können Sie sich verlassen!«

Die Tür zum Nebenzimmer der Schreibstube ging auf. Im Türrahmen stand Dolan. »Menschenskind, brüllen Sie doch nicht so«, sagte er leise. »Was haben die Leute denn verbrochen?«

Unser Captain berichtete unwirsch, aber unterwürfig. Es war offenes Geheimnis, daß bei der OSS militärischer Rang nur Formsache war. Man konnte nie sicher sein, welchen Rang ein OSS-Mann in Wirklichkeit hatte. Es war besser, sich mit ihnen gut zu stellen.

Dolan quittierte den Wechsel in der Tonart mit einem Grinsen. »Captain, Sie sind unmöglich«, sagte er mit der gleichen, stets ein wenig gelangweilten, schleppenden Stimme. »Da sind diese drei Jungs schon drei Wochen an der Front, und jetzt wollen Sie sie zwanzig Schritt von einem Gebäude mit einem richtigen Dach in den Schlamm hinausschicken? Geht schlafen, Jungs«, sagte er zu uns gewandt.

Der Captain fauchte: »Wer ist hier eigentlich . . .«, aber sein gelbgesichtiger Adjutant, Leutnant Birnbaum, flüsterte ihm etwas zu. »Also gut«, knurrte er. »Aber sagt's nicht den anderen. Das wäre ja noch schöner, wenn die ganze Bande plötzlich ins Schloß ziehen wollte.«

Beim Abgehen zwinkerte uns Dolan zu.

Mein zweites Zusammentreffen mit dem Major geschah acht Wochen später, während der Befreiung von Paris. Obwohl ich schon damals Hans Habe zugeteilt war, hörte ich, daß ich die Chance, dabeizusein, im Grunde Dolan verdankte. Warum? Die Wege der OSS waren mir immer unerforschlich.

Knapp 50 Kilometer vor Paris, in Rambouillet, machten wir halt. In der Stadt schlugen sich immer noch reguläre französische Verbände und die F.F.I. (Forces Françaises de l'Intérieur) mit der deutschen Besatzung.

Rambouillet! In der Halle des Hotels Au Grand Veneur saßen sie dicht gedrängt, amerikanische, britische, französische Offiziere, Zeitungskorrespondenten, elegante Red Cross girls und die Frauen und Töchter der Honoratioren des Städtchens. Dazwischen auch ein paar nicht ganz so ehrbare Damen – aber heute nahm man das nicht so genau. Die Befreier aus Übersee machten ja keinen Unterschied.

Es herrschte Gläserklirren, das Knallen von Champagnerpfropfen und das Kichern der Damen. Über allem lagerte eine Wolke von Chesterfields, Parfüm und Speisedunst.

Dolan lag in einem Korbliegestuhl und verhandelte mit einem zarten, blaßblonden Mädchen in weißem Spitzenkleid. Als er mich sah, richtete er sich ein wenig auf. »Was wollen Sie denn von mir, Sergeant?«

Ich hatte mich hierher gewagt, weil ich wissen wollte, was wir gewöhnlichen Sterblichen vom Sergeanten abwärts tun sollten. Schließlich konnte der Befehl zum Weitermarsch trotz der herannahenden Nacht jederzeit kommen. Und wir hatten keine Quartiere.

»Ich suche meinen Captain.«

Dolan lachte. »Da haben Sie sich aber einen komischen Chef ausgesucht. Französisch kann er nicht, wenigstens nicht die Sprache, und trinken verträgt er schlecht, *n'est-ce pas*?«

Das letzte war an das dunkelhaarige Mädchen am Nebentisch gerichtet, die mit irgend etwas auf ihren Knien beschäftigt war. Das Etwas war der Kopf unseres Captains, der unter dem Tisch lag und ein Bein des Mädchens umarmte.

»Abtreten, Sergeant«, lallte er. »Heute keine Befehle. Morgen befreien wir Paris. Heute nicht mehr. Bei Regenwetter findet die Befreiung im Saale statt, nicht wahr, Minou? Heute befreien wir die kleine Minou . . .«

Ich wollte Dolan meine Wut nicht zeigen und wandte mich zum Gehen. Seine unsichere Stimme hielt mich zurück. »Sie sind wohl böse auf uns, Sergeant? Wissen Sie was?« Er fingerte mit unsicherem Blick in seiner Brusttasche herum, zog ein Stück Papier heraus und las vor, in seinem Chicagoer Französisch: »Ziegelei Parmentier, Route von Perray, vier Kilometer nordöstlich Rambouillet, rechts von der Chaussee. Da gehen Sie hin, Sergeant, mit Ihren Leuten. Lassen Sie mir nur Coleman hier, mit seinem Jeep. Wenn wir euch brauchen, schick ich ihn . . .« Dann sank er zurück und zog Mademoiselle auf seinen Schoß.

Bei diesem Mann kam man aus dem Staunen nicht heraus. Vier Kilometer nordöstlich von Rambouillet, Richtung Le Perray . . . Wer hatte Dolan den Zettel gegeben, woher stammte die Information? Was erwartete uns dort? Und jetzt begann es auch noch, leise und warm zu regnen.

Wir fuhren vorsichtig und ohne Lichter. Genau vier Kilometer weiter tauchte rechts der Chaussee eine Mauer aus dem Dunkel mit der abgeblätterten Aufschrift: Parmentier Fils – Tuilerie.

Wir sprangen ab, entsicherten die Waffen und klopften an die Tür. Nach einiger Zeit erschien eine alte Frau mit einer blaugefilterten Taschenlampe. Als sie unsere Uniformen erkannte, ließ sie uns ein.

Die Ziegelei bestand aus drei langgestreckten Schuppen, die zusammen ein längliches Rechteck bildeten, dessen eine Seite offen war. Die offene Seite führte auf eine Fläche, die so groß wie ein Fußballfeld zu sein schien. Eine lehmbestaubte Feldbahn hatte lange keine Arbeit mehr getan.

Ein paar von uns hatten schon die Küche entdeckt und sprachen mit der Alten. Es ging um Brot, Käse und Wein. Mißtrauisch besah die Frau unsere lustiggrünen Zettelchen, auf denen zu lesen stand, daß sie zehn, zwanzig oder fünfzig Francs wert seien. Für sie sahen sie aus wie Etiketten von Weinflaschen. Dix versuchte auch wegen eines Mädchens zu verhandeln, aber die Alte verstand aus seinem Kauderwelsch nur das Wort »coucher« und führte uns in einen niedrigen, länglichen, saubergefegten Raum, auf dessen ziegelgepflasterten Fußboden wir unsere Schlafsäcke warfen.

Aber an Schlafen dachte keiner von uns. Aus der Küche drang schon Lärm und Gläserklirren.

Der Regen, der jetzt aufhörte, hatte die Augustnacht abgekühlt. Am östlichen Horizont und im Norden wetterleuchtete es. Wie wir am nächsten Tag erfuhren, waren unsere Truppen im Raum von Mantes auf starken Widerstand gestoßen. Hier unten, jetzt nur noch 46 Kilometer vor Paris, zirpten die Grillen.

Von der Straße wurde halblauter Wortwechsel hörbar, ein metallenes Klirren und das schnell gedämpfte Läuten einer Fahrradklingel. Dann hastige Schritte, und Willoughby, der die Wache hatte, kam zu mir gelaufen: »Eine Abteilung französisches Rotes Kreuz auf Fahrrädern, direkt aus London! Mensch, da sind Mädchen dabei! Ich hab' sie reingelassen. Okay?«

Es waren zwanzig junge Leute in elegant geschnittenen, grauen Uniformen, fast alle so um die Zwanzig. Eine, wohl die Leiterin, war älter, etwa achtundzwanzig oder dreißig: längliches olivbraunes Gesicht, schmale Hände, Augen, die im Dunkeln fast schwarz wirkten. Eine gepflegte Frisur. Kunststück: vor drei Tagen hatte die ganze Gesellschaft noch in London kampiert.

Ein Mann von der F. F. I. hatte sie hergeführt. Jetzt verabschiedete er sich kurz. Man merkte ihm an, daß er froh war, seine Schützlinge loszuwerden. Er wollte weiter, seine Kameraden kämpften ja in Paris. Ich ging mit ihm vors Haus, auf die dunkle Landstraße, auf die jetzt wieder lauer Sommerregen rieselte. Er musterte kritisch sein verbeultes Fahrrad.

Ich fragte, wo er die Gruppe aufgegabelt hatte. Er lachte. »Wir haben Maschinengewehre verlangt. Statt dessen schicken sie uns ein Pensionat.«

Vor dem Haus standen die blitzenden, neuen Fahrräder des Pensionats. Er sah mich abschätzend an und dann sein eigenes Rad. Ich holte meine Pfeife heraus. Er lehnte sein Rad gegen einen Baum und suchte eine Zigarette in der Tasche. Während ich ihm Feuer gab, sah ich sein hageres Gesicht aus der Nähe. An seinem Rockaufschlag steckte das blau-gelb-rote Abzeichen der Interbrigadisten.

»Salud«, sagte ich versuchsweise.

Er berührte sein Barett mit der rechten Hand. Ich sah im Dunkeln seine Zähne und das Weiße seiner Augen. Dann schwang er sich auf ein neues Rad.

Drinnen hatten sich die Unsern mit den sieben Französinnen verbrüdert. Die konnten alle Englisch. Zwei waren sogar hübsch. Der

Leiterin machte die Szene Spaß. Unerwartet drückte sie mir eine Visitenkarte in die Hand, als ich mich vorstellte. Baronesse Martine d'Andrade. Buzz nahm mir die Karte aus der Hand und pfiff vor Bewunderung. Dann sagte er tröstend zu dem schlanken Mädchen: »Na, machen Sie sich nichts draus. Es kann ja nicht jeder aus South Bend, Indiana, sein . . .«

Martine schlug vor, etwas gemeinsam zu singen. Das half eine Weile. Wir sangen abwechselnd. Die Franzosen gewannen spielend über unsere vier Lieder, den eisernen Bestand der amerikanischen Armee. Martine hatte eine tiefe, etwas rauhe Stimme. Ihre Hände hatten eine feine, elfenbeinfarbene Haut. Die oberen beiden Knöpfe ihrer hellblauen Bluse waren offen, der spitze Ausschnitt endete irgendwo im Dämmer.

In der Tür zum Hof stand jetzt eine Frau mit einem Kind im Arm, das wohl unser Singen aufgeweckt hatte. Leise schaukelte sie es hin und her, ohne es anzusehen. Sie sah zu uns herüber, und ihre Augen zeigten harten, müden Spott.

Das Repertoire schien erschöpft. Ich hätte gern etwas vorgeschlagen, aber meine Gedanken waren in Paris, wo gerade jetzt von neuem eine Bastille gestürmt wurde. Plötzlich ritt mich der Teufel, und ich bat die Franzosen: »Singen wir die Carmagnole!«

Die Französinnen sahen einander betreten an, und Martine hob die schönen Augenbrauen. Ich begann zu singen. Ein paar der jungen Franzosen fielen ein, verlegen, zögernd, dann sangen die meisten eilfertig und korrekt weiter. Schließlich hatte es ein Amerikaner vorgeschlagen.

Martine lehnte sich zu mir und legte ihre schmale Hand auf meinen Arm. »Wissen Sie, was Sie da singen?«

»Ja«, sagte ich, »ich denke an das, was jetzt 45 Kilometer von hier passiert.«

»Eben«, sagte das schöne Mädchen in der grauen Uniform. »Ich denke auch daran. Aber Sie sind Amerikaner, Sie verstehen das nicht, unser großes Problem. Die Deutschen? Die sind erledigt. Aber denken Sie an die Hunderttausende Franzosen, die Sie so liebenswürdig mit Maschinenpistolen und Karabinern ausgerüstet haben. In ein paar Monaten ziehen Sie wieder ab – und wie sollen wir unsern Leuten das alles wieder abnehmen?«

Der Gesang ging weiter.

Die Frau in der Tür schaukelte ihr Kind. Ihr Mund formte die Worte des Liedes.

Plötzlich trat sie zur Seite. Das Lied brach ab. Im Türrahmen stand Dolan, und hinter ihm sein Fahrer. Eine Haarsträhne hing Dolan ins Gesicht, und sein Kragen war offen. »Hübsch«, sagte er mit schwerer Stimme. »Hübsch, Sergeant. Eine gute Idee, dieses Lied. Und gerade im richtigen Augenblick.«

Er leckte die Lippen. Seine Augen suchten etwas zum Trinken. Da entdeckte er Martine. Ohne weiterzusuchen, nahm er einem von uns sein halbgefülltes Weinglas vom Tisch und trank ihr zu:

»Vive la France!«

Das war der Major.

Eine weitläufige, etwas zu massig gebaute Villa in einem verwahrlosten Park. Das Innere war holzgetäfelt, schwer und protzig. Irgendein Luxemburger Stahlbaron hatte das Ding gebaut.

Im Erdgeschoß eine geräumige, dunkle Halle mit übergroßem Kamin, dessen Sims von armlosen, grimmigen Karyatiden getragen wurde. Eine breite, krachende Holztreppe, teppichbelegt, führte auf eine Galerie. Der Wandschmuck bestand aus Bildern, die sich nur dadurch auszeichneten, daß sie Originale waren. See- und Wolkenstücke und Gruppen uniformierter Herren aus der Blütezeit von Anton von Werner, mit Glanzlichtern auf den Stulpenstiefeln.

Die Möbel imitierter Chippendale, aber viel zu schwer, abgeschunden, mit verschlissenen Gobelinbezügen. Dazu einstmals weiße Gartenmöbel aus müdem, brüchigem Weidengeflecht.

Im Zwischenstock, als Kulturlabsal für den kurzatmigen Treppenbesteiger, der Kopf eines Generaldirektors, lebensgroß, in schlichter Bronze. Ob der Lippenstift auf dem harten Mund des Industriebarons noch von der deutschen Besatzung stammte oder schon von den Befreiern, war nicht mehr festzustellen.

Ein wagenradgroßer schmiedeeiserner Kronleuchter verbreitete Tag und Nacht düsteres Licht.

Das war Nummer 16, Rue Brasseur.

Die Hausbewohner waren zur Zeit meines Einzugs eine bunt zusammengewürfelte Schar.

Da war Oberst Powell, ein Sechziger mit gesunder Hautfarbe, im

Privatleben Rechtsanwalt in einem Staat Neuenglands, früher sogar einmal Gouverneur dieses Staates. Er hatte Würde und Jovialität, und man konnte sich ihn gut in einem geräumigen herrschaftlichen Palais vorstellen, umgeben von den Damen seiner prominenten Wähler.

Das Staatszimmer neben dem des Obersten, das früher wohl der Dame des Hauses gehört haben mochte, bewohnte Patrick Dolan. Das Himmelbett hatte es ihm angetan. Er verschaffte sich auch bald einen türkischen Schlafrock. Seine Seidenpyjamas, in denen er oft in die Halle kam, erregten nur anfangs Aufsehen.

Captain Scudder war ein hagerer, spärlich behaarter Dreißiger mit bläulichen Lippen und einem ewig süßlichen Lächeln. Seine Uniformaufschläge zierte das Symbol der Air Force.

Das waren die geborenen Amerikaner.

Benno D. Frank dagegen, mit der gleichen Anzahl Sergeanten-streifen wie ich, war in Mainz geboren. Von Beruf war er Theaterregisseur und Schauspieler. Seine Jugend hatte er in Wiesbaden verbracht, hatte Theaterwissenschaften studiert und war dann an einigen deutschen Bühnen engagiert gewesen. Er war kurz und asthmatisch, dabei voll von explosivem Temperament, ein lebhafter Erzähler und Zuhörer. Sein Privatleben war etwas kompliziert: Seine Frau und sein einziger Sohn lebten in Palästina, seine Geliebte war eine Sängerin, die der Washingtoner Gesellschaft angehörte, und seine gegenwärtige Freundin war die Besitzerin der Villa gegenüber.

Kurt Jellin war ein ehemaliger Konfektionsfachmann aus Köln. Er verstand nichts von der Weltpolitik, hatte nichts mit Literatur und Kunst zu tun, hatte keine Erfahrung auf dem Gebiet der Propaganda, es sei denn für einen Saisonausverkauf oder die neuesten Frühjahrsmodelle. Er war nüchtern, phantasielos, hatte eine dialektgefärbte Aussprache.

Walter Henschel war jung in die Vereinigten Staaten gekommen. Er war Berliner, ebenfalls ein Geschäftsmann. Er gehörte zur OSS, war nicht nur ausgeliehen wie Benno und ich.

In einem Hinterzimmer, abgeschlossen von uns übrigen, hausten zwei britische Unteroffiziere. Der eine Brite war aus Pirna, der andere aus Dresden, also beide richtige Anglo-Sachsen. Ihr Zimmer war schmal wie ein Handtuch, aber sie teilten es mit einem gewichtigen Mitbewohner, einem riesigen Rundfunkempfänger, versehen mit hundert eindrucksvollen Drehknöpfen, an dessen Hinterseite ein Draht-Speichergerät angebracht war. Bandgeräte gab es damals auf unserer Seite noch nicht.

Allessandro Frank war früher Beamter der israelitischen Kultusgemeinde in Triest gewesen. In unserer Villa war er der Majordomo. Er wurde mein Stubengenosse, und ich habe es nie bereut. Unser Zimmer war immer gut geheizt und sein Vorratsschrank immer gefüllt.

In der Küche residierte Madame Spoden. Sie wog an die zwei Zentner und kochte genial. Dolan hatte sie irgendwo aufgetrieben und einfach requiriert. Als Küchenjungen fungierten zwei Jugoslawen, befreite Zwangsarbeiter, von uns der Kürze halber Tito I und Tito II genannt. Ihre wirklichen Namen haben wir nie erfahren. Und schließlich war da Gérard, ein junger Luxemburger Polizist, den uns die Stadtverwaltung als Schutz und Boten beigestellt hatte. Er war Mitglied der Résistance gewesen und erst nach der Befreiung Polizist geworden.

Wie jedes Unternehmen der amerikanischen Armee, so hatte auch unseres einen Decknamen. Er lautete schlicht und einfach – Annie.

Drei Tage nach meinem Einzug machte uns Dolan mit »Unternehmen Annie« bekannt. Sie war ein Protektionskind der XII. Armeegruppe und unterstand direkt dem Oberkommando der westlichen Zentralfront.

Unternehmen Annie war ein Rundfunksender, der vorgeben sollte, irgendwo in Deutschland zu arbeiten. Es gab wohl während des Krieges in Deutschland keinen Schwarzhörer, der nicht wußte, daß der Soldatensender Calais von England aus operierte. Darauf kam es den Briten ja auch gar nicht an. Viel wichtiger war das Rätselraten: Wo haben die Kerle ihre Informationen her? Das so gesäte Mißtrauen, vor allem in den Reihen der deutschen U-Boot-Flotte, war der gewünschte Effekt.

Annie aber sollte echt wirken. Das war die Forderung, die Major Dolan an uns stellte, als er uns mit dem Unternehmen bekannt machte.

»Unsere Operation geht aufs Ganze. Die Aufgabe für die erste Phase lautet: das Vertrauen der deutschen Truppen gewinnen.

Nichts anderes. Und wodurch? Wir treten als Deutsche auf, und wir werden die Deutschen verdammt gut informieren.«

»Die kleine Gruppe hier in diesem Zimmer ist nur der Stamm. Die Seele des Ganzen – die Redaktion und die Sprecher. In den nächsten Tagen kommen die Radiotechniker – denen sagen wir gar nichts. Ihre Aufgabe ist das Senden. Außerdem hat man uns einen Spezialisten aus London aufgehalst, ein hohes Tier. Er hat den Soldatensender mit aufgebaut. Es wird unsere Aufgabe sein, ihn nett und höflich zu behandeln und ihm im übrigen alles abzuluchsen, was er uns bieten kann.

Unser Zeitplan sieht so aus: Vierzehn Tage Vorbereitungen, anschließend vierzehn Tage Probesendungen, auf die Platte, und nur für uns bestimmt, na und natürlich für einige Spezialisten oben. Und Anfang Dezember geht's los.

Was die Deutschen anbelangt, so machen wir uns keine Illusionen. Beim heutigen Stand der Technik ist anzunehmen, daß sie spätestens fünf Tage nach Sendebeginn die Lage der Station herausbekommen. Dann wird's brenzlig. Schon deshalb ist Maulhalten die Parole.

Und jetzt zu Annie selbst. Die Dame braucht einen plausiblen Hintergrund; jeder Deutsche, der uns zuhört, muß uns glauben. Wir brauchen ein Motiv. Wir können keine Gruppe von deutschen Kommunisten sein – was an sich logisch wäre, denn sie gehören zu den wenigen, die heute innerhalb Deutschlands bereit sind, ihre Haut zu Markte zu tragen. Aber wir wollen unsere Hörer genau über militärische Dinge informieren, und davon können diese Leute nichts wissen. Denken Sie mal darüber nach . . .«

Wir suchten also ein plausibles Motiv für eine Gruppe wohlinformierter Deutscher, die in den Augen ihrer Hörer ihr Leben riskierten, um die Wahrheit zu verbreiten.

Irgend jemand in Washington hatte sich eine fiktive Gruppe von Katholiken ausgedacht, die – in zehn Jahren Widerstand gegen das Naziregime gestählt – die neuesten Frontnachrichten unter die Leute bringen wollte. Motto: Für Gott und die Wahrheit. Dolan, selbst Katholik, hatte diesen Vorschlag bereits begraben, als eine geheime Kommandosache aus Washington den Plan als »vorläufig inopportun« zurückzog.

Eines ähnlichen unrühmlichen Todes starb auch ein haarsträubendes Projekt einer im Herzen Deutschlands operierenden Gruppe Ernster Bibelforscher.

Realistischer schien ein Vorschlag aus London zu sein, der eine Gruppe von Sozialdemokraten als Besatzung unseres geplanten Unternehmens vorsah. Dolan ließ daraufhin eine Meinungsbefragung unter über fünfhundert deutschen Gefangenen durchführen, von denen kaum sieben Prozent die Sozialdemokraten zum gegenwärtigen Zeitpunkt einer solchen Aktion für fähig hielten.

Wir suchten weiter.

Die Zeit blieb nicht stehen. Es war Mitte Oktober, und in einigen Tagen sollten unsere Probeaufzeichnungen beginnen. Wir sammelten Material, verhörten Gefangene, lasen erbeutete Briefe und Dokumente und hörten die Verlautbarungen des OKW. Ich studierte die regelmäßigen Goebbelskommentare, die wir über ein erbeutetes Hellschreibergerät zwei Tage vor ihrem Erscheinen im »Reich« frei ins Haus geliefert bekamen. Am meisten aber faszinierten mich die Halden gedruckten Materials, das von den Militärs als wertlos bezeichnet und säckeweise in Nummer 16, Rue Brasseur abgeliefert wurde. Telefonbücher, alte Illustrierte, Preiskataloge, Kinoprogramme, Theaterzettel. Diese Dinge wurden bald zu unserer wichtigsten Quelle von Informationen über das tägliche Leben in Nazideutschland.

Der Major trank viel und pendelte zwischen der Rue Brasseur und dem Hauptquartier unten in der Stadt hin und her. Ich mußte ihm regelmäßig einen der deutschen Wehrmachtskommentare vorlegen, den unsere beiden Abhörer auf Draht speicherten. Er behauptete, er müsse diese Kommentare studieren, um den Stil kennenzulernen.

Einmal saßen Benno und ich in einem verschwiegenen, kleinen Weinrestaurant, dessen Wirt uns gegen Zigaretten und Zahnpasta ein verbotenes Diner servierte. Das Essen dauerte länger als gewöhnlich, und die Stunde von General Dittmars Kommentar rückte heran. Das Speichergerät in der Villa war kaputt. Ich wurde nervös, und Benno lachte mich aus.

»Du bist wirklich ein ekelhafter Musterschüler! Was passiert, wenn du mal den ollen Dittmar versäumst? Meinst du, der Major merkt das? Schreib doch, was dir einfällt! Kein Aas kann das nachkontrollieren.«

In diesem Augenblick kam das Rumpsteak, duftend und appetitlich, gelbbraune Streifen amerikanischen Frühstückspecks ringelten sich um das Fleisch, und Petersilienbutter krönte die Schöpfung. Ich blieb.

Zwischen zehn und elf schrieb ich meinen »General Dittmar« aus dem Kopf, dachte mir zwei Moltkezitate und eins von Schlieffen aus, ohne von meinem Schreibtisch aufzustehen, was mir auch wenig geholfen hätte, denn ich hatte weder Moltke noch Schlieffen zur Verfügung.

Um halb zwölf erschien Dolan mit einem grauhaarigen Oberstleutnant. Der sprach ein hartes, aber fließendes Deutsch und war, wie Dolan sich beeilte uns mitzuteilen, Instrukteur an der Militärakademie in Fort Leavenworth, Kansas, gewesen.

Ich fiel im Geist in Ohnmacht, aber es war zu spät, um etwas zu unternehmen – der erfundene Kommentar General Dittmars lag bereits auf dem Tisch des Majors. Der studierte ihn wie immer, sagte sein übliches Okay und reichte ihn dem grauhaarigen Kollegen. Der las, nickte ein paarmal – und legte ihn auf den Schreibtisch zurück.

»Hoffentlich lassen Sie Ihre Jungs fleißig Moltke und Schlieffen lesen! Sie sehen, Dittmar zitiert sie dauernd . . .«

Ich hatte schon immer den Verdacht gehegt, daß die vielgerühmte preußische Militärwissenschaft eine künstlich aufgebauschte und mit pseudowissenschaftlichen Phrasen verbrämte Sache sei, erfunden und gehegt von einer Kaste, die seit Generationen ihre Privilegien von ihr ableitete. Der grauhaarige Oberstleutnant hatte mir meinen Verdacht bestätigt.

Von diesem Abend an herrschten in unserem Arbeitszimmer nicht nur Schlieffen und Moltke, sondern auch Clausewitz und Bismarck, der Große Kurfürst und Karl der Zwölfte. Alles, was ich als Quelle zur Verfügung hatte, war eventuell das neueste Telefonbuch von Leverkusen.

Annie hatte mich völlig demoralisiert . . .

Plaudereien
an Luxemburger Kaminen

Ort der Handlung: die dunkle, holzgetäfelte Halle einer ehemals feudalen Villa. Vor dem Einmarsch der Deutschen hat sie wahrscheinlich der Familie eines Stahlbarons gehört. Ausstattung: abgeschabte Ledersessel, Jugendstilbronzen, fadenscheinige Perserteppiche.

Die Zeit: der letzte Kriegswinter 1944/45.

Die gegenwärtige Besatzung: amerikanische Offiziere und Soldaten, meist Mitglieder der OSS (Office of Strategic Services), später besser bekannt unter dem Namen CIA.

Das Kaminfeuer: prasselt.

Vor dem Kaminfeuer sitzt ein Sergeant (Feldwebel) der amerikanischen Armee. Er raucht Pfeife. Ihm gegenüber ein Mann vom CIC (Counter Intelligence Corps). Er ist penetrant unscheinbar, graugesichtig, ein kleiner Buchhalter, direkt aus einem Hitchcockfilm. Er macht sich Notizen, denn er verhört den Sergeanten.

CIC-Mann: Nein, das ist kein Verhör. Bloß ein Informationsgespräch.

Der Sergeant wird also rein informativ ausgefragt, denn in seinen Akten steht – aber das weiß er zu jener Zeit noch nicht, daß er, wenn überhaupt, so erst nach Beendigung der Feindseligkeiten in Europa zum Offizier befördert werden darf. Der Mann ist nämlich, so lautet die offizielle Bezeichnung, ein vorzeitiger Antifaschist (premature anti-fascist). Das heißt im Klartext, er war schon immer gegen Hitler, nicht erst nach dem 6. Dezember 1941, dem Tag von Pearl Harbor.

Erst wollte ihn ein Hollywood-Oberst als Assistent haben, im Offiziersrang – abgelehnt. Dann bewarb sich der Mann beim Eintritt in die Armee um Zulassung zur Offiziersschule – abgelehnt. Und im Sommer 1944 wurde seine Beförderung im Felde (field commission) abgelehnt, ebenfalls wegen dieses Aktenvermerks. Nun hat sein gegenwärtiger Chef, Oberst Powell, ihn abermals zur Beförderung vorgeschlagen, und deshalb wird der Sergeant nun verh . . ., pardon, in ein Informationsgespräch verwickelt. Dieses Gespräch findet statt, während gleichzeitig achtundzwanzig Kilometer nördlich die 101. amerikanische Fallschirmjägerdivision bei

Bastogne den konzentrischen Angriffen der SS-Generale Manteuffel und Sepp Dietrich standhalten muß.

CIC-Mann: (Auszug) . . . und dann noch etwas, Sergeant. Was haben Sie im Winter 1931/32 gemacht? Es ist zwar schon dreizehn Jahre her, aber . . .
Sergeant: (Denkt sich, Sorgen haben die Leute, aber bitte schön:) Warten Sie mal, ich glaube, da war ich Regisseur an einem Theater in Hamburg, Sir.
CIC-Mann: (So ganz nebenbei und ohne besonderes Gewicht:) Aber da war doch was mit einer kommunistischen Schauspielergruppe? Haben Sie da nicht mitgemacht?
Sergeant: (Denkt sich, was hat das wohl mit dem Krieg zu tun?) Möglich, Sir. Deutschland hatte damals sechs Millionen Arbeitslose, Hitler stand vor der Tür, und wir haben . . .
CIC-Mann: Klar. (Er lächelt, aber nur mit dem Mund.) Ist ja auch nicht so wichtig. Haben wir ja alle mal mitgemacht. Hauptsache – wie sehen Sie das heute, Sergeant?
Sergeant: Eigentlich genau wie damals, Sir. Unser Hauptfeind sind die Nazis.
CIC-Mann: (Macht sich eine Notiz) Klar. Gehen wir also zum nächsten Punkt über. Was wissen Sie aus Ihrer Prager Zeit vom Bert-Brecht-Klub?
Sergeant: (Donnerwetter! Möchte wissen, wo die ihre Informationen herhaben!) Wissen Sie, Bert Brecht, das ist ein deutscher Dramatiker und Dichter – seine Three-Penny-Opera wurde auch am Broadway gegeben.
CIC-Mann: (ungeduldig) Das interessiert mich nicht. Wie war das mit dem Klub?
Sergeant: (Hält sich für ungemein geschickt) Das war so eine Kulturvereinigung – so, als ob Sie einen Edgar-Allan-Poe-Klub gründen oder einen Rudyard-Kipling-Klub.
CIC-Mann: (so ganz nebenbei) Mehr wissen Sie nicht über diesen Klub?
Sergeant: Mehr? Na ja, da waren doch sicher Kulturveranstaltungen, Dichterlesungen und so . . .
CIC-Mann: Und so. Und mehr wissen Sie nicht darüber? Sie ha-

ben doch den Klub mitgegründet und waren die ersten zwei Jahre sein Vorsitzender, oder?

Sergeant: Wenn Sie es sagen, wird's wohl stimmen.

CIC-Mann: Wollen Sie behaupten, Sie wüßten nicht, daß sich unter dem Deckmantel des Klubs die illegale Leitung der Kommunistischen Partei Deutschlands regelmäßig versammelt hat?

Sergeant: (So erfahre ich hier in Luxemburg, mitten im Krieg, wer die deutschen Emigranten waren, die sich da immer im Café Louvre oder Metro trafen.) Sie werden es mir nicht glauben, Sir, ich wußte es nicht. Aber ich bin sicher, daß die Herren, wenn sie wirklich unter dem Deckmantel des Klubs zusammentrafen, nur und ausschließlich darüber gesprochen haben, wie man was gegen Hitler tun könnte. Das wollen wir doch auch, oder?

CIC-Mann: (mit undurchdringlichem Gesicht) Sicher. Und jetzt, nachdem wir diese alten Dinge erledigt haben, eine andere Frage: Sind Sie Mitglied der German-American-Writers?

Sergeant: (Erinnert sich, daß er einmal in New York, im Sommer 1939, mit Oskar Maria Graf zusammensaß, irgendwo in einer Kneipe auf der Lexington Avenue. Über ein paar Gläsern Schlitz-Bier – »Dös is das Aanzige, was mir hier schmeckt . . .« – forderte er ihn auf, Mitglied der Deutsch-Amerikanischen Schriftsteller zu werden. Auf den Einwand, er sei doch gar kein richtiger Schriftsteller, antwortete Graf: »Host doch a paar Theaterstückl geschrieben, was? Das langt doch . . .!« Und er hielt ihm ein Anmeldeformular unter die Nase.) Jawohl, Sir!

CIC-Mann: (Macht sichtbar einen Haken in sein Notizbuch) Das ist alles für heute, Sergeant. (Er steht auf.)

Sergeant: (Ist immer noch ziemlich sicher, daß er auf der richtigen Seite in diesen Krieg gezogen ist. Er verabschiedet sich kurz und geht in die Küche, wo er der dicken Madame Sponden, 59, einen doppelten Brandy abschmeichelt.)

Der Mann von drüben

Am 8. Dezember, um sechs Uhr nachmittags – ich war gerade mit einer Mappe von Dokumenten aus der Stadt gekommen –, fuhr ein schlammbedeckter Jeep vor. Durch die Butzenscheiben des Flurfensters sah ich die abgeblendeten Lichter und das regenschwere Zeltdach. Ein Korporal sprang heraus und läutete unsere Hausglocke.

Der Oberst mußte den Besuch wohl erwartet haben, denn kein Fremder durfte das Haus ohne vorherige Anmeldung betreten; er erschien auf dem oberen Treppenabsatz und rief zu mir hinunter: »Es ist gut, Sergeant. Schicken Sie den Mann herauf und gehen Sie auf Ihr Zimmer.«

Der Korporal war mir unbekannt. Er hatte ein verschlossenes Gesicht, es schien zwecklos, ihn auszufragen.

Zwei Männer kamen jetzt die Treppe herauf, unsern Gang entlang und machten halt. Eine Tür ging. Es mußte die Tür zu der unbenutzten Mansarde sein.

Nach einigen Minuten erschien Walter Henschel. »Du sollst hinaufkommen«, sagte er geheimnisvoll.

Der Major war nicht allein. Neben ihm saß Oberst Powell, und am Fenster stand Commander McLachlan, den uns die Leute vom Soldatensender als Experten hergeschickt hatten. Sein dünnlippiger Mund trug den Ausdruck von Spott und Widerwillen.

Der Oberst sprach zuerst: »Hören Sie, Sergeant. Wir brauchen Ihre Mitarbeit. Der Major wird Ihnen erklären, worum es geht.«

Dolan warf einen Seitenblick auf den Commander. Sein Ton war auffallend freundschaftlich und unmilitärisch und sollte, das war mir klar, mehr den Engländer beeindrucken als mich gewinnen: »Hanuš, Sie bekommen eine interessante Aufgabe. Ein bißchen ungewöhnlich, aber wir machen ja hier manchmal Dinge auf eine unorthodoxe Art. Der Commander hier ist etwas skeptisch ...«

McLachlan verschränkte seine Arme und wippte auf den Ballen seiner Fußsohlen. »Ich wasche meine Hände in Unschuld«, sagte er. »Ich hätte den Mann wenn überhaupt, dann anderswo einquartiert. Er darf uns nicht in die Karten sehen ...« Er drehte sich zum Fenster um und blickte durch einen Spalt des Verdunklungsvorhangs in den Park hinaus.

Der Major lächelte verbindlich und fuhr dann fort, als habe der Commander nicht gesprochen. »Also. Wir haben ab heute einen Gast im Haus. Einen Deutschen. Einen Zivilisten. Vor drei Tagen war er noch drüben, auf der andern Seite. Der G 2 hat ihn gegrillt, und Professor Padover hat lange mit ihm gesprochen. Beide legen ihre Hand für ihn ins Feuer. Der Mann ist herübergekommen, weil er uns helfen will. Er hat irgendeine persönliche Rechnung mit den Nazis. Für uns ist er aus einigen Gründen wichtig. Erstens kennt er die Gegend und die Menschen im Sektor gegenüber. Zweitens hat er alles riskiert, um zu uns zu kommen. Zurück kann er nicht. Drittens scheint er intelligent zu sein. Wenn wir ihn dazu bringen können, für uns zu schreiben oder zu sprechen . . .«

Der Commander schnellte herum. »Nur über meine Leiche!« sagte er scharf. »Wer bürgt uns dafür, daß der Mann keinen Code hat, daß er denen drüben vielleicht Nachrichten zukommen läßt, daß er . . .«

Der Oberst schnitt ihm das Wort ab. »Was wir mit dem Mann unternehmen und wieweit er uns von Nutzen sein kann, wird die Zeit lehren. Ihre Rolle wird es sein, Hanuš, ihn persönlich zu überwachen.«

Dolan instruierte mich. Wie immer stellte einen die OSS vor vollendete Tatsachen: »Der Mann sitzt jetzt in der leeren Mansarde und wartet. Im Hinterzimmer im zweiten Stock stehen zwei Betten. Sie schlafen ab heute mit Thesen. So heißt er. Ihre Sachen hat Walter Henschel inzwischen schon hinüberschaffen lassen. Sie gehen also jetzt auf Ihr neues Zimmer, und in einer Weile schicken wir Ihnen dann den Pensionär. – Was Ihre Aufgabe ist, können Sie sich denken. Wir möchten, daß er zu Ihnen Vertrauen faßt. Compris? Wir haben Sie gewählt, weil Sie Tscheche sind. Ehemalige Deutsche entdecken manchmal ihren Stammesbrüdern gegenüber seltsame Loyalitäten . . .«

Ich war entlassen.

Der Mann, der mein neues Zimmer betrat, war mittelgroß und hager. Er hatte spärliches graues Haar, einen gesprenkelten Stoppelbart und kluge, schwerlidrige Augen. Es war das Gesicht eines gebildeten Arbeiters, der harte Tage gesehen hat.

Er trug einen dunkelblauen, abgewetzten Anzug und einen amerikanischen Armeesweater. Sein Gepäck bestand aus einem kleinen Brotbeutel. In der Tür verabschiedete er sich höflich, fast weltmännisch, von Walter Henschel. Dann drehte er sich mir zu und sah mir mit hellen Augen ins Gesicht. Er mußte an die fünfzig Jahre alt sein.

»Ich heiße Georg Thesen, verstehen Sie Deutsch?«

Wir schüttelten uns die Hände. Ich wies ihm sein Bett an. Ich hatte in der Eile ein paar meiner Habseligkeiten so aufs Zimmer verteilt, daß der Eindruck des Bewohntseins entstehen konnte. Der Mann ging am Schrank vorbei, in dessen Zierleiste eine Fotografie des Hradschin steckte. Er blieb davor stehen.

»Prag«, sagte er. »Kenne ich. Da war ich vor einem halben Jahr, auf der Durchreise.«

Merkwürdig. Da war also einer, kein Kriegsgefangener, der von meiner Heimatstadt sprach, als sei es die einfachste Sache der Welt, dort durchzureisen.

»Sie sind wohl tschechischer Abkunft, was? Dann sagt Ihnen mein Name sicherlich nichts . . .«

Er lächelte verlegen, während er dem Brotbeutel ein paar Habseligkeiten entnahm, offensichtlich Geschenke amerikanischer Soldaten.

Den Namen Thesen hatte ich schon irgendwo gehört.

»Zerbrechen Sie sich nicht den Kopf«, sagte er mit Nachsicht. »Bis jetzt habe ich noch keinen Amerikaner getroffen, dem der Name etwas sagte. Bei uns wäre das was anderes. Zumindest meine Generation kennt ihn. Matthias Thesen. Sagt Ihnen das vielleicht etwas?«

Natürlich. Hamburg. Bei meinen Recherchen für unser Stück damals hatte ich mit ihm gesprochen. Ein Parteifunktionär. Ein ziemlich prominenter sogar.

Georg Thesen hatte das Aufleuchten der Erinnerung in meinem Gesicht bemerkt: »Mein Bruder. Sie sind der erste, dem der Name etwas sagt.«

»Und wo steckt Ihr Bruder? Ist er in der Sowjetunion?«

Er legte sein Pyjama auf das freie Bett. Dann nahm er seine Waschutensilien und suchte einen freien Platz für sie.

»Nein«, sagte er ruhig. »Leider nicht. Er war im KZ Sachsenhausen. Vor drei Wochen haben sie ihn dort ermordet. Angeblich haben ihn anglo-amerikanische Bomben erschlagen. Aber das glaubt kein Mensch.«

Ich mußte hinunter zur Sendung. Nachher, als ich wieder zurückkam, machte ich kein Licht und legte mich leise hin.

»Macht es Ihnen etwas aus, wenn ich noch rauche?« fragte es neben mir aus dem Dunkel.

Ich nahm meine Pfeife aus dem Nachttisch.

»Sagen Sie ruhig, wenn Sie wollen, daß ich meinen Mund halte. Schlafen kann ich ohnehin nicht. Es . . . es ist doch ein ziemlicher Schritt, wissen Sie? Jetzt bin ich also auf der andern Seite. Vorher hat's mir ganz einfach geschienen. Jetzt . . .«

Stille. Ein Aufglühen der Zigarette. Das Wort hing in der Luft.

»Jetzt?«

Die Zigarette glühte auf, zweimal, schnell hintereinander. Dann drückte er sie aus.

»Wissen Sie, ich habe mir seit 1933 immer wieder gesagt, der Matthias hat doch recht gehabt. Wir haben uns 1919 zerstritten. Damals haben sich unsere Wege getrennt. Aber seit 1933, da weiß ich, der Matthias hat recht gehabt.«

Stille. Ich dachte zuerst, er schliefe nun doch ein. Aber nach einigen Minuten zündete er sich eine neue Zigarette an.

»Seit 1933 ist alles ziemlich klar in meinem Kopf. Ich sage mir: Deutschland ist vom Feinde besetzt. Die Nazis sind unsere Feinde. Wenn ich gegen die Nazis bin, dann bin ich nicht gegen Deutschland, sondern für Deutschland. Und jetzt, wo der Matthias nicht mehr lebt, da mußte ich doch was tun . . .«

Wieder eine Pause. Dann fuhr er noch leiser fort:

»Theoretisch ist das alles ganz schön.«

»Bedauern Sie Ihren Schritt?« fragte ich behutsam.

»Nein«, sagte er fest. »Keine Spur. Das ist der Schritt von der Theorie zur Praxis, hat der Matthias immer gesagt. Edison hat sich auch erst ausgerechnet, daß man eine Stimme auf eine Walze übertragen kann. Und wie er sie dann wirklich gehört hat, ist es ihm sicher kalt den Buckel heruntergelaufen.«

»Ich glaube, wir wollen ein wenig schlafen, nicht?« sagte ich gähnend.

»Natürlich«, sagte er rasch. »Sie haben ja morgen Dienst. Aber eins möchte ich noch sagen. Ich war ein Drückeberger, da hat der Matthias schon recht. Und jetzt, wo sie ihn erschlagen haben, den Matthias, der sein Leben lang etwas getan hat gegen den Landesfeind, da muß ich an seine Stelle treten. Deshalb bin ich hier. Verstehen Sie das?«

Ich bin heute nicht ganz sicher, ob wir Georg vier Wochen später wirklich etwas Neues mitteilten, als wir ihn von der Existenz des Senders 1212 in Kenntnis setzten. Wie dem auch sei – er zeigte sich gebührend überrascht. Aber erst die Eröffnung, daß er aktiv an der Gestaltung des Programms mitarbeiten sollte, versetzte ihn ehrlich in Begeisterung.

Er lebte auf. Endlich würde er sein Teil zur Bekämpfung des Todfeindes seiner Heimat beitragen können.

Unser großes Problem war die Schaffung einer Atmosphäre von Glaubwürdigkeit. Unsere Frontberichte konnten diese Forderung nur zum Teil erfüllen. Sie waren zwar exakt, aber für einen Hörer, der auch nur einige Kilometer vom Schuß an seinem Volksempfänger saß, waren sie unnachprüfbar und mußten vorläufig verdächtig klingen. Wir aber wollten einen blinden Glauben an die Exaktheit unserer Frontberichte erzeugen. Es ging also darum, etwas zu erfinden, was ihnen das Siegel der Wahrhaftigkeit aufdrückte.

Die Idee kam, als ich auf Szim traf. Szim – David Seymour – war ein Pole, ein blendender Fotograf, der gemeinsam mit Robert Capa jene legendäre Fotografengruppe gegründet hatte, die für »Life« arbeitete. Kein Mitglied dieser Gruppe ist mehr am Leben. Alle von ihnen fielen an verschiedenen Kriegsschauplätzen. Ihn selbst erwischte es 1956, auf dem Gaza-Streifen. Szim war in Luxemburg eingetroffen und bei einer Einheit, die Fliegerfotos auswertete. Das heißt, er beschäftigte sich mit den Bildern, die unsere Bomber und Aufklärer täglich von ihren Missionen über Deutschland zurückbrachten.

»Sag mal«, fragte ich Szim, »was passiert, wenn man einen normalen Stadtplan mit einem von deinen Fotos vergleicht? Wenn ich zum Beispiel weiß, da an der Straßenecke, wo auf deiner Fotografie ein Treffer zu erkennen ist, war eine Keksfabrik. Ist genau zu erkennen, ob sie völlig zerstört ist, oder nur halb?«

Szim zog ein Bündel Fotografien aus seiner ledernen Kuriertasche. »Schau dir das mal an«, sagte er und hielt mir eine Lupe hin. »Das da war noch gestern der Güterbahnhof von Neustadt. Und so sieht er seit heute morgen neun Uhr aus.«

Ich verglich die beiden Fotos. Mindestens ein halbes Dutzend Geleise waren aufgerissen, zerfetzte und umgestürzte Güterwagen lagen umher wie weggeworfenes Spielzeug auf einem Müllhaufen. Zwei Lagerschuppen schienen zu brennen, und ein langes Steingebäude hatte einen Volltreffer und einen seitlichen Treffer abbekommen.

Abends entwickelte ich Dolan und Oberst Powell den Plan. Anhand von Stadtplänen, Telefon- und Adreßbüchern und Luftbildern vor und nach unseren Bombenangriffen würde es möglich sein, die Wirkung unserer Fliegerangriffe aus der Froschperspektive zu beschreiben.

In dieser Nacht entstand unser erster »Augenzeugenbericht«. Als Material dienten die beiden Fliegeraufnahmen, ein Stadtplan von Neustadt in der Pfalz und eine vorgestrige Nummer der Neustädter Lokalzeitung. Da gab es das Inserat einer Gastwirtschaft, direkt beim Bahnhof, und in der nächsten Spalte zeigte Parteigenosse Overrath die Geburt eines strammen Stammhalters an.

Eine starke Lupe verriet uns, daß die Straße zwischen den Bahngeleisen und der benachbarten Häuserreihe gerade ausgebessert wurde. Zwischen Straße und Gleisen entdeckten wir eine lange Holzwand.

Den Straßennamen zu zitieren, erschien uns zu riskant. Der Stadtplan stammte aus dem Jahre 1932, und seither waren viele Straßen umbenannt worden. Daß die Gastwirtschaft trotz Totaleinsatz inserierte, schien ein nicht unwichtiges Detail.

Meinen »Augenzeugenbericht« ließ ich den Fahrer eines Bierwagens schreiben, der in aller Herrgottsfrühe seine zwölf Kästen abgeliefert hatte, als der Fliegeralarm ertönte. Der Gastwirt, so berichtete mein »Zeuge«, brachte gerade die Wirtsstube in Ordnung, denn am Abend vorher hatte Parteigenosse Overrath zur Feier der Geburt seines Sohnes ein paar Freunde freigehalten. An diesem Morgen standen auch schon Gäste am Schanktisch, drei Eisenbahner und zwei Bulgaren, die das Straßenpflaster reparierten. Alles lief in den Keller, außer meinem erdichteten Bierkutscher, der um seinen

Lkw bangte. Ich ließ ihn die Straße beschreiben, die abgeblendete Petroleumlampe, die als Warnung für nächtliche Fahrer die Arbeitsstelle auf der Fahrbahn anzeigte. Von seinem Standort mußte er auch die Holzwand sehen. Ich dachte mir, eine solche Holzwand sei der Platz für Kinoplakate – allerdings war ich nicht ganz sicher, ob das Neustädter Kino überhaupt spielte. Es war aber kein Risiko, meinen Augenzeugen zwei alte, abgerissene Kinoplakate bemerken zu lassen, »Truxa« und »Zu neuen Ufern«. Über die Reihenfolge der Bomben ließ ich mir keine grauen Haare wachsen – ihre Anzahl und Wirkung kannte ich, und erfahrungsgemäß gehen bei der Beschreibung von Bombenangriffen die Aussagen fast immer auseinander. Das wußte ich noch aus London.

Der erste, an dem wir das fertige Produkt ausprobierten, war Georg Thesen. Ich legte ihm die zwei Schreibmaschinenseiten als einen Augenzeugenbericht vor, den wir gerade erhalten hatten.

Er las die Sache einmal, zweimal und schüttelte den Kopf. »Wann ist das passiert?«

»Heute morgen, zwischen acht und neun«, sagte Benno, der gespannt den ersten Eindruck beobachtete.

»Da hat sich doch der olle Overrath wieder mit dem Fink versöhnt!« Georg war erstaunt.

Es stellte sich heraus, daß Georg Thesen – ehemaliger Weinreisender – das Gasthaus gut kannte, auch seinen Besitzer Gustav Fink, und er wußte auch, daß Overrath mit dem Gastwirt verfeindet war.

»Um was ging's denn?« fragte Walter Henschel, während wir andern kaum ernst bleiben konnten.

»Och – die Frau vom Overrath ist viel jünger als er, und der Fink war mal scharf auf sie . . .«

»Und sonst stimmt alles?« fragte Benno unschuldig.

»Klar«, sagte Georg. »Es ist doch ein Augenzeugenbericht . . .« Dieser Logik mußten wir uns beugen.

Mantel und Degen

Major Dolan putzte seine Nägel, hielt sie gegen das Licht und sagte beiläufig: »Hanuš – wie wär's mit drei Tagen Paris?«

Es stellte sich heraus, daß Dolan am nächsten Tag dorthin fuhr. Bei mir war schon seit langem ein Drei-Tage-Paß fällig, die letzte Aktion unseres Senders war zur Zufriedenheit der XII. Armeegruppe über die Bühne gegangen, jetzt wollte mich der Major mitnehmen, als Belohnung quasi. Und weil seine Sache keinen Aufschub duldete, waren meine Reisepapiere in drei Stunden fertig. Madame Spoden bügelte meine Ausgehuniform, packte mir eine Riesenportion kaltes Huhn in den Brotbeutel und gab mir ihren Segen.

Der weichgefederte Buick schaukelte durch die graue, neblige Vorfrühlingslandschaft, drei Tage und drei Nächte Paris lagen vor mir.

Der Mann neben mir hatte auch seine Ausgehuniform an, allerdings nach Maß geschneidert, mit hellgrauen Hosen, einen Seidenschal lose im offenen Kragen.

Paris, sagte ich mir vor. Die Boulevards, die Seine, die Buchläden, das linke Ufer, die Mädchen. Wenn man Glück hatte, konnte man mit einer in einem offenen Café auf den Champs-Elysées sitzen, die Menschen vorbeigehen sehen, den Luxemburger Winter vergessen. Es war zwar erst Ende Februar, aber wer weiß. In Paris konnte es um diese Zeit manchmal schon ganz frühlingshaft sein.

Wir unterhielten uns über New York, über Theater und Film, über Schauspielerinnen und Kulissenklatsch und wohin wir nach dem Krieg am liebsten reisen wollten. Ich träumte von einem Monat in Südfrankreich.

»Und Spanien . . .?«

Ich schwieg.

»Warum nicht? Franco hat nach diesem Krieg bestimmt ausgespielt. Dann kommen unsere Leute ans Ruder!«

Unsere? Wen meinte er damit?

Er erriet mein unausgesprochenes Fragezeichen.

»Na ja, hier draußen, in diesem Wagen, wo uns keiner zuhört, kann ich ja mal offen reden. Ein alter Linksradikaler wie ich . . .«

Benno Frank hatte Dolan einmal mit einer Zwiebel verglichen.

Man schält eine Haut herunter und noch eine, und immer wieder kommt eine neue zum Vorschein. Ein Linksradikaler? Mindestens fünf rote Glühbirnen flammten in meinem Innern auf und funkten: Achtung!

»Wissen Sie, Herr Major . . .«

»Hören Sie, Hanuš, hier, wo wir unter uns sind, können Sie den Major ruhig vergessen. Schließlich sind wir so ungefähr gleichaltrig, wir haben über vieles die gleichen Ansichten, und bei der OSS nennen wir einander, wenn wir unter uns sind, beim Vornamen. Ich weiß, Sie sind nicht bei uns, noch nicht, aber Sie haben brav gedient, und das Weitere wird sich finden.«

Eine Ouvertüre also. Bei den Studentenverbindungen nennt man das einen Keilversuch. Aber irgendwie schmeichelte mir das Anerbieten, wenn es eins war. Für sie zu arbeiten, konnte aufregend, interessant und abwechslungsreich sein. Und das Wichtigste: jetzt, da der Krieg zu Ende ging, eröffnete sich mir plötzlich die Aussicht auf einen guten Nachkriegsjob. War das von der Hand zu weisen?

Dolan sprach weiter. Er war mitteilsamer Laune, scherte sich nicht darum, ob ich zuhörte, erzählte Episoden aus den Anfängen der Organisation, von Donovan, Wild Bill Donovan, der schon im Ersten Weltkrieg für Präsident Wilson . . .

Ich dachte nach. Hatten denn solche Institutionen wie die OSS nicht ausgespielt? Würden sie nicht über kurz oder lang zum alten Eisen geworfen werden, wie die Panzer, die Bomber und die Millionen Kilometer Stacheldraht?

Dolan schien meine Gedanken zu erraten.

»Schauen Sie, Hanuš, es ist doch klar, daß unser Land nach diesem Krieg die Führung in der Welt übernimmt. Von dem, was die Deutschen im Osten angerichtet haben, erholen sich die Russen in dreißig Jahren nicht, glauben Sie mir, ich habe da meine Informationen. Wir haben alles: Geld, eine tadellos funktionierende Industrie und eine Demokratie, die zwar nicht perfekt ist – das wissen wir beide ja –, aber trotz allem das Beste, was bisher erfunden wurde. Ich sage nicht, daß wir sie mit Feuer und Schwert verbreiten sollen, aber verankern müssen wir sie, wo wir können. Glauben Sie nicht, daß das eine schöne Aufgabe für eine Organisation wie die OSS ist?«

Ein Keilversuch. Klar. Aber würde es nicht herrlich sein, nach der

Demobilisierung keine Existenzsorgen zu haben? Und reisen zu können, ohne rechnen zu müssen ...

Ich dachte tatsächlich, so zwischen Reims und Méaux, darüber nach. Dann aber erinnerte ich mich an den gleichen Dolan, der mir im Herbst, zu Beginn unseres Arbeitsverhältnisses, einen Vortrag über *expedience* gehalten hatte. Zweckdienlichkeit – das war das Wort. »Wenn wir einen Kerl brauchen, dann benutzen wir ihn. Die Nazis sind da auch nicht pingelig. Falls er während der Dauer unserer Zusammenarbeit Vorteile davon hat oder sich vielleicht welche für nachher verspricht – bitte! Aber hinterher lassen wir ihn fallen wie eine heiße Kartoffel ...« So ähnlich. Damals war vom Feind die Rede gewesen. Jetzt aber sprachen wir vom Nachkrieg.

Was bedeutete »verankern«? Wollte die OSS unauffällige Residenturen errichten, an allen neuralgischen Punkten des Globus? Würde sie ein Netz von Vertrauensmännern knüpfen, in allen Teilen der Welt? Sollte das Netz aus fremden Staatsmännern, einflußreichen Industriellen oder Militärs oder einfach aus Grüppchen von Amerikanern bestehen, ausgestattet mit Funkgeräten? Oder würden es eher Hotelportiers, Taxifahrer, Zigarettenverkäufer, Callgirls sein? Ging es dieser zukünftigen Nachkriegsorganisation um Horchposten oder um *transmission belts*, um Treibriemen, die fremde Maschinerien in Gang zu setzen und notfalls auch zu stoppen haben würden?

Kurz, sollte nach dem Krieg der Lauf der Dinge beobachtet oder gesteuert werden? Nichts ahnte ich in jenen Tagen noch von Chile, von Attentatsplänen, von Riesenbestechungen und jenen machiavellistischen Unternehmungen, von denen die Welt in unseren Tagen nach und nach erfährt.

Ich muß sagen, daß ich in den nun folgenden drei Tagen und Nächten in Paris weder Zeit noch Lust hatte, über diese Dinge nachzudenken. Ernsthaft erwogen habe ich sie nie, auch als ich wenige Monate später ein schriftliches Angebot von meinem ehemaligen Vorgesetzten unserer Theatergruppe in Camp Ritchie erhielt. Denn eins war mir klar: was auch immer der Charakter der Operationen sein würde – sie waren gegen den Osten gerichtet. Bloß, daß ich in jenem letzten Kriegswinter immer noch ein wenig dachte, es müsse nach dem Zusammenbruch des Faschismus etwas Dauerhaftes entstehen – *peace in our time!* –, anfangs natürlich begleitet von ein wenig beiderseitigem Mißtrauen, aber nach und nach Frieden. Das schien logisch zu sein. Eine Atombombe gab es nicht, Vietnam war ein Fremdwort, der kommende Mann in China hieß Tschiang Kai-schek und die Amerikaner und die Russen waren Waffenbrüder . . .

Dann kam der Tag, an dem ich von einem Augenblick auf den andern erkannte, was für eine Organisation da im Werden war.

Es war spät in der Nacht, als die beiden aus Buchenwald zurückkamen: zwei OSS-Männer unbekannten Grades, nicht einmal ihre Namen wußte ich genau, nur, daß der eine aus New York stammte und der andere aus Kalifornien. Sie waren beide Enddreißiger, wagemutige Burschen, sympathisch und lustig, die außerhalb aller Armeestatuten operierten, Abenteurer. Sie hatten, so wurde von ihnen gemunkelt, die ersten Deutschen der Operation »Greif« eingebracht und die Organisation dieses Unternehmens geknackt. Sie waren tief ins Operationsgebiet der französischen Einheiten eingedrungen, um einige deutsche Offiziere herauszuholen und zwecks Verhör nordwärts in den Abschnitt der Zwölften Armeegruppe zu schaffen, und einige Wochen vorher hatten sie, so sagte man, die Übergabe einer kompletten deutschen Division bei Beaugency in die Wege geleitet. Wieviel davon stimmte, wußten wir nicht.

Vor einigen Tagen, als die Befreiung von Buchenwald unmittelbar bevorstand, waren sie wieder einmal verschwunden. Aber es hatte etwas mit Buchenwald selbst zu tun, und deshalb waren wir neugierig auf ihren Bericht. Ich hatte noch eine Stunde Zeit bis zum Beginn unserer Sendung und ging zu ihnen aufs Zimmer.

Der eine saß auf dem Sofa, das Gesicht in die Hände vergraben, und blickte nicht einmal auf, als ich eintrat. Der andere lag flach auf seinem Bett. Nach einer Weile stand er auf, kramte in seinen Sachen, goß uns ein und legte sich wieder hin. Lange sah er zur Decke, trank einen tiefen Schluck und stellte die Flasche neben sich auf den Boden. Dann wühlte er noch einmal in seinem Gepäck und zog ein paar Bogen engbeschriebenes Papier heraus.

»Ich muß darüber berichten, deshalb hatte man mich und Ed hingeschickt. Nicht über das, was man dort mit den Menschen gemacht hat, aber über die Organisation des Lagers, vor der Befreiung. Was dort mit den Menschen gemacht wurde, steht hier. Das ist ein Durchschlag des offiziellen Berichts für den Kongreß in Washington. Das hat kein Journalist verfaßt, keiner, der jemanden aufrütteln will. Nur ein nüchternes Protokoll für unsere Regierung. Lies.«

Ich hatte die beiden abgebrühten Männer noch nie so gesehen. Was ich da überflog, war in seiner Nüchternheit grausiger als alles, was ich bisher gelesen hatte. Später habe ich es für mich aus dem offiziellen Bericht kopiert.

»Im sogenannten ›kleinen Lager‹, wo je 16 Mann in ganz engen Verschlägen untergebracht waren, genügte ein unbedeutender Vorwand, um einige davon oder alle 16 zu liquidieren. Sie wurden zu einer kleinen Tür gejagt, die in der Hofmauer neben dem Verbrennungsofen *(incinerator)* eingelassen war. Dahinter war ein kleiner Vorraum von etwa drei Fuß Tiefe und vier Fuß Breite. Dann folgte eine quadratische Öffnung im Fußboden von etwa vier Fuß Durchmesser. Hier mündete ein etwa vierzehn Fuß tiefer, senkrechter Betonschacht. Die Gefangenen wurden in diesen Vorraum getrieben und fielen in den Schacht oder wurden hinuntergestoßen. Unten war Betonfußboden. Sie waren nun im Würgeraum *(strangling room)*. Dort standen SS-Männer bereit, die die Gefangenen mit einer Doppelschlinge erwürgten und an Haken aufhängten, die an den Seitenwänden angebracht waren, etwa sieben Fuß über dem Fußboden. Zur Zeit unserer Untersuchungen waren nur noch fünf Haken da, die andern hatte man entfernt. Bewegte sich eines der Opfer noch, wurde es mit einem Holzhammer betäubt. Der Holzhammer mit den Blutspuren wurde uns gezeigt. Die Opfer wurden in Gruppen von achtzehn mittels elektrischem Aufzug zum Verbrennungsofen geschafft, der über dem Würgeraum ist. Die tägliche Kapazität dieses Ofens betrug 200 Menschen. 120 bis 140 waren Opfer medizinischer Experimente oder Kranke. Der Rest, 60 bis 80, waren Insassen des ›kleinen Lagers‹ . . .«

Die beiden Männer wußten aber mehr, als der offizielle Bericht enthielt. Buchenwald war nicht nur ein Ort des Grauens und der Unmenschlichkeit gewesen, sondern auch der Schauplatz eines unerbittlichen Kampfes zweier Welten. Die eine Welt war vertreten durch die Wächter und die Henker. Die andere war zwar völlig entmachtet, sie besaß aber Zähigkeit und Lebenswillen genug, um den Kampf gegen die Machthaber aufzunehmen.

Es gab in Buchenwald eine geheime Organisation, deren leitende Köpfe zumeist, aber nicht ausschließlich Kommunisten waren. Diese Männer, selbst Tote auf Urlaub und selbst den Ausrottungsmethoden ausgesetzt, waren übereingekommen, daß es menschenunwürdig sei, das Geschick wie Opferlämmer hinzunehmen.

Die beiden Abgesandten, die ausgezeichnet deutsch sprachen, erzählten mir in jener Nacht von diesen Männern voll höchster Bewunderung. Buchenwald war kein ausgesprochenes Vernichtungslager wie etwa Mauthausen. Aber es gab an manchen Tagen bis zu zweihundert Hinrichtungen, ganz abgesehen von jenen Männern, die eines »natürlichen« Todes starben, von Hunden zerfleischt oder zu Tode geprügelt. Das zu ändern vermochte niemand, solange das Nazireich dauerte.

Aber der sinnlose Zufall, der heute vielleicht einen Wissenschaftler traf und morgen einen kleinen Geschäftemacher, den sein Unstern hierhergeführt hatte – dieser Zufall mußte gemeistert werden.

Wenn es überhaupt ein System in diesem Morden gab, dann bestand es in den meisten Fällen in nichts als in der Laune und Willkür der Kerkermeister.

Es war schwer zu ermessen, warum dieser oder jener Henkersknecht diese oder jene Art der Auslese bevorzugte. Einmal waren es die letzten Männer beim Appell, dann wieder soundsoviel Mann, deren Arbeitspensum in der Munitionsfabrik, die zu Buchenwald gehörte, etwas niedriger ausgefallen war. Die verschiedenen Dienstleistungen, Latrinenleeren, Materialtransport, Aufräumarbeit, Ofenreinigung – sie alle hatten ihre Opfer.

Gab es überhaupt noch eine Position, die den Häftlingen gehörte, irgendeinen Wert, den sie ihr eigen nennen konnten? Er wurde gefunden. Auf langwierige, unendlich geduldige Art fand man heraus, daß die Nazis ihr grauenvolles Handwerk betrieben, um aus den Gefangenen eine bestimmte Leistung herauszupressen.

Die Sicherung dieses Arbeitsquantums aber lag zum Teil in den Händen der Kapos. Anfangs vertrauten die SS-Leute diese Aufpasserfunktion den übelsten Subjekten an, die sich ihr klein bißchen

Macht und ihre ärmlichen Privilegien – die ihnen jeden Augenblick genommen werden konnten – durch besondere Dienstfertigkeit zu erhalten suchten.

Die geheime Leitung nahm Verbindung zu den Kapos auf. Es gelang zum Teil, sie zu beeinflussen, indem man ihnen anbot, ihnen die Arbeit zu erleichtern. Das gewünschte Arbeitspensum würde geleistet werden. Solche Annäherungs- und Verhandlungsversuche waren an sich bereits lebensgefährlich. Sie wurden unternommen. Mehr noch: es gelang sogar, eine Anzahl von Kapostellen mit eigenen Männern zu besetzen. In der Meinung der beiden Männer, die mir diese Dinge in jener Nacht stockend, einander von Zeit zu Zeit ergänzend und korrigierend, erzählten, waren gerade das oft die Helden des Lagers, denn sie hatten, ohne zu murren, nicht nur den Druck von oben, sondern das Unverständnis, den Haß ihrer Mithäftlinge auf sich zu nehmen, während ihre zermürbende Kleinarbeit, die so vielen das Leben rettete, bis zum Schluß keine Anerkennung finden konnte.

Meine Frage war natürlich, nach welchen Gesichtspunkten hier vorgegangen wurde.

Sie waren dem sorgfältig nachgegangen. Die Aufspürung dieser Gesichtspunkte war der eigentliche Grund dafür, warum die OSS solchen Wert darauf legte, ihre beiden Männer so schnell wie möglich an Ort und Stelle zu haben.

Das Kriterium war keineswegs die Zugehörigkeit zu einer Partei, sondern der Lebenswille des Häftlings, seine Bereitschaft, selber zu kämpfen und andern zu helfen.

In einem gewissen, furchtbaren Sinn waren also die Männer der geheimen, internationalen Leitung Herren über Leben und Tod, besser gesagt, über vorübergehenden Aufschub oder schnelleres Ende. Natürlich nur in einem Bruchteil der Fälle. Sie sagten sich: Wenn es wahr ist, daß die Tage des Tausendjährigen Reiches gezählt sind, wenn es wahr ist, daß das Ende vor der Tür steht, und es sollten dann in Buchenwald überhaupt noch Männer am Leben sein, dann mußten jene am Leben bleiben, die dem neuen Deutschland, dem neuen Europa etwas zu geben haben würden.

Die beiden erzählten von einem völlig entkräfteten Physiker, der jeden Morgen mit größter Hast von den ihm zum Schutz beigegebenen Mithäftlingen zum Appell geschleift wurde, damit er nicht unter die letzten geriet, die dem Tod geweiht waren. Natürlich nahm dann ein anderer, ohne es zu ahnen, seinen Platz unter diesen letzten ein.

Solcherart waren die Entscheidungen, die zu treffen waren, die getroffen wurden.

Das alles erzählten mir die beiden Männer, die zu erschöpft und aufgewühlt waren, um zu schlafen, und die das Bedürfnis hatten, diese Dinge loszuwerden.

Sie erhielten eine Woche Zeit für die Abfassung ihres Berichts. Während dieser Periode sahen wir sie nur bei den Mahlzeiten. Sie sahen blaß und unstet aus und sprachen mit niemand.

Wenige Tage nach Roosevelts Tod, es muß so um den 16. oder 17. April gewesen sein, kam Walter Henschel vormittags in mein Zimmer. Er legte mir einige aneinandergeheftete, dichtbeschriebene Blätter Durchschlagpapier auf den Tisch und sagte hastig: »Zeig das niemandem. Ich hol's mir in einer halben Stunde wieder ab. Vergiß nicht, *for eyes only . . .!*«

Was da vor mir lag, war der Bericht der beiden Männer über Buchenwald und seine innere Organisation.

Zuerst dachte ich, es sei genau das, was ich in der Nacht von den beiden gehört hatte. Dann traten mir die Augen aus dem Kopf. Was da stand, war ungeheuerlich. Es war eine Abhandlung darüber, wie eine Gruppe skrupelloser Kommunisten in Buchenwald – unter den Augen der Nazis – ein Schreckensregiment geführt hatte. Sie hätten es verstanden, so stand es da, sich jener Positionen zu bemächtigen, von denen die Arbeitszuteilung abhing, und sie hätten auf raffinierte Weise mitentschieden, wer von den Häftlingen in den Tod geschickt würde. Sie hätten ihre Macht dazu mißbraucht, ihre Parteigenossen zu begünstigen und auf Kosten anderer zu retten.

Das war das genaue Gegenteil dessen, was sie mir erzählt hatten. Viele Einzelheiten stimmten, nur war auf eine infernalische Weise der Endzweck ins Gegenteil verkehrt worden. Aus Männern, die unter ständiger eigener Lebensgefahr andere gerettet, für ihr Land gerettet hatten, waren Intriganten geworden, die sich der Nazihenker bedienten, um ihre eigenen Ziele zu erreichen.

Natürlich war es nicht allzu schwer – so sage ich mir heute –, die vor Ort in Buchenwald recherchierten Tatsachen so zu interpretieren, daß das Gegenteil herauskam. Um so mehr, als die letzten Überlebenden jener heroischen geheimen Lagerleitung kein Forum besitzen, vor dem sie die wahren Umstände und Ziele unter Beweis stellen können.

Damals konnte ich mich über eine solche plumpe Umkehrung der Fakten und Motive noch empören. Im Licht dessen, was in den letzten Jahren durchsickerte oder zutage gefördert wurde, scheint mir heute die »Buchenwald Story« nichts als ein kleiner Auftakt des späteren Kalten Krieges gewesen zu sein.

Annies Nachruf

Ob Radio 1212 erfolgreich war oder nicht, darüber waren die Ansichten nach Kriegsschluß geteilt. Während Annies aktivem Dasein war die Dame zweifellos das Lieblingskind der Zwölften Armeegruppe. Eine Reihe von spektakulären Erfolgen wurde ihr zugeschrieben, vor allem die fast ausschließlich per Rundfunk durchgeführte »Umzingelung« deutscher linksrheinischer Restverbände der Wehrmacht zwischen Remagen und Andernach.

Diese Restverbände hatten in jenem kritischen Moment, da die Amerikaner an diesen beiden Punkten den Rhein überschritten und ihre Brückenköpfe etablierten, immer noch ein ziemliches Stück Rheinufer zwecks Absetzung zur Verfügung. Viele der Einheiten, oft abgeschnitten von ihren Kommandostellen, hatten da manchmal nur noch die Stimme von Radio 1212 zur Orientierung, und da Radio 1212, bestimmt mit Mißtrauen abgehört, sie bislang korrekt informiert hatte, fielen sie wahrscheinlich in einigen Fällen auf den Schmäh herein, daß der etwa 23 Kilometer lange Uferstreifen bereits in amerikanischer Hand sei. Einige Einheiten, so wurde uns lobend bescheinigt, fühlten sich umzingelt und ergaben sich.

Wieweit das stimmte, erfuhr ich nie. Auf jeden Fall aber wurde später behauptet, daß jene Falle die eigentliche Aufgabe des militärischen Geheimsenders gewesen sei. Ich bleibe skeptisch, trotz schriftlicher, persönlicher Anerkennung meines Beitrags.

Was hinterher von 1212 kam, war nur noch amüsant. Eine Riesengaudi nannte es später Manfred Inger, und, ich glaube, mit Recht.

Denn daß noch jemand zuhörte, in dem stündlich schrumpfenden Rest des Tausendjährigen Reiches, bezweifle ich. Die Amerikaner nahmen Nürnberg, Plauen, Leipzig, die Rote Armee überschritt die Oder und bedrohte Berlin.

Aber Zuhörer erwuchsen uns anderswo.

Am Dienstag, dem 17. April, kam Oberst Powell angeregt ins Kartenzimmer und nahm mich beiseite. »Welche Nachricht würde die Krauts in diesem Augenblick am meisten demoralisieren?«

Die Antwort war nicht schwer: »Daß die Amerikaner und die Russen zusammengetroffen sind!«

»Richtig«, sagte der Oberst. »Und wie wär's, wenn sie das heute nacht täten?«

Ich warf einen ungläubigen Blick auf die Karte. »Wirklich? Heute nacht?«

Der Oberst lachte. »Nein. Heute noch nicht. Vielleicht in einer Woche. Falls die Krauts nicht vorher das Handtuch werfen. Aber nervös machen würde sie das, nicht?«

Ich stimmte zu.

»Schön«, sagte er. »Also, heute nacht treffen sie zusammen, okay?«

»Wo?«

»Das überlasse ich Ihnen. Denken Sie sich was aus. Am wahrscheinlichsten ist wohl ein Punkt irgendwo südlich von Wittenberg. Den lassen Sie aber aus – so leicht wollen wir's den Krauts nun doch nicht machen . . .«

Ich studierte die Karte. An der Elbe würde es ohne Zweifel geschehen. Südlich von Wittenberg.

Es gab noch zwei andere, nicht so wahrscheinliche Stellen für den historischen Treffpunkt. Einer im Norden, in Mecklenburg, und der andere irgendwo südlich von Dresden, an der Nordspitze meines Heimatlandes. Für den letzteren entschied ich mich. Schon deshalb, weil ich die Gegend gut kannte.

Zwischen dem böhmischen Tetschen und dem sächsischen Pirna hatte ich einmal vor vielen Jahren eine romantische Dampferfahrt gemacht. Das Schiff war lampionbekränzt, ich glaube sogar, daß es noch ein Raddampfer war. Und es wurde getanzt. Das Mädchen hieß Margitta, stimmt, und ich weiß noch, daß sie vor Mitternacht zu Hause sein mußte. Ob wir's geschafft haben, damals, weiß ich nicht mehr. Aber die Gegend kannte ich. Denn ich fuhr am nächsten Tag die gleiche Strecke wieder zurück, nach Böhmen.

Zwischen Pirna und Tetschen – das genügte. Gleichzeitig gab es den Bewohnern dieses Elbabschnitts, die uns vielleicht in dieser Nacht zuhörten, die Möglichkeit, besorgt oder erwartungsvoll aus dem Fenster zu blicken, ob die Sieger vom Osten oder vom Westen kamen.

Zwischen Pirna und Tetschen . . .

Um zwei Uhr brachen wir die Musik ab und brachten erst mal eine kurze, unbestätigte Meldung. Die Musik ging weiter. Zarah Leander. Fünf Minuten später, um die Sache glaubwürdig und das Ereignis dramatischer zu gestalten, wurde die Hiobspost mit einem erleichterten Aufatmen dementiert. Nein! Noch sei dieses Ereignis, das das Schicksal des Reiches wohl endgültig besiegelt hätte, nicht eingetreten. Noch sei nicht alles verloren . . .

Weitere zehn Minuten später legten wir eine Platte Götterdämmerung auf, die Lieblingsmusik des Führers, wie unser Ansager dazu bemerkte, und nun verkündeten wir »amtlich«, es sei geschehen! Zwischen Pirna und Tetschen. Dann ging ich schlafen.

Ich besitze eine Nummer des »Soir-Libération« vom 18. April mit den Schlagzeilen:

Die Russen vor Berlin!

und darunter, unter Berufung auf die Meldung eines »deutschen Geheimsenders«:

La jonction est faite.
(Das Treffen hat stattgefunden.)

komplett mit Landkarte – zwischen Pirna und Tetschen.

»Stars and Stripes«, die amerikanische Armeezeitung, brachte ebenfalls unsere Falschmeldung. Hearsts International News Service hatte sie abgehört. Auf der gleichen Titelseite dieser Zeitung vom 21. April 1945 lasen wir unter der Schlagzeile

Reds in Berlin's suburbs

die folgende Nachricht:

»Berlin wird einem glücklichen amerikanischen Soldaten 1000 Dollar einbringen! Einen Preis von 1000 Dollar erwartet den ersten Soldaten aus Ottawa County, der in Berlin einzieht und das beweisen kann.«

Zu dieser Zeit kämpften Soldaten der Roten Armee bei Fürstenberg, Strausberg und Wriezen.

Am Tag vor dem wirklichen Rendezvous der Amerikaner und der Roten Armee bei Torgau hauchte Annie ihre Seele aus.

Wie es sich für eine richtige geheime Station gehört, mußte sie in dem stündlich kleiner werdenden Territorium endlich vom Feind überrannt werden. Wenn man sich schon den Helden einer Tragödie ausgedacht hat, muß man ihn im fünften Akt umbringen, da hilft nichts.

Wir waren natürlich der Meinung, daß diese Sendung praktisch unter Ausschluß der Öffentlichkeit erfolgen würde. Aus purem Sportsgeist wurde aber ein präzises »Drehbuch« abgefaßt, eigentlich ein Hörspiel mit Anspruch auf höchste Realität. Es machte uns Spaß, unsere Chefs hatten nichts einzuwenden, und so setzte ich mich mit Gusto an die Arbeit. Es wurde sorgfältig geprobt und auf die Platte übertragen.

Dann hatten wir nichts mehr zu tun. Madame Spoden fuhr ein letztes Mitternachtssouper auf, und wir alle hörten zu, nun doch ein wenig sentimental, als Annies letzte Stunde schlug.

Die »Basler Nachrichten« vom 9. Mai 1945 (Nr. 194) veröffentlichten das folgende Feuilleton:

Das Ende des Geheimsenders »Zwölfhundertzwölf«

zw. Hat ihn tatsächlich ein tragisches Schicksal erreicht? – werden sich viele Leute fragen, die den »Nachtsender Zwölfhundertzwölf« gekannt haben. Zuerst aber: wer war »Zwölfhundertzwölf«? Ein Schwarzsender, fast ebenbürtig dem Atlantiksender, doch weniger bekannt, weil er nur nachts arbeitete, zwischen 1 und 5 Uhr früh. Er gab sich als deutscher Sender aus, als Sprachrohr einer geheimen Organisation gegen den Nationalsozialismus, brachte Berichte der Sektionen dieser Organisation aus den verschiedenen Städten, gab Weisungen und vermittelte geheime Meldungen der Sektionen untereinander. Er wandte sich ausdrücklich an das *Rheinland* und an *Westdeutschland*. Sein erstmaliges Auftauchen fällt in die Zeit der Befreiung von Luxemburg. Als einzige Welle benutzte er die Langwelle 1212 Meter – daher der Name . . .

Man geht bestimmt nicht fehl mit der Behauptung, es habe sich beim »Zwölfhundertzwölf« um den *Sender Luxemburg* gehandelt. Schon akustisch-technisch war die Identität deutlich. Auch tauchte er auf, bald nachdem die Alliierten den Sender Luxemburg in Betrieb genommen hatten, arbeitete aber immer nur, wenn Luxemburg offiziell schwieg. Seine Welle lag dicht unterhalb jener Luxemburgs, auch das ist ein Hinweis . . .

Nun aber die »*Katastrophe*«. Nachdem ganz Westdeutschland besetzt war, ging zwangsweise auch die Mission des »Zwölfhundertzwölf« zu Ende. »Offiziell« hätte man erwarten müssen, daß er, der sich selbst als Westdeutscher ausgab, eines Tages unter alliierte Oberhoheit fallen werde. Im Grunde hätte dies schon vor einiger Zeit geschehen sollen; denn die Alliierten waren schon ein beträchtliches Stück über das Revier des »Zwölfhundertzwölf« hinaus vorgerückt, als dieser immer noch weiterarbeitete. Der »tragische« Tag kam aber doch. Zu Beginn seiner Sendung in der Nacht vom 24. zum 25. April benahm sich »Zwölfhundertzwölf« besonders geheimnisvoll. Mit tragischer Stimme sagte der Sprecher, der Sender befände sich in großer Gefahr, es könne ein Unglück geschehen, man wisse nicht, ob sich das Programm reibungslos abwickeln lassen werde. Dann begann er aber wie gewohnt mit seinem Dienst. Der Zufall wollte es, daß der Schreiber dieser Zeilen nachts gegen 2.30 Uhr den Sender »Zwölfhundertzwölf« aufsuchte. Eben wurde ein Bericht verlesen. Plötzlich vernahm man einen Lärm, der Sprecher stockte, Scheiben gingen in die Brüche, es knirschte und krachte, und daneben hörte man undefinierbare Stimmen. Aus dem Tumult war schließlich eine Stimme zu vernehmen, die einige Male rief: »Die Platte, spielen Sie doch, geben Sie die Platte.« Unverständliche Antworten ertönten, während der Lärm mehr und mehr zunahm. Dann aber erklang, zuerst ganz leise, doch mit zunehmender Lautstärke, die Melodie, die der Sender regelmäßig bei kurzen Pausen oder Übergängen zu spielen pflegte. Mit einemmal verschwand der

Tumult, die Melodie hingegen war weiterhin zu hören, eigentlich in gewohnter Art. Dann riß aber plötzlich die Welle des Senders »Zwölfhundertzwölf« ab, und von da an blieb es an dieser Stelle restlos still . . . Tags darauf aber begann Luxemburg seine reguläre Sendung eine Stunde früher, zu einer Zeit, da sonst »Zwölfhundertzwölf« in Betrieb gewesen wäre . . .

Kehraus in Luxemburg

Alle Fenster waren offen, helle Sonne flutete herein, die schäbigen Möbel sahen noch schäbiger aus, die garantiert originalen Ölgemälde krochen aus ihren Rahmen wie fette Küchenschaben, schaler Zigarrenrauch wehte aus zerfransten Plüschvorhängen, im verwahrlosten Park, wo bis vorgestern noch die Sendewagen gestanden hatten, schwammen Zigarettenstummel und Kaugummipackungen in großen Pfützen – die Villa in der Rue Brasseur war leer.

Fast leer. Manfred Inger und ich schliefen noch da. Morgens kochten wir uns in der verlassenen Küche unseren Kaffee, sonst verköstigten wir uns wie alle andern Soldaten in der großen Messe in der Avenue de la Liberté.

Über Nacht hatten sich die übrigen Bewohner der Villa in alle Winde zerstreut.

Madame Spoden durfte endlich wieder für ihre eigene Familie kochen, Oberst Powell flog nach Wiesbaden, Dolan bezog das Hotel Bristol in Bad Nauheim, Georg Thesen ging als Angestellter der Militärregierung nach Trier, und der Redaktionsstab, Sprecher, Schriftsteller und Monitoren, kehrten in ihre Einheiten zurück, mit der Aussicht auf ihre baldige Demobilisierung.

Einzig Manfred und ich blieben mit einer Aufgabe, die uns unwichtig und langweilig erschien.

Hans Habe nämlich und seine Gruppe waren längst ebenfalls nach vorn gegangen, um die ersten deutschen Zeitungen ins Leben zu rufen. Die Sendungen für die deutsche Wehrmacht schrumpften zusammen wie die deutsche Wehrmacht selbst und sollten in Zukunft, bis zur völligen Liquidierung, nur noch aus den wichtigsten

Kurznachrichten und einem Kommentar bestehen. Für diese Operation genügten ein Redakteur und ein Sprecher – Korporal Manfred Inger und Sergeant Hanuš Burger.

Also nicht mit Pattons Dritter Armee nach Böhmen, nach Prag, wohin es mich mit tausend Fäden zog. Dolan hatte mir versprochen, daß ich nach Abschluß des Unternehmens »Annie« zur Dritten versetzt würde. Statt dessen saß ich hier, im Hinterland, auf vergessenem Posten.

Die Belegschaft von Radio 1212 war so schnell zerstoben, daß es kaum zu einem kurzen, aber stürmischen Abschied gereicht hatte.

Georg Thesen war voller Erwartung, begierig auf seine neuen Aufgaben und voller Illusionen.

In den letzten drei Wochen hatte nämlich Major Dolan eine abenteuerliche Idee gehabt: Da es bis dahin in Deutschland keine Anzeichen eines nennenswerten organisierten Widerstands gegeben hatte, dachte er sich einfach einen aus. Seine Redakteure – ich streikte da zum ersten Mal und erklärte mich für unfähig, so etwas zu erfinden – begannen plötzlich nach seiner Anweisung von geheimnisvollen Gruppen zu schreiben, die sich »Neues Deutschland« nannten. Diese imaginären Gruppen bildeten sich angeblich spontan an vielen Stellen des zusammengeschrumpften Landes und leisteten aktiven Widerstand.

Sie »verhinderten« die Zerstörung von Gas- und Elektrizitätswerken, sabotierten geschlossen Parteibefehle, nahmen Funktionäre gefangen und entwaffneten SS-Verbände.

Natürlich wurden stets solche Orte ausgewählt, die in der allgemeinen Verwirrung wahrscheinlich keine Verbindung zu benachbarten Städten und Dörfern hatten. Diese Meldungen, verbrämt durch fingierte Codenachrichten mit sinnlosem Wortlaut, konnten keinen greifbaren Zweck haben – falls uns zu dieser Zeit überhaupt noch jemand zuhörte –, als Verwirrung zu stiften und vor allem kleine Gruppen echter Widerständler, Überreste ehemaliger Sozialdemokraten und Kommunisten, die sich vielleicht wirklich zusammengefunden hatten, zu desorientieren.

Diese Meldungen entstanden natürlich in unserer von der Welt abgeschlossenen Nachrichtenküche, und Georg Thesen, jetzt einer unserer Sprecher, hatte keine Ahnung davon, daß sie allesamt erfunden waren. Er war voller Optimismus, und er habe die Absicht, sich vor allem auf die Gruppen vom »Neuen Deutschland« zu stützen, und er wisse genau . . .

»An Dreck weißt!« Manfred riß die Geduld. »Was wir den Leuten erzählt haben, war doch ein großer Schmäh!«

Georg war verwirrt. Er tat mir leid. Aber im Grunde hatte Manfred recht. Man mußte ihn darauf vorbereiten, daß nicht alles so sein würde, wie 1212 es geschildert hatte. Er hatte von deutschen Widerstandsgruppen geträumt. In seinen Augen hatten sie die Ehre Deutschlands gerettet.

»Georg«, sagte ich behutsam, »die Ehre Deutschlands, wenn du so willst, hat dein Bruder gerettet. Die wirklichen Helden wurden hingerichtet, oder sie werden in diesen Tagen in Bergen-Belsen, in Buchenwald und in Dachau befreit. Und es gibt ja auch noch da und dort Männer, die jetzt aufstehen und dafür sorgen, daß ihre Heimatstädte nicht sinnlos geopfert werden.«

Am nächsten Morgen kletterte er in seinem abgeschabten dunkelblauen Anzug auf das Lastauto, das ihn nach Trier bringen sollte.

Am frühen Morgen des 26. April fuhr ein blitzblanker, fabrikneuer Jeep vor dem Sendegebäude vor, mit den geheimnisvollen Lettern USSBS vor der Kenn-Nummer. Einen der Insassen kannte ich. Er hieß Adler und war Mitglied des Bert-Brecht-Klubs in Prag gewesen.

»Was ist denn das schon wieder für eine Firma?« fragte ich Adler nach der Begrüßung. Er tat sehr geheimnisvoll. USSBS bedeutete United States Strategic Bombing Survey.

Ich war beeindruckt und etwas perplex. »Wozu braucht man so was? Wir haben doch Millionen von Luftfotos?«

»Na schau«, erklärte er mir grinsend, »zuerst zertöppern wir den Krauts ihr Porzellan, und dann muß doch jemand nachzählen, wieviel noch da ist und, vor allem, wie groß die Kapazität ist, weil die amerikanische Industrie wissen muß, um wieviel sie ihre eigene Kapazität vergrößern kann.«

»Mit anderen Worten – die Armee hilft unserer notleidenden Privatindustrie, weil sie sich an diesem Krieg noch nicht genug gesundgestoßen hat.«

Adler amüsierte sich über meinen Ärger.

»Übrigens ist der Krieg ja noch nicht aus. Gestern war noch ein großer Bombenangriff. Fünfhundert schwere Kisten, und Phosphor und Brandbomben, alles was dazu gehört. Aber das hast du ja sicher selbst gehört.«

»Nein. Wir senden ja kaum mehr. Ich habe heute noch nichts gelesen. Was gibt's denn jetzt noch zu bombardieren? Die geben's doch jeden Augenblick auf.« Das erste Zusammentreffen zwischen amerikanischen und russischen Truppen hatte stattgefunden. Was von Großdeutschland noch blieb, war in zwei Teile gespalten.

»Die Škodawerke!«

»Was? In Pilsen?«

»Gewesen, mein Freund, gewesen! Seit gestern gehören sie der Vergangenheit an.«

»Ja – aber . . . wie ist denn das möglich? Fünf Jahre hat man dort Kriegsmaterial hergestellt, und nichts ist passiert. Und jetzt, fünf Minuten vor Schluß, wo sowieso keine Schraube aus Pilsen mehr rauskommt, Mensch, der Krieg muß doch jeden Moment aus sein, und wir bombardieren die Škodawerke!«

Adler beruhigte mich. »Was regst du dich so auf? Bist du denn dort Aktionär? Das kann dir doch vollkommen egal sein!«

Eigentlich hatte er recht. Ich hatte keine Škodaaktien. Daß sie vor dem Krieg praktisch zu Schneider-Creuzot in Frankreich gehörten, wußte in der Tschechoslowakei jeder Schuljunge.

»Nimm's nicht so schwer, alter Junge«, sagte Adler und hakte mich unter, während wir ins Sendegebäude gingen. »Nie was von Jalta gehört? Pilsen wird nach dem Krieg russische Einflußsphäre. Ein riesiges Stahlwerk mit allem, was dazu gehört . . . Da mußten wir doch eben noch schnell vor Torschluß . . .«

In Wirklichkeit war er eher bitter. Sein Zynismus war, wie sich später zeigte, bloß die Folge tieferer Einsicht und genauerer Informationen.

Immer noch konfus, betrat ich das Sendegebäude. Auf meinem neuen Schreibtisch lagen die letzten Meldungen. Es stimmte. Die Škodawerke waren vernichtet.

Bevor der Tag zu Ende war, begann ich meiner neuen Arbeit Geschmack abzugewinnen.

Die Frontnachrichten übernahm ich fast so, wie sie kamen. Da gab es für mich nichts zu tun, als sie in sprechbares Deutsch zu übertragen. Der Kommentar – das war eine andere Sache.

»Was soll ich senden?« fragte ich meinen neuen zeitweiligen Vorgesetzten, den jungen Major McGranahan.

»Was Sie für richtig halten. Wenn's dem Zensor nicht gefällt, wird er's schon sagen.«

Das war neu. Keine Konferenz, keine Diskussion, keiner, der mir eine Linie vorschrieb. Das mußte ich probieren.

Der Pferdefuß kam am nächsten Tag.

Gegen Mittag kam ein Kurier aus Bad Nauheim und brachte mir eine Platte, samt dem Befehl von Major Dolan, sie am Abend zu senden. Es sei eine Sensation.

Das stimmte. Auf der Platte war ein Kommentar zur Lage, geschrieben und gesprochen von Generalleutnant Kurt Dittmar persönlich.

Über das Schicksal des Generals wußte ich einiges, teils von Professor Saul Padover, der ihn verhört hatte, teils von einem ehemaligen Camp-Ritchie-Kollegen, der bei der Gefangennahme zugegen gewesen war.

Der General hatte sich drei Tage vorher über die Elbe rudern lassen. Er sei gekommen, um für die Zivilbevölkerung am andern Elbufer eine Massenevakuierung zu den Amerikanern zu erwirken. Das erwies sich als lächerlicher Vorwand, den er beim Verhör auch gar nicht aufrechtzuerhalten versuchte. Einer der beiden Soldaten, die ihn herübergerudert hatten, war sein Sohn, und sein Gepäck für den auf eine Stunde berechneten Besuch enthielt immerhin eine neue Galauniform und kosmetische Bedarfsartikel eines gepflegten Herrn.

Er wandte sich nach seinem kurzen, für ihn beschämenden Verhör zum Gehen, woran ihn gegen seine Erwartungen auch niemand hinderte. Bei seinem Boot setzte er sich auf einen Stein. Dort saß er zwei volle Stunden und wartete. Schließlich erbarmte sich seiner ein amerikanischer Offizier und machte ihn darauf aufmerksam, daß ihn niemand an der Rückkehr zu seinen Truppen hindere, aber alles habe seine Grenzen. Worauf er sich gefangengab. Kurz darauf erschien ein Oberst in einem Ruderboot, angeblich besorgt über das Schicksal seines Generals. Auch er entschied sich, die Truppe auf der andern Seite warten zu lassen, und ergab sich still und leise wie sein Chef.

Im blitzgescheiten Gehirn von Major Patrick Dolan, der ja vor dem Krieg ein äußerst fähiger Reklameagent in seinem heimatlichen Chicago gewesen war, entstand nun die Idee, den General einen Kommentar zur Lage auf die Platte sprechen zu lassen, der zur gewohnten Dittmarstunde den deutschen Hörern präsentiert werden sollte. Die Kommentatortätigkeit des Generals würde auf diese Weise durch die Kleinigkeit seines Frontwechsels nicht unterbrochen ...

Die Worte des Generalleutnants waren ein Alibi für den deutschen Generalstab – das erste für mich, das dann in einer Reihe von Memoiren ins Unendliche fortgesetzt werden sollte. Dittmar sagte, es sei nun zwar alles verloren, der Krieg neige sich seinem Ende zu, die Wehrmacht sei »für diesmal« (!) geschlagen, aber nur deshalb, weil Hitler nicht auf seine Generale gehört habe. Stalingrad sei der Wendepunkt gewesen, die große Fehlspekulation des Führers.

Major McGranahan stimmte mit mir überein: eine Verteidigungsrede für den deutschen Generalstab im Namen der US-Armee zu senden, schien zu dieser Zeit absurd. Sechs Jahre lang hatten sich die Herren mit Orden, Ritterkreuzen und Brillanten behängen lassen, ganze Lastzüge, vollgeladen mit ihren Beutestücken, mit Möbeln, Spitzen, Alkohol und Kunstgegenständen hatte die vorrückende amerikanische Armee aufgehalten, und jetzt erklärte sie da einer, der es zu wissen vorgab, für Unschuldslämmer.

Der Major schäumte übrigens noch mehr als ich: »Kein Wort der Anklage gegen Hitler, den Krieg begonnen zu haben. Nur daß er ihn verloren hat, nimmt ihm dieser Kerl übel!«

Was Dolan wohl an diesem Schwulst gereizt hatte, war das volle Eingeständnis des Debakels.

Aber ein Befehl war ein Befehl. Gesendet mußte werden.

Dann hatte ich einen Einfall, und der Major grinste sehr, als ich meinem Vorgesetzten nach Bad Nauheim ein eiliges Fernschreiben schickte: *Stimme General Dittmars klingt anders als gewöhnlich stop erbitten Erklärung stop SGT Burger für Major Dolan PWD.*

Dolan hatte Humor. Seine Antwort kam umgehend: *General Dittmar hat falsches Gebiß stop*

War es denkbar, dachte ich, daß der Radiogeneral des Führers phonetische Schwierigkeiten hatte? War das überhaupt die Stimme, die ich so oft anhören mußte? Ich raste hinunter in die Stadt, in den großen Gefangenen-Cage. Einer der Insassen bestätigte meinen

Verdacht: Dittmar sprach seine Kommentare nie selbst. Die Stimme, die das deutsche Volk jahrelang für seine gehalten hatte, gehörte einem Hauptmann Becker aus dem Stab des Generals. Ein neues Fernschreiben ging nach Bad Nauheim: *erbitten Angaben über Verbleib von Hauptmann Becker Stab Dittmar stop nur Bekkers Stimme wird von Deutschen als Dittmar anerkannt stop befürchte deutsche Hörer könnten Kommentar als Fälschung betrachten stop*

Dolans Antwort war kurz und prägnant: *Dolan für SGT Burger PWD Luxemburg zum Teufel mit Ihnen stop*

Also kein Dittmar heute abend. Major McGranahan fragte, ob ich für Ersatz gesorgt hätte.

Ich hatte. Wir sendeten einen kurzen Vortrag über den amerikanischen Volkssänger Paul Robeson und zum Schluß einige seiner in deutscher Sprache gesungenen Lieder, darunter die »Moorsoldaten«.

Befremdlicheres als die Sache mit Dittmar geschah in diesen Tagen. Dieter Hein, ein Ritchie-Mann, auf kurze Zeit aus Deutschland zurück, berichtete vom Verhör eines Obersten der 15. deutschen Panzerdivision, dem er als Übersetzer beigewohnt hatte. Dieser bestand darauf, daß das AOK seit Mitte April im Besitz eines alliierten Plans der zukünftigen Besatzungszonen war. Dieter Hein behauptete, das Ding müsse den Deutschen absichtlich in die Hände gespielt worden sein. Denn solche Dokumente hinterläßt eine militärische Einheit – wenn überhaupt – nur bei regelloser Flucht, und wenn jemand an diesem Abschnitt auf der Flucht gewesen war, dann doch die Deutschen. Ihre Führung konnte entsprechend disponieren: Wer sich innerhalb des dem Westen zugeteilten Territoriums gefangengab, war, so formulierte es der Oberst, »für später gerettet«.

Conny Kellen, vor dem Krieg zeitweilig Sekretär von Thomas Mann, erzählte mir von einem Erlebnis in Altefeld, wo sich ein großes Gestüt befand. Er hatte dort Laudy Lawrence getroffen, einen Filmgewaltigen von Hollywood, der im zivilen Rang eines Generals erschienen war. In Friedenszeiten war Lawrence Besitzer eines Gestüts in der Normandie gewesen. Die Nazis, genauer gesagt

Hermann Fegelein, General der Waffen-SS und Schwager Hitlers, der früher ein Jockey gewesen war, hatte die meisten seiner kostbaren Pferde gestohlen und in verschiedene Teile Deutschlands verfrachtet. Seit der Invasion zog Lawrence kreuz und quer die Front entlang, um die Spur seiner Pferde zu finden. Die Armee stellte ihm stets ein Gefährt und einen Begleiter zur Verfügung, der die Verhöre mit den Deutschen führen konnte.

In Altefeld war es dann zu einem denkwürdigen Zusammentreffen gekommen. Einem amerikanischen Armeefahrzeug entstieg ein eleganter deutscher Zivilist, der Bankier und Rennstallbesitzer von Oppenheim aus Frankfurt, gefolgt von einem amerikanischen Luftlandeoffizier. Auch Baron von Oppenheim spürte seinen Pferden nach – auch er auf Kosten und mit Hilfe der amerikanischen Armee. Und das alles, während der Krieg noch im Gange war, während die Soldaten im Osten sich jeden Fußbreit Boden blutig zurückerkämpfen mußten.

Am 28. April wurde Mussolini in Mailand hingerichtet. Achtundvierzig Stunden später folgte ihm sein Kumpan im Berliner Bunker. Rundstedt, Leeb und Kleist begaben sich in Gefangenschaft. Goebbels verübte Selbstmord. Die Rote Armee drang in die Berliner Innenstadt ein.

Jeder hatte sein Kriegsziel. Ein Amerikaner und ein Nazibaron suchten ihre Rennpferde, ein amerikanischer General namens Draper durchwühlte mit seinen Gehilfen die Aktienbündel im IG-Farben-Gebäude in Frankfurt, Zehntausende von Amerikanern aus Kentucky und Texas dachten an ihre Farmen und an die reifenden Weizenfelder, während die Rotgardisten Kantaria und Jegorow ihre Fahne auf dem Reichstagsgebäude hißten.

Der amerikanische Sergeant Hanuš Burger aus Prag hatte vor, diesen Krieg als beendet zu betrachten, wenn er die unbeschädigte Silhouette seiner Geburtsstadt wiedersehen würde.

Am 5. Mai um ein Uhr mittags wurde ich in den Abhörraum geholt. Radio Prag rief um Hilfe.

Ein Aufstand war ausgebrochen.

Die Todesmühlen

1

Zum ersten Mal seit meiner Rückkehr aus dem befreiten Prag stand ich wieder vor Oberst Powell.

Das Zimmer war freundlicher als das in der Luxemburger Gestapovilla, die Möbel zierlicher, die Tapeten hell, das Vorhangmuster geschmackvoll, und statt der rauchgeschwärzten Ruysdael-Imitationen hingen Stahlstiche in Biedermeierrahmen an den Wänden. Es gab einen feinen französischen Cognac zu Ehren der kleinen goldenen Stäbchen auf meinen Schultern.

»Die Sache ist die, daß Sie einen Film zusammenstellen sollen. Einen Film über die deutschen Konzentrationslager, ihre Befreiung und wie es dort ausgesehen hat. Wir haben da so etwas wie eine Verpflichtung übernommen. Und ich dachte, es macht Ihnen vielleicht Spaß . . .«

Spaß war wohl nicht der richtige Ausdruck. Das Herz klopfte mir bis zum Hals.

»Also, schreiben Sie das Ding erst mal nieder. Beeilen Sie sich nicht. Ich lasse es genehmigen, und wir schicken Sie damit nach London. Dort sehen Sie sich an, was da ist. Auch bei den Limeys und den Frogs, und selbstverständlich auch bei den Rußkis, sofern die mitmachen wollen. Ich höre, das Material ist gräßlich. Wenn was fehlt, können Sie es ja dazudrehen. Kommt auf Ihr Drehbuch an. Ich werde veranlassen, daß man Ihnen an die Hand geht.«

Benommen stolperte ich die Treppe hinunter, an der Wache vorbei, deren Präsentieren mich immer noch aus dem Konzept brachte.

Nach und nach wurde mir klarer im Kopf: Wieviel Filmleute gab es in der Armee? Sicher tausend, wenn nicht mehr. Warum nehmen sie jemanden wie mich? Weil es kein anderer machen würde. Dazu hat keiner Lust. Jeder will heim, nach Hollywood, zu Muttern. Jeder Tag in Uniform ist jetzt verlorene Zeit, die guten Jobs warten nicht. Aber der vorzeitige Antifaschist Burger, soll der sich doch mit den Schreibtischgeneralen aller vier Verbündeten herumschlagen. Als Sergeant kann er das allerdings nicht, da sprechen die gar nicht erst mit ihm. Also machen wir einen Leutnant aus ihm, es kostet uns nichts, und er ist glücklich.

In mir stieg die Galle hoch. Drei Tage würgte ich daran herum. Sollte ich ablehnen? Jetzt, nach dem Krieg ging das. Mit einiger Nachhilfe konnte ich mich demobilisieren lassen. Oder ich konnte emotionale Gründe geltend machen. Das würden die schon verstehen. Und sie würden sich einen fixen Hollywoodmann herüberholen, der aus der Fülle des Filmmaterials einen Reißer zusammenstellen konnte.

Andrerseits – man vertraute mir eine wichtige Arbeit an. Eine wirkliche Chance, etwas zur Umerziehung der Menschen beizutragen. Vielleicht war es irgendwo da oben doch ernst gemeint mit der Entnazifizierung?

Plötzlich sah ich die Struktur des Films vor mir. Er würde an einem Tag wie dem heutigen beginnen, im freundlichen Sonnenlicht, aber in einer friedlichen, unzerstörten Stadt Anfang 1930, mit einem kleinen, harmlosen Zwischenfall, vielleicht mit dem Anrempeln eines Bürgers durch eine Handvoll Braunhemden und mit Zeugen, die dabeistanden und nichts taten, obgleich damals das Risiko noch gleich Null war. Diese Menschen wollte ich mit Hilfe dokumentarischer Bilder durch all die Jahre begleiten. Wie sie ein wenig später ohne Protest die Arbeitsplätze der Opfer einnahmen, ihre Läden, Wohnungen, Firmen. Wie sie das Beutegut aus den überfallenen Gebieten empfingen, wie sie einmarschierten, bewachten, abtransportierten, hinrichteten. Wie sie dann in den Kellern saßen oder in den Gräben vor Stalingrad, und wie sie dann sagten, sie hätten von nichts gewußt. Es würde einfach sein, ein paar unbeschädigte Industrieobjekte zu filmen, aus deren Millioneneinkünften die Nazipartei in ihren Anfängen finanziert wurde.

Material gab es gewiß in Unmengen, und die verbindenden Szenen wollte ich rekonstruieren, mit Hilfe jener Deutschen, die in diesen Tagen aus den Lagern nach Hause zurückkehrten, in ihre ausgebombten Städte.

2

London, zwei Monate nach Kriegsschluß in Europa, bot das Bild eines angeschlagenen Boxers nach einem schwer erkämpften

Punktsieg. Allzuviel war zerstört worden – Häuserblocks, Fabriken und die Moral der Menschen.

Noch im Januar 1944, als wir aus Amerika herüberkamen, waren Fälle von Schwarzhandel mit Butter und Benzin unrühmliche Ausnahmen gewesen. Jetzt war es ein Sport geworden, mit allem zu handeln. Mit amerikanischem Kantinengut, mit Heeresbenzin, mit Pariser Damenwäsche, mit Taschenkämmen. Mädchen und Frauen, die ihren Soldaten jahrelang treu gewesen waren, erlagen im Handumdrehen den blitzenden Zähnen eines amerikanischen Sergeanten und zwei Paar Nylonstrümpfen. Obwohl es keine Blockade mehr gab, verschwanden urplötzlich die Waren von den Verkaufstischen und wurden unter der Theke zu Phantasiepreisen gehandelt.

In den Tunnels der Underground standen noch aus der Zeit des »Blitz« Reihen zweistöckiger Schlafstellen, und immer noch schliefen Menschen dort, brachten allabendlich ihre Decken und Taschenlampen mit, um dort die Nacht zu verbringen. Einige hatten sich noch nicht daran gewöhnt, zu Hause sicher zu sein, andere dachten allen Ernstes noch an die Möglichkeit eines japanischen Angriffs.

Froh, in uns Neuankömmlingen ein Publikum gefunden zu haben – und weil sie uns sagen wollten, daß auch sie an der Front gestanden hatten –, erzählten die Londoner von den V-1- und V-2-Angriffen, von ihrem Anteil am Löschen der Brände. Aber stärker als ihre Erzählungen bewiesen das die aufgerissenen, eingesackten oder schon halb abgetragenen Wohnhausruinen, die leeren Parzellen und der Geruch, den wir aus St. Lô, aus Rotterdam, aus Lüttich, aus Frankfurt so gut kannten.

Die gut gebügelten, ordensgeschmückten Sommeruniformen auf der Oxford Street, die Taxis mit johlenden Matrosen und ihren Mädchen, die zum Platzen gefüllten Nachtlokale – das alles sah nach Sieg aus. Aber inmitten der Ruinen, wo blasse Kinder mit rostigen Eisenstücken spielten, wo die Frauen mit Eimern nach Wasser anstanden, da konnte man nicht so sicher sein.

Das Viertel um den Grosvenor Square – von den Soldaten längst »Eisenhowerplatz« umgetauft – war amerikanisch geworden. Immer weiter griff der amerikanische Oktopus um sich. Überall entstiegen den feldgrünen Limousinen Offiziere in hellen Tropenuniformen, keiner ohne drei bis vier Reihen bunter Auszeichnungen.

Es sah ein wenig nach Operette aus, besonders die Galerie bezaubernder Chauffeurinnen, die man den Offizieren vom Obersten aufwärts beigestellt hatte.

In einem niedrigen Ziegelbau der North Audley Street, mit der üblichen Außentreppe zum Hochparterre, war das Hauptquartier des amerikanischen Armeefilms. Es machte den Eindruck eines lustigen, lebendigen Musicals, besonders für jemand, der das ausgehungerte Frankreich und das ausgepowerte Luxemburg hinter sich hatte. Nach vierzehn Monaten auf dem Kontinent wirkten die jungen Damen, die hier in den Büros, Schneideräumen und Archiven herumschwirrten, wie Träume aus einem Hollywoodfilm.

Die männliche Belegschaft bestand dagegen fast durchweg aus Amerikanern. Sie saßen in ihren bequemen, dunkelgrünen Zivilistenuniformen mit offenem Kragen hinter ihren Schreibtischen und streckten fröhlich ihre Schuhsohlen dem Besucher entgegen.

Bill Montague, ein alter Filmpraktiker, blatternarbig, mit Mäusezähnen und rasselnder Whiskystimme, die dazugehörige Flasche stets in der obersten Schublade seines Schreibtisches, begrüßte mich laut und aufgeräumt. Patterson, der Chef des Unternehmens, das zur Office of War Information (OWI) gehörte, war nicht minder herzlich, ja überschwenglich, mit dem schlechten Gewissen des wohlgenährten, gesunden jungen Mannes, der den Krieg hinter einem Schreibtisch verbracht hat.

Patterson rief zu meinem Empfang die Belegschaft zusammen, denn er fand, daß seine Leute keine Ahnung hatten, wie es auf dem Kontinent aussah. Diese Aufmerksamkeit brachte mich etwas aus dem Konzept, aber mehr noch ein blondes Wesen, das nonchalant auf Montagues Schreibtischkante saß und die langen, bemerkenswerten Beine baumeln ließ. Sie hatte ihr dünnwandiges Whiskyglas diskret, aber griffbereit neben sich, und ihre weiten, veilchenblauen Augen starrten mich die ganze Zeit groß an.

Urplötzlich verlief sich dann alles, denn es wurde Tee serviert.

Montague behielt mich in seinem Zimmer. Auch die süße Blonde blieb. Es stellte sich heraus, daß sie Maggie Jones hieß, Amerikanerin war – die einzige Amerikanerin übrigens – und meine zukünftige Mitarbeiterin. Nach dem Abgang der anderen holte sie eine Hornbrille aus ihrer Handtasche und setzte sie auf. Erst jetzt nahmen ihre Augen natürliche Größe an – sie war hochgradig kurzsichtig, daher der verträumte Blick, den ich irrtümlich auf mich bezogen hatte. Ich hatte Mühe, ihren tiefen, forschenden Blick auszuhalten – eine Welle von Alkohol trieb mir entgegen.

»Das ist doch nicht dein Ernst?« fragte sie am nächsten Vormittag, nachdem ich ihr und Montague meinen Filmplan vorgetragen hatte. Sie wechselte einen Blick mit ihrem Chef. Der beschnitt umständlich eine dicke, schwarze Brasil.

»Schau her, Hanuš«, sagte er, »da stimmt was nicht. Ich habe Orders, nach deinen Anweisungen einen Film zusammenzustellen. Aus vorhandenem Material. Von Drehen steht hier nichts.«

Er hielt an zwei Fingern einen Brief in die Höhe.

»Meinen Instruktionen nach soll es ein Zwanzig-Minuten-Haschee mit den effektvollsten Aufnahmen aus den Lagern werden. Ich hätte nichts dagegen, wenn es nur zehn Minuten sind. Mehr hält sowieso kein Mensch aus. Du wirst ja selbst sehen. Aber was du da machen willst, das ist ein einstündiger Film mit mindestens 20 Prozent neuem Material. Das wäre kaum vor Weihnachten fertig.«

Ich zog mein Manuskript heraus, wies auf die eindrucksvollen Stempel und Unterschriften und bestand auf meinem Schein.

Täuschte ich mich, oder war da wieder ein Blick des Einverständnisses zwischen Maggie und ihrem Chef? Aber noch wirkte die »Autorität« der Uniform und der sechs bunten Bändchen.

Sie glitt vom Schreibtisch herunter.

»Meinst du wirklich, es wird die Deutschen interessieren, was du ihnen da vorsetzen willst?«

»Interessieren? Von über fünfhundert Deutschen, die ich verhört habe, waren es höchstens fünf, die zugegeben haben, daß sie von alldem etwas wußten. Aber in jedem der tausend Briefe, die uns allein in Luxemburg in die Hände gefallen sind, steht etwas von den Lagern. Dreihundert davon waren allein auf deutschem Boden. Nach diesem Film wird wenigstens keiner mehr behaupten können, daß nichts passiert ist.«

Maggie lächelte. »Ich glaube, du brauchst nach einem Jahr Front ein wenig Horizontveränderung. Außerdem – Monty ist fünfundzwanzig Jahre beim Film. Er hat Hunderte von Dokumenten gemacht beim Hearst-Journal. Der weiß genau, was wirkt und was nicht . . .«

Wir einigten uns schließlich, daß ich mir zunächst das vorhandene

Material ansehen mußte. Sie hatte den Vorführrraum in der North Audley Street auf eine Woche hinaus täglich drei Stunden für uns reserviert.

»Mehr hältst du ohnehin nicht aus . . .«

Damit behielt sie beinahe recht. Aber aus der Woche wurden vierzehn Tage. Täglich drei bis fünf Stunden.

Wenn ich heute, über dreißig Jahre später, einen Alpdruck habe, dann sehe ich den Bulldozer von Bergen-Belsen, der immer und immer wieder in Haufen von Lehm und Leichenteilen hineinfährt und sie vor sich herschiebt; ich sehe rauchgeschwärzte Kamine, Ballen von Haaren, Berge von Gebissen, Schuhen, Prothesen, säuberlich mit deutscher Gründlichkeit gesichtet, geschichtet, in Listen erfaßt; ich sehe Eisentraversen, durch Drähte verbunden, die einmal elektrisch geladen waren. In ihnen hängen armselige Häuflein von Lumpen, bei näherem Hinsehen Überbleibsel von Menschen, die Haut voller Narben und offenen Wunden. Kinder, Skelette von Kindern, in denen noch letzte Reste von Leben waren. Kinder mit stumpfem Blick, Kinder mit unsagbar traurigen, schwarzen Augen unter greisenhaften Stirnen.

Und damals ahnte ich nicht, daß es dreißig Jahre später in Deutschland Menschen geben würde, die behaupten, es habe Auschwitz nie gegeben . . .

Täglich drei bis fünf Stunden. Bis auf ein kleines, glatzköpfiges Männchen, das in der Ecke saß und sich beim Schein einer trüben abgeblendeten Lampe Notizen machte, war ich meist allein. Das Männchen hieß Sam Winsten und war ein Cutter aus Hollywood, ein Meister seines Faches übrigens, der nie versäumte, Zeitungsausschnitte vorzuweisen, die besagten, daß er einmal, im Jahre 1929, den *Blauen Engel* geschnitten hatte.

Drei Tage lang wurde uns dann Material vorgeführt, das den Stempel »geheim« trug.

Bildberichte von Obduktionen, mit peinlicher Genauigkeit gefilmt, wobei amerikanische und britische Militärärzte ihre Befunde erläuterten. Die Verhörten waren Ärzte, die man am Tatort oder in der Nähe ergriffen hatte. Die meisten in ärmliche Zivilanzüge gekleidet, so, wie sie versucht hatten, sich als harmlose Bürger oder befreite Lagerinsassen ins tägliche Leben zurückzuziehen. Sie wurden mit Hilfe von Dolmetschern von Militärärzten ausgefragt.

»Ich brauchte für diesen Versuch (Injektionen von Cholera- und Pesterregern) immer Gruppen von zwanzig, je Altersklasse und Geschlecht. Denn bei kleineren Gruppen hätte immer ein Zufall mitspielen können. Sie verstehen das doch sicher, als Kollege, Herr . . . Oberstabsarzt?«

Der Herr Oberstabsarzt, ein amerikanischer Major, sah starr vor sich hin, als der Dolmetscher diesen Satz übersetzte.

»Haben Sie sich für Ihre Experimente unheilbar Kranke ausgesucht?« ließ er fragen.

Der Lagerarzt, dick, groß, glatzköpfig und unrasiert, die Hände nervös in der Gegend, wo früher das Koppelschloß gewesen war, versuchte ein nachsichtiges Lächeln. Ihm konnte man mit so einer Frage keine professionelle Falle stellen. »Nein. Natürlich nicht. Dann hätten unsere Experimente ja keinen wissenschaftlichen Wert gehabt. Nur an einem klinisch gesunden Menschen kann man, wie der Herr Kollege ja sicher wissen, genau beobachten, wie lange es dauert, bis . . . bis zum Exitus, und wie die Symptome sich entwickeln.«

Die Sowjetvertretung führte uns kein Material vor. Dafür hatten sie bereits eine Reihe fertiger Filme. Es waren Reportagen aus Majdanek, Treblinka und Auschwitz.

Da gab es einen Streifen, den wohl niemand von uns vergaß, den sich sogar Maggie Jones bis zu Ende ansehen mußte, denn sie saß zwischen zwei höflichen Herren von der Botschaft. Er handelte von Zwillingen. Irgendein perverses SS-Gehirn hatte sich ausgedacht, daß es interessant sein müsse, Experimente an eineiigen Zwillingen durchzuführen. An polnischen, russischen, jüdischen, jugoslawischen versteht sich. Dabei diente immer ein Zwilling als Kontrollobjekt für den andern. Also wurden etwa zwei Geschwister mit Bauchtyphus infiziert, aber nur einer davon erhielt ein neues, nicht ausprobiertes Gegenmittel.

Diese Experimente unterbrach der Vormarsch der Roten Armee, und manche Zwillinge konnten gerettet werden – für den Augenblick wenigstens. Denn viele standen ja unter dem Einfluß unbekannter und, wie sich dann meist herausstellte, unwirksamer oder gar gefährlicher Drogen. Diese Kinder hatte die Kamera festgehalten.

Gegen Ende des Monats verfiel ich demselben Laster wie Maggie:

Ich begann zu trinken. Allabendlich ging ich in irgendeine Revue, oder ich versuchte mein Glück bei den Schnittmeisterinnen oder den Sekretärinnen und Laborantinnen der North Audley Street.

Nichts half. Sobald ich die Augen schloß, sah ich eine Prozession von dürren, grauen Gestalten mit eingesunkenen Augen, in Lumpen oder nackt, und ihre Gesichter – bei Tag im Vorführungsraum fremd und stumpf – trugen die Züge der hingerichteten, vergasten, vermißten Freunde, deren Namen nach und nach in den Briefen aus der alten Heimat auftauchten.

»Jetzt bist du sicher geheilt?« fragte mich Maggie am Tag nach der letzten Vorführung.

Es war schwer, aus dieser Frau klug zu werden.

Sie trank. Das tat ich ja jetzt auch. Aber sie vertrug erstaunlich viel. Während der letzten Wochen hatte ich einige Abende mit ihr verbracht. Sie tanzte, wie Amerikanerinnen tanzen, mit jedem Partner gleich anschmiegsam und hingebungsvoll, den linken Arm um seinen Hals gelegt. Zwischen den Tänzen goß sie Glas auf Glas puren Whisky in sich hinein, sprach von Proust, Joyce und Henry Miller und konnte stundenlang vor ihrem Glas sitzen, wenn ich schon todmüde war.

Ich hatte ein paar von ihren Filmen gesehen. Geschickt zusammengestellte, eindrucksvolle Montagen von Churchills erstem Besuch in Berlin, von der Wiederinstandsetzung einer Autobahnbrücke, von der Rückkehr zum normalen Leben einer nordfranzösischen Stadt. Die fertigen, professionell einwandfreien Arbeiten waren schwer in Einklang zu bringen mit diesem blonden, schlanken, exquisit gekleideten Geschöpf, das da neben mir auf der Parkbank saß und spöttisch fragte: »Also, werden es zehn oder zwanzig Minuten?«

Zum ich weiß nicht wievielten Mal suchte ich ihr zu erklären, daß es in unserem Fall nicht darum ging, einen schnittigen, spannenden Streifen zusammenzustellen, der zwischen Wochenschau und Hauptfilm das Programm ausfüllen konnte, sondern um eine notwendige, bittere Medizin.

Maggie blieb stumm. Ihr höfliches Lächeln verriet, daß sie nicht im geringsten überzeugt war.

Sie stand auf. »Es hat keinen Zweck, Hanuš. Wir tragen morgen die Sache Monty und Patterson vor. Die beiden sollen entscheiden.«

Monty und Patterson hatten längst den leichten Respekt aufgegeben, den sie dem »Frontsoldaten« anfangs entgegengebracht hatten. Maggie eröffnete die Diskussion: »Hanuš und ich sind übereingekommen, daß wir uns nicht einigen können. Den Film, den er machen will . . .«

». . . soll«, korrigierte ich. »Soll und will.«

». . . halte ich für langwierig, aber vor allem für wirkungslos.«

»Ich finde«, sagte ich, »unsere Diskussion zwar interessant, aber unproduktiv. Ich bin Maggie dankbar für ihre zähe und sachliche Gegnerschaft, aber ich habe eine Marschroute. Mein Chef, Oberst Powell, hat sie bewilligt, hat sie auch höheren Orts bewilligt bekommen. Jetzt ist es Zeit, den Film zu verwirklichen.«

Monty öffnete eine Schachtel und entnahm ihr seine übliche Brasil, deren Ende er abbiß und ausspuckte.

»Schön. Wir wissen jetzt, wo wir stehen. Ich schlage vor, Hanuš stellt erst mal mit Sam den Film so zusammen, wie es in seiner bewilligten Marschroute steht.«

»Und die neuen Szenen? Ihr wißt, die Konzeption steht und fällt mit der Rahmenhandlung!«

Ein Blick des Einverständnisses, diesmal zwischen allen dreien. Dann sagte Montague: »Okay. Schicken wir also Hanuš hinüber auf den Kontinent. Wie lange brauchst du?«

Ich holte tief Atem. »Acht bis zehn Tage . . . wenn ich keine Schwierigkeiten mit den Briten habe. Ich möchte nach Hamburg.«

»Hamburg. Fein. Mike, wie wär's, wenn du dem Leutnant die Papiere verschaffst? Das dauert, sagen wir, drei Tage. Er kann am 22. Juli fliegen. Am 2. oder 3. August ist er dann sicher zurück. Inzwischen stellt Sam das Material, das wir hier haben, nach Hanušs Angaben zusammen. Am 6. August sind die neuen Sachen entwikkelt, und am 10. sehen wir das Ganze zusammen an. Fair?«

Ich sah mich drei harmlos lächelnden Gesichtern gegenüber, und Monty schenkte eine Runde Corn-Whiskey ein. Was kann schließlich geschehen, dachte ich. Ich hatte ein Manuskript in der Tasche, das den Stempel der XII. Armeegruppe trug. Dagegen waren die drei machtlos.

3

Von der Alster aus gesehen, besonders, wenn man die Augen zu-
kniff, lag der Jungfernstieg da wie im Frieden – wie vor fünfzehn
Jahren, als ich noch Dramaturg des Thalia-Theaters gewesen war.
In der Nähe störten natürlich die mit Brettern vernagelten Schau-
fenster, die ausgebrannten Höhlen hinter den Fassaden, die notdürftig ausgebesserten Löcher im Asphalt.

Ein groteskes Bild bot die Reeperbahn. Eine Häuserwand ragte
in den Himmel, mit Riesenaufschriften, die verhießen: *Stimmung!
Schöne Frauen! 200 Tischtelefone!* Dahinter – nichts. Leere Fensterrahmen. Zwei dünne Damen auf hohen Korkabsätzen, die da-
vorstanden und mit drei englischen Marinesoldaten verhandelten,
sahen sich scheu nach mir um, da ihnen die amerikanische Uniform
nicht vertraut war. Fraternisieren war auch im englischen Sektor
noch verboten.

Neugierig suchte ich die Straße Raboisen auf. Da, unten im Keller, gab es einmal das Lokal »Tante Clara« – ich hatte es ganz vergessen. Dort ging es 1931 wüst und rauchig zu. Und wenn es allzu
rauchig wurde, riefen wir im Chor: »Tante Clara! Den Ventilator!«,
und Tante Clara, sechzig, stieg auf den Tisch mit ihren stämmigen,
wollbestrumpften Beinen und schwang ein feuchtes Abwischtuch
über den Kopf, ließ es kreisen und machte: »Zzzzz . . .«

Das Haus gab es nicht mehr. Bloß ein Stück des eisernen Gelän-
ders, wo es einmal in den Keller hinunterging.

Was ich suchte, war zwanzig, dreißig Meter weiter: das Direk-
tionsgebäude des Thalia-Theaters. Nur eine Mauer stand noch.
Oben, im vierten Stock, sah ich die Rückwand meines Büros, erkannte die Tapete, das Waschbecken . . .

Zwei Männer standen plötzlich vor mir, beide so um die Dreißig,
beide in zu engen Zivilanzügen, die aussahen wie aus der Mottenki-
ste.

»With your permission«, sagte der eine. »Sprechen Sie deutsch?«
Dann knallte er die Hacken zusammen:

»Gestatten – Berkhahn. Hauptmann. Fallschirmjäger.«

Der andere kam näher. Auch er knickte mit einem Ruck in der
Taille zusammen.

»Schweigefeld. Oberleutnant. Ebenfalls Fallschirmjäger.«

Ich fragte, was sie wollten.

Sie lächelten beide, sahen mich an, vertraulich fast, als wollten sie sagen: Mensch, sei doch nicht dämlich. Du weißt ja, was wir wollen . . .

Dann sagte der Ex-Hauptmann: »Sie . . . Sie sind doch bestimmt . . . wissen Sie, mit den Briten kann man nicht offen darüber reden.«

»Noch nicht«, sagte der zweite bedeutungsvoll.

»Worüber?« fragte ich.

»Na – ist doch klar. Sie brauchen uns doch jetzt. Fronterfahrung. Drei Jahre im Osten.«

Ich begann zu begreifen. Meine amerikanische Uniform, die hier auffiel wie ein überzähliges Pik-As. Außerdem war ich zu alt für meinen Leutnantsrang.

»Na und?«

»Na ja. Sie dürfen's ja offiziell wahrscheinlich nicht gleich zugeben. Frage: Wo können wir uns melden? Bei Ihnen soll das ja anders sein, haben wir gehört. Die Briten sind da komisch. Die zieren sich noch . . .«

Es war der 22. Juli, fünfundsiebzig Tage nach der bedingungslosen Übergabe. In der Luft lag der Ruinenstaub und der Geruch, den ich so gut kannte, aus Isigny, aus St. Lô, aus London.

»Sagen Sie – drei Jahre Ostfront. Da haben Sie die Nase noch nicht voll . . .?«

Sie sahen einander an, lachten halb verlegen, halb ironisch und salutierten ein wenig salopp.

»Na, denn nicht, liebe Tante«, und gingen weiter, auf die Alster zu.

Man hatte mich im Hotel Atlantic einquartiert.

In der amerikanischen Armee, die vor dem Krieg keine allgemeine Wehrpflicht kannte, unterschieden sich Feldoffiziere, was den Inhalt ihrer Gespräche, ihren Horizont, ihre Träume und Hoffnungen anlangte, kaum von den Soldaten und Unteroffizieren. Hier sah ich mich einer Kaste gegenüber, die mir rätselhaft war.

Wie sind die Likörrationen bei euch in der amerikanischen Zone?
Donovan will sich seine Poloschläger kommen lassen!

Good old Donovan!

In der Monkey Street (Mönckebergstraße) ist ein Fritz, der putzt die Schuhe auf Hochglanz ...

Donovan hat den Alten gefragt, wann endlich im Lesezimmer die Rennlisten ausliegen werden.

Three cheers for Donovan!

Ist das wirklich wahr, mit den Litzen für die Ausgehuniform?

Ich hab's direkt von Bailey.

In Wandsbek gibt's einen Fritz, der näht dir das über Nacht.

Ist es wahr, daß bei euch in der Yankeezone die Likörrationen ...

Am nächsten Morgen ging ich mit meinem Schreiben zu Major Higgins, dem amerikanischen Verbindungsoffizier.

Von Major Higgins zu Captain Donaldson, Royal Air Force.

Von Captain Donaldson nach Wandsbek zu Mr. Godfrey.

Von Mr. Godfrey nach dem Alten Wall zu Oberst Halsley.

Von Oberst Halsley zurück zu Captain Donaldson. Captain Donaldson erinnerte sich jetzt, daß er vor drei Tagen durch einen amerikanischen Offizier von meiner bevorstehenden Ankunft verständigt wurde. Was ich denn brauche?

Endlich!

Ein Fahrzeug für eine Woche, nein, besser für zehn Tage, ein Dokument für die Kontrollorgane während der Aufnahmen und einen Filmstab.

Captain Donaldson lächelte. Ein Dokument? Bitte. Aber ein Fahrzeug, womöglich mit Treibstoff, und einen Filmstab, womöglich mit Kamera und Beleuchtern? Nicht daran zu denken.

Wie der betreffende amerikanische Offizier geheißen habe?

Captain Leffkovits, Harvestehuder Weg.

Captain Leffkovits amtierte bis 15 Uhr 30. Es war dreiviertel vier. Die Villa war wie ausgestorben. Ein kostbarer Tag verloren.

»Captain Leffkovits? Sprechstunde erst ab halb elf Uhr!« Der Korporal hinter seinem schweren Schreibtisch aus imitiertem Mahagoni grinste vertraulich und deutete an, der Captain pflege gern lange zu schlafen. Wo er wohne? Im Haus vielleicht? Der Captain wünsche, nicht gestört zu werden.

Um halb zwölf erschien ein unrasierter und schlechtgelaunter Captain Leffkovits.

Zu Hause, in Cleveland, Ohio, besitze er Wäschereien, erzählte er mir gleich, ohne daß ich ihn gefragt hatte. Aber wenn er nach Hause komme, im November, wolle er sie liquidieren. Es gäbe weniger mühevolle Arten, sein Geld zu verdienen. Das habe er in der Armee gelernt. Vor allem *connections* – Beziehungen –, das sei das wichtigste. Und die habe er jetzt.

Natürlich! Das Memo von seinem Chef. Aha, ein Film über die Konzentrationslager. Sehr interessant. Ob ich Hilfe bei den Limeys erwarten könne? Zähneziehen sei leichter.

Ich versuchte, ihm mit meinem Papier zu imponieren. Aber der Captain unterstand der XV. Armee, die erst kürzlich herübergekommen war.

Dann winkte ich mit Beziehungen, die ich nicht hatte, winkte aus der Ferne mit Hollywood.

Leffkovits begann sich tatsächlich zu interessieren. Wenigstens nahm er das Telefon zur Hand. Wie sich herausstellte aber nur, um jemanden namens Ellen herbeizurufen. DP, bemerkte er kurz.

DP – *displaced persons* – bezeichnete verschleppte Menschen jeglicher Nationalität außer der deutschen, Zwangsarbeiter also.

Ellen, die *displaced person*, sah aus und sprach, als ob sie allenfalls von der Reeperbahn verschleppt worden war. Sie hatte fahlblondes Haar, trug eine tief ausgeschnittene Bluse, die ich neiderfüllt betrachtete – draußen waren 29 Grad im Schatten –, und einen engen Rock aus beigem Armeetropenstoff. Ich wäre bereit gewesen, zu wetten, daß sie außer Rock und Bluse keinen Faden anhatte. Sie bewegte sich wie eine Katze, die man beim Schlafen gestört hat, und überreichte ihrem Chef ein Glas Tomatensaft, in dem ein rohes Ei schwamm.

Von diesen beiden sollte es also abhängen, ob ich meinen Film über die Konzentrationslager drehen konnte oder nicht.

Leffkovits übertrug der befreiten Sklavenarbeiterin den komplizierten Auftrag, ihn mit seinem Vorgesetzten zu verbinden. Es ginge um diese Filmsache.

Oberst Geiger am andern Ende der Leitung war offenbar abweisend. Leffkovits verhandelte, las ihm auszugsweise mein Dokument vor, verstummte, sagte »aha« und hängte ein.

»Sorry, old boy, nichts zu machen. Wir sind hier in der britischen Zone. Wenn die nicht mitspielen wollen, können Sie ruhig wieder nach Hause fliegen.«

Er war jetzt auffallend kühl. Mir blieb nichts übrig, als mich zu empfehlen. Maggie hatte gewonnen.

Ich ging zur Tür. Im Spiegelglas der Vitrine sah ich, daß Ellen jetzt tief in einem Lehnsessel saß und ihre Beine über die Seitenlehne geworfen hatte. Sie goß sich einen Drink ein.

»Sagen Sie, Captain«, ich ging ins Zimmer zurück. »Sie haben doch sicher auch Verwandte hier drüben, in Deutschland, nicht?«

Er stand langsam auf. »Kann sein. Ja. Warum?«

»Ich dachte nur. Alle noch am Leben? Haben Sie welche gefunden?«

Leffkovits zögerte. Dann blickte er zu Ellen hinunter.

Ich wartete einen kurzen Augenblick und wandte mich zum Gehen. Leffkovits, das sah ich gerade noch, schob mit einem Ruck die Beine der verschleppten Ellen von der Lehne und kam hinter mir her. Er zog mich hinaus, in den Vorgarten, ins grelle Sonnenlicht.

»Sie müssen mich verstehen. Ich kann nichts dafür. Der Oberst hat mich angewiesen: Ihre Filmerei ist nicht zu unterstützen. Wink von oben. Lassen Sie mich nicht auffliegen, weil ich's Ihnen verraten habe.«

Wir gingen stumm nebeneinanderher. Dann murmelte er:

»Versuchen Sie es bei Wingcommander Bellamy. Der sitzt bei Oberst Halsley. Da waren Sie doch schon. Bellamy ist während des Krieges ein paarmal illegal in Frankreich gewesen. Vielleicht hat er Verständnis, aber sagen Sie nicht, daß . . .«

»Sie sind doch angeblich Verbindungsoffizier?«

Er winkte müde ab.

Jetzt wäre es erfreulich, berichten zu können, daß Wingcommander Bellamy für mein Projekt Himmel und Hölle in Bewegung gesetzt hat und ich endlich das bekam, was ich brauchte.

Ganz so war es nicht. Ich erhielt einen Jeep ohne Fahrer für vier Tage und einen Auftrag für Unterleutnant J. C. Warringer, einen britischen Armeekameramann, mir drei Tage zur Verfügung zu stehen.

J. C. Warringer stammte aus Kent. Er las die Anweisung des Wingcommanders durch und lehnte sich erleichtert wieder in seinen

Lehnsessel zurück. Seine Kamera sei seit einer Woche in Reparatur, drüben in England. Die Sache war für ihn erledigt. Er hatte keine Familienangehörigen in Auschwitz verloren, wie Captain Leffkovits. Nachkriegsprobleme des deutschen Volkes? Sie gipfelten für ihn in der gelegentlichen Beschaffung eines Strumpfbandgürtels für seine Hamburger Freundin.

Es dauerte zwei Stunden, bevor ich ihn überzeugt hatte, daß ihm unser Film möglicherweise einige Vorteile einbringen würde, wenn er Weihnachten seinen Zivilanzug hervorholte. Er versprach, sich eine Kamera auszuborgen. Gegen Bezahlung. Und er würde, ebenfalls gegen Bezahlung, einen Kameraden dazu überreden, ihm als Assistent zu dienen.

Ich hatte einen Tag, um die Darsteller zu finden.

Es war seltsam, in amerikanischer Offiziersuniform dort anzuknüpfen, wo ich vor vierzehn Jahren zum erstenmal Kontakt mit Arbeitern aufgenommen hatte. Damals recherchierte ich für unser Kollektiv, während der Vorbereitungen zu *Unser Schaden am Bein*. Ich hatte Arbeiterheime besucht und kannte noch einige Kneipen aus dieser Zeit. In einer davon, in Eimsbüttel, hatte ich Glück. Ich glaube, der Mann hieß Karl Hinrichs und war Werftarbeiter gewesen, bei Blohm & Voß, bevor man ihn nach Fuhlsbüttel brachte. Ich fragte ihn auf gut Glück, ob er Matthias Thesen gekannt habe, den ermordeten Bruder von Georg Thesen aus Luxemburg. Da kam das erste Aufleuchten.

Später fuhren wir nach Wohldorf. Dort traf ich dreißig KZ-Häftlinge, die in einer Volksschule hausten und auf die Papiere warteten, bevor sie in ihre Heimat im russischen Sektor zurückkehren konnten. Sie hatten nichts zu tun. Das Lastauto, das sie nach Hause bringen sollte, stand schon seit Tagen auf dem Hof. Abfahrbereit, bis auf eine Kleinigkeit – der Treibstoffbehälter war fast leer.

Der Corporal vom Dienst bei der britischen Armeetankstelle war schon halb bereit, mir zu helfen. Sein Chef aber hatte mich gesehen und kam heraus.

»Sie sind doch der Yank aus dem ›Atlantic‹, was?«

Sein Gesicht kam mir bekannt vor. Ich erklärte ihm die Lage und zeigte meine Papiere.

Nach einem Blick über die Straße, wo das deutsche Lastauto parkte, sagte er: »Kommt nicht in Frage. Kein Treibstoff für die Krauts. Strenger Befehl.«

Vergebens wies ich auf meinen Auftrag hin. Der Captain interessierte sich nicht dafür.

»Wenn die Yanks einen Film machen wollen, sollen sie gefälligst ihren eigenen Treibstoff mitbringen.«

Drinnen rasselte eine Klingel, und der Corporal reichte seinem Chef den Hörer durch das Fenster.

»Moment«, der Captain hielt die Hand über die Muschel und wandte sich mir zu. »Was stehen Sie noch hier herum. Sie wissen doch Bescheid. Das war mein letztes Wort.« Das Gespräch war für ihn zu Ende.

Und dann weiter ins Telefon: »Ja? Nichts. Nur so ein aufdringlicher Yank. Hier spricht Captain Donovan . . .«

Good old Donovan.

Leffkovits war wieder einmal nicht da. Und es war inzwischen vier Uhr geworden.

Weise geworden, fragte ich nach Ellen.

Sie kam die Treppe herunter und blieb stehen, als sie mich sah. Diesmal trug sie olivgrüne Armeehosen, perfekt geschneidert, und einen schwarzen Pulli, drei Nummern zu eng.

»Captain Leffkovits hat keine Sprechstunde«, sagte sie.

»Aber vielleicht Sie?« fragte ich deutsch.

Sie verzog den Mund. »Kommt nicht in Frage.«

L'attaque, toujours l'attaque! sagt Danton.

»Eigentlich will ich auch gar nicht zum Captain. Ich dachte nur neulich, vielleicht könnte man mit Ihnen einen Filmtest machen. Ich fliege nächste Woche nach London zurück.«

Das war damals noch neu.

Sie zögerte einen Augenblick, erwog das Anerbieten, schätzte wohl einen Unterleutnant in London gegen einen Captain in Hamburg ab und wiederholte: »Kommt nicht in Frage.«

»Na, denn nicht, liebe Tante«, ich wandte mich zum Gehen. Sie war mit einigen Schritten bei mir. »Sagen Sie mal, woher können Sie denn so gut Deutsch?«

»Sie haben keine Ahnung, was man in Hollywood heutzutage alles können muß«, sagte ich überzeugt und fügte versuchsweise hinzu: »Wenn man nicht zufällig Ihre Figur hat.«

»Wo wollen Sie denn Ihren sogenannten Filmtest machen?« fragte sie spöttisch. »Wohl bei Ihnen auf der Couch?« Aber die Ablehnung klang nicht ganz überzeugend.

»Nö. Irgendwo im Grünen. Jetzt gleich. Mein Kameramann ist Spezialist für Außenaufnahmen.«

Drei Minuten später erschien sie mit einem Köfferchen und kletterte in meinen Jeep.

Bei Warringer ließ ich sie draußen warten. Er saß auf dem Kanapee und beschäftigte sich mit seiner ausgeborgten Kamera.

»Los, Jimmy, pack deine Siebensachen. Wir drehen einen Filmtest!« Er schüttelte den Kopf. »Nothing doing! Ich kriege mein Material erst morgen früh. Im Moment habe ich keinen Meter Film im Haus.«

»Um so besser. Drehen wir ohne! Diesmal kommt's nicht drauf an . . .« Ich deutete durchs Fenster auf die Straße. Man konnte ein Stück meines Jeeps sehen und die Rückseite von Ellen. Aber die genügte.

Dreimal wurden wir auf unserem Weg die Elbe hinunter angehalten. Wegen Ellen natürlich. Sie zeigte jedesmal kühl ein Dokument vor, das sie als DP legitimierte. Es trug die überzeugende Unterschrift von Captain Leffkovits, US Army Liaison.

An einer einsamen Stelle hielten wir. Es war Spätnachmittag, aber die Sonne brannte noch genügend.

Ellen verschwand hinter einem Gebüsch, das ihr bis zum Gürtel reichte, und erschien eine Minute später in Army shorts und einem Hawaii-Sporthemd, dessen Zipfel sie vorn zusammenknotete. Warringer stellte sein Stativ auf und beschäftigte sich intensiv mit seiner leeren Kamera.

Ellen schritt einige Male am Objektiv vorbei, lächelte zuerst süß, dann verführerisch – für eine Großaufnahme – und schließlich, auf Warringers Regieanweisung hin, über ihre linke Schulter. Dann verschwand sie von neuem, um sich einen Badeanzug anzuziehen. Warringer sah sich das an und bemerkte leise: »Hast du was dagegen, wenn ich nächste Woche noch einen Test mache? Ich werde ihr sagen, das Material heute war unterbelichtet.«

Der Badeanzug war aus der amerikanischen PX. Sie füllte ihn hervorragend aus. Nichts an ihr schien *displaced*.

Diesmal legte sie sich in den Sand, kämmte sich in Großaufnahme das Haar und spielte einen Badegast, dem das Wasser zu kalt ist.

Warringer wollte noch einige Aufnahmen ohne Badeanzug machen, aber Ellen meinte, es würde zu spät werden.

Als ich ins Hotel Atlantic zurückfuhr, steckte eine beinahe wirklich von Leffkovits unterzeichnete Anweisung auf 120 Liter Treibstoff in meiner Brusttasche.

Mein Film würde eine andere Gestalt annehmen. Nicht der Hindernisse wegen, die mir die vereinigten amerikanischen und britischen Streitkräfte in den Weg gelegt hatten, sondern durch das Zusammentreffen mit der Wirklichkeit, mit den Heimkehrern.

Die Konzeption hatte sich geändert. Bisher hatte ich die Heimkehrer aus den Lagern als passive Figuren gesehen, als »Aufhänger« (wie man beim Film sagt) der Lagerszenen. Jetzt gewannen sie Eigenleben. Natürlich, in der kurzen Zeit und ohne Hilfsmittel würde ich nur Andeutungen zeigen können, das war mir klar.

Wir machten halt. Warringer stellte seine Kamera auf, und wir drehten die erste Szene – das Auto auf der Landstraße. Zuerst ließen wir das Auto herankommen und von uns fortfahren. Dann setzte sich Warringer auf die Haube des Jeeps, und wir filmten die beiden Männer in der Kabine. Schließlich kletterten wir zu den Ex-Häftlingen hinauf und machten ein paar Aufnahmen während der Fahrt.

Am Nachmittag des ersten Tages fanden wir ein passendes Dorf, unzerstört, in der Nähe von Geesthacht. Hier wollten wir die Rückkehr des Landarbeiters drehen.

Die Dorfbewohner zeigten offen ihre Feindseligkeit. Sie mochten die Besatzer nicht – und die ehemaligen Häftlinge noch weniger, wenn sie sich auch nichts zu sagen getrauten. Hier sollten wir die schmerzlich-frohe Heimkehr eines KZ-Entlassenen filmen?

Der Schlosser aus Frankfurt an der Oder, den ich dazu ausgesucht hatte, stand in seiner Sträflingskleidung (er besaß noch nichts anderes) am Gartenzaun des Hauses, das wir zu seinem Heimathaus erklärt hatten. Ich ließ ihn noch den davonfahrenden Genossen im Lastauto zuwinken, die ihn abgeliefert hatten. Dann sollte er sich dem Haus zuwenden und auf die Eingangstür zugehen.

Da öffnete sich unerwartet die Tür, und ein riesiger Wolfshund sprang mit langen Sätzen auf den ehemaligen Häftling zu und riß ihn zu Boden. Auf der Schwelle erschienen eine robuste Frau und ein älterer Mann.

Ich brüllte ihnen zu, sie sollten den Hund zurückrufen. Beide machten keine Anstalten dazu. Ich zog meine Pistole und legte auf den Hund an. Da erst entschlossen sie sich, ihn zurückzupfeifen.

Es blieb uns nichts übrig, als die Szene in ein anderes Dorf zu verlegen. Beim Einsteigen raunte ich Warringer zu: »Drehen!« Als wir den Ort verließen, sahen uns von überall feindselige Gesichter nach.

Der Schlosser aus Frankfurt an der Oder trug den Zwischenfall mit Humor. »Mal gespannt, was auf mich wartet, wenn ich wirklich heimkomme.«

Ich legte ihm die Hand auf die Schulter.

»Na ja«, murmelte er, »wenn ich an den Morgen denke, an dem mich die Schweine abgeholt haben, da hat keiner in der ganzen Straße auch nur einen Finger gerührt. Ob die sich jetzt freuen, wenn ich zurückkomme?«

4

Maggie, Patterson, Montague, Sam Winsten und seine Assistentin saßen hinter mir im verdunkelten Vorführraum der North Audley Street.

Das Ergebnis meiner Hamburger Woche glitt vor uns über die Leinwand. (Ich hatte tatsächlich noch zwei Tage durchgesetzt!) Die Szenen folgten einander so, wie sie aus dem Kopierwerk kamen, also keineswegs in der Ordnung, die das Drehbuch vorschrieb. Die ersten Bilder zeigten einige unbeschädigte Fabriken, die aussahen wie im Frieden. Später würde hier der Kommentar darauf aufmerksam machen, wie die deutsche Großindustrie die Nazis subventioniert hatte.

Die Großaufnahmen der befreiten Häftlinge kamen, eindringlich und mahnend. Der kleine britische Unterleutnant aus Kent mochte wirklich keine Ahnung haben, worum es hier ging. Aber fotografieren konnte er. Auch seine Fähigkeit, schnell zu reagieren, war bemerkenswert. Das feindliche Dorf, die Blicke, die uns folgten, sogar den Zwischenfall mit dem Hund hatte er festgehalten. Das war übrigens das einzige Mal, daß ich hinter mir ein Flüstern hörte.

Der Abschied zweier junger Menschen. Ein paar Männer auf dem Weg zur Arbeit. Sie stiegen vor einer Bahnschranke von den Fahrrädern. Im fertigen Film würde hier ein vorüberfahrender Truppentransporter eingeschnitten werden. Fensterläden und Türen, die hastig geschlossen wurden. Ein Treppenhaus, hinter dessen gußeisernem Geländer sich neugierige Hausbewohner zeigten und schnell verschwanden. Eine Plakatwand, an der wir noch die Ankündigungen von Veranstaltungen der NSDAP gefunden hatten. Ein Briefträger – das war ein Zufallstreffer – in einer kleinen Episode. Vor dem Krieg war er in einem Arbeitertheaterzirkel aufgetreten. Seine Hand, die einen schicksalsschweren Brief aus der Tasche hervorsuchte und übergab. Seine Augen hinter dicken Brillengläsern, teilnehmend, aber viel zu vorsichtig, um sich zu verraten. Eine alte Frau mit knochigen, gefalteten Händen, die am Fenster saß und still wartete. (Sie wartete tatsächlich seit zwei Jahren auf ihren vermißten Sohn.)

Als das Licht im Vorführraum wieder eingeschaltet wurde, herrschte eisiges Schweigen. Auf meine Frage, was sie von dem Material dächten, antwortete Montague: »Stell es erst mal zusammen, wir werden ja sehen.«

Als wir damit fertig waren, gab es mit einemmal keine Eile. Die große, entscheidende Vorführung hatte plötzlich Zeit.

Ich wandte mich an Maggie. Süß lächelnd riet sie, ich sollte mich entspannen, auf ein paar Tage käme es doch nicht mehr an. Es sei eben schwer, die Gottöbersten zusammenzubringen.

»Wen denn von den Gottöbersten?« fragte ich ahnungsvoll.

»Na, Hanuš, wir haben doch diametral verschiedene Ansichten in dieser Angelegenheit. Da muß eben jemand entscheiden, nicht wahr?«

Was gab es da zu entscheiden? Hatte ich nicht ein Papier in der Tasche, mit dem Stempel der XII. Armeegruppe? Eigentlich konnte doch nur Eisenhower diesen Stempel annullieren.

5

Eisenhower und die Seinen hatten inzwischen anderes zu tun, als sich um das Schicksal eines Films über die Konzentrationslager zu kümmern.

Am 6. August 1945 starb innerhalb einer Sekunde eine ganze, blühende Stadt – der größte Massenmord der bisherigen Weltgeschichte.

Der Krieg würde nun jeden Augenblick zu Ende sein. Trotzdem war wenigen der Menschen, mit denen ich in jenen Tagen außerhalb der North Audley Street zu tun hatte, wohl in ihrer Haut.

Im Grunde war doch dieser Krieg ein Feldzug gegen die Unmenschlichkeit gewesen. Aber Hiroschima, quasi fünf Minuten vor Schluß, hatte nun unsere Seite unerträglich belastet. Mit den – relativ – sauberen Händen war es nun nichts mehr.

Ich hatte mir nie Illusionen gemacht: Keine Seite hat in einem Krieg saubere Hände, weil man in unserem Zeitalter wohl keinen Krieg mit sauberen Händen führen kann, das gehört zu seinem Wesen. Aber es war doch ein Krieg, den unsere Seite mit gerechten Motiven geführt hatte, daran konnte für mich auch jetzt kein Zweifel sein.

Der Entschluß zum Abwurf der beiden Bomben war keineswegs ohne Widerstand von seiten einiger Eingeweihter gefaßt worden. Es gab unter anderem den sogenannten »Franck Report« (Nobelpreisträger James Franck, einst Professor in Göttingen), der als Ersatz für den geplanten Abwurf der Bomben über Japan vorschlug, die Demonstration der neuen Waffe könne am besten vor den Augen von Vertretern der Vereinten Nationen und der betroffenen Regierungen in einer Wüste oder auf einer unfruchtbaren Insel erfolgen. Der Aufruf wurde einer allerhöchsten Fachkommission vorgelegt, die dagegen entschied.

Natürlich wußte ich von den Hintergrundfakten damals noch nichts. Die Zeitungen, in jenen Tagen, waren voll von Schilderungen über das mutmaßliche Schicksal der Stadt, und das meistgehörte Argument für die Entscheidung war jenes, daß ein Ende mit Schrecken besser sei als ein Schrecken ohne Ende und daß es im Grunde nur darum gegangen sei, »to save american lives . . .« Aber Japan war schon vor der Bombe bereit, aufzugeben.

Heute stellt sich die Geschichte so dar:

Im Februar 1945, in Jalta, als der Sieg über Nazideutschland in greifbarer Nähe war, hatte sich die Sowjetunion den Westmächten gegenüber verpflichtet, ihnen gegen Japan beizustehen. Die Russen sollten, gemäß ihrem gegebenen Wort, genau drei Monate nach Schluß der Feindseligkeiten in Europa Japan den Krieg erklären. Die Alliierten brauchten diese Hilfe, nahmen sogar die spätere Teilnahme der Russen an den anschließenden Siegeskonferenzen in Kauf, denn sie versprachen sich davon ebenfalls »to save American lives«. Und, vergessen wir nicht, die Atombombe war damals noch in den Windeln. Niemand, nicht einmal die Eierköpfe des »Manhattan project«, konnte damals garantieren, daß sie zustande kommen, rechtzeitig zustande kommen und den gewünschten Effekt haben würde.

Erst am 16. Juli, ein halbes Jahr nach Jalta, kam es zum ersten Test, in der Wüste von New Mexico. Zum ersten Mal in der Geschichte stieg der furchtbare Pilz in den Himmel. Am nächsten Tag wußten die Amerikaner, was für eine Waffe sie in der Hand hielten.

Jetzt brauchte man die Russen nicht mehr. Im Gegenteil. Jetzt konnte man die Japaner auch ohne sie in die Knie zwingen. Die Russen zurückpfeifen ging auch nicht mehr: Sie standen ja schon in voller Stärke an ihren Aufmarschpunkten. Jetzt ging es darum, ihnen die Schau zu stehlen.

Man beschloß also, die Friedensfühler der Japaner völlig außer acht zu lassen. Selbst Churchill spricht von ihnen, und es gab deren einige.

Keine zehn Tage nach dem Test in New Mexico teilte Truman in Potsdam Stalin mit, man habe eine neue, gigantische Bombe, aber – Churchill war Augenzeuge – Stalin begriff offenbar die Tragweite dieser Mitteilung nicht. Er versicherte nur, daß die Russen ihr Wort pünktlich halten würden. Das hieß – am 8. August.

Am 6. August fiel die Bombe auf Hiroschima. Dann, am 8. August, griffen die Russen an. Anderntags wurden mittels einer zweiten Bombe anderen Systems, doch mindestens gleicher Mordkraft, auch noch Nagasaki und die meisten seiner Bewohner ausgelöscht. Schließlich besaß man ja noch diese zweite Bombe, und die Gelegenheit, sie am lebenden Objekt auszuprobieren, würde so bald nicht wiederkommen. Wenn ein Gassenjunge mit einem Stein ein

Fenster einwirft, kann er auch noch gleich ein zweites einwerfen, die Schelte wird darum nicht wesentlich größer.

Über das oft wiederholte Argument, im Grunde sei das Abwerfen der Bomben trotz allem human gewesen, denn es habe amerikanische Menschenleben gerettet, mußte ich lange nachdenken. Etwa zweieinhalb Jahre später, ich war damals *film program officer* der UNO und Angestellter ihres Sekretariats, las ich in der Zeitung eine Notiz über Versuche mit biologischen Waffen an lebendigen Menschen. Empört sprach ich darüber am selben Morgen mit einem Experten im Foyer des damaligen UNO-Gebäudes in Lake Success. Er war wütend über diese Zeitungsmeldung.

»Sehen Sie«, sagte er, »so unzuverlässig ist unsere Presse. Ich weiß, daß es solche Versuche gibt, aber ich kann Ihnen versichern, daß wir solche Versuche an weißen Menschen nie machen würden . . .«

6

Am 16. August betrat ich wie gewöhnlich das Haus in der North Audley Street. Kam es mir nur so vor, oder sahen mich heute die Mädchen etwas mitleidig an?

Ein Mann im grauen, eleganten Straßenanzug saß bei Patterson im Büro, ein Whiskyglas in der Hand.

»Hallo, Leutnant«, sagte er.

Das Gesicht kannte ich aus den Illustrierten. Billy Wilder, ein Mann, dessen Werk ich kannte und mochte – *The Major and the Minor, Frau ohne Gewissen* –, verantwortlich für einen der interessantesten Vorkriegsfilme: *Menschen am Sonntag* und leider auch für eine Unmasse Kitsch wie *Der blonde Traum*.

Billy Wilder streckte seine Hand aus und fuhr fort, seinen Witz zu erzählen.

Nachdem genügend gelacht worden war, erklärte Patterson: »Billy ist eigens über den Ozean geflogen, um uns zu helfen. Ich glaube, wir sind alle froh, ihn hier zu haben!« Er räusperte sich. Offenbar wollte er etwas Unangenehmes möglichst schnell und diplomatisch aus dem Weg räumen.

»Wir haben uns, Hanuš, an unsere Leitung gewandt, da zwischen uns ja eine fundamentale Meinungsverschiedenheit besteht. Die Sache wurde nun endlich zu jedermanns Zufriedenheit gelöst, indem man uns Billy herübergeschickt hat. Was Filmerfahrung anlangt, ist er uns ja allen überlegen, nicht wahr, Hanuš? Und er wird dir gewiß auch viel Verantwortung abnehmen, da er sozusagen die Oberaufsicht über den Film übernimmt.«

Das Wort Verantwortung schien Billy nicht zu behagen. »Na, so war's wieder nicht. Ich hab' den Leuten in Washington gesagt, ich seh' mir das Zeug unverbindlich an und sage, was ich davon halte. Dann könnt ihr tun, was euch beliebt. Die Verantwortung habt ihr. Ich hab' nur eine Meinung.«

So war das also. Deshalb hatte man mich bereitwillig auf den Kontinent geschickt, hatte mir dort die Wege verbarrikadiert, um Zeit zum Manövrieren zu gewinnen. Lange bevor ich in Hamburg zu drehen begann, mußten sie das eingefädelt haben.

Zuerst dachte ich, alles sei verloren. Billy Wilder war ein großartiger Filmmann, ein cleverer Autor und ein Regisseur von Ruf und Ansehen. Aber konnte ein Mann, der die schweren Jahre in Kalifornien verbracht, der in keinem seiner Filme auch nur andeutungsweise einen Funken von *compassion* für die Opfer der Unmenschlichkeit verraten hatte, konnte ein – zugegeben – blendender, souveräner Mann des Entertainment Verständnis für das Problem unseres Films aufbringen? Künstler wie Capra, Wyler, Litvak und viele andere hatten ihre Stellungen für die Kriegsdauer an den Nagel gehängt, um zu helfen – konnte es vielleicht sein, daß er es ihnen, wenn auch etwas reichlich verspätet, gleichtun wollte? Hier sah ich eine winzige Chance für den Film.

Wir frühstückten im Hotel Claridge, wo er sich einquartiert hatte. Er war aufgeräumt und lärmend, sprach meist mit abgehackter Stimme, als produziere er sich vor einem zahlenden Publikum, als müsse jeder Satz wie ein druckreifer Aphorismus wirken. Äußerte er einen ernsthaften Gedanken, sprach er ihn gleichsam in Anführungszeichen, als habe er sich diese Weisheit längst an den Schuhsohlen abgelaufen, vielleicht aber auch, als schäme er sich für jede Andeutung von Pathos.

Nach dem Frühstück nahm er mich mit in den Vorführungsraum der Paramount Pictures, wo er einer kleinen Gruppe von Freunden – Raymond Massey, Rex Harrison und Eric Ambler – seinen letzten

Film vorführte: *Das verlorene Wochenende.* Ich war beeindruckt. Hier war, neben bravourös eingesetzten Filmeffekten, wirkliches Mitgefühl. Ich begann zu hoffen.

Am Nachmittag allerdings kam eine andere Seite seines Wesens zum Vorschein: der Snob. Londons vornehmster Schuhmacher, »The King's Bootmaker«, mußte Billy Wilder Maß für ein Paar Schuhe nehmen. Während die Zeremonie vor sich ging, sah ich mich im Laden um, der bestimmt schon Heinrich VIII. Schuhe geliefert hatte. In einem Schaukasten bemerkte ich ein Paar Pantoffeln von bestechend einfacher Form, eigentlich waren es nicht mehr als zwei kurios geschnittene Stücke Filz. Ich fragte ohne Kaufabsichten nach dem Preis und fiel beinahe in Ohnmacht, als der würdige Herr Bootmaker, der gerade Billys Fuß besichtigte, fünf Guineas sagte. Die ehrfürchtig wartenden Kunden hoben ihre aristokratischen Augenbrauen und erstarrten zu Eis, als der amerikanische Gast mit lauter Stimme verkündete: »Packen Sie mir drei Paar ein. Ich kann mir das erlauben. Ich bin einer der reichsten Männer von Hollywood.«

Er gab sich zynischer, als er in Wirklichkeit war. Wenn kein Dritter zuhörte, wirkte er seriöser und auch weniger ermüdend. Ich fragte mich, warum wohl seine Filme, die er meist selber schrieb, so viel glaubwürdiger und sympathischer waren als er selber. Wahrscheinlich hätte er selbst die Figur Billy Wilder, die er seiner Umwelt darbot, in einem Drehbuch als »übertrieben, unwahr, tendenziös oder zu karikaturistisch« abgelehnt.

Nachmittags um fünf fand die Vorführung meines Rohschnitts statt.

Als wir den kleinen Raum betraten, beladen mit den Paketchen von Billys Einkäufen, saßen Patterson, Montague und Maggie schon da. In der letzten Reihe hinter seinem Tischchen, über dem eine trübe Birne brannte, Sam und seine Assistentin Gwen.

Billy nahm in der ersten Reihe Platz. Er drehte sich nach uns um und ließ ein Feuerwerk von witzigen Bemerkungen los, die zu meinem Erstaunen Sams Assistentin galten. Er hatte sie soeben zum erstenmal gesehen. Gwen war ein scheues, sehr schönes, etwa neunzehnjähriges Mädchen, verlobt mit einem Leutnant, der in Burma stand. Billy ließ kein Auge von ihr.

Der Raum verdunkelte sich, und die ersten Bilder erschienen.

Eine herbe, norddeutsche Landschaft, wenige, aber eindrucksvolle Spuren des Krieges, der Kapitulation. Am Feldrand ein rostender Panzer, das Hoheitszeichen noch deutlich erkennbar. Am Horizont ein Lastauto. Es kommt näher. Nichts Besonderes, nur – es trägt keine Kriegsbemalung. Der Mann am Steuer, offensichtlich Berufsfahrer. Die Kamera schwenkt auf seinen Nebenmann. Ein zerfurchtes Gesicht. Die Augen liegen tief in den Höhlen. Seine Kleidung fällt auf: Häftlingskleidung.

»Sieht tatsächlich wie ein Pyjama aus«, sagte Billy.

Beifälliges Hüsteln von seiten Pattersons.

»Vier Sekunden, länger nicht, Sam. Der Rest in den Kübel.«

»Jawohl!« erklang die Stimme Sams aus dem Hintergrund. Sie kannten einander aus Hollywood. »Das ist ja ein Rohschnitt.«

Die erste Rückblende nahm ihren Anfang. Ein romantischer See in den Voralpen, ein Ruderboot, ein schönes Mädchen in weißer Tenniskleidung. Plötzlich das Lager Ebensee und ein beabsichtigter Schock: ein Geretteter, ein nacktes, lebendes Gerippe, dann einige Tote.

Billy sah sich das Ganze drei Sekunden an, dann drehte er sich demonstrativ um und konzentrierte sich den Rest der Vorführung auf Gwen. »Sagt mir, wenn die Szenen im Lager vorbei sind«, schnarrte er, wobei er geräuschvoll in die vorletzte Reihe übersiedelte, von wo aus er Gwens Beine genauer inspizieren konnte. Er kann, dafür lege ich meine Hand ins Feuer, allerhöchstens zweieinhalb Minuten des Films gesehen haben.

Als es hell wurde und wir aufstanden, raunte er mir zu: »Verschaffen Sie mir die Telefonnummer der Assistentin.«

In Pattersons Büro eröffnete er die Diskussion, die keine war. »Wie lang ist das Ganze jetzt?«

»Siebentausend Fuß, Rohschnitt, natürlich«, sagte Sam.

»Zwölfhundert Fuß ist das Limit. Den Quark rundherum weg, will ohnehin keiner wissen, und von den Schauergeschichten nur das Nötigste. Ich möchte das gar nicht mehr sehen. Sam, du weißt ja selbst, wie man das macht. Schock – Tränendrüsen – noch mal Schock, und dann am Schluß eine Beruhigungspille, daß so etwas nicht wieder vorkommen kann, mit Eisenhower und Churchill und Truman, und meinetwegen Stalin als Garantie. Das kannst du in einer Woche fertig haben. Wenn's sein muß, komme ich mir's dann sogar mal ansehen. Auf Wiedersehen, meine Herren. Leutnant Burger, vergessen Sie nicht, Sie haben einen Auftrag.«

Weg war er.

Maggie, Montague und Patterson bemühten sich, nach seinem Abgang sogar nett zu mir zu sein. So nett, wie wahrscheinlich der Polizeichef von Monte Carlo zu einem Pechvogel ist, der im Casino sein letztes Hemd verloren hat und den er nun zum Bahnhof eskortieren läßt, um ihn auch sicher abzuschieben.

Es dauerte achtundvierzig kostbare Stunden, bevor ich Oberst Powell in Bad Wildungen am Telefon hatte.

»Nichts zu machen«, sagte er, »die Sache ist gänzlich in die Hände der Office of War Information übergegangen. Wenn die einen so bekannten Hollywoodmann herübergeschickt haben, dann ist jeder Protest zwecklos. Na, wein' man nicht, Hanuš. Ich werde zumindest drauf bestehen, daß der Autor des Kommentars von der Armee bestimmt wird. Immerhin haben ja unsere Jungens die meisten Aufnahmen gemacht.«

Ich ging zu Billy Wilder ins Hotel.

Er war großmütig. Dabei gingen, wie sich jetzt herausstellte, seine Vollmachten so weit, daß er es gar nicht nötig hatte, sich zu rechtfertigen. »Schauen Sie, Leutnant«, sagte er, während er seinen Rasierapparat über die Haut gleiten ließ, »vom Film verstehe ich was und wie er auf die Leute wirkt. Den Zimt, den Sie da rundherum gedreht haben, in allen Ehren, aber das interessiert keinen. Und was die Lager anlangt, da wird mir nach zehn Metern übel, und ich bin was gewohnt. Ich habe sogar in einer Trinkerheilanstalt übernachtet, für *Das verlorene Wochenende.*«

»Aber wie wollen Sie, daß die Deutschen begreifen, was da in ihrer Mitte und in ihrem Namen geschehen ist? Die Zahlen der Opfer sind noch nicht veröffentlicht. Aber einer von der Militärregierung, der die Statistiken gesehen hat, sagt, es geht in viele Millionen!«

Er schüttete Lavendelwasser auf die Hände und behandelte eingehend das Gesicht.

»Sehen Sie, und gerade deshalb glaube ich, daß die Deutschen von alldem die Nase voll haben. Die wollen in den nächsten drei Generationen bestimmt nichts mehr mit dem Nazismus zu tun haben. Überhaupt – ich halte nichts von der erzieherischen Mission des

Films. Ein Film muß unterhalten, und ich bemühe mich, die Leute intelligent zu unterhalten. Mit Ihrem Film stoßen wir sie vor den Kopf!«

»Aber das soll doch kein Reißer für ein Familienpublikum am Sonntagabend in New Jersey werden. Wir brauchen weiß Gott keine Angst zu haben, die armen Nazis vor den Kopf zu stoßen. Die haben sich auch nicht geniert . . .«

Billy band jetzt sorgfältig seine dunkelblaue Krawatte. »Hören Sie, Leutnant, ich möchte Ihnen was im Vertrauen sagen. Ich habe mich auf dem Herweg in Washington aufgehalten und ein wenig herumgehört. Da hat mir einer der maßgebenden Herren etwas verraten. Die Militärregierung im besetzten Deutschland, hat der Mann gesagt, die können wir auf die Dauer nicht den Frontsoldaten überlassen. Erstens wollen die heim, und das kann ihnen keiner verübeln. Und zweitens sind diese Leute voreingenommen. Man kann nicht erst dreieinhalb Jahre auf die Krauts schießen und von ihnen beschossen werden und dann noch objektiv sein. Und – objektiv gesehen, so unsympathisch sie uns auch sein mögen, so sind sie doch – bitte, ich zitiere jetzt wörtlich den Onkel in Washington – unsere logischen Verbündeten von morgen. Und die kann man doch nicht vor den Kopf stoßen.«

Sprach's und flog nach Berlin.

Gerhard Hinze, mein alter Freund aus Hamburg, ein Mann, der das KZ, Jahre der Emigration, den traurigen Zusammenbruch des wolgadeutschen Theaters und ein britisches Internierungslager hinter sich hatte, lachte mich aus, als ich ihm mein Herz ausschüttete: »Du bist noch immer so naiv wie damals, Hanuš. Die sind doch nicht von gestern! Die lassen sich doch nicht für ihr Geld von einem kleinen tschechischen Leutnant einen Anti-Nazifilm fabrizieren. ›Vorzeitiger Antifaschist‹ genügt dir wohl nicht? Wenn die jetzt aus dir noch einen verspäteten Antifaschisten machen, dann kannst du dich begraben lassen, wenn du zurückkommst.«

Im letzten Augenblick, gerade als Sam und ich den Torso des Films fertiggeschnitten hatten, kam doch noch eine freudige Überraschung: Der Oberst hatte Wort gehalten und als Textautor einen guten Mann durchgesetzt: Oskar Seidlin, der in der letzten Phase von Radio 1212 den täglichen Kommentar geschrieben hatte.

Niemand störte uns. Billy Wilder war in Berlin, Oskar und ich arbeiteten wie die Bienen, und die übrigen kümmerten sich nicht um das Schicksal des Films, den sie in den Händen Sams und Billys wußten.

Dann kam Billy Wilder aus Berlin zurück. Er war voll neuer Eindrücke, und er war einem Stoff auf der Spur. *A Foreign Affair* würde er heißen, und er hoffte, Marlene Dietrich dafür zu gewinnen. Bei den amerikanischen Verbänden, die in Berlin stationiert waren, hatte er nicht versäumt anzudeuten, daß er Studien für ein Drehbuch betreibe. Daraufhin purzelten die beiden Divisionskommandeure förmlich übereinander, um dem großen Gast aus Hollywood das Leben so angenehm wie möglich zu machen.

Die Abnahme des Films am nächsten Tag verlief überraschend glatt. Oskar las seinen Kommentar in deutscher Sprache, da Billy ihn ja verstand und die übrigen zumindest vorgaben, Deutsch zu verstehen.

Patterson unterschrieb die nötigen Papiere, und der Film *Die Todesmühlen* begann seine letzte Herstellungsphase. Meine Mission in London war beendet.

7

Vor dem Verwaltungsgebäude der Bavaria-Filmkunst in Geiselgasteig bei München stand ein Mädchen. Sie hatte halblanges rostbraunes Haar, breite, jungenhafte Schultern und schmale Hüften. Sie trug einen marineblauen Pullover und einen dunkelblauen Rock. Die Beine darunter waren braun – man sparte Strümpfe, der Oktober war warm und sommerlich. Sie hatte eine Stupsnase und wollte offenbar aus Neugierde sehen, wer da angekommen war.

Mein Begleiter, der unseren Lkw am Portal übernommen hatte, war Oberleutnant Möller, ein Ritchie-Mann wie ich. Er registrierte meinen Blick in Richtung Stupsnase und sagte beiläufig, das sei eine geschiedene Frau, sie hieße Anette und sei besetzt. Möller war hier im Studio, wo ich meinen Film zu Ende machen sollte, personnel officer, das heißt, er war verantwortlich für die Entnazifizierung. Eine Anzahl deutscher Spezialisten, alle von ihm geprüft, arbeitete bereits. Einige Produktionsleiter, Schnittmeister und Verwaltungsbeamte hatten tatsächlich, wie er mir versicherte, weiße Westen. Sie konnten nachweisen, daß sie nie Nazis gewesen waren, zumindest nicht in der Partei – das war also möglich –, oder sie hatten gar unter der weißen Weste ein rosafarbenes Unterhemdchen entdeckt.

Möller zeigte mir die Schneideräume. Dort herrschte bereits Sam Winsten. Der kleine ältliche Cutter aus Hollywood war wie ausgewechselt. Die Uniform machte ihn jünger und selbstbewußter – hier war er jemand! Er hatte sechs Schnittmeisterinnen unter sich, die einstweilen nichts taten, als sich zu sonnen, ihr Englisch mit Hilfe von amerikanischen Krimis aufzupolieren und einträgliche Tauschgeschäfte mit Zigaretten zu betreiben.

Will Roland, der Studiochef, ein Mann der Informationskontrolle (ICD), lud mich zu einem Drink in sein Büro. Er schien freundlich und interessiert, aber ich sah jetzt überall Feinde, die meinen Film noch in letzter Minute torpedieren konnten. Denn trotz aller Eingriffe war er, auch wegen des starken Kommentars, immer noch eindrucksvoll und wert, daß man sich dafür schlug.

»Die Vorführung ist um drei«, sagte Roland. »Haben Sie was dagegen, wenn wir soviel Deutsche wie möglich einladen? Ich möchte sehen, wie sie reagieren.« Ich fand, das sei eine gute Idee.

Draußen verabschiedete sich Möller. Ich fragte, was am Abend hier los sei. Er entschuldigte sich. Ich müsse ausnahmsweise allein ins Kino gehen oder in den Offiziersklub in München. Er selbst sei eingeladen. »Ich wußte nicht, daß du heute schon kommst, sonst hätte ich dich auch einladen lassen. Kleine Party, übrigens bei der Kleinen von vorhin. Schade. Na, du wirst sie ja alle hier nach und nach kennenlernen.«

Die Kleine von vorhin, mit dem rostbraunen Haar, steckte oben im ersten Stock gerade ihre Nase aus dem Fenster. Aus dem dritten Fenster von links.

Ich sprach noch mit den Leuten vom Kopierwerk, sah mir in Halle eins die Dekorationen an, die, seit Goebbels den Totalen Krieg verkündet hatte, nicht benutzt worden waren.

Dann ging ich ins Verwaltungsgebäude, klopfte an die dritte Tür von links und fragte die Stupsnase, ob ich telefonieren könne und welche Nummer Oberleutnant Möller habe.

»Hör mal, Paul«, sagte ich, »was machen wir eigentlich heute abend?«

Möller war etwas perplex. »Bist du schwachsinnig geworden, alter Junge? Ich habe dir doch vor einer Viertelstunde gesagt, daß ich heute abend . . .«

»Schade«, sagte ich und hängte ein. Sagte danke schön und war draußen.

Als ich Möller eine halbe Stunde später beim Essen traf, grinste er. Zufällig habe ihn zehn Sekunden nach meinem Anruf jene Kleine von vorhin angerufen, ob er »diesen neuen Leutnant« nicht am Abend mitbringen wolle.

Die Kantine sah aus wie eine ländliche Gaststube mit einem großen grünen Kachelofen und imitierten Bauernmöbeln. Dort aßen die Amerikaner und deutsche Mitarbeiter, mit denen es etwas zu besprechen gab. Allerdings: die Deutschen erhielten anderes Essen. Hatten wir Amerikaner, wie heute, Tomatensaft, Bouillon mit Ei, Braten mit Kartoffeln und Gemüse und schließlich Bohnenkaffee und Gebäck, so bekamen die Deutschen am gleichen Tisch Kartoffelsuppe, Kartoffeln mit Kohl und Ersatzkaffee. Hat jemand schon einmal versucht, Kohl und Kartoffeln zu essen, während ihm Bratenduft um die Nase weht?

Bei der Vorführung des Films waren über dreißig Deutsche anwesend. Sam drückte auf einen Knopf, und der Film begann. Ich las den Kommentar in deutscher Sprache.

Zum erstenmal lief der Film vor dem Publikum, für das er bestimmt war. Trotz aller Schnitte waren zumindest die Reportagen aus dem Umfeld der Lager, die Montage jener Besichtigungsexkursion von Buchenwald, mit den Gesichtern Weimarer Bürger, konfrontiert mit den Dingen, die sich in ihrer unmittelbaren Umgebung abgespielt hatten, und die Gegenüberstellung der »heiligen Eide und deutschen Gelöbnisse« und der Alpdruck-Sequenzen von Bergen-Belsen und Treblinka intakt geblieben. Daran hatte ich Sam Winsten nichts ändern lassen. Und so kam doch ein Großteil dessen, was mir im Mai vorgeschwebt hatte, trotz allem durch.

Nach der Vorführung herrschte Stille, Betretenheit. Die Herren Verwaltungsdirektoren, Aufnahmeleiter, Ausstattungschefs und Beleuchter hatten rote Köpfe bekommen. Einige wischten sich verstohlen den Schweiß vom Nacken.

»Nun«, sagte Roland, »was meinen Sie dazu, meine Herren?« Da alles stumm blieb, wandte er sich direkt an einen der leitenden Angestellten, einen dicken Endfünfziger. »Bitte, was meinen Sie?«

Der Mann fuhr sich mit dem linken Zeigefinger hinter den steifen Kragen, blickte sich um und hüstelte. Von seinen Kollegen kam keine Hilfe. Bei einigen bemerkte ich sogar ein Gefühl der Erleichterung, daß es jemand anders erwischt hatte.

»Hm . . . schwer zu sagen . . . das, was wir da gesehen haben . . . ist so furchtbar, so . . . unerwartet. Ich persönlich wußte ja von alldem gar nichts. Ja, kann denn das alles wahr sein? Es muß wohl, denn so was kann man sich ja nicht ausdenken. Aber ich kann Ihnen versichern, Gentlemen, ich wußte von alldem nichts, rein gar nichts.«

Er schwieg und fuhr sich mit dem Taschentuch über die Glatze. Der neue Verleihmanager nickte eifrig mit dem Kopf:

»Jawohl, das wollte ich auch sagen. Ich habe nicht geahnt, daß solche Dinge vorgegangen sind. Hinter unserem Rücken, nicht wahr, Otto? Das ist ja das Furchtbare!«

Otto war wohl einer der Beleuchter. Er war direkt aufgebracht: »Jawohl! Hinter unserm Rücken! Es ist unvorstellbar! Und das schlimmste ist, daß man uns jetzt dafür alle in einen Topf werfen wird, wo wir doch . . . alsdann, *ich* wußte absolut nichts davon!«

Die Nervosität ebbte ab. Einige flüsterten miteinander.

Der prominenteste der anwesenden Deutschen hatte sich gefaßt. Das war er seiner Stellung schuldig. »Gestatten Sie, Mister Roland, wenn ich – gewiß im Namen aller hier anwesenden Deutschen – noch ein paar Worte sage. Nämlich, daß wir von dem Schrecklichen, das wir gerade gesehen haben, nichts, aber auch wirklich nichts Konkretes gewußt haben. Im allgemeinen wußten wir natürlich, daß es solche . . . solche Umerziehungslager gab – ich war immer dagegen! – aber daß es dort so ausgesehen hat . . . haben soll . . . na, auf jeden Fall danke ich Mister Roland und den anderen Herren für die Möglichkeit, diese Dinge zu sehen, noch rechtzeitig, bevor . . . bevor es zu spät ist. Denn dieser Film, meine Herren, wenn er gezeigt würde . . . ich sage ausdrücklich, *wenn* er gezeigt würde . . .«

»Einen Augenblick, bitte«, sagte eine helle Stimme. Es war die Kleine mit dem rostbraunen Haar. Sie wurde rot bis über beide Ohren, da sich ihr alles zuwandte.

»Ja?« fragte Roland.

»Ich . . . ich möchte sagen, daß ich nicht mit dem Herrn Direktor übereinstimme. Ich bin zwar halb so alt wie er, aber gewußt habe ich davon. Und ich glaube . . . er auch. Und Herr Hinterlöhner auch, und die anderen Herren auch . . .«

Der Dicke explodierte: »Was erlauben Sie sich da, Frau Richter? Was haben Sie denn da dreinzureden? Halten Sie gefälligst den Mund!«

Roland stand auf und sagte sehr bestimmt: »Bitte, lassen Sie Frau Richter ausreden. Wir haben alle Anwesenden nach ihrer Meinung gefragt. Wir verbieten keinem den Mund. Bitte, Frau Richter!«

Sie stand auf. Sie wußte, daß es um ihre Stellung ging, zumindest in diesem Betrieb. »Ich habe schon gesagt, daß man bei uns zu Hause etwas davon gewußt hat. Ich komme aus Westfalen, ich war sehr jung, als das Dritte Reich anfing, dreizehn . . . Damals hat man schon von diesen Lagern gesprochen. Und ich kann mir nicht vorstellen, daß die Herren, die doch damals schon im Beruf standen, nichts davon gewußt haben. Es waren Millionen Menschen in diesen Lagern, das ist doch jetzt bewiesen. Und viele haben rundherum in den Steinbrüchen gearbeitet und in den Fabriken . . .«

»Bitte sehr«, meldete sich ein junger Maskenbildner zu Wort, »geahnt hat mancher was. Zum Beispiel, wie man damals den Hans Otto abgeholt hat, und daß man ihn erschlagen hat, da wußte das ganze Deutsche Theater davon, George und Krauß und Klöpfer, alle . . .«

»Herr Mahnke, ich muß schon sehr bitten . . .«, fuhr der Dicke wieder dazwischen, vergebens die goldene Mitte suchend zwischen versteckter Drohung und Rücksicht auf die anwesenden Vertreter der amerikanischen Demokratie.

»Ich dachte, hier soll jeder seine Meinung sagen?«

Der junge Maskenbildner hatte einen roten Kopf, wie vorher Frau Richter.

Die Kleine mit den Sommersprossen auf dem Nasenrücken und dem rostbraunen Haar hatte offenbar frischen Mut gefaßt. »Herr Hinterlöhner (das mußte jemand vom Kopierwerk sein, den ich vorhin kennengelernt hatte), auf Ihrem Schreibtisch steht ein Foto vom Traunsee, weil Sie mit Ihrer Familie öfter nach Ischl fahren. Dieses KZ Ebensee, das muß doch dicht dabei liegen, glaube ich. Da muß Ihnen doch was aufgefallen sein! Und Sie, Herr Gallinger [das war einer der Tonmeister], Sie sind doch von hier, von München. Glauben Sie, daß es bei uns hier viele unseres Jahrgangs gibt, die noch nie etwas von Dachau gehört haben?«

»Frau Richter, ich warne Sie zum letztenmal«, ertönte wieder die asthmatische Stimme des Dicken.

Möller konnte nicht an sich halten. »Entschuldigen Sie, Mr. Roland, daß ich auch ein Wörtchen mitrede.« Das sagte er auf englisch und fuhr dann deutsch fort: »Sehen Sie, meine Herren, ich habe in diesen letzten anderthalb Jahren viele Hunderte Ihrer Landsleute verhört. Zwar hat fast jeder von ihnen beteuert, er habe nichts von den Lagern gewußt. Aber wenn er in die Enge getrieben wurde und über seine Nazivergangenheit aussagen sollte, dann hatte plötzlich jeder dieser Helden seinen privaten jüdischen, sozialdemokratischen oder kommunistischen Freund, den er persönlich versteckt oder sonstwie gerettet hat. Wovor gerettet? Können Sie mir das sagen, meine Herren? Vor einer Geldstrafe wegen Übertretung des Parkverbots – oder vor den Gaskammern von Auschwitz?«

»Ich glaube«, sagte Roland, »das genügt. Wir haben beide Seiten gehört. Ich danke Ihnen. Es war sehr aufschlußreich. Ich möchte jetzt nur noch der Form halber die Versicherung der Herren von der Leitung hören, daß sie natürlich auch weiterhin froh sein werden, so energische und offenherzige Kräfte in diesem Betrieb zu beschäftigen.«

Von der Party am Abend weiß ich nur noch, daß sie heiter und alkoholisch verlief. Ich weiß nicht, ob ich gesprächig war, ob ich mit Anekdoten oder mit profundem Wissen zu brillieren versuchte oder meinen Mund hielt. Dagegen erinnere ich mich sehr deutlich, daß ich so um halb zwei, als die Wirtsleute vom Skat nach Hause kamen und sich die Party auflöste, Anette vorschlug, mich noch ein wenig zu begleiten – meine Kollegen braus ten inzwischen in ihrem Jeep davon.

Das Studio der Bavaria, auf dessen Gelände man mich einquartiert hatte, lag zwei Kilometer von Anettes Wohnung. Die Nacht war mild. Ich glaube nicht, daß ich auf dem Spaziergang noch viel sprach. Ich weiß nur noch, daß ich Anette nicht wieder zurückbegleiten mußte und daß darüber keine langen Verhandlungen geführt wurden.

Wir betrogen einander beide in dieser Nacht: wir spielten einander die banale Szene vor: Amioffizier und Fräulein. In Wirklichkeit hatten wir vom ersten Augenblick anderes im Sinn und führten es auch aus.

Wir blieben sechsundzwanzig Jahre zusammen.

Momentaufnahmen aus dem Jahr Null

Das kluge Gesicht war dasselbe geblieben. Die Furchen und das inzwischen grau gewordene Haar sah man nicht, wenn die spöttischen Augen auf einen gerichtet waren und der Mund sich zu dem vertrauten Jungenlächeln verzog, ganz wie vor vierzehn Jahren, als wir uns kennengelernt hatten. Ich inszenierte damals die Hamburger Erstaufführung von *Pünktchen und Anton* und hatte neunmalkluge dramaturgische Einwände und Verbesserungsvorschläge. Ich war, zu meiner Entschuldigung sei es gesagt, zweiundzwanzig und Kästner ein prominenter Autor. Damals hatte er mir nichts übelgenommen und war mit allem einverstanden gewesen.

Zuerst lachten wir über das Intermezzo, das so weit zurücklag, doch dann fragte er mich, ob ich vielleicht noch die damalige Einrichtung besitze. Ich mußte bedauern: 1934 hatte ich sie der berühmten Leiterin des Moskauer Zentralen Kindertheaters geliehen, die meine Inszenierung gesehen hatte. Zurück bekam ich sie nie. Natalie Saz, der Lenin und Lunatscharski als Siebzehnjähriger die Gründung und Leitung des ersten Kindertheaters der Welt anvertraut hatten, saß seit 1937 im Gefängnis. (Heute ist sie wieder Leiterin der Kinderoper in Moskau, doch in ihrer Autobiographie werden die zwanzig Jahre Haft nicht einmal erwähnt.)

Ich weiß nicht mehr, wie viele wir waren, an jenem Abend in seinem möblierten Zimmer in der Münchner Triftstraße, das mehr zerbrochene als ganze Fensterscheiben hatte. Auf der Straße dröhnten schwere Militärautos vorbei, so daß der Stuck von der Decke fiel, und auf dem Bettrand, den von Nachbarn ausgeliehenen Stühlen, dem Sofa, dem Schreibtisch, auf amerikanischen Lebensmittelkisten saßen Theaterleute, Kritiker, Komponisten, Maler, alles, was von Münchens gescheiten, kritischen Köpfen übriggeblieben war. Eine bunte Gesellschaft mit tausend Plänen, die sie erhitzt diskutierten. Ich konnte nichts beisteuern als Nescafé ... Jetzt würde man freie Filme machen können, ein Kabarett in der Art der »Nachrichter«, Kunstausstellungen, Kunstaustausch zwischen West und Ost. Sie versammelten sich bei Kästner, weil seine Integrität ihn zum natürlichen Mittelpunkt machte.

Natürlich gab es für mich, den amerikanischen Offizier, unangenehme Fragen zu beantworten: »Aus Ihrer Besatzungspolitik soll mal einer klug werden! Ihr General Eisenhower proklamiert, er will den Nationalsozialismus ausmerzen, und Ihr General Patton sagt: ›Für mich ist die NSDAP genauso eine Partei wie bei uns in Amerika die Demokraten und die Republikaner!‹ Können Sie mir das erklären?«

Nein, das konnte ich nicht. Ich konnte ja auch nicht erklären, warum die Besatzungsmacht ein Gesetz über die Zerbrechung und Ausmerzung der Kartelle erließ und warum an der Münchner Börse heute bereits mit IG-Farben-Aktien gehandelt wurde.

Kästner schien diesen Dingen keine allzu große Bedeutung beizumessen. Im Augenblick beschäftigte ihn etwas anderes: das Problem der Auswahl der Talentiertesten.

»Wir haben eine große Chance«, sagte er. »Wir fangen von vorn an und brauchen keinen Ballast mitzunehmen. Unsere Hauptgefahr ist die Talentlosigkeit. Eine weiße Weste allein genügt nicht. Sie ist natürlich Voraussetzung, keineswegs ein Berechtigungsschein, um in unserem neuen Deutschland an wichtiger Stelle aufzutreten, zu singen, zu inszenieren, zu schreiben, zu komponieren. Meinetwegen soll man einen Orden der weißen Weste erster und zweiter Klasse einführen, das wird die anständigen Menschen freuen und tut keinem weh ...«

Er stellte sehr berechtigte und kluge Betrachtungen über das Nichtzusammenhängen von Begabung und Charakter an, zitierte das bekannte Heine-Wort, daß es auch unter braven Leuten schlechte Musikanten gäbe – und war sich dessen gar nicht bewußt, daß er in die Hände gerade jener Offiziere der Militärregierung spielte, die eine weiße Weste von einer schmutzigen gar nicht zu unterscheiden gewußt hätten.

Kästners Forderung wurde nämlich in jenen Tagen auch auf andere Gebiete angewandt. Wer ein Industrieunternehmen leiten wollte, der mußte ein erfolgreicher Mann sein. Wie? Er habe noch vor einem halben Jahr zu Hitlers engsten Helfershelfern gehört? Na wennschon! Hauptsache, er kann den Laden so schnell wie möglich wieder in Schwung bringen: Das galt für Fabriken, für Stadtverwaltungen, aber auch für Theater, Sinfonieorchester und Filmstudios ...

Kästner sah sich meine inzwischen fertiggestellten *Todesmühlen* an. Er war tief bewegt, wie jeder, der den Film zum erstenmal sah. Im Gegensatz zu vielen andern sagte er nicht, er habe nichts davon gewußt. Aber das Ausmaß der Dinge hatte er nicht erwartet.

»Irgendwie haben Sie recht«, sagte er später. »Wenn einer da lebend herausgekommen ist, wird ihm wahrscheinlich speiübel, wenn er die alten Namen wieder liest – lesen würde –, Krauß, George, so gut sie waren – oder Harlan ...«

Harlan hatte in kurzen Abständen bei verschiedenen amerikanischen Stellen Denkschriften eingereicht. Während in der ersten noch so etwas wie ein Schuldbekenntnis herauszulesen war, spürte man in der zweiten schon deutlich, wie der Schreiber begann, Morgenluft zu wittern. Der letzte Erguß war dann bereits ein einziges Drehen und Wenden und die übliche Berufung auf unwiderstehlichen Zwang. Befehlsnotstand nannte er es doch wahrhaftig. Er habe in *Jud Süß* ein menschliches Dokument schaffen wollen, aber Goebbels persönlich habe immer stärker seinen unheilvollen Einfluß geltend gemacht. Dann habe es kein Zurück mehr gegeben – es sei denn die Alternative, den Film einem andern zu übergeben, der ihn natürlich viel schärfer gedreht hätte.

Besonders war da von der Folterszene die Rede, die angeblich ganz nach Angaben des Propagandaministers geschrieben und gedreht werden mußte. Sie sei nach dem Muster des zweiten Akts der Oper *Tosca* gestaltet. Auch bei Harlan fehlte nicht der Hinweis auf einen jüdischen Kollegen, dem er eine Zeitlang geholfen hatte, bevor ... Es konnte einem übel dabei werden.

Aber es gab in jenen Tagen auch Zusammentreffen, die erfrischender waren. Zum Beispiel mit meinem alten Freund aus Hamburger Tagen, Axel von Ambesser.

Als ich ihm die Gretchenfrage stellte, die in jenen Tagen fast jedes Gespräch einleitete, verzog er sein Gesicht zu einem fast entschuldigenden Grinsen. »Nein. Nazi bin ich nie gewesen. Die brauchten ein anderes Rollenfach. Wie ich mich benommen hätte, wenn die mich unter Druck gesetzt hätten, das weiß ich nicht.«

»Aber den Weg geebnet hätte es dir doch, wenn du mitgemacht hättest?«

»Ach, das ist sicher. Aber dazu braucht man einen guten Magen, so einen hab' ich nicht. Kennst mich ja noch. Aber, wie gesagt, es war nicht mein Rollenfach. Reiner Zufall. Ich hab' eben Glück gehabt . . .«

Axel war viel zu bescheiden. Ich erfuhr später, wie gut er sich benommen hatte. Und er war nicht der einzige gewesen.

Es war also nicht wahr, daß man aktives Mitglied der NSDAP gewesen sein mußte, um überhaupt spielen, Regie führen, schreiben, musizieren zu dürfen. Ablehnung der Mitgliedschaft bedeutete wohl in vielen Fällen ein Opfer. Man konnte dann nicht auf seinem Rollenfach bestehen, wie ja auch Kästner nicht auf der ihm zustehenden Rolle als einer der bedeutendsten deutschen Schriftsteller bestanden hatte.

Ich erhielt einen Brief von Georg Thesen, der in Bitburg beim Military Government angestellt war. Es war ein bitterer Brief:

Lieber Hanusch!

Oder muß ich jetzt Herr Leutnant sagen? Vielleicht erinnern Sie sich gar nicht mehr an den alten Georg? Es ist ja schon ein halbes Jahr her, seit wir unsere Annie zu Grabe getragen haben.

Nun sind wir in alle Winde verflogen – Herr Henschel und seine junge Frau sind die einzigen, die ich ab und zu sehe. Unser lieber, dicker Benno hat mir ein paarmal geschrieben. Er ist jetzt Theateroffizier in Berlin.

Warum ich Ihnen schreibe? Ich weiß nicht, wem anders ich berichten soll, um die Wahrheit zu gestehen. Sie waren ja der einzige, der von meinem Bruder Matthias wußte. Ich habe manchmal, genau wie in unserer Villa damals, das Gefühl, vollkommen überflüssig zu sein.

Offiziell bin ich hier so was wie ein Detektiv. Man schickt mich irgendwohin, um herauszufinden, was dieser oder jener auf dem

Kerbholz hat. Der Georg ist auf seine alten Tage ein Spitzel geworden, werden Sie sagen. Aber ich wollte doch immer helfen, die Nazis aus unserem öffentlichen Leben auszumerzen. Nicht die einfachen PGs, aber die Schinder, die Konjunkturisten, die Menschenquäler. Theoretisch bin ich also auf dem richtigen Platz. Nur, meine Berichte haben so viel Wert, als ob ich sie ins Feuer werfe.

Zum Beispiel: Ich bin einem Mann auf der Spur, der einer der schlimmsten Menschenschinder im KZ Sachsenhausen war. Sie wissen, mein Bruder Matthias wurde dort erschlagen. Der Mann, den ich suche, hat gut und gern seine hundert Menschenleben auf dem Gewissen. Davon mindestens neununddreißig mit eigener Hand. Ich habe seine Fotografie und Dutzende von Zeugenaussagen. Mit vieler Mühe gelang es mir, einen Steckbrief durchzusetzen – mit Bild. Wir wissen, er stammt aus der Gegend hier. Der Steckbrief wird in der Zeitung veröffentlicht, hängt überall, wo sich Leute zusammenfinden. Dafür habe ich gesorgt, schon wegen Matthias.

Dann finde ich ihn, sehe ihn zufällig auf der Straße, gehe ihm nach, tatsächlich, er ist es. Er wird verhaftet. Gut und schön. Er kriegt seinen Prozeß.

Aber der Mann hat jetzt fast ein halbes Jahr im Heimatort seiner Frau gelebt, Hunderte von Menschen haben ihn gesehen, haben den Steckbrief vor der Nase gehabt, sie wußten also, was er auf dem Kerbholz hat – und keiner hat sich gerührt. Daß die Leute mit so was in ihrer Mitte leben konnten! Sie haben mit ihm Holz gefällt und die Ernte eingebracht und abends in der Wirtschaft mit ihm Karten gespielt, wissen Sie, das erschüttert mich! Der Gedanke, daß diese Kerle zu Hunderten, zu Tausenden unter uns leben, und die Leute wissen davon und halten den Mund. Wie ist das möglich?

Der Matthias hat immer gesagt, man muß eine Ordnung schaffen, in der die Menschen eine Chance haben, besser zu werden. Und ich habe immer gesagt, Matthias, du willst an der Ordnung rütteln – ich rüttle lieber an den Menschen, ich spreche mit ihnen, ich überzeuge sie. Dann wird die Ordnung von selbst besser. Heute, auf meine alten Tage, denke ich manchmal, der Matthias hat vielleicht recht gehabt.

Ich bin manchmal müde und traurig . . .

Und noch ein Brief. Er wurde am Tag vor meiner Abfahrt am schwarzen Brett des Verwaltungsgebäudes der Bavaria-Film angeschlagen und war an die militärische Besatzung des Studios gerichtet. Der Leiter der Abteilung Informationskontrolle in und um München hatte ihn unterzeichnet, obwohl der Stil der Mitteilung eher auf einen seiner Sergeanten hinzuweisen schien.

Betr.: Fraternisieren.

1. Es wird mir berichtet, daß das Fraternisieren immer mehr zunimmt. Ich habe bereits wiederholt darauf aufmerksam gemacht, daß es vorläufig immer noch eine strafbare Handlung ist.

2. Ich bin zu der Überzeugung gekommen, daß Strafen allein nicht ausreichen. Deshalb möchte ich, daß die mir unterstellte Mannschaft die Frage einmal von folgendem Gesichtspunkt betrachtet:

3. Bevor ihr mit einer Deutschen etwas anfangt, denkt daran, daß sich diese Person vielleicht erst vor wenigen Nächten mit einem Niggersoldaten der US-Armee im Heu herumgewälzt haben kann. Wenn ihr euch das richtig überlegt, werdet Ihr wohl selbst das Fraternisieren sein lassen.

4. Diese Verlautbarung ist von allen Mitgliedern der mir unterstellten Besatzung zu unterzeichnen, sowohl von Offizieren als auch von Unteroffizieren und Mannschaften.

Elf Tage blieb ich in München, in jenem Herbst des Jahres Null. Will Roland, der amerikanische Chef der Bavaria, mochte Anette. Sie hatte ihm vom ersten Augenblick an imponiert. Im Mai war sie bei ihm erschienen – sie war mit einer Freundin per Fahrrad aus dem brennenden Wien geflüchtet. Sie konnte Englisch, Französisch und Spanisch, und Will, im Privatleben Fernsehproduzent, erkannte auf den ersten Blick, daß er ein tüchtiges Mädchen vor sich hatte. Er bot ihr sofort eine Stelle an, worauf sie prompt sagte, sie habe eine Bedingung: Draußen warte eine Freundin, und die müsse er mitengagieren, obwohl sie keine so guten Beine habe wie sie selbst. Will lachte sich tot und sagte bloß: »Herein mir ihr!« Anettes Loyalität hatte sein Herz erobert.

Als er sah, wie es um uns beide stand, dachte er sich dauernd Aufgaben für mich aus, die mich kreuz und quer durch Bayern führten. Dabei brauchte ich natürlich stets eine Dolmetscherin . . .

Am vorletzten Tag waren wir in Bayreuth. Ich wollte sehen, in welchem Zustand das Festspielhaus den Krieg überdauert hatte.

Auf der Bühne stand noch die Meistersingerstadt. Man hätte am selben Abend spielen können.

Im Foyer, wo sich tausendmal Brillanten und Nerze produziert hatten, saß ein einsamer GI in einem Korbsessel, die Füße auf einem Kanonenofen, denn es war plötzlich herbstlich kühl geworden. Er paffte eine dicke Zigarre und las in seinem Comics-Heft. An die Säulen um ihn herum hatte er Pin-ups und nackte Mädchen aus Armeemagazinen gekleistert.

Der Einbruch einer neuen, respektlosen Zeit in diese geheiligten Hallen des Wagner-Miefs machte uns beiden Spaß. Dabei kam mir der Gedanke, daß man vielleicht in den nächsten Jahren versuchen sollte, den *Ring* hier neu zu inszenieren, aber im Kostüm der Jahrhundertwende. Die handelnden Personen müßten – ohne Textveränderung! – die Mitglieder des Wagner-Clans sein, samt ihren Protektoren vom Bayernkönig an bis zur Hierarchie des Dritten Reiches. Mit Goebbels als Alberich, mit dem Meister selbst als Göttervater und Winifred als Brünnhilde. Die Götterdämmerung müßte sich auf dem Obersalzberg abspielen oder, noch besser, im Bunker der Reichskanzlei in Berlin. Schade, daß ich kein Opernregisseur bin, dachte ich. Jetzt würde vielleicht die Zeit dafür kommen . . .

Anette und ich hatten es bis zum Schluß peinlichst vermieden, über die Möglichkeit einer gemeinsamen Zukunft zu sprechen. Aber wir sprachen oft über das Thema »Nachkrieg« – auch in der letzten Nacht, die uns geblieben war. Anette neigte zu Kästners Ansicht, was die weißen Westen anbetraf. Aber es würde schwerfallen, meinte sie, festzustellen, wer eine habe.

Viel später sagte sie in die Stille des nächtlichen Zimmers, mit einer verzagten Kleine-Jungen-Stimme:

»Und woher weißt du, daß zum Beispiel ich eine weiße Weste habe . . .?«

Ich dachte an ihr Auftreten nach der ersten Vorführung der *Todesmühlen* am Tag meiner Ankunft, als wir einander noch gar nicht kannten.

»Weißt du was?« sagte ich. »Im Augenblick würde mich jede Art von Weste, weiß, schwarz oder kariert, an dir stören . . .«

Am nächsten Morgen flog ich nach Bad Nauheim zurück, und meine Demobilisierung nahm ihren Anfang.

Ente mit Leistenbruch

Die Armee trennte sich von mir – und ein paar weiteren Hunderttausend – in Camp Dix, dort, wo sie mich vor drei Jahren mütterlich aufgenommen hatte. Wir bekamen eindrucksvolle Entlassungspapiere samt einem Hinweis, wo der Entlassene eingesetzt werden könne. Das war ein frommer Wunsch, nicht mehr. Ich zum Beispiel war laut Entlassungspapier als *laboratory supervisor* eingestuft. Wir erhielten nun unsere Medaillen ausgefolgt, in pompösen Lederetuis mit eingeprägten Namen, und das Veteranenabzeichen, einen kleinen, versilberten und bis zur Unkenntlichkeit stilisièrten Adler, den die GIs längst »Ente mit Leistenbruch« getauft hatten. Wir sollten ihn im Knopfloch tragen, das würde uns bei der Jobsuche helfen. Die meisten von uns hatten eine Hilfe bitter nötig. Ich hatte genau 238 Dollar auf meinem Konto, und es war eine Woche vor Weihnachten.

Da war der Sergeant der mir anvertrauten Einheit etwas besser dran. Vor sechs Wochen war er noch Motor-Sergeant (Garagenmeister) in Bad Nauheim gewesen. Sein Job bestand vor allem darin, jeden Tag einen Kurier nach Berlin zu schicken. Dort konnte man, das wußte jeder Fahrer, unheimliche Geschäfte .machen. Schwarzhandel natürlich, vor allem mit Uhren. Die Jungs ließen sich kiloweise billige Drugstore-Uhren, das Stück zu einem Dollar, aus der Heimat kommen. Sie funktionierten natürlich nicht länger als einige Stunden. Sie verkauften sie für märchenhafte Beträge an die Russen. Also war dieser tägliche Kurierdienst sehr gefragt, und wer fahren durfte, entschied der Motor-Sergeant. Die Taxe, die er täglich von dem jeweiligen Fahrer erhob, waren runde hundert Dollar. Mein Sergeant begann sein Zivilleben mit einem Stammkapital von 13 500 Dollar, die er mir stolz zeigte.

Ich war noch keine achtundvierzig Stunden zu Hause, da rief mich eine Frauenstimme an. Ob ich Zeit hätte, am Nachmittag zu Brecht herüber zu kommen? Wie er von meiner Rückkehr erfahren hatte, erfuhr ich nie. Aber ich war wohl der erste Rückkehrer aus Deutschland, den er kannte, und er war begierig zu erfahren, wie es dort aussah.

Natürlich ging ich mit Freuden zu ihm. Einen Zivilanzug, der mir paßte, hatte ich nicht mehr und kein Geld für einen neuen. So mußte ich in Uniform hingehen.

Er wohnte damals irgendwo um die 59. Straße herum, bei einer Fotografin.

Nie in meinem Leben bin ich so systematisch verhört worden. Er sog alles in sich hinein, was ich berichtete, fragte nach jedem markanten Gebäude und in welchem Zustand es sich befände, wie die Menschen aussähen, wie sie gekleidet seien, was sie äßen – alles. Ich sog an der billigen Zigarre, die er mir anbot, und die er stets auch selber rauchte, und was meine Auskünfte anlangte, sog ich sie mir meist aus den Fingern, denn ich hatte während meiner elf Tage in München nur die Fertigstellung meiner *Todesmühlen* und Anette im Kopf gehabt.

Vor allem interessierte ihn die erste Theatervorstellung, bei der ich zugegen gewesen war. *Macbeth,* bearbeitet und inszeniert von Friedrich Domin und Charles Regnier. Lange studierte er den Theaterzettel, den ersten überhaupt, nach dem Krieg. Er ging die Besetzung durch und wollte über jede Leistung etwas wissen, selbst der Zweite Mörder interessierte ihn noch. Und natürlich die Reaktion auf jede Textstelle. Ich war ganz am Ende, doch ihm fielen immer noch hungrige Fragen ein. Seine letzte, ungeduldige, fast vorwurfsvoll gestellte – weil ich nicht von selbst davon gesprochen hatte

– war: »Und die Juden?« Ich hatte keine gesehen, verstand auch die Frage nicht. Da sagte er enttäuscht zu den übrigen: »Keine Juden im Zuschauerraum . . .? Ja, wer soll denn da meine Stücke verstehen?«

Drei Tage lang behielt ich die Ente mit Leistenbruch im Knopfloch meines zu eng gewordenen Zivilanzugs. Dann schmiß ich sie in einen Kanal. Ich weiß nicht, wie oft ich mich in den drei Tagen erfolglos vorgestellt hatte. Der jeweilige Personalchef quittierte meinen stolz zur Schau getragenen Veteranenknopf meist so: »Sie waren in der Armee? Gratuliere zur ehrenvollen Entlassung. Wie lange waren Sie drin? Drei Jahre? Drei Jahre haben Sie also keine Erfahrungen gesammelt. Sorry . . .«

Aber ohne Knopf ging es auch nicht besser. Meine paar Dollar schmolzen zusammen.

Gleichzeitig kam es zu einer Trennung von meiner Frau. Es geschah in aller Freundschaft, wenn auch nicht ohne schmerzliche Gefühle. Wir mochten einander sehr – das hat sich bis heute nicht geändert –, hatten gute und weniger gute Zeiten miteinander erlebt, und das Ende stimmte uns beide traurig. Aber zwei Jahre Trennung waren zu viel gewesen. Sie hatte sich verliebt, und ich dachte an Anette in München, die ich ganze elf Tage gesehen hatte.

Jobsuche also. Treppauf, treppab. Versprechungen, Vertröstungen, Ablehnungsbriefe, Telefongespräche nach Hollywood, Interviews, erfolglose Interventionen von Bekannten – nichts.

Ich versuchte, bei der UNRRA unterzukommen. Hilfe für die ausgepowerte, hungernde Welt, nach einem sinnlos langen Krieg, den solche »Genies« wie Albert Speer auch noch um mindestens ein Jahr verlängert hatten. Der Versuch begann vielversprechend. In den Büros fand ich Freunde aus der Armee, ich hatte eine Menge Pluspunkte – alles ging nach Punkten, in jenen Tagen –, Sprachkenntnisse, Ortskenntnisse, die sechs lächerlichen bunten Bändchen, keinen Anhang, und vielleicht gab es sogar eine Möglichkeit, sich in München stationieren zu lassen, in der Nähe von Anette.

Fragebogen wurden ausgefüllt, Uniformen angemessen, wieder einmal wurde ich geimpft und immunisiert, in vierzehn Tagen sollte ich fliegen, hatte mich bereitzuhalten – und dann nichts. Funkstille.

Im Februar kam Benno Frank vorbei, mein alter Freund aus Luxemburg. Der klärte mich auf. Er hatte drüben meinen »Akt« gesehen. »Vorzeitiger Antifaschist, Kommunist« stand darin. Abgelehnt. Natürlich wurde mir das nie mitgeteilt. Die Sache schlief einfach ein.

Dann traf ich einen ehemaligen Vorgesetzten auf der Straße. Ich erkannte ihn kaum, in Zivil. Oberst Murphy. Ob ich schon einen Job hätte. Nein? Dann kommen Sie doch morgen um elf zu mir ins Büro. Er war erstaunt, daß ich nicht wußte, daß er Vizepräsident der CBS war, der Columbia Broadcasting Corporation . . .

Dort gab es merkwürdigerweise auch einen Akt »Burger«. Und zwar ein paar Vorkriegsartikel von mir, über Fernsehprobleme, und einen Bericht über mein Gespräch mit dem einstmaligen Chef des CBS-Fernsehens, Gilbert Seldes. Das war drei Tage vor Kriegsausbruch gewesen. Ich hatte es völlig vergessen. Über Nacht war ich Leiter der Filmabteilung.

Darunter darf man sich nichts Gewaltiges vorstellen. Wir schrieben Februar 1946. Die CBS sendete nur an drei Tagen in der Woche, und stets nur wenige Stunden. Die Studios, Dramaturgie, Dekorationslager, Schallplattenarchive – alles war im Obergeschoß der Grand Central Station untergebracht, im Hauptbahnhof von New York. Man sendete schwarzweiß, probierte aber gleichzeitig ein Farbsystem aus, das auf einem anderen Prinzip beruhte als das der Konkurrenz, des NBC. Es bestand aus einem System von rotierenden Farbfiltern. Die Farben waren natürlich und klar, aber im Endeffekt hat es sich dann nicht durchgesetzt.

Ich hatte das Programm mit Schwarzweiß-Filmen zu versorgen, drehte Reportagen, dachte mir Zeichentricks für die Werbesendungen aus, und gleichzeitig produzierte ich den ersten Farbfilm für die feierliche Eröffnung von CBS-TV in Color.

Damals lebte ich meist allein, hatte ein Gehalt von 120 Dollar die Woche, in jenen Tagen ein guter Anfang. Ich engagierte eine bildhübsche Assistentin, die nichts vom Metier verstand, und fand bald heraus, daß ich nun für zwei arbeiten mußte, wollte ich sie nicht fristlos entlassen.

Finanzielle Sorgen hatte ich keine, aber andere Sorgen begannen mir und anderen zu schaffen zu machen: Der Kalte Krieg hatte begonnen.

Selbst wer einigermaßen sicher saß, begann um seinen Job zu zittern. Ein vorzeitiger Antifaschist gewesen zu sein, sollte sich jetzt für viele Menschen negativ auswirken. Beim CBS fühlte ich mich verhältnismäßig ungefährdet, denn noch funktionierte so etwas wie eine Mafia der GIs – Leute, mit denen man an der Front gedient hatte, ließen einen nicht so ohne weiteres fallen.

Aber die Hetze in den Zeitungen gegen alles, was auch nur im entferntesten nach *links* aussah, nahm täglich zu. Da half es wenig, daß einer für Amerika seinen Kragen riskiert hatte. Im Handumdrehen konnte man als *un-american* angesehen werden. Ein Kongreßausschuß gegen un-amerikanische Aktivitäten nahm seine Arbeit auf. In alle möglichen Gruppen schleuste das FBI seine Agenten ein, nicht nur bei den Kommunisten. Filme gegen die »Rote Gefahr« begannen zu erscheinen. Die Zeit der »Enthüllungen« war angebrochen. Hohe Staatsbeamte wurden von angeblich besten Freunden denunziert. Ein Mann namens Richard Nixon profilierte sich als eifriger Diversanten-Schnüffler.

Beinahe wäre ich durch Zufall selbst in eine solche Affäre hineingeraten: Ein hoher KP-Funktionär namens Budenz hatte konvertiert, war Professor an der katholischen Fordham-Universität geworden, und als Gegenleistung packte er nun aus. In Raten natürlich, um möglichst viel dabei herauszuschlagen. In einer unendlichen Reihe von Enthüllungen denunzierte er seine bisherigen Genossen, und dazu noch jene, die man mittlerweile *fellow travellers* nannte, Menschen, die ihm ihr Vertrauen geschenkt hatten. Wie er das mit seiner neuerworbenen katholischen Ethik vereinbarte, weiß ich nicht.

Am längsten zierte er sich, den Allerschlimmsten beim Namen zu nennen. In vielen Fortsetzungen seiner Serie war immer wieder von einem Großen Unbekannten die Rede gewesen, dem angeblichen Abgesandten der Komintern in den Vereinigten Staaten, dem Residenten der Weltrevolution. Diesen Clou sparte er sich bis zuletzt auf.

In jenen Tagen ging ich öfter mit einer zarten Blondine aus, einem Mädchen aus Newark, New Jersey. Eines Abends wollten wir zusammen ins Theater gehen. Eva-Maria verspätete sich. Sie sah blaß aus und gestand, sie habe mich nie mehr wiedersehen wollen. Ihre Eltern dürften von unserem Rendezvous auf keinen Fall erfahren. Ich wisse wohl warum, schloß sie atemlos ihr Geständnis.

Ich wußte gar nichts. Wir saßen am Bartisch der Steuben Tavern am Times Square bei einem hastigen Drink. Die Sieben-Uhr-Nachrichten kamen gerade im Radio. Gleich die erste war eine Sensation: Professor Budenz von der Fordham University, früher Chefredakteur des »Daily Worker«, hatte endlich den geheimnisvollen Mann hinter den Kulissen, den Komintern-Abgesandten, beim vollen Namen genannt: Hans Burger.

Eva-Maria war einem Nervenzusammenbruch nahe. Ich konnte sie nur schwer beruhigen, und wenn man die Hetze der letzten Tage und Monate in Betracht zog und die konservative Familie, der sie entstammte, war es für sie immerhin eine beachtliche Leistung gewesen, unser Rendezvous einzuhalten.

Erst am nächsten Tag, nach einer endlosen Kette meist anonymer, wüster Beschimpfungen per Telefon, stellte sich die Sache als Hörfehler heraus. Der Große Unbekannte hieß Hans Berger und es gab ihn überhaupt nicht. Zwei Journalisten, die ich gut kannte, hatten in den *Masses,* einem linken Magazin, eine Artikelserie veröffentlicht und als gemeinsames Pseudonym »Hans Berger« gewählt. Der eine war der deutsche Kommunist Gerhart Eisler. Er wurde daraufhin unter Anklage gestellt und verließ später illegal die Vereinigten Staaten auf der polnischen »Batory«. Der andere, Joseph Starobin, gehört heute längst nicht mehr der Linken an. Und über Eva-Maria Saint ist nachzutragen, daß ich ihr ihren ersten Job als Komparsin bei der CBS verschaffte. Kurze Zeit später entdeckte sie Elia Kazan, gab ihr die Hauptrolle in seinem Film *Die Faust im Nacken,* und 1954 erhielt sie dafür den Oscar.

Ich hatte damals schon das Gefühl, daß jenseits aller berechtigten und unfundierten Befürchtungen beim Kalten Krieg noch etwas anderes mitspielte: das im Unterbewußtsein vieler Menschen vorhandene Wissen, sich mit dem Abwurf der Atombomben auf zwei ahnungslose, dichtbesiedelte Städte beschmutzt zu haben. Merkwürdigerweise – und im Gegensatz zu den Deutschen – eine Art freiwillig akzeptierte Kollektivschuld. Oder, sagen wir, Kollektivverantwortung.

Da war man ausgezogen, um versklavte Menschen zu befreien, befreundeten Völkern zu helfen, und natürlich auch, um die große Scharte auszuwetzen, die Pearl Harbor hieß. Als dann im Frühling 1945 die realen, unwiderlegbaren Dokumente aus den Konzentrationslagern erschienen, fühlte das Gros der Menschen Genugtuung: Damit ist es jetzt aus, so war man überzeugt. Und unsere Jungs haben dazu beigetragen, mit diesen Dingen Schluß zu machen.

Dann aber fielen jene zwei Bomben – und es folgten die lauten und lahmen Versicherungen, daß man sie abwerfen mußte, um (amerikanische) Menschenleben zu schonen. Und der Krieg war aus, war gewonnen!

Aber schon ziemlich früh mischte sich in die stolzen Siegergefühle ein schlechtes Gewissen. Natürlich war es gut, sagte man sich, daß diese neue, unheimliche Kraft in guten (amerikanischen) Händen war. Man beschwichtigte sich gegenseitig. Aber etwas blieb übrig. Der Ruch einer entsetzlichen Untat, der auf irgendeine Weise sublimiert werden mußte.

Wahrscheinlich liegt hier auch der tiefere Grund für die sonst unverständliche Trumanlegende. Vergessen war die mehr als anrüchige Art, wie der Mann überhaupt Senator geworden war. Man sagte sich: dieser ehrbare, rechtschaffene Mensch – wenn der so entschieden hat, wenn der gesagt hat: Werft das Ding ab!, dann war's doch okay. Oder?

Dieses Oder blieb in der Luft.

Es fraß sich ins Unterbewußtsein der Menschen, artikulierte sich über Bartischen, in der Untergrundbahn, am Badestrand und suchte Absolution beim Gesprächspartner.

Und dann schlug dieses »Oder« um. Ein neues Thema verdrängte das unbequeme Unterbewußte. Ich bin sicher, war es schon damals, daß es von außen, von oben kam, oder zumindest von dort geschürt wurde. Ein Teil der Presse begann zu hämmern: Wir haben doch einen Gegner! Schön – bis jetzt war er unser Verbündeter, mit zwanzig Millionen Menschenleben hat er zwar dafür bezahlt, aber mit unseren Kanonen! Und jetzt ist er unser Feind von morgen! Unsere CIA sagt es, und die muß es wissen. Churchill hat es ausgesprochen, und der kennt die Brüder genau. Und diese verdammten Roten in unserem Land, die halten es mit diesem Feind von morgen! Also legen wir ihnen das Handwerk, bevor es zu spät ist! Bevor sie drüben in Moskau auch die Bombe haben!

So ungefähr konnte die Hysterie entstanden sein, die dann zur Hinrichtung der Rosenbergs führte, einem flagranten Justizmord, dem bösesten in Amerika, seit jenem an Sacco und Vanzetti.

So ungefähr. Anders kann ich mir diese Psychose, die sich wie eine Kettenreaktion steigern sollte, nicht erklären. Das schlechte Gewissen, das einen legitimen Feind sucht, als nachträgliche Rechtfertigung.

Aber gleichzeitig – zur Ehre der Amerikaner sei's gesagt – kam die Gegenreaktion. Die Wärme und die spontane Herzlichkeit, mit der man sich zusammenschloß. Nicht nur die Mitglieder jener so winzigen Organisation, der KP der USA, schlossen sich zusammen. Auch die Liberalen, die Sozialisten, die Bürgerrechtler aus Prinzip, die Sympathisanten, die sogenannten »Fellow travellers«. Natürlich gab es auch Denunzianten, und man wußte, daß beileibe nicht nur kommunistische Parteizellen vom FBI unterwandert waren, so daß oft getarnte Provokateure gegen andere getarnte Provokateure aussagten, brav ihre Mitgliedsbeiträge bezahlten und »redlich« versuchten, ihre acht Groschen zu verdienen. Aber die Welle der Wärme und Solidarität wuchs – nur durch sie ist die später einsetzende, wenigstens partielle Selbstreinigung des amerikanischen öffentlichen Lebens möglich geworden.

Ich habe oft darüber nachgedacht, was wohl aus dem beginnenden Hitlerfaschismus geworden wäre, wenn es im Deutschland der Jahre 1932–1933 etwas Vergleichbares gegeben hätte.

Ich merkte das vor allem in meiner eigenen Berufsorganisation, der »Association of Documentary Film Producers«, die ich knapp vor dem Krieg mitbegründen half. Ich war ein unprominentes Mitglied dieses Klubs, dem große, von mir verehrte Meister angehörten. Da war Robert Flaherty, der massige, weißhaarige Ire, ein Konservativer durch und durch, der uns im engsten Kreis von seinen Anfängen erzählte, von *Nanuk* und den *Männern von Aran* und von seiner Partnerschaft mit dem Deutschen Murnau, während der Vorarbeiten zu *Tabu*.

Oder Paul Strand, dessen Filme *Die Woge, The Plow that Broke the Plains* und *Heart of Spain* uns begeisterten. Joris Ivens war dabei, der Ende der zwanziger Jahre *Zuidersee* geschaffen hatte, jenen Film über die heroische Trockenlegung von Teilen des holländischen Wattenmeers – und über die nachfolgende Vernichtung des Getreides, das auf dem neugewonnenen Land wuchs, weil man aus Spekulationsgründen nichts damit anzufangen wußte. Joseph Losey, damals ein unbekannter und einstweilen wenig erfolgreicher

Dokumentarist, wartete noch auf seine steile Filmkarriere. Pare Lorenz führte in seinem Film über die Geburt eines Menschenkindes zum erstenmal einer breiten Öffentlichkeit den Herzschlag von Mutter und Embryo vor. Joseph Hennaberry, der noch unter Griffith den »Lincoln« gespielt hatte, erzählte uns Authentisches von der Arbeit an dem Film *Geburt einer Nation,* und Jay Leyda, Kurator und Mitbegründer der Filmothek des Museum of Modern Art, berichtete über seine Zeit als Assistent Eisensteins.

Wir trafen uns jede Woche, führten einander unsere Filme vor, möglichst noch im Rohschnitt, berieten über Stoffe, die wir gestalten wollten, sprachen unsere Drehbücher durch – und nie wäre es einem von uns eingefallen, dem andern zu mißtrauen oder in dessen Vergangenheit herumzuschnüffeln.

Dann gab's einen Glücksfall für mich, der mich auf einige Zeit aus der Feuerlinie brachte: der französische Regisseur Jean Benoit-Lévy wurde zum Chef der gesamten visuellen Informationsabteilung der Vereinten Nationen ernannt. Er kannte meinen Film *Crisis* und holte mich zu sich, als Filmprogrammchef.

Wieder einmal hatte ich einen Logensitz im Welttheater, hoch über den Wolken, denn anfangs hatten wir unsere Räumlichkeiten im 80. Stock des Empire State Building, mitten in Manhattan, bevor wir ins provisorische Hauptquartier der UNO nach Lake Success zogen.

Benoit-Lévy war Humanist, Autor einer Enzyklopädie des Dokumentarfilms und einer ganzen Plejade erfolgreicher populärwissenschaftlicher Filme. Einige seiner Spielfilme waren in den dreißiger Jahren Welterfolge gewesen, vor allem *La Maternelle,* ein Werk, das die großen Erkenntnisse auf dem Gebiet der Kinderpsychologie der fünfziger und sechziger Jahre vorwegnahm. Unter ihm spielte Jean-Louis Barrault seine erste Filmrolle als Partner Madeleine Renauds von der Comédie Française.

Jean nahm mich in seine Familie auf und vertraute mir etwas an, das ihm sehr am Herzen lag: die Schaffung einer Konzeption für ein übernationales Filmprogramm. Gemeinsam schmiedeten wir große Pläne, denn wir waren beide naiv und glaubten damals noch, daß die Vereinten Nationen imstande sein würden, die großen Konflikte der nächsten Jahre zu bewältigen.

Hochfliegende Pläne für eine Ente mit Leistenbruch.

Das Fräuleinwunder

Wissen Sie, was ein Bekuck ist?

In jüdischen Familien, vor allem in Amerika, ist es heute noch Brauch. Zwei Elternpaare kommen überein, ihre Kinder miteinander zu verheiraten. Meist hat die Ehepaare ein Heiratsvermittler, ein Schadchen, zusammengebracht. Da die beiden jungen Leute einander noch nicht kennen, müssen sie die Chance erhalten, sich gegenseitig zu bekucken. Oder vielmehr, in unserem patriarchalischen Zeitalter: das Mädchen wird dem jungen Mann im bestmöglichen Licht vorgeführt. So etwas geschieht meistens in Form eines »ungezwungenen« Abendessens, im Hause des Mädchens. Die jungen Leute erhalten dabei Gelegenheit, ein paar Worte allein miteinander zu wechseln. Dann wird man sehen. Außerdem ist es ja auch für die Eltern des jungen Mannes eine Gelegenheit festzustellen, in was ihr Sohn da möglicherweise hineinheiratet. Übrigens, es sind nicht die schlechtesten Ehen, die so zustande kommen, sagt die Statistik.

Das Ganze war unsagbar peinlich. Fast schüchtern hatten mir meine Eltern einen solchen Bekuck vorgeschlagen.

»Schau«, sagte meine Mutter, »du bist achtunddreißig, den Krieg hast du unberufen hinter dir, du hast einen guten Job, deine Schwester hat schon ihr erstes Kind . . .«

Der Papa des Mädchens, also mein potentieller Schwiegervater, Inhaber einer florierenden Textilfirma, war ein Logenbruder meines Vaters. Das Mädchen sei hübsch, sage man. »Eine Miese laß ich dich doch nicht heiraten«, versicherte mein Vater. »Und bekucken kostet ja nichts.«

Ich fand die Sorge meiner Eltern rührend und sagte zu.

Es war alles wie im Bilderbuch. Die Leute wohnten im »Vierten Reich«, also westlich vom Broadway, in einem Apartmenthaus. Die Wohnung war vollgestopft mit massiven Möbeln. An den Wänden hingen garantiert originale Ölgemälde, mit Motiven aus der alten Heimat. Vom spiegelglatten Parkett hätte man essen können. Die Perser waren echt. Der Balkon ging auf den Hudson, er war voller Blumen. (Hat Lizzi gepflanzt.)

In Lizzis Zimmer hingen Reproduktionen. Ein Modigliani, ein früher George Grosz, ein Ben Shawn. Immerhin.

Der Tisch blitzte vor Silber und Damast. Das Essen war schwer und gediegen. (Hat Lizzi ganz allein gekocht.)

Der Wein war trinkbar. Er wurde aus einer Kristallkaraffe eingeschenkt. (Lizzi, hol doch mal den Weißwein von draußen, jetzt ist er doch kalt genug. Vielleicht mag Herr Burger lieber Weißwein.)

Als Dessert gab es eine Nußtorte mit Zuckerguß, garniert mit kandierten Früchten. (Nicht aus dem Laden. Hat Lizzi selbst gebakken.)

Dann ließ man uns ganz ungezwungen allein. (Lizzi, zeig doch Herrn Burger unsere Aussicht.)

Wir traten auf den Balkon.

Von drüben flimmerten die Lichter von New Jersey. Tief unter uns rauschten die Autos. Nur fort von hier, dachte ich. Wie schnell kann man sich anstandshalber empfehlen, ohne dieses mandeläugige, schwarzhaarige Wesen zu beleidigen?

»Würden Sie mir einen Gefallen tun?« fragte sie träumerisch und blickte in die Ferne, den Hudson hinauf.

»Klar«, sagte ich.

»Dann fordern Sie mich auf, mit Ihnen noch auszugehen. Jetzt gleich. Lassen wir sie in ihrem Glauben, sie hätten es geschafft. Ja?«

»Klar«, sagte ich.

»Keine Angst. Sie brauchen bloß mit mir runterzugehen. Ich nehme mir dann ein Taxi. Er wohnt nicht weit. Okay?«

»Klar«, sagte ich. »Aber wir müssen uns einigen, wo wir überall waren, ich meine, Ihren Eltern gegenüber. In der Christopher Street gibt's ein Lokal, das hat bis fünf Betrieb. Das nehmen wir als letztes an. Okay?«

»Sie sind sehr intelligent«, sagte sie.

»Klar«, sagte ich.

Es war 1947, in den ersten Septembertagen. Langsam wurde es Zeit, den Eltern mitzuteilen, daß Anette bald ankommen würde. Ihr Flugticket lautete auf den 27.

»Du mußt wissen, was du tust«, sagte mein Vater. »Ein deutsches Mädchen, keine Emigrantin, geschieden. Wenn du keine Angst hast . . .«

Um diese Zeit herum hatte ich bereits ganz schön Angst. Zwei Jahre waren vergangen seit München. Zwei Jahre seit jenen unwirklichen, sorglosen, verrückten Tagen, als der Krieg gerade aus war und wir nur ans Heute dachten und daß wir überlebt hatten. Elf Tage, mehr nicht. Elf unverbindliche Tage.

Ich wußte verdammt wenig von ihr. Das Milieu, aus dem sie stammte, war mir fremd: Der Vater war ein pensionierter Hapag-Kapitän gewesen, die Mutter eine preußische Offizierstochter. Anette hatte in der vornehmen Königin-Louise-Stiftung in Dahlem ihr Abitur gemacht, hatte früh und schnell geheiratet, um der Enge zu entgehen, und war dann ihrem Mann nach kurzer Zeit davongelaufen, als sie merkte, daß sie nicht zueinander paßten.

Damals in München waren das alles unwichtige Details. Wichtig war die Wärme ihrer Haut, ihr Mund, ihr Lachen, ihre Sommersprossen.

Würde sie zu dem Prager Emigranten passen? Zu dem Intellektuellen, zu dem Kommunisten? Was wußten wir wirklich voneinander? Was – außer daß uns beiden wohl zumute war, wenn wir miteinander aufwachten?

Und was war wohl in den beiden verflossenen Jahren mit ihr geschehen, in der Filmstadt von Geiselgasteig bei München, wo es von schicken Amerikanern wimmelte? Wir hatten einander nichts geschworen, als ich abfuhr. Es hätte auch wenig genützt.

Und was würde sie hier tun? Würden sie meine Freunde akzeptieren? Meine Eltern? Und worüber würden wir miteinander reden, wenn es nüchterner Tag war, wenn es sich, wie Tucholsky sagt, mit der Liebe ausgeliebt hat?

Hier in Amerika war es in den letzten Monaten, seit dem großen Schub der allgemeinen Demobilisierung, zu mehr oder weniger großen Enttäuschungen gekommen. Drüben, im besetzten Deutschland, hatten sich viele Soldaten vor ihren »Fräuleins« groß aufgespielt. Eine kleine Kneipe in North Carolina war als Riesenhotel geschildert worden, eine kümmerliche Reparaturwerkstatt in einer Detroiter Vorstadt nahm in den Erzählungen des Jungen die Gestalt einer großen Maschinenfabrik an. Ein Korporal, der froh sein würde, daheim in Brooklyn seinen alten Job als Verkäufer bei Woolworth wiederzufinden, ernannte sich in Ingolstadt zum allmächtigen Abteilungsleiter eines vornehmen Department Store.

Nach der übereilten Heirat kam dann die große Enttäuschung. Und die Familie des Burschen behandelte das anspruchsvolle Fräulein mit Verachtung, der Heimgekehrte schämte sich für sie, und seine Umgebung ließ ihn fühlen, daß er seine Wahl besser im eigenen Land getroffen hätte.

Deshalb hatte die Armee ausnahmsweise etwas Vernünftiges getan: Der verliebte Soldat durfte sein Fräulein auf drei Monate nach Amerika einladen, unverbindlich, nur zur Ansicht, ohne Kaufzwang. Innerhalb dieser Frist konnte es sich der Besteller der Ware überlegen – sie natürlich auch –, und dann wurde das Fräulein entweder geheiratet oder zurückgeschickt . . .

Auch meine Scheidung war eine Spezialgunst der Armee.

Im Staat New York gab es unter katholischem Einfluß nur einen einzigen Scheidungsgrund: Ehebruch. Oder man ging, wenn es auf ein paar tausend Dollar nicht ankam, auf einige Monate nach Reno im Staat Nevada.

Die meisten Veteranen, mich eingeschlossen, hatten keine Handvoll Tausender zur Verfügung. Dabei waren wohl viele Ehen nach zwei Jahren Abwesenheit angeschlagen und irreparabel. Kirchliche Kreise waren besorgt, denn die Institution »Ehe« drohte auseinanderzubrechen. Da ließ man sich etwas einfallen: die Annullierung. Vielleicht wollte einer der Ehepartner keine Kinder? Dann war die Ehe auf falschen Voraussetzungen zustande gekommen! Einer der Ehepartner hatte sozusagen die Ehe erschlichen! Also konnte sie für null und nichtig erklärt werden, als sei sie nie gewesen. Auf diese Weise durften auch fromme Katholiken, ohne teure Sonderabsolution aus Rom, ihre Ehe in nichts auflösen. Hunderttausende wählten diesen Weg.

Dena und ich fanden ein paar gemeinsame Freunde, die bereit waren zu bezeugen, ich sei vor der Eheschließung ein Kindernarr gewesen, nach der Hochzeit habe mir jedoch meine Frau eröffnet, sie wolle keine Kinder und sie habe deshalb stets empfängnisverhütende Mittel benutzt.

Immerhin erforderte selbst eine Annullierung einen Prozeß, wenn auch einen kurzen und preisgünstigen. Der Fall Burger/Burger wurde am vorbestimmten Tag als letzter, nach vier »normalen« Scheidungen, verhandelt. Auf diese Weise konnte ich den Ablauf von vier echten Scheidungen beobachten.

Das ging so: Zwei Männer wurden vereidigt. Sie gaben zu Protokoll, daß sie am 12. August 1947 im Hotel »Dixie« im 14. Stock einen Gang entlang gegangen seien. Die Tür zum Zimmer 1457 sei zufällig offen gewesen, so daß sie hineinsehen konnten. Was sie dort sahen, wollte der Richter wissen. Den hier anwesenden Angeklagten, sagten die Zeugen. Er sei in einem Pyjama am Fenster gestanden und habe eine Zigarette geraucht. Und hätten die Herren vielleicht sonst noch etwas Auffälliges gesehen, wurde weiter gefragt. Jawohl, kam es prompt. Auf dem Bettrand sei eine Dame gesessen, jawohl, es sei jene hier anwesende gewesen, und sie habe schwarze (!) Unterwäsche angehabt. Die hier anwesende Dame bestritt das nicht und schlug sachlich die Augen nieder.

Das Gericht dankte, und die Ehe wurde aus Verschulden des Ehemannes geschieden. Die Herren Zeugen kassierten die Zeugengebühr, die Dame ebenfalls, und der nächste Prozeß lief vom Stapel.

Das Merkwürdige war, daß das alles stimmte. Keiner hatte einen Meineid geschworen. Die Szene mit den beiden Zeugen und der schwarzen Wäsche mußte vorher, präzis am angegebenen Tag, durchgespielt werden, wobei es unwesentlich war, daß der so beim Ehebruch ertappte Ehemann jene Dame keine fünf Minuten vor dem verabredeten Erscheinen der bezahlten Zeugen kennengelernt hatte.

Viermal hintereinander ging das so an jenem Tag, ohne Varianten, nur der Name des Hotels wechselte und der des Herrn im Pyjama. In zwei Fällen war es dieselbe Dame und in allen vier Fällen mindestens einer der beiden Zeugen. Es war ein Ritual mit fast identischem Wortlaut.

Gegenüber vom Gerichtsgebäude war ein Postamt. Ich telegraphierte Anette und lud sie nach New York ein. Auf drei Monate. Zur Ansicht.

In der großen Empfangshalle im La Guardia Airport warteten außer mir noch etwa dreißig Veteranen. Nach zwei Jahren Zivilleben war keinem von ihnen mehr anzusehen, wer einmal Obergefreiter gewesen war und wer Major oder Sergeant. Als das Rudel der Bräute durch die Sperre kam, klopfte mir das Herz. Die Mädchen waren allesamt aufgetakelt und angemalt, schnatterten ihr deutsches Englisch und spielten die zukünftigen Damen von Welt. Ich war bereit, ein Vermögen dafür zu geben, wenn Anette nicht dabei war.

Anette war nicht dabei. Die Halle leerte sich, und ich stand immer noch wartend an der Sperre. Was war schiefgegangen? Hatte sie das Flugzeug verpaßt, oder war etwas mit den Papieren nicht in Ordnung gewesen?

Dann hörte ich meinen Namen über den Lautsprecher. Und dann kam etwas auf mich zu, das meine ärgsten Befürchtungen übertraf.

Auf dem Kopf trug sie eine Art Turban, mit drei samtenen, braunen Würsten darüber, als Burnus-Effekt. Das »flotte« Schneiderkostüm war hellblau mit großen, braunen Karos. Ich bemühte mich, das alles nicht zu sehen, mich ans Gesicht zu halten. Aber das lag unter einer dicken Schicht von Pancake und Schminke. Die Lippen waren grellrot, riesige Ohrringe baumelten von den Ohrläppchen, und sie sagte, da sei sie nun. Sie habe ein früheres Flugzeug erwischt.

Später gestand sie mir, wie enttäuscht auch sie gewesen sei. Statt des feschen Offiziers mit den goldenen Knöpfen auf der dunkelgrünen Uniform und den bunten Bändchen auf der Brust hatte sie schon eine halbe Stunde lang diesen dicklichen Zivilisten beobachtet und im stillen gebetet: Lieber Gott, mach, daß der das nicht ist!

Im Auto, als wir schon über die Triboro Bridge fuhren, sprach ich die ersten Worte: »Tu dieses gräßliche Dings da vom Kopf!«

Sie wurde böse. Das sei der letzte Schrei, habe ihr eine Modistin in Nürnberg gesagt, und das trüge man in Amerika. Dreißig Dollar habe der Hut gekostet. Ich warf ihn in den East River, und wir verstummten beide bis Manhattan.

Zu Hause steckte ich sie erst mal in die Badewanne, bestand darauf, ihr die Schminke herunterzuschrubben, und duschte ihr die Dauerwelle aus dem rostbraunen Haar. Als sie in meinem Bademantel zum Vorschein kam, sah sie endlich wieder aus wie das Mädchen, auf das ich zwei Jahre lang gewartet hatte. Irgendwann, so um vier Uhr früh, fanden wir, daß alles wieder so war, wie es sein sollte.

Im Morgengrauen entdeckte sie dann auch, daß das ganze Zimmer voller Blumen war, wir nibbelten an dem kalten Souper, das wir vor Aufregung ignoriert hatten, und sie probierte vorübergehend das zartblaue Nachthemd an, das ich vorbereitet hatte, erklärte es zur Standarte, die wir auch sofort ins Fenster hängten.

Ich weiß nicht mehr genau, wie lange die Empfangsfeierlichkeiten dauerten.

Alle vier Schwestern meines Vaters waren in Auschwitz geblieben, und einer der beiden Brüder meiner Mutter. Der andere hatte eine nichtjüdische Frau, und so durfte er in einem milderen Lager überleben. Sein Sohn, mein damals sechzehnjähriger Vetter Mírek, der mit ihm im Lager gewesen war, entfloh in den ersten Maitagen beim Ausbruch des Aufstandes und war am 5. Mai auf dem Wenzelsplatz in Prag von den Deutschen erschossen worden, als er in Sanitäteruniform mit dem roten Kreuz am Ärmel, eine Rote-Kreuz-Fahne schwingend, einem Verwundeten zu Hilfe geeilt war.

Meine Mutter öffnete uns die Tür. Es roch nach einem guten Abendessen. Mein Vater, stets ein wenig der Pathetiker und zu Rührung geneigt, legte seine Hände auf Anettes Schultern. Eine halbe Minute später hängte er sich bei ihr ein und führte sie zu Tisch.

»Magst du Leberknödelsuppe?« fragte meine Mutter, als sie mit der Terrine hereinkam.

Mein Vater sah mich mißbilligend an: »Du hast uns so viel über sie erzählt. Aber daß sie hübsch ist, hast du uns unterschlagen!«

Es ging nicht überall so glatt.

Die Kinder vom East River

Die Sperry Gyroscope Company war ein Rüstungsbetrieb. Sie stellte so etwas wie Kreiselkompasse und elektronische Zielvorrichtungen für Bombenflugzeuge her. Genau wußte man das nicht. *Top Secret.* Aber es hatte mit Tod und Verderben zu tun. Die Fabrik war ein weitläufiges Objekt, draußen in Long Island, etwa fünfzig Kilometer von Manhattan.

Jetzt, kurz nach dem Krieg, stand ein Teil des Fabrikgeländes leer – bis zum nächstenmal. Inzwischen vermietete man die riesige Fläche und die Baracken, die darauf standen, an einen zahlungskräftigen Kunden. So kamen die Vereinten Nationen nach Lake Success. Auf fünf Jahre. Dann würde es, den Berechnungen nach, wieder losgehen mit dem Bombengeschäft.

Also suchte man gleichzeitig ein Gelände für einen permanenten Sitz der Friedensorganisation. Man versuchte es in Boston, in San Franzisko und an einigen weiteren Orten. Es war nicht einfach, etwas Passendes zu finden, denn die großen Grundstücksmakler mußten auf die öffentliche Meinung Rücksicht nehmen. Eine bösartige Hetze gegen die UNO war im Gange. Was würden da für Leute in die Vereinigten Staaten kommen! Araber, Chinesen, Inder – ja sogar Kommunisten, denen die Emigrationsbestimmungen bisher die Einreise nicht gestattet hatten. Aber die Russen waren nun einmal mit dabei.

Dann wurde der Ton noch böser: unter dem ausländischen Gelichter, gegen das man sich nicht wehren konnte, würde ja sicher auch ein Haufen Vorbestrafter (*jailbirds* formulierte es ein Senator) sein, und das stimmte wohl auch. Denn einige der europäischen, gerade vom Nazijoch befreiten Länder entsandten anfangs häufig Menschen ins internationale Sekretariat, die unter den Nazis besonders gelitten hatten – ehemalige KZ-Insassen! Also tatsächlich Vorbestrafte, wenn man so wollte. Mein französischer und mein dänischer Kameramann waren wirklich Widerstandskämpfer gewesen, und um das Maß vollzumachen, gab es im Sekretariat der UN keine Rassentrennung. Mein dritter Kameramann war doch wahrhaftig ein Neger! Das hatte es bis jetzt im amerikanischen Filmbusiness noch nie gegeben.

Dann aber, während die Suche nach einem geeigneten Sitz noch im Gange war, kamen die Rockefellers und lösten das Dilemma. Sie schenkten der UNO sechs Häuserblocks, den teuersten Grund und Boden der Welt, im Herzen von Manhattan, am East River. Es war eine Sensation. Was weniger betont und publiziert wurde, war der Umstand, daß die unmittelbar benachbarten Häuserblocks augenblicklich in ihrem Wert um ein Vielfaches anstiegen, denn rund um das zukünftige UNO-Viertel würde das Geschäft bald eine ungeahnte Blüte erreichen. Und diese Blocks gehörten zum Teil, welch ein Zufall, ebenfalls den Rockefellers. Ihr großzügiges Geschenk wurde daher ebenso großzügig belohnt.

Hier also sollte der Gebäudekomplex entstehen, und als Exempel der zukünftigen internationalen Zusammenarbeit sollten alle der damaligen fünfundfünfzig Mitgliedstaaten, wenn sie es wünschten, ihre besten Architekten entsenden, die dann gemeinsam die Pläne für die Gebäude entwerfen würden. Die Planung und den Bau dieser Gebäude wollte man dokumentarisch festhalten, und das war meine erste Aufgabe als neugebackener Produktionschef der UNO-Filmabteilung.

Zu Beginn meiner Recherchen stellte ich fest, daß es nichts Trockeneres und Unfilmischeres gibt als Baupläne und Blaupausen. Kein Mensch würde sich so etwas im Kino ansehen wollen. Lange sprach ich darüber mit den drei prominentesten Architekten des Unternehmens: zuerst mit Harrison, dem Amerikaner, der das großartige Rockefeller Center erbaut hatte, ein Mann von immenser Phantasie und großem Organisationstalent und außerdem ein perfekter Diplomat, eine Eigenschaft, die er als Bändiger dieser unförmigen Gruppe von Koryphäen aus der ganzen Welt auch brauchte. Der zweite war Le Corbusier, ein echter Genius, dabei von sich eingenommen, kompromißlos, streng, etwas professoral und unnahbar – nicht einfach im Umgang für mich Laien. Und schließlich Oskar Niemeyer, der Brasilianer, sympathisch, warmherzig, der seine imponierenden Visionen in bescheidene Worte zu kleiden wußte. Ihn mochte ich besonders, weil er nicht nur an städtebaulichen Dingen interessiert war, sondern darüber hinaus an der Verbesserung der Lebensbedingungen der Menschen, die in seinen Städten leben und arbeiten.

Zuerst dachte ich an einen Film über diese drei. Aber mein Chef sah sofort die Konflikte mit den übrigen über vierzig Architekten aus der ganzen Welt voraus, und er hatte recht. Also – was tun?

Eine Fünf-Zeilen-Notiz in der »Daily News«, die eigentlich mit zu der offenen und versteckten Hetze gegen die Vereinten Nationen gehörte, lieferte mir endlich den Stoff. Irgendwo im Viertel zwischen First Avenue und East River gab es eine größere Baulücke. Dort hatten offenbar einige Slumkinder ihren Spielplatz. Nun protestierten sie, so hieß es in der Notiz, weil sie die UNO ihres kümmerlichen Erholungsraumes berauben wolle.

Ich ging hin, um mir diese resoluten Kinder anzusehen. Was ich vorfand, war ein Haufen weißer, schwarzer und brauner Gassenjungen und -mädchen, die überhaupt keine Ahnung von der UNO, geschweige denn von ihren Bauplänen hatten. Das Ganze war einfach die Idee eines cleveren Reporters gewesen.

Es war, weiß der Himmel, ein Abenteuerspielplatz, der nicht einmal ungefährlich war. Rostige Traversen, Drahtspiralen aus alten Sprungfedermatratzen, morsche Bretter, stinkende Konservenbüchsen, übermannshohe Haufen scharfer industrieller Schlacke, ölige Wasserlachen, und über allem der Gestank des nahe gelegenen Schlachthofs.

Gegenüber, auf der schmutzigen First Avenue, befand sich der typische Eckladen, der Candyshop, in dem Zigarren und Eis verkauft wurden. Im Laden gab es ein paar Barhocker und Kisten von Crackers und Candy-Bars – das Hauptquartier der Kinder, wenn es regnete oder zum Spielen zu heiß war. Im Hinterzimmer florierte ein illegales Wettbüro.

Dort, in Gesprächen mit den Kindern, die mich unendliche Mengen von Eiskrem kosteten, entstand die Struktur des Films. Nach und nach würden die Kinder, teils an Ort und Stelle, teils hier im Candyshop, erfahren, was da geplant war und welchen Zwecken es dienen sollte. Ohne Streit würde das nicht abgehen, die verschiedenen Interessen der Kinder und ihre Temperamente würden aufeinanderprallen, genauso, wie auf einer höheren Ebene die Architekten zusammenstießen – das hatte ich von Le Corbusier und Niemeyer erfahren. Und auf höchster Ebene unter den fünfundfünfzig Mitgliedstaaten war ja das gleiche im Gange.

Bei den Kindern gab es keine Hindernisse. Die Filmerei wurde zu einem neuen, aufregenden Spiel. Die Rollen, die sie spielten, ergaben sich aus ihren Individualitäten. Sie begriffen schnell und machten die Sache der Vereinten Nationen zu der ihren. Es war also jetzt an mir, sie die einmal geschaffenen Charaktere weiter spielen zu lassen – ich brauchte ihre Mitwirkung ja fast zwei Jahre hindurch.

Mit den Architekten und ihrer chronischen Uneinigkeit hatte ich weniger Schwierigkeiten, als ich fürchtete. Ein wenig Eitelkeit spielte dabei eine Rolle, denn jeder hoffte, daß gerade sein Entwurf wenn auch vielleicht nicht bei der endgültigen Ausführung, so doch wenigstens in unserem Film realisiert würde. Übrigens durchschaute Harrison ziemlich bald, was ich da trieb, aber er hat mich nie verraten.

Die höchste Ebene allerdings, die politische, mußte ich mir verkneifen. Es gab zu jener Zeit schon genügend Zündstoff, vor allem in Griechenland und im Nahen Osten, und man wollte die Unstimmigkeiten zwischen den Delegationen nicht auch noch im Film festhalten, da es doch, wenigstens was den Bau am East River anlangte, zu einer echten Einigung kam.

Am eindrucksvollsten verhielt sich der Brasilianer Oskar Niemeyer: Als ich ihn um ein Statement vor der Kamera bat, zitierte er ein paar markante Sätze über Menschenrechte aus der UN-Charta und fügte hinzu: »Dies alles ist in meiner Heimat verboten!« Die brasilianische Delegation erhob Einspruch.

Die Bauarbeiten selbst waren erst fürs nächste Jahr geplant, und so bildete das Einreißen der alten Gebäude eine filmisch effektvolle letzte Sequenz, voller Symbolik: Eine morsch gewordene Welt fiel in Trümmer, aus denen sich das Modell einer friedvollen, dauerhaften Zukunft erhob. Na ja . . .

So wurde der erste UN-Film: *Clearing the Way* geboren, ein vierzig Minuten langer Streifen, der auch in den Kinos gezeigt wurde. Am meisten freute mich das Lob meines Chefs Benoit-Lévy. Er hatte mir von allem Anfang an volles Vertrauen geschenkt, und ich war glücklich, ihn nicht enttäuscht zu haben. Von da an duzte er mich, der alte Mann, aber ich blieb beim Sie und beim »Patron«. Er ist es für mich bis zu seinem Lebensende geblieben.

Unsere Abteilung hatte für die erste Zeit ein Budget von über einer Million Dollar zur Verfügung, genug für etwa zwei Dutzend Filme. Ich brauchte nicht lange nachzudenken, was das für Filme sein würden: Wir mußten der Welt – so dachte ich –, die gerade durch den mörderischsten aller Kriege hindurchgegangen war, friedliche Zusammenarbeit vorführen. Wenn es im Krieg möglich gewesen war, daß zwei so verschiedene gesellschaftliche Systeme Gemeinsamkeiten fanden, warum sollte es nicht auch im Kampf um den Frieden ebenso sein?

Eine Reihe von Filmen also, die demonstrieren sollten, wo solche Zusammenarbeit bereits funktionierte, oder den Weg weisen würden, wo sie leicht zu realisieren war.

Leuchttürme – war es einem Leuchtfeuer auf irgendeinem Kap der Welt nicht völlig einerlei, unter welcher Flagge ein Schiff segelte, dem es den Weg wies?

Hilfe bei einer Epidemie – da war vor wenigen Wochen in Ägypten eine Choleraepidemie ausgebrochen. Alle Länder, die dazu imstande waren, hatten Hilfe geschickt, Ärzte, Medikamente, Decken und Feldbetten. Die Sowjetunion war ebenso schnell bei der Hand gewesen wie die skandinavischen Länder und die USA.

Analphabetismus – der Kampf dagegen war ein Hauptproblem vor allem jener Mitgliedstaaten, in denen Menschen lebten, die nie eine Chance hatten, sich zu artikulieren und ihre Rechte wahrzunehmen.

Psychisch gefährdete Kinder – gab es sie nicht in allen Teilen der Welt, besonders in jenen, wo der Krieg gewütet hatte, wo drückende Armut herrschte?

Seemannsklubs – sie existieren bereits in allen Häfen der Welt, in Hamburg wie in Rio, in Odessa wie in New York. Sie dienen allen Seeleuten, ohne Unterschied der Nationalität.

Zwei Dutzend solcher Themen hatten wir schnell gefunden. Das war aber nur ein Teil der Konzeption. Der andere war die Methode der Realisierung. Mein Chef, Jean Benoit-Lévy, und ich hielten es nicht für gut, diese Filme hier in Amerika, in Hollywood zu drehen oder durch erfahrene amerikanische Teams realisieren zu lassen. Wir fürchteten den glatten, routinierten, eingängigen Stil, der den Menschen in den Ländern, für die die Filme bestimmt waren, zwar imponieren, aber nicht zu ihren Herzen sprechen würde; also wollten wir die Frage der internationalen Zusammenarbeit auch auf die Herstellung der UN-Filme selbst ausdehnen. Damals – 1947 – gab es typische Filmländer, Länder mit großer Filmerfahrung, eingearbeiteten Stäben, glänzend funktionierenden Studios und Kopierwerken. Daneben gab es aber filmische »Entwicklungsländer« mit ambitionierten Cinéasten; jedoch ohne technische Möglichkeiten.

Hier bot sich die Möglichkeit, solchen örtlichen Produzenten und Regisseuren erstmalig perfekte Mittel, erstklassiges Rohmaterial und technische Assistenz zu liefern. Sie würden dann die Möglichkeit haben, ihre Filme mit Hilfe des UN-Apparates überall zu zeigen, wo das von ihnen realisierte Thema aktuell war. Internationale Zusammenarbeit auf doppelte Weise: durch die Themenwahl und durch die Hilfe bei der Herstellung selbst.

Während diese Pläne vorwärtsgetrieben wurden, bekam ich ernste Differenzen mit meinen eigenen Genossen in der Partei.

Ein Teil der Genossen, ehrlich überzeugt, der Sache zu dienen, war nämlich der Ansicht, daß es nicht Aufgabe der UN sein könne, Zusammenarbeit zu zeigen, wo sie bereits funktionierte. Das erwecke Illusionen. Es sei, im Gegenteil, da ja auch im Namen der sozialistischen Länder gesprochen werden müsse, richtiger zu zeigen, welche Gegensätze zwischen den beiden Lagern beständen und warum deshalb an eine internationale Zusammenarbeit in großem Rahmen noch nicht zu denken sei.

Dafür boten sich gerade zu jener Zeit schlagende Beispiele: im Augenblick waren die Amerikaner die einzigen, die praktische Erfahrungen auf dem Gebiet der Gewinnung von Kernenergie hatten. Es war unvorstellbar, daß sie diese Wissenschaft mit dem »andern Lager« teilen oder gar gemeinsam weiterforschen würden.

Es sei also, sagten diese Genossen, im Augenblick wichtiger, die charakteristischen Züge zweier einander entgegengesetzter Gesellschaftssysteme auf allen Gebieten darzulegen und dabei die Gründe aufzuzeigen, warum einstweilen internationale Zusammenarbeit eine Utopie und aus prinzipiellen Gründen eine Unmöglichkeit sei. Dies und nichts anderes könne die Aufgabe der UN-Filme sein, die ja im Namen aller Mitgliedsländer finanziert und hergestellt würden.

Plötzlich fielen mir die frühen Tage in Hamburg ein, wo es einen ähnlich grundlegenden Streit gegeben hatte. »Dinge, die uns trennen, beim Namen nennen, kompromißlos, so daß jeder weiß, auf Anhieb weiß, wer wo steht.« Heute wie damals verschloß ich meine Augen nicht vor den Dingen, die die beiden »Lager« voneinander unterscheiden. Heute wie damals ließ ich niemanden im Zweifel, auf welcher Seite ich stand. Aber wie der Hitlerfaschismus nur durch eine vereinte Anstrengung beider Lager besiegt werden konnte, so gab es auch keinen andern Weg, den Frieden zu gewinnen, als durch internationale Zusammenarbeit.

Es kam zum offenen Konflikt. Ich konnte zwar bei den meisten meiner Genossen die Konzeption schließlich durchsetzen, aber auf vertrackte Weise wurde mir in der Folge meine Auffassung immer wieder als »Abweichung« vorgehalten.

Das erste Dutzend unserer Filme kam in Schwung. Jean Epstein, einer der Großen des französischen Stummfilms, drehte die Leuchtturm-Story. Der Belgier Henri Storck schuf eine faszinierende Darstellung der modernen Kinderpsychologie. Die Engländer führten ihre internationalen Lehrstätten für technische Zusammenarbeit vor. Die Polen filmten die internationale Hilfe für hungernde Kinder überall in der Welt. Die Kanadier lieferten eine brillante, technisch perfekte Filmstudie über die Anfertigung von Landkarten durch internationale Teams. Meine eigene Filmgruppe in New York drehte unter der Regie von Leo Seltzer einen bewegenden Film über die Rehabilitierung spastischer Kinder, der der Gruppe den »Oscar« eintrug.

Mexiko produzierte einen Film über den Kampf gegen den Analphabetismus *Wissen ist Macht (Saber es poder)*. Als ich die Fakten für dieses Projekt recherchierte, wuchs es mir so ans Herz, daß ich das Drehbuch selbst schrieb. Ich stieß auf mein Grundthema in einem kleinen Dorf bei Tepoctlan. Dort fand gerade eine Ausweisung statt: Einige Indiofamilien, allesamt Analphabeten, hatten zwei Jahre vorher einem gerissenen Gringo gegen ein geringes Darlehen ihren Grund und Boden vermacht. Jetzt hielt er ihnen die mit Kreuzen unterschriebenen Schuldverschreibungen vor und nahm ihnen die verpfändeten Maisfelder.

In *Wissen ist Macht* wird das Schicksal einer Indiofamilie gezeigt, deren ältester Sohn als Arbeiter in der Hauptstadt lebt. Er schreibt regelmäßig, die Eltern und Geschwister lernen seine Briefe, die ihnen der Lehrer vorliest, auswendig. Seine Briefe zieren eine Ecke des Wohnraums, allerdings verkehrtherum, denn die Schrift sagt ihnen ja nichts. Grund und Boden der Familie ist längst verpfändet. In wenigen Wochen werden sie ihn verlassen müssen.

Heimlich geht die Mutter zum Schullehrer und lernt schreiben. Der Vater würde es nicht dulden, denn Schreiben ist immer noch das Privileg des Priesters und der wenigen Gebildeten im Dorf.

Maria schreibt ihrem Sohn. Der nimmt sich Urlaub, kehrt in sein Dorf zurück, knapp vor der Pfändung. Er stellt fest, daß sein Vater betrogen wurde, und es gelingt ihm, das Dorf in Aufruhr zu bringen. Die Bauern rotten sich zusammen und ziehen gegen die Gringos. Sie zwingen sie zur Flucht.

Eine Frau hatte lesen und schreiben gelernt und das Dorf in Bewegung gebracht.

Primitiv? Sentimental? Der Film wurde für Lateinamerika gedreht, für die analphabetischen Indios von Patagonien bis hinauf an den Rio Grande. Die Story mußte einfach sein, um von ihnen verstanden zu werden, aber in den Details mußte sie stimmen.

Das schönste Drehbuch wurde in Prag geschrieben, denn als Lokalpatriot hatte ich meinem Geburtsland das schönste Thema zugeschanzt. Im Mai 1948 – seit einigen Monaten war die Tschechoslowakei eine Volksdemokratie – flog ich in meine Heimat, um mit drei Kurzfilm-Regisseuren die Story auszuarbeiten. Es sollte eine Geschichte internationaler Solidarität der einfachen Menschen werden.

Während des Krieges wird ein amerikanischer Flieger über einem kleinen mährischen Beskidendorf abgeschossen. Eine Bauernfamilie pflegt ihn gesund. Er flieht mit ihrer Hilfe und wird von Freund zu Freund weitergereicht, bis nach Jugoslawien. Dort wird er von einer deutschen Einheit in eine Schießerei verwickelt und fällt. Aus?

Nicht aus. Drei Jahre nach dem Krieg erkrankt ein Kind der mährischen Bauernfamilie. Ein Antibiotikum wird gebraucht, das es in der Tschechoslowakei nicht gibt. Alles wird versucht, das Mittel aufzutreiben, der Arzt rät: Amerika. Die Eltern erinnern sich, daß sie noch ein paar Habseligkeiten des abgeschossenen Fliegers aufbewahrt haben, von dessen Ende sie ja nichts wissen. Dabei findet sich eine Ansichtskarte aus Ridgefield, USA, unterschrieben von einer »Maggie«. Es gibt hundert Orte dieses Namens in den USA. Das Kabel landet im falschen Ridgefield, aber die kleine Telegraphistin läuft mit dem Kabel zum Doktor. Der hat einen Studienkollegen im Sydenham Hospital in New York, einen Negerdoktor. Der klaut das Mittel kurzerhand, denn es hätte zu lange gedauert, eine Ausfuhrbewilligung zu beantragen. Eine Krankenschwester rast mit der Ambulanz zum Flughafen. Die Triboro Bridge, eine Hebebrücke, hebt sich gerade in die Luft, aber der Mann, der sie bedient, merkt, daß es wichtig ist, und er läßt sie wieder herunter. Das Flugzeug hat gewartet. Das Mittel wird über den Ozean geflogen. Ein Passagier nimmt es mit nach Prag, ein Aero-Taxi fliegt es nach Mähren. Eine Kette einander unbekannter Menschen rettet ein Kind – selbst das anonyme Grab irgendwo in Jugoslawien hat die Kette nicht zerrissen.

Die Kollegen in Prag waren glücklich. Die Story war gelungen, sie würden das zur Herstellung wichtige amerikanische Rohmaterial erhalten und die nötigen harten Devisen. Die internationale Zusammenarbeit klappte auch hier, trotz Eisernem Vorhang.

Dachte ich.

Der alte Mann und die UNO

Die eindrucksvollste Persönlichkeit, der ich in meinen drei UNO-Jahren begegnete, war Sir John Boyd-Orr. Er war kein Delegierter, sondern Direktor der FAO (Food and Agricultural Organization), einer Behörde der Vereinten Nationen.

Seine These war einfach, für jeden verständlich. Ihre Parsifal-Naivität kann nur aus der Atmosphäre kurz nach dem Krieg erklärt werden, da viele von uns noch dachten, daß die Probleme unserer Welt nur gemeinsam lösbar seien: Wenn alle Länder, so lautete sie, so viel Nahrungsmittel wie möglich produzieren und wir sie gerecht verteilen, dann können wir den Hunger in dieser Generation besiegen.

Ich hörte ihn sprechen. Der alte Mann, damals schon an die Siebzig, bewies seine These – fünfundzwanzig Jahre vor dem Club of Rome! – mit klaren, unwiderlegbaren Zahlen und Statistiken. Was er vorschlug, war machbar. Er strahlte Ehrenhaftigkeit aus und war von entwaffnender Logik.

Es könne keinen wichtigeren Film geben, sagte mein Chef Benoit-Lévy, als einen, der diese These unter die Menschen bringe. Natürlich müsse alles hieb- und stichfest sein und so klar präsentiert werden, wie Sir John es tat.

Es meldete sich bei mir ein junger Mann, den ich gut kannte, jener Leutnant, der in Camp Ritchie die Theatergruppe geleitet hatte. Aus dem Krieg war er als Major heimgekehrt, und jetzt war er arbeitslos, siebenundzwanzig Jahre alt, und hatte nichts Ordentliches gelernt. Ich fragte ihn, ob er für mich arbeiten wolle, und gab ihm den Auftrag, für den Film, den ich plante, die nötigen Fakten zusammenzusuchen. Bald war er von dem Thema genauso begeistert wie ich. Gemeinsam suchten wir dann den großen Mann in seiner Hotelsuite im Waldorf-Astoria auf.

Wir fanden einen Menschen vor, der resigniert hatte. Hinter den Kulissen der UNO sprach man bereits davon, daß der Plan undurchführbar sei. Der alte Mann wußte das. Stück für Stück riß man in zermürbenden Sitzungen die wichtigsten Stützen aus seiner Konstruktion. Die Großproduzenten von Nahrungsmitteln dachten gar nicht daran, ihr Getreide und ihre Viehherden anders einzusetzen denn als Spekulationsobjekte und allenfalls als politische Druckmittel. Ein Offizieller der FAO, übrigens kein Amerikaner, sagte mir später: Nur gut, daß die Russen nicht in der Organisation sind. Mit dem Spinner da oben werden wir schon fertig . . .

Der Spinner saß uns gegenüber. Aus der Nähe sah er noch imposanter aus. Ein Riese mit zerklüftetem Gesicht. Er gestand, daß er gescheitert sei. Nichts von seinem Plan war übriggeblieben als eine lahme Entschließung, die Kapazitäten der Lebensmittelproduktion der Welt zu registrieren – soweit die Regierungen sich in die Karten blicken ließen, natürlich –, Buch darüber zu führen, und dann konnte die FAO möglicherweise eine Vermittlerrolle bei der Vermarktung der Produkte spielen.

Wir durften in seine umfangreichen Materialien Einblick nehmen und sie für unsere Recherchen benutzen. Es wurde ein stattlicher Band daraus, mit präzisen Vorschlägen für die optische Realisierung einer ganzen Serie von Filmen. Der Band verstaubt wahrscheinlich noch heute in einem dunkelgrünen, blechernen Aktenschrank in der Filmabteilung der UNO.

Der Spinner wurde geadelt, hieß nun Lord Boyd-Orr und erhielt 1949 den Friedensnobelpreis.

Jeder, dem ich von unserem Projekt erzählte, stieg sofort ein. Natürlich! So etwas müßte man machen. Aber wenn ich dann versuchte, es durchzusetzen, rannte ich gegen Granit.

Irgend etwas geschah mit den Menschen. Überall im Sekretariat fand ich wundervolle, gescheite, begeisterungsfähige Leute, die helfen wollten, die Charta der UNO mit Leben zu erfüllen, und dann wieder . . . War es die Bombe, die das Denken verwirrte? Manchmal dachte ich im Ernst, daß dieses Werk der Hölle die Sinne vieler Menschen verstört haben mußte: Man konnte einander plötzlich nicht mehr verstehen. Die Psychose des Kalten Krieges schien Hirne und Herzen erreicht zu haben, verbog und korrumpierte sie.

Ich versuchte, vom Orr-Plan wenigstens Teilprojekte zu retten.

Da gab es zum Beispiel eine Geißel der Viehzüchter auf der ganzen Welt, die Rinderpest. Ein Informationsfilm über diese Krankheit mußte allen viehzüchtenden Ländern willkommen sein.

Da ich von dieser Thematik nichts verstand, beauftragte ich einen jungen Autor, der auf einer Farm aufgewachsen war, gründliche Recherchen anzustellen: Welche Gebiete waren betroffen, wie wurde die Pest bekämpft, wie konnte eine internationale Zusammenarbeit organisiert werden? Ich schickte den jungen Mann nach Washington, versah ihn mit den nötigen UNO-Empfehlungen, um ihm die Wege zu ebnen.

Zwei Tage später erhielt ich einen Anruf vom Kriegsministerium aus Washington. Man wollte wissen, ob der junge Mann tatsächlich von der UNO käme und ob man ihm *classified material* (vertrauliches Material) zeigen dürfe.

Was hatte die UNO mit einem Kriegsministerium zu tun? Sie war doch gegründet worden, um irgendwann einmal alle Kriegsministerien der Welt überflüssig zu machen. Ich ersuchte den Anrufer, unsern Abgesandten unverzüglich nach Hause zu schicken.

Wutschnaubend kam er bei mir an. Er sei doch gerade tollen Dingen auf der Spur gewesen. Ausgerechnet im War Department? fragte ich. Der junge Mann sah mich fassungslos an. Das sei doch ein Thema gerade dieses Ministeriums! Mit Hilfe künstlich eingeschleppter Rinderpest könne man den Viehbestand eines Landes völlig vernichten und damit dem Feind schweren Schaden zufügen, und darauf käme es doch bei unserm Film an!

Wir sahen einander an und verstanden uns nicht.

Wegen ihrer übernationalen Konzeption stießen die meisten unserer FAO-Themen auf Widerstand, und nach und nach mußte ich sie aufgeben oder im wahrsten Sinn des Wortes Wald-und-Wiesen-Filme produzieren: In Schweden wurde in unserem Auftrag und mit UNO-Geld ein Film über den Wald gedreht – *Grünes Gold* hieß er –, brillant gefilmt und fast nichts von der Grundidee beinhaltend.

Mit den übrigen internationalen Themen hatte ich mehr Glück.

Père noble . . .

Sein Haar war blond, mit Weiß untermischt, sorgfältig gescheitelt und leicht gewellt. Sein Gesicht war das eines gepflegten Bonvivants – in jedem Film hätte ich ihm die Rolle des Père noble gegeben. Ein Aristokrat mit geschmeidigen, elastischen Bewegungen, der gewohnt ist, sich auf jedem Parkett zu bewegen, in Fontainebleau, im Züricher Baur-au-Lac-Hotel oder im Spielsaal von Monte Carlo.

In den Couloirs der Vereinten Nationen kursierte eine bissige Anekdote: Der britische Außenminister Bevin, ein ehemaliger Bergarbeiter, soll ihn einmal wegen seiner aristokratischen Herkunft angepflaumt haben. »Ganz recht«, antwortete der Diplomat. »Wir haben eben beide unsere Klasse verraten.«

Ich spreche von Andrej J. Wyschinsky, dem früheren Generalstaatsanwalt der Sowjetunion, jetzt, im Jahre 1949, Delegierter seines Landes.

Im Sommer jenes Jahres suchte ich einen Star für einen kleinen UNO-Film. Der Auftrag war einfach: damals war die Technik des Simultanübersetzens noch ein Novum. Auch die dazu benötigte Apparatur kannten die wenigsten.

Ich sollte die Sache vorführen, und dazu brauchte ich einen bekannten Diplomaten, der eine im Westen relativ unbekannte Sprache sprach. Denn der Film war vor allem für westliche Kinos bestimmt. Die Worte des Diplomaten würden dann mit Hilfe der neuen Technik dem Zuschauer verständlich gemacht. Der Inhalt seiner Worte – so behauptete ich dreist – sei ja nebensächlich. Die Technik sei die Hauptsache.

Würde der Chefdelegierte der Sowjetunion mitmachen?

Meine Erfahrungen mit dieser Delegation ebenso wie mit den sowjetischen Kollegen im Sekretariat waren nicht ermutigend. Sie aßen zwar in der gleichen Kantine wie wir, aber sie bildeten stets eine geschlossene kleine Gruppe, und ihr Mißtrauen uns Amerikanern gegenüber hatte fast krankhaften Charakter. Zum Beispiel hatten wir es von Anfang an so eingerichtet, daß alle Wochenschauen der Mitgliedsländer, im Turnus, je eine Woche die Sitzungen der einzelnen Körperschaften drehen würden. Das Material würde dann allen Ländern kostenlos zur Verfügung stehen. Dazu hatten wir sogar einen eigenen Flugdienst eingerichtet, um allen Mitgliedstaaten die

Streifen spätestens in vierundzwanzig Stunden zugänglich zu machen.

Als die Reihe an die Russen kam, filmten sie zwar eifrig, aber das Material wollten sie nicht herausrücken. Es würde, so sagten sie mir, in der Sowjetunion entwickelt. Sie konnten nicht begreifen, daß es wertlos war, wenn es vierzehn Tage später zurückkam. (Es kam nie zurück.)

Diesmal hatte ich Glück. Wyschinsky mußte die unausgesprochene Botschaft verstanden, die darin enthaltene Möglichkeit begriffen haben: Er würde Gelegenheit haben, den Standpunkt der Sowjetunion einmal unwidersprochen darzulegen. Zu seiner Ehre sei es gesagt: Er hat dieses Recht in dem kleinen Film nicht mißbraucht.

Jetzt würde ich also den Mann kennenlernen, der die Verurteilung solcher Größen der Bolschewiki wie Bucharin, Radek oder Sinowjew erwirkt hatte.

Die Dreharbeiten wurden amüsant. Der große Mann wiederholte geduldig immer wieder, was er zu sagen hatte, ließ sich hin und her schieben, wartete brav, bis die Scheinwerfer richtig eingestellt waren, und zeigte für die Filmtechnik großes Interesse. Ein geborener Schauspieler, sagten wir nachher, als wir mit ihm noch ein wenig in der Bar zusammensaßen. Er lachte und sagte, es habe ihm Spaß gemacht. Wir schüttelten einander die Hände.

Wem hatte ich da die Hand gegeben?

Ich besaß die Prozeßprotokolle in deutscher Übersetzung. Wyschinsky erschien darin als brillanter, unerbittlicher Staatsanwalt, von schneidender Intelligenz, ein Fechter mit tödlicher Waffe.

Natürlich hatten wir in Prag 1937/38, als die Prozesse stattfanden, darüber diskutiert. Konnte denn das alles stimmen? Waren diese alten Bolschewiki Verräter, Spione im Dienst westlicher Agenturen gewesen? Hatten sich einige von ihnen persönlich bereichern wollen?

Nun – Wyschinsky hatte es ihnen bewiesen. In den Protokollen stand ja alles, wörtlich, schwarz auf weiß.

War es bei diesen Prozessen mit rechten Dingen zugegangen? Es gab in den Reihen der Partei, auch unter meinen Freunden eine Anzahl von Genossen, die daran zweifelten, ja verzweifelten. Andrerseits – der amerikanische Botschafter Davies, den sein Präsident zur

Berichterstattung nach Moskau geschickt hatte und der voll Mißtrauen den Gerichtssaal betrat, schrieb später in seinem Moskauer
Tagebuch, das in einer Massenauflage in den USA erschien, daß
seiner Ansicht nach alles mit rechten Dingen zugegangen sei.

Ich selbst wartete auf die gedruckten Protokolle. Ich las sie mit
brennendem Interesse. Am Schluß war ich erschüttert – und überzeugt. So etwas denkt sich keiner aus, dachte ich. Das sind doch
keine Drehbuchautoren, und die Angeklagten sind keine Holly-
woodschauspieler.

Heute, da die wörtlichen Protokolle der Slánský-Prozesse ebenfalls hübsch gebunden vor mir liegen, muß ich sagen: Auch sie lesen
sich überzeugend. Und genau wie die Protokolle der Moskauer
Verhandlungen sind sie ein einziger, mörderischer Betrug. Gewiß,
am Wortlaut war nichts verfälscht worden. Es waren wortwörtliche
Transkripte, und ich hörte vorher sogar die Stimmen der Angeklagten, die fließend, ohne Stocken ihre Aussagen zu Protokoll brachten. Und ich kannte einige von ihnen persönlich.

Aber daß diese Dialoge das Ergebnis monatelanger Proben waren, daß die Regie- und Drehbücher lange vorher von oben festge-
legt worden waren, das erfuhren wir in der Tschechoslowakei erst
Ende der sechziger Jahre, als der Frühling schon in der Luft lag.

Zwischenspiel unter dem Popocatepetl

Der General maß einen Meter fünfundachtzig. Er hatte drei Sterne
am Kragenspiegel und war Stabschef der mexikanischen Armee. Er
trug einen soignierten Spitzbart, war um die Sechzig, ein Indio. Ich
mochte ihn vom ersten Augenblick an.

Er war der Produzent der UN-Filme, die wir in Mexiko drehen
wollten. Einen Film über den Analphabetismus, einen über das
Problem der Jugendkriminalität und einen dritten über den Neoko-
lonialismus.

Ich lernte ihn kennen, als ich zum erstenmal nach Mexiko flog,
um mit ihm die nötigen Abmachungen zu treffen. Juan war ein
Weltmann, der außer seiner Produktionsfirma auch noch zwei Wo-

chenschauen sowie Anteile an mehreren Banken besaß, dazu ein Türkisches Bad und eine Geliebte. Gleich zu Beginn stellte er mir seinen Wagen zur Verfügung und einen Mann, der besser spanisch sprach als ich, und ich konnte im Land umherreisen und selbst herausfinden, was es mit dem Analphabetismus auf sich hatte.

Der General war eine Erscheinung, wie man sie nur noch in Mexiko treffen konnte – heute wohl auch dort nicht mehr. Er hatte Pancho Villa und den Nationalhelden Zapata gekannt. Während des Dritten Reiches war er mexikanischer Botschafter in Berlin gewesen. Wegen seiner Haltung im Spanischen Bürgerkrieg hatte ihn die Naziregierung interniert, und seine Regierung mußte ihn abberufen. Sein bestes Pferd im Stall war Jimenez, ein geflüchteter spanischer Regisseur, der auch unsern ersten Film dort – *Saber es poder* – inszenierte.

Durch den General lernte ich Diego Rivera, Orozko und Siqueiros kennen, die großen Maler jener Zeit, und er brachte mich auch mit dem verschrobenen anarchistischen Maler Dr. Atl zusammen, und vor allem mit Luis Buñuel.

Während seiner Berliner Zeit hatte der stattliche General und Botschafter eine deutsche Schauspielerin kennengelernt, und sie war seine Geliebte geworden. Als man ihn dann abrief, reiste sie ihm nach – unter anderem deshalb, weil sie ein Kind von ihm erwartete. Jetzt war sie seine *casa chica*, sein Kleines Haus – zur linken Hand, hätte man das zu Fontanes Zeiten genannt –, im Gegensatz zu seiner *casa grande*, seiner Ehefrau, die ihm zwei Kinder geschenkt hatte, welche längst erwachsen waren.

Der General lebte allein, und ich wohnte bei ihm.

Eines Abends sagte er fast verschämt, er wolle mich mit Mariposa bekannt machen, jener einstmals so berühmten deutschen Schauspielerin, seiner *casa chica*. Sie habe morgen Geburtstag, und als Überraschung habe er ihr ein neues Auto vors Haus stellen lassen, nebst der Aufforderung, sie möge uns morgen abholen und uns zwecks Einweihung des Wagens nach Cuernavaca fahren, wo die Villa war, die er ihr eingerichtet hatte.

Wir saßen beim Frühstück und aßen gerade eisgekühlte Mangos, als es draußen energisch hupte. Das ist sie, sagte lächelnd der General. Gleich hinterher wurde er etwas nervös, denn das Signal wiederholte sich in ungeduldigen Staccatos.

Wir traten vor die Haustür. Dort stand im Sonnenlicht der schönste erbsengrüne, schimmernde, chrombeschlagene Buick, den man sich vorstellen kann.

Vor dem Buick stand sie.

Sie war schlank, gewiß größer als ich, mit der Figur eines teuren Fotomodells, einen riesigen Strohhut auf dem Kopf, in einem Traum von einem blumenbedruckten Kleid. Das Titelbild eines Modemagazins. Ein sprechendes Bild.

Nein. Sie sprach nicht. Im Augenblick unseres Erscheinens begann sie zu brüllen, und da sie offenbar wußte, wie mangelhaft mein Spanisch war, brüllte sie auf englisch.

»Du Hund, du mieser, gottverdammter Knauser . . . was glaubst du denn eigentlich? Einen Buick? Einen Scheißbuick? Wo du mir einen crèmefarbenen Cadillac versprochen hast? Du lächerlicher, schmutziger Knauser!«

Man pflegt von jemandem zu sagen, er schimpfe wie ein Fischweib. Ich habe zwar noch nie ein Fischweib schimpfen hören, aber ich bin überzeugt, sicher hätte Mariposa an diesem Morgen ihren Wortschatz entscheidend bereichert. Es gab keine Perversion, deren sie den General nicht zieh, wobei inzestuöse Beziehungen zu seiner Mutter noch als gemäßigte Ouvertüre hätten gelten können.

Der General – drei Sterne am Kragenspiegel, heute in blütenweißem Zivil – wandte sich verlegen lächelnd an mich:

»Mariposa ist manchmal ein wenig temperamentvoll, aber das geht vorbei.«

Auf ihre stumme, verachtungsvolle Anweisung setzte er sich in den Fond, und ich nahm neben ihr Platz. Jetzt konnte ich auch unter ihren Hut schauen. Ihr Gesicht paßte zu ihrer Figur. Sie erinnerte mich an die junge Arletty (*Die Kinder des Olymp*) mit ihren warmen, samtenen Augen und dem dunkelroten Mund, dem man nicht zutraute, welcher Obszönitäten er vor wenigen Sekunden fähig gewesen war.

Sie fuhr an. Der Wagen war wohl etwas ungewohnt für sie, denn er sprang beim Anfahren mit einem Satz nach vorn, und sie spie dem General ein: »Dein beschissener, popliger Buick, natürlich!« nach hinten. Diesmal auf spanisch, aber soviel verstand ich.

Nach einigen Minuten wollte der General die gespannte Atmosphäre etwas lockern und sagte schüchtern:

»Liebling, wie ich dir sagte, war Señor Burger früher lange Jahre beim deutschen Theater. Sicher habt ihr beide viel gemeinsame Bekannte.« Seine Stimme verlor sich. Draußen hatte es mindestens vierzig Grad im Schatten. Hier im Wagen war Eiszeit.

Bei einer Tankstelle vor der Stadt, am Rande einer Lavalandschaft, hielt Mariposa an und schickte den General hinaus, um den Wagen volltanken zu lassen. Wir waren allein.

Mariposa sah mich einen Augenblick prüfend an und warf den dekorativen Florentinerhut hinter sich auf den Sitz. Sie hatte schwarzes, geringeltes Haar und sah Arletty jetzt noch ähnlicher. Die langen Wimpern waren echt. Plötzlich sagte sie ruhig und im schönsten, reinsten Sächsisch. »Strengen Sie sich nicht an. Wenn Sie beim Theater waren, haben wir bestimmt keine gemeinsamen Bekannten. Ich war in der Berliner Scala, und ich bin nur in Revuen aufgetreten. Singen kann ich nicht und tanzen auch nicht. Sie können sich ausrechnen, was ich dort gemacht habe.«

Sächsisch, wie gesagt.

Ich lief mit fliegenden Fahnen zu ihr über.

Sie hatte Stil und Schmiß. Wir wurden die besten Freunde. Als sie erfuhr, daß ich frisch verheiratet und sehr verliebt war, ging sie mit mir einkaufen, sorgte dafür, daß ich nicht übers Ohr gehauen wurde, und am Tag meiner Abreise kaufte sie meiner Frau eine Reihe fein ziselierter Silbergeräte.

Mein General, fast dreißig Jahre älter, hatte es längst aufgegeben, diesen Vulkan zu bändigen. Er hing an ihr, vor allem wegen der kleinen, jetzt fünfjährigen Marina. Mariposas Launen ertrug er mit Würde. Seine Besuche in ihrer Villa in Cuernavaca kündigte er stets höflich vorher an.

Als wir einander besser kannten, erzählte mir Mariposa (sie hieß eigentlich Marie Posalke), daß ihr der General außer der Villa und dem popligen Buick auch einen Film zu Füßen gelegt hatte. Er wollte sie als Musicalstar lancieren, denn er war immer noch bezaubert von ihrem Körper. Auf der Bühne der Berliner Scala hatte er sie zuerst erblickt, wo sie – Zitat Mariposa – »mit einer Straußenfeder in der Hand und mit fünf Tropfen Chanel Nummer fünf bekleidet« über die Bühne geschritten war.

Sie bestand darauf, mir den Film, der viele Millionen Pesos gekostet hatte, vorzuführen. Er war gräßlich. Mariposa war wunderbar anzuschauen, hatte keine Stimme und war deshalb nachsynchronisiert worden, und außerdem zeigte sie nicht das geringste Talent. Zumindest nicht als Schauspielerin.

Wir saßen allein in einem der Vorführräume des Generals. Ich war erschlagen und wußte nicht, wie ich reagieren sollte.

»Na?« fragte sie erwartungsvoll.

Was sollte ich ihr sagen? Aber schließlich war sie ja selbst immer entwaffnend ehrlich, und so sagte ich entschlossen:

»Mariposa, ich möchte, daß wir Freunde bleiben. Aber das hier war Scheiße.« Sie fiel mir um den Hals.

Ich war dann in der Folge einige Male in Mexiko und begann mich dort viel mehr zu Hause zu fühlen als in den Vereinigten Staaten. Zuerst recherchierte ich für unsern UNO-Film *Saber es poder*. Dann leitete ich die Produktion des Films *Tod eines Kindes* in die Wege und suchte einen Regisseur für den geplanten Film über Jugendkriminalität.

Damals lernte ich Luis Buñuel kennen. Zwar wurde aus der Zusammenarbeit nichts, denn Luis bereitete gerade einen eigenen Film über das gleiche Thema vor – *Los Olvidados* –, aber er tröstete mich. Ich solle zu ihm kommen und mit ihm einen chilenischen Wein probieren. Wir probierten viel Wein an jenem Abend, dem weitere Abende folgten, auch später noch, als ich mit Anette nach Mexiko kam, um dort Ferien zu machen, unsere letzten Ferien in der Neuen Welt, die glücklichsten, unbeschwertesten.

Wir stiegen zuerst im Hotel Reforma ab, wo uns das Büro der UNO einquartiert hatte. Keine drei Minuten später, wir hatten noch nicht einmal Zeit gehabt, die Sprungfedern des Himmelbetts auszuprobieren, kam ein Hotelpage herein, mit einem Riesenkorb voller Früchte und einer Mitteilung von Mariposa, daß es Irrsinn sei, in diesem Hotel zu bleiben, nicht eine einzige Nacht erlaube sie uns das, und wir müßten natürlich bei ihr in Cuernavaca wohnen, und sie warte unten. Zehn Minuten. Sie parke im Halteverbot.

Auch mit Anette war es Liebe auf den ersten Blick. Sie duzten einander von der ersten Sekunde an. Ich kam mir bald etwas überflüssig vor.

Mariposas Villa war ein atriumähnlicher Bau um einen Swimming-pool herum, mit einem enormen Garten, voll blühender Bougainvilleas und Rhododendren, mit einem Rasen, der nicht aus Gras bestand, sondern aus einem dichten Geflecht grüner Pflanzen, das leicht vibrierte, wenn man darüberschritt. Hier konnte man nackt liegen und die schneebedeckten Gipfel des Popocatepetlmassivs anblinzeln, die vor uns in den tiefblauen Himmel ragten. Es war gerade Regenzeit – jeden Tag zwanzig Minuten erfrischende Schauer, die den Pflanzen ihr tiefes Grün gaben.

Anette schwamm schon vor dem Frühstück, aß mit Gusto die täglich wechselnden mexikanischen Gerichte, die uns die Köchin vorsetzte, und klönte mit Mariposa. Es war schön, faul und mit geschlossenen Augen im Grün zu liegen und dem Small-talk der beiden Frauen zuzuhören – sächsisch und westfälisches Platt.

Wir saßen in dem damals noch einzigen Café am Marktplatz von Cuernavaca, besichtigten den Palast, den Cortez vor vierhundert Jahren seiner indianischen Geliebten erbaut hatte, rumpelten in alten, ausgedienten Autobussen durch die Gegend, die überall anhielten, wo ein Fahrgast Lust hatte. Einmal nahmen wir auf freiem Feld einen Hochzeitszug auf. Der Bräutigam tuschelte mit dem Fahrer, worauf dieser uns Passagiere – Fahrplan hin, Fahrplan her – fragte, ob wir etwas gegen einen kleinen Umweg hätten. Keiner hatte etwas dagegen, und so machten wir den Umweg, er dauerte über eine Stunde, bis ins Dorf der Braut, wo die gesamte Ladung des Linienautobusses zu Gast gebeten wurde.

Anette blühte auf. Es machte ihr Spaß, in ihrem reinen Kastilianisch mit den Frauen auf dem Markt zu handeln, sie sah ihnen zu, wenn sie gegen Abend ihre Tortillas kneteten. Ihre Haut nahm die Farbe von Honig an, ihr Haar glänzte wie Bronze.

Mariposa fuhr uns in ihrem erbsengrünen Buick nach Taxco, der alten Stadt der Silberschmiede, wir bestiegen die Pyramide von Tepoctlan, probierten in betäubend riechenden Gewürzläden seltsame Masken an, die ein wenig jenen ähnelten, die wir im Lötschental in der Schweiz gesehen hatten. Überhaupt Folklore! Mir war sie immer verdächtig. Wir kauften eine Salatschüssel in Tlaquepeque, die viele Jahre später einen Kenner zu der Bemerkung veranlaßte: Aha, Südmähren.

Mariposa versprach, uns auch Acapulco zu zeigen. Es gab noch keine Autobahn, eine stellenweise sehr schlechte Straße führte quer durchs Land. Als es losgehen sollte, kam die Überraschung: Mariposa holte seelenruhig aus einer Garage, die nicht zu ihrer Villa gehörte, einen crèmefarbenen Cadillac heraus. Von dem durfte der General nichts wissen. Den Spender lernten wir dann in Acapulco kennen. Nur ganz kurz – denn er entführte uns Mariposa auf seine Jacht, zum Tiefseefischen.

Wir waren allein, glitten auf einem Einbaum, den ein Indio – Mitglied der Gewerkschaft – durch den Urwald ruderte, badeten im Pazifik und tanzten am Abend unter dem Sternenhimmel, tranken irgend etwas Gemixtes aus einer hohlen Ananas, über uns in den Zweigen der Kamelienbüsche hockten seltsame Vögel, Anettes Schultern, honigfarben, bewegten sich im Rumbarhythmus, grüne, mexikanische Seide umflatterte sie, eine weiße Gardenie steckte im rostbraunen Haar. Siehst du mir jetzt von drüben über die Schulter, Anette?

In sieben Monaten würden wir ein Kind haben.

Inquisition ohne Scheiterhaufen

> »Ich bin aber nicht schuldig –«, sagte K., »es ist ein Irrtum. Wie kann ein Mensch überhaupt schuldig sein. Wir sind doch hier Menschen, einer wie der andere.« – »Das ist richtig«, sagte der Geistliche »aber so pflegen die Schuldigen zu reden . . .«
> Franz Kafka: Der Prozeß

»Albert Maltz – Verachtung des Kongresses – ein Jahr Gefängnis ohne Bewährung«, so stand es heute in allen Zeitungen.

Albert war seit 1942, seit unserem gemeinsamen Film *Seeds of Freedom*, ein guter Freund von mir. Jetzt, vier Jahre nach dem Krieg, hatte ihn der Ausschuß des Repräsentantenhauses für unamerikanische Aktivitäten (Un-american Activities Committee) vorgeladen, um über »umstürzlerische Umtriebe« in Kalifornien auszusagen. Es wurde dort von ihm verlangt, er möge Kollegen anschwärzen, Namen ihm bekannter Kommunisten preisgeben, linksorientierte Gruppen denunzieren. Er war nicht der einzige Vorgeladene. Eine große Anzahl von Autoren, Schauspielern und

Regisseuren wurde vor diesen Ausschuß zitiert, dessen Vorsitzender ein gewisser Parnell Thomas war.

Wer sich weigerte, vor diesem Ausschuß auszusagen, oder wer sich auf den fünften Verfassungszusatz berief, demzufolge man nicht aussagen muß, aus prinzipiellen Gründen der Meinungsfreiheit, oder weil man sich dabei selbst gefährden könnte, der wurde als ein nicht zur Zusammenarbeit mit dem Ausschuß bereiter Zeuge erklärt und wegen »Verachtung des Kongresses« verurteilt.

Der Zweck dieser Maßnahmen war klar. Liberalen Künstlern sollte Schrecken eingejagt und ihren Arbeitgebern – im Falle Alberts also einer der großen Filmgesellschaften in Hollywood – ihre weitere Beschäftigung untragbar gemacht werden. Das kam praktisch einem Berufsverbot gleich. Außerdem würden dadurch, so wollte es der Ausschuß, ihre Honorare versiegen, mit denen nach Ansicht der Behörden radikale Gruppen finanziert wurden. Zu diesem Kreis gehörte die Union für Bürgerrechte ebenso wie jede Vereinigung, die sich für die Gleichberechtigung farbiger Amerikaner einsetzte. Auch jede Art von Filmklub, der irgendwann einmal im Rahmen eines Zyklus Filme aus der Sowjetunion gezeigt hatte. Jede Vereinigung wurde a priori als radikal oder umstürzlerisch bezeichnet, in der unter anderem auch des Kommunismus verdächtige Personen Mitglieder waren.

Einige der Vorgeladenen sagten aus. Es waren vor allem solche, die man ihrer Publikumswirkung und konservativen Gesinnung wegen ausgewählt hatte. Was diese willigen Zeugen auspackten, war im Grunde kümmerlich. Zum erstenmal ohne vorgeschriebene, von gescheiten Drehbuchautoren verfaßte Texte, verrieten sie ein recht bescheidenes geistiges Niveau. Robert Taylor zum Beispiel definierte einen kommunistischen Film so: »Wissen Sie, da ist alles so grau und düster.« Gefragt, welchen Hollywoodfilm er da besonders meine, wußte er keine andere Antwort als: »Ich meine die ganze Gattung.«

Es gab auch andere, Gescheitere, die aussagten, weil sie Angst hatten, und solche, die sich von der Hollywood-Atmosphäre der öffentlichen Befragungen etwas *publicity* versprachen. Denn die *publicity*-hungrigen Ausschußmitglieder, mit Parnell Thomas an der Spitze, sorgten dafür, daß stets ganze Batterien von Kameras, Mikrophonen und Scheinwerfern zur Stelle waren.

Welches Format diese Herren hatten, können wir daraus ermessen, daß der Vorsitzende Parnell Thomas, zufällig der Mann, der auch Bertolt Brecht vorlud und ihm peinliche Fragen vorlegte, selbst unter die Räder geriet: Er erpreßte seine Angestellten. Sie mußten ihm, um ihren Job zu behalten, einen Teil ihres Gehalts zurückzahlen. Kick-back heißt das in Amerika. Er wurde zu einem Jahr Gefängnis verurteilt, und da einige jener Männer, deren Verurteilung wegen »Verachtung des Kongresses« er auf dem Gewissen hatte, im selben Gefängnis einsaßen, lebte er dort in ständiger, panischer Angst vor ihrer Rache.

Parallel dazu war ein Senatsausschuß tätig, das *subcommittee on government operations* unter McCarthy, der dieser ganzen traurigen Epoche seinen Namen gab. McCarthy interessierte sich vor allem für »Loyalität«. Die Behörden des Landes verlangten plötzlich von ihren Mitarbeitern und von Stellenbewerbern den sogenannten Loyalitätseid. Das heißt, sie mußten eidesstattlich erklären, daß sie weder Mitglieder der (legalen) kommunistischen Partei noch Sympathisanten gewesen seien. Es genügte aber auch die Mitgliedschaft – oder der Verdacht der Mitgliedschaft – in einer der etwa 80 Organisationen, die der damalige Justizminister Tom Clark als potentiell umstürzlerisch bezeichnet hatte. Die Verweigerung einer solchen Erklärung bedeutete Entlassung oder Nichteinstellung. Denn sie wurde automatisch mit dem Eingeständnis der Mitgliedschaft gleichgesetzt, ebenso wie die Berufung auf den fünften Zusatz der Verfassung.

Denunziantentum und Gesinnungsschnüffelei nahmen ungeahnte Ausmaße an. Die offiziellen Schnüffler und Agenten benahmen sich dabei keineswegs diskret. Wenn es von jemandem bekannt wurde, daß sich einer jener auffällig-unauffälligen Männer für ihn interessierte, dann entstand – vor allem in kleineren, überschaubaren Gemeinden – sofort ein Kreis des Mißtrauens um den Betroffenen. Die früher für Amerika so charakteristische Wärme und Solidarität begann zusammenzubrechen. Die Nachbarn fingen an, ihn zu schneiden, zu isolieren, ihn zu behandeln wie einen Geächteten. Und nicht nur ihn, sondern auch seine Frau beim täglichen Einkauf, seine Kinder in der Schule, deren Kameraden mit ihnen nicht mehr verkehren durften.

Der elfjährige Sohn eines meiner Freunde, der im vornehmen

Terrytown nahe New York lebte, kam eine Zeitlang fast täglich blutig geschlagen nach Hause. Die Eltern seiner Klassenkameraden hatten ihre Kinder gegen ihn aufgehetzt. Dann wurden die Spürhunde zurückgepfiffen, denn der Verdacht hatte sich nicht bestätigt, mein Freund hatte eine weiße Weste und bekam den Job, um den er sich beworben hatte. Aber keiner seiner Nachbarn entschuldigte sich bei ihm, denn »als *red-blooded Americans* brauchen wir uns doch nicht zu entschuldigen . . .«

Die Angst, mit einem Linken in Verbindung gebracht zu werden, war keineswegs unberechtigt. Ein Mann konnte in jener Zeit bereits als verdächtig eingestuft werden, weil er vielleicht einmal in der Vergangenheit einem Verdächtigen (nicht etwa einem Überführten oder Verurteilten!) seinen Rasierapparat geliehen oder ihn gar zu einem Whisky eingeladen hatte.

Andererseits erwiesen sich einfache Bürger, die nichts mit Radikalismus zu tun hatten, als unerwartete Freunde. Einfach deshalb, weil ihnen diese Schnüffelei zuwider war. Sie empfanden sie als unamerikanisch.

Eines Abends kam unsere Wohnungsnachbarin zu uns, eine kleine, alleinstehende Frau, Lehrerin. Wir waren erst vor wenigen Wochen eingezogen und kannten sie nur vom Sehen. Sie druckste herum und gestand schließlich: Einer jener unauffälligen Männer hatte sie über uns ausgefragt. Er wollte wissen, was für Besuche wir empfingen, ob Neger dabei seien, was für Zeitungen wir läsen. Am Schluß riet sie uns aus eigener Initiative, auch nicht mehr »diese Platten« zu spielen. Natürlich wollten wir wissen, was für welche.

Was sie meinte, waren Songs von Kurt Weill aus der *Dreigroschenoper*, von Hanns Eisler, und vor allem Platten von Paul Robeson. Von ihm hatten wir *Porgy-und-Bess*-Aufnahmen und die deutsch gesungenen »Moorsoldaten«. Das waren damals Indizien für Sympathisantentum und Schlimmeres. Sie hatten uns jetzt zumindest als *fellow-travellers* auf der Liste.

Die »New York Times« veröffentlichte eine Serie von Verhören. Das heißt, es waren im Grunde keine Verhöre. In der letzten Zeit war es vorgekommen, daß Männer oder Frauen, die der künstlich herbeigeführte Infektionsherd in ihrer Umgebung an den Rand der Verzweiflung getrieben hatte, schließlich selbst zu den Behörden gingen – eine Art Flucht nach vorn –, um den Grund für die mörderische Gesinnungsquarantäne herauszufinden. Denen wurde Gelegenheit gegeben, sich auszusprechen.

Das spielte sich dann so ab: ein Beamter mit Bandgerät saß ihnen gegenüber. Er stellte keine Fragen. »Sprechen Sie nur«, sagte er. Nach einer Pause begann dann fast jeder zu sprechen. Der Beamte hörte steinern zu. Nichts weiter. Der Nichtvorgeladene, Nichtbeschuldigte wurde zusehends unsicherer, und dann packte er aus, im Bestreben, alles aufzuklären, um durch entwaffnende Offenheit die Behörde von seiner Harmlosigkeit zu überzeugen.

Er erwähnte alles, was seine Angst und Unsicherheit ihm eingab: etwa die Teilnahme an einer Sympathiekundgebung für Sacco und Vanzetti (vor fünfundzwanzig Jahren!) oder den Besuch eines Sowjetfilms, die Teilnahme an einer Party, bei der für eine Gruppe unschuldig verurteilter Negerjungen (Scottsboro case) gesammelt wurde, eine Geldspende von fünf Dollar für einen Bergarbeiterstreik in Harlan County, Kentucky. Wenn nichts mehr kam, wurde der Betreffende mit einem kühlen *very interesting* entlassen. Eine Kafka-Situation, kommentierte die »New York Times«.

Guilt by association – Schuld durch (deinen) Umgang. Du wirst öfter mit einem Radikalen gesehen (weil du täglich mit ihm in der Vorortbahn in die Stadt fährst)? Du bist im gleichen Golfklub wie er? Du kaufst deine Bücher im »progressive Bookshop«? Du liest etwa den »Guardian«? Du bist im Elternbeirat für dieselbe Sache eingetreten wie dein Bekannter? Schuldig!

Der Komponist Hanns Eisler, ein Mann, der wahrscheinlich das beste theoretische Buch über Filmmusik geschrieben hat, ganz abgesehen von seinen Kompositionen (Musik zum *Galileo*), war ein Freund Charlie Chaplins. Nun wurde Chaplin vor ein Rundfunkforum geladen, und man legte ihm peinliche Fragen über seine Freundschaft zu Hanns vor. Charlie Chaplin benahm sich exemplarisch. Er bekannte sich zu seinem Freund, und er dächte nicht daran, diese Freundschaft aufzugeben, wie ihm nahegelegt wurde. Die Folge war eine niederträchtige Hetze gegen diesen Mann, dem der amerikanische Film mehr verdankt als irgendeinem anderen Künstler. Grollend verließ Chaplin die Vereinigten Staaten, um erst fünfundzwanzig Jahre später wieder zurückzukehren. Gewiß hat Amerika mehr daran verloren als er. Aber das störte die Banausen des Ausschusses wenig.

Jetzt begann man sich auch auf das Sekretariat der UNO einzuschießen. Die ersten Opfer waren die amerikanischen Angestellten.

Da war die altjüngferliche, grauhaarige Dolmetscherin, die von einer Dienstreise aus Europa zurückkam. Wochen nach ihrer Rückkehr erhielt sie eine Vorladung. Was – so wurde sie befragt – war in dem gelben Briefumschlag (*manila envelope*), den sie einem Herrn, der sie am Pier abgeholt hatte, bei der Begrüßung übergab? Denn besagter Herr war einige Tage später beobachtet worden, wie er einer dritten Person ebenfalls einen gelben Briefumschlag überreicht hatte. Und dieser dritte Herr war Mitglied einer jener sieben Dutzend des Radikalismus verdächtigen Organisationen. Von diesem Tag an war die alte Dame im Zwielicht. Sie wurde beschattet. Freunde und Kollegen hatten den Rat erhalten, sie zu meiden. Der Hauch des Kalten Krieges kam in meine nächste Nähe.

Ein von mir vorgeschlagener Film über den Ost-West-Handel, der nur Fakten verwendete, die jeder in der Zeitung lesen konnte, wurde auf Einspruch der amerikanischen Delegation nicht erst in Angriff genommen.

Wäre ich weiser gewesen, hätte ich hier schon merken müssen, wie sich die »Orthodoxen« beider Lager die Hände reichten, miteinander im Grunde übereinstimmten: Ebenso wie ein Teil meiner Genossen, wollten auch die amerikanischen Konservativen erfolgreiche, bereits bestehende Ost-West-Beziehungen nicht gern vorzeigen. An der Darstellung von Gegensätzen war ihnen offenbar mehr gelegen.

Nun verlor ich auch noch meine größte Stütze: Jean Benoit-Lévy hatte die Altersgrenze erreicht und zog sich müde und resigniert zurück. Sein Nachfolger wurde ein Beamter, der für die sich nun immer mehr durchsetzende Linie des »Um-Gottes-willen-nirgendwo-Anstoßens« der richtige Mann war.

Jetzt erfolgte, wie konnte es auch anders sein, ein Schuß von der andern Seite: Die tschechoslowakische Delegation teilte lakonisch mit, daß ihr Land den Film nach dem bereits lange akzeptierten Drehbuch nicht herzustellen gedenke. Sie gab das Rohmaterial zurück, sie verzichtete auf die 30 000 Dollar und sie schickte auch die Szenen zurück, die ich für diesen Film in Amerika gedreht hatte. Eine Begründung wurde nicht gegeben. Zwanzig Jahre später, während des Prager Frühlings, sprach ich mit dem Mann, dessen

Wort die Produktion des Films torpediert hatte. Auf meine Frage, warum das damals geschehen sei, sagte er verlegen: damals hätte es das Feindbild vom Westen empfindlich gestört.

Weiter im Kalten Krieg: Der stellvertretende Generalsekretär der UNO, ein Chilene, ehemaliger Außenminister seines Landes, schlug mir in einem Gespräch vor, einen Film über den Semi-Kolonialismus zu drehen: »Zeigen Sie doch mal, wie ein paar große nordamerikanische Firmen in vielen lateinamerikanischen Ländern schalten und walten. Ich denke da an die United Fruit oder an I. T. & T.«

Da die Idee von einem so hohen Funktionär, dem Stellvertreter Trygve Lies, kam, wurde das benötigte Geld schnell bewilligt, und ich konnte den Film beginnen. Als Regisseur engagierte ich Leo Seltzer, der meiner UNO-Gruppe mit dem Film *Die ersten Schritte* einen »Oscar« eingebracht hatte. Als Autor holte ich mir einen namhaften Schriftsteller aus Hollywood, Joseph Moncure March.

Wir flogen nach Mexiko und brachten die Produktion in Gang. Einige Wochen später kehrten Seltzer und seine Crew mit dem Material zurück und stellten einen Rohschnitt her. Ich zeigte ihn inoffiziell dem chilenischen Vize-Generalsekretär.

Der Film begann mit einem armseligen Kinderbegräbnis. Ein Indio trug auf seiner Schulter den winzigen Sarg. Warum mußte dieses Kind sterben – das war der Inhalt des Films. In einem ständig weiter zurückgreifenden Retrospekt wurden die Lebensbedingungen der Landarbeiter in Lateinamerika vorgeführt, wirtschaftliche Zusammenhänge enthüllt, und am Schluß standen dann die großen Konzerne, die nicht namentlich angeführt wurden, deren Besitzer Tausende von Meilen entfernt lebten.

March schrieb auch den Kommentar und las ihn vor, als der Film einer Gruppe von Delegierten gezeigt wurde.

Nachher herrschte Stille. Fast – denn zwei oder drei der anwesenden Lateinamerikaner spendeten schüchtern Beifall. Ich sah, wie ein unscheinbarer Mann in grauen Tweeds aufstand und mit Trygve Lie tuschelte. Dann verlief sich alles.

Anderntags erklärte mir mein neuer Chef, bildmäßig sei gegen den Film nichts einzuwenden. Aber der Kommentar sei undenkbar, und March sei sofort zu entlassen.

Ich weigerte mich. Die Tatsachen, um die es gehe, seien unbestreitbar. Außerdem sei der Film ja nicht gegen einen Mitgliedstaat gerichtet, sondern allenfalls gegen einzelne Privatfirmen. Sei vielleicht die UNO geschaffen worden, um sie zu beschützen? Ich fügte auch etwas über freie Meinungsäußerung, über die Rechte eines immerhin bekannten Autors und über die Unbeeinflußbarkeit unserer Abteilung hinzu. Und ich tat es schriftlich.

Eine Stunde nach Absendung dieser Hausmitteilung stand ich schon vor dem Abteilungsleiter Tor Gjesdal, einem Norweger. Der versuchte es erst auf die sanfte Tour:

»Aber natürlich, Mr. Burger, sind wir beide über die semikolonialen Lebensbedingungen da unten einer Meinung. Ich selbst bin, wie Sie wissen, zu Hause in Norwegen Journalist. Wäre ich noch bei meiner Zeitung, zu der ich ja auch einmal wieder zurückkehren werde, würde ich genauso schreiben wie Mr. March, vielleicht sogar noch ein wenig schärfer. Aber wir sind nun einmal Mitglieder des internationalen Sekretariats, und das amerikanische Außenministerium, ich will sagen, die amerikanische Delegation . . .«

Ich sagte mir im stillen: wird March gefeuert, dann ist er erledigt, hier und in Hollywood. Weigere ich mich, dann geht das ganze Projekt in andere Hände über, und March wird von meinem Nachfolger gefeuert.

Der Norweger beteuerte, er habe nichts gegen den Mann, bloß dieser Kommentar sei ihm eben nicht gelungen. Das käme doch vor.

»Schön«, sagte ich, »dann feuere ich ihn nicht. Den Kommentar schreibt jemand anders, den Sie bestimmen. Aber March lasse ich zwei andere Filme schreiben, die wir planen. Okay?«

Säuerlich wurde mir das zugestanden.

Ein der Leitung genehmer Brite schrieb einen verwässerten Text, und der Film, der seine eigene, beredte Sprache sprach, war einigermaßen gerettet.

Ja – und jetzt war ich wohl an der Reihe . . .

Denn einige amerikanische Mitglieder des Sekretariats hatten bereits ihren Eid leisten müssen. Es war nur noch eine Frage der Zeit, und die Reihe kam an mich.

Ich schlief schlecht in diesen Tagen. Sollte ich mich überhaupt zu einer solchen Prozedur hergeben? Die Alternative war natürlich: freiwillige Kündigung. Gleichbedeutend mit einem Eingeständnis.

Also schwören, ich sei kein Kommunist? Sei nie einer gewesen? Ich machte mir keine Illusionen – meine Armeeakten standen der amerikanischen Delegation ohne weiteres zur Verfügung. Gar nicht zu reden von zahlreichen Vorträgen, die ich gehalten, Artikeln, die ich geschrieben hatte. Und von Denunzianten.

Es gab einen Ausweg. Ich spielte damit. Sagte nichts, aber Anette hatte scharfe Augen.

Einmal, mitten in der Nacht, beugte sie sich über mich und flüsterte:

»Los. Sag schon. Du willst nach Prag, ja?«

»Machst du mit?«

»Immer!« sagte sie. Sie war im fünften Monat.

Immer steht auf ihrem Grabstein, auf dem Friedhof in München-Haidhausen.

Paris – Abschied vom Westen
(25. März 1950)

Das Drehbuch dieser letzten Wochen stammte wahrscheinlich von Beckett, mit einigen Gags von Heine und Balzac. Von Balzac kamen die immer drückender werdenden Geldsorgen, von Heine unsere ironischen, leichtfertigen Bemerkungen darüber. Von Beckett kam das Warten. Das groteske, für uns völlig unverständliche Warten auf das Visum, das ich für eine Formalität gehalten hatte, die Erlaubnis zur Rückkehr in die Stadt, in der ich geboren wurde.

Einmal, in diesen Wartewochen, stand ich mit dem tschechoslowakischen Botschafter am Fenster seines Arbeitszimmers. Am Morgen hatte es geregnet, ein Bilderbuch-Paris lag vor uns, feucht und frisch in der Märzsonne. Er sah mich ein wenig spöttisch von der Seite an: »Warum hast du's eigentlich so eilig? Jeder der vierzehn Millionen zu Hause würde dich um diesen Blick beneiden . . .« Damals begriff ich das noch nicht.

Wir waren nur auf wenige Tage Paris vorbereitet gewesen, vor allem, was das Geld anlangte. Als dann die erste ablehnende Antwort kam, sagte Anette resolut: »Jetzt suchen wir uns das billigste

Hotel von Paris!« Sie fand es, in der Rue de Beaune. Neben uns wohnte, tief verschuldet, eine »Untergehende«, das Wrack einer Frau. Gegenüber vier Jazz-Musiker, deren Unterwäsche im engen Treppenhaus trocknete.

Die letzten Tage allerdings, seit uns der Botschafter endlich das Visum in den Paß stempeln durfte, die waren von René Clair. In der Nacht vor dem Abflug zeigte uns Volodja Pozner noch die »Rose Rouge«. Er machte uns mit Jacques Prévert bekannt und mit einem dünnen Mädchen im schwarzen Sweater, dunklen Haarfransen und riesigen Augen: Juliette Greco.

Der Morgen war grau, naßkalt und unausgeschlafen. Ohne Sentimentalität verließen wir das häßliche Hotelzimmer – die Tür zum Zimmer nebenan war immer noch, seit dem Selbstmord der Bewohnerin, versiegelt – und fuhren im Bus nach Orly.

Außer uns warteten nur elf Passagiere auf den Abflug. Wer fliegt schon nach Prag an solch einem Morgen, außer Kurieren, Agenten und andern Episodenfiguren aus einem Hitchcockfilm.

Wir hatten die Tschechoslowakischen Fluglinien gewählt, die nur zweimal in der Woche diese Route flogen. Denn das Kind sollte, falls die Sache in der Luft passierte, wenigstens auf tschechischem Boden geboren werden. Wahrscheinlich waren unsere Sorgen überflüssig. Schließlich war ich amerikanischer Staatsbürger. Aber wir hatten Angst, jemanden zu fragen, welche Staatsbürgerschaft ein Kind hat, das in einem französischen Flugzeug über deutschem Boden zur Welt kommt.

Sie trägt für den Flug ihren Kamelhaarmantel, nicht zugeknöpft, man sieht ihr den neunten Monat nicht an. Sie zeigt ihr tapferes, Leichtsinn vortäuschendes Lächeln. Ob man hochschwangere Frauen ins Flugzeug läßt?

Der Warteraum ist schäbig, Hocker und Sessel aus Stahlrohren, mit verschossenem, ausgefranstem Stoff bespannt. An der Bar ein schläfriges Mädchen, die aus einer Thermosflasche Kaffee einschenkt. Ich bringe zwei Pappbecher voll zu unserem Tischchen. Sie schnuppert, wirft einen Blick auf die pechschwarze Flüssigkeit, verzieht das Gesicht.

»Ich muß mal . . .«

Sie muß alle paar Minuten, angeblich ist das typisch. Sie entschwindet mit beschwingtem Schritt, wie das Nummernmädchen in einer Revue, um fünf Uhr dreißig, ohne Frühstück.

Plötzlich steht dann ein Mann vor mir, glatzköpfig, unrasiert, hager, in der Uniform der Tschechoslowakischen Fluglinien.

»Herr Burger?«

Das Gefühl in der Magengrube, von dem sie nichts merken darf, verstärkt sich. Was will der Mann von mir? Wurde das Visum zurückgezogen? Das gibt's doch nicht. Sind unsere Plätze aus Versehen anderweitig vergeben? Eine Nachricht von den Eltern, der Schwester aus New York? Aber die wissen ja nichts von unserem Beschluß, für immer nach Prag zu gehen, den Job bei der UNO zu kündigen.

Der Mann spricht tschechisch. Dem Alter und Aussehen nach könnte er ein ehemaliger Kriegsflieger sein.

»Herr Burger, ich soll Ihnen sagen, daß Sie nicht nach Prag fliegen sollten.«

»Warum nicht? Ich habe ein gültiges Visum und gültige Flugkarten. Und überhaupt . . .«

»Sie werden sofort nach Ankunft auf dem Flugplatz verhaftet.«
– Der Mann lächelt verbindlich. Für die anderen Wartenden ist das ein kleines, belangloses Morgengespräch mit einem Passagier.

Ich habe es bis dahin immer für einen literarischen Bluff gehalten, daß einem in fatalen Augenblicken »innerhalb von Bruchteilen einer Sekunde« tausend Bilder durch den Kopf schwirren. Jetzt, da eine entscheidende Aktion von mir erwartet wird, deren Einleitung daraus bestehen muß, meiner Frau, sobald sie vom Lavabo zurückkommt, mitzuteilen, daß wir nicht fliegen – sehe ich nichts vor mir als den runden Schädel des Prager Informationsministers hinter seinem Rokoko-Schreibtisch im Palais Kolowrat. Ich höre ihn, wie er mir versichert – vor zwei Jahren bei meinem Dienstbesuch in Prag –, daß mein Platz, Amerikaner hin, Amerikaner her, zu Hause sei, und ich solle kommen, und vier Genossen, Beamte aus dem Parteiapparat, nicken dazu und schütteln mir die Hand und gratulieren zu dieser offiziellen Einladung. Klar, ich hatte jetzt in Paris zwei Monate auf das Visum gewartet, aber ein junger sozialistischer Staat muß eben vorsichtig sein, wahrscheinlich hatte man es für nötig befunden, sich sorgfältig nach mir zu erkundigen. Aber dann war das

Visum schließlich gekommen und alles war in Ordnung! Warum sollte mich jemand verhaften? Und überhaupt . . .

»Wer schickt Sie eigentlich mit dieser Nachricht zu mir?«

Der Mann zögert nur einen halben Augenblick.

»Die Firma – die Tschechoslowakischen Fluglinien.«

Quatsch. Unsinn. Eine Provokation. Die Fluglinie hat Flugkarten zu verkaufen und mich gefälligst nach Prag zu befördern, nichts weiter. Wer war für diesen Teil des Drehbuchs verantwortlich?

Der Mann steht immer noch da und sieht mich abwartend an. Ist das ein freundliches oder ein zynisches Lächeln? Ist er ein Bote von drüben, aus Prag?

Aber dann – wenn dort wirklich die Absicht besteht, mich zu verhaften –, dann sabotiert er ja Maßnahmen seines eigenen Staatsapparats! Warum warnt er mich? Wer hat ein Interesse daran, daß ich nicht verhaftet werde, wenn ein rechtlicher Grund besteht? Aber es besteht doch kein Grund! Ich bin doch kein amerikanischer Agent oder Spion?

Der Mann beobachtet mich, prüfend, abschätzend, abschätzig vielleicht, mit ein wenig Spott. (Ich beobachte ihn auch, aber anders, aus anderer Sicht, das Resultat meiner *déformation professionelle*, ein innerer Zwang beinahe, die Haltung des Gesprächspartners genau zu definieren, zu formulieren, als ob ich einmal gezwungen sein könnte, gerade diese Haltung, gerade diesen Tonfall, gerade diese Situation zwischen zwei Menschen, zwischen zwei Schauspielern zu rekonstruieren.)

Gleichzeitig aber geht die Szene weiter. Ich habe das Gefühl, auf einem hohen Sprungturm zu stehen, und tief unter mir ist vielleicht gar kein Wasser, um uns beide aufzunehmen. Das Herz pocht oben im Hals und gleichzeitig tief in den Därmen.

Dann endet alles so abrupt, wie es begonnen hat. Der Mann wendet sich ab, tritt zu dem Mädchen und läßt sich einen schwarzen Kaffee einschenken, denn hinten ist der Kamelhaarmantel aufgetaucht.

Muß ich ihr sagen, was geschehen ist? Darf ich sie in dieses Abenteuer mit hineinziehen?

Sie kommt zurück, mit einem kaum verhüllten Grinsen.

»Das Klo mußt du dir anschaun. Da war Mexiko noch Gold. Das nächste Mal pinkel' ich über Freiburg im Breisgau«, sagt sie. Dann kommt die schnarrende Stimme über den Lautsprecher: Die Reisenden werden gebeten . . .

Ich nehme unser Handgepäck. Wir gehen zum Ausgang. Der Mann ist ein wenig abseits gestanden, jetzt stellt er den Papierbecher ab und geht neben mir her, begleitet mich bis zum Flugzeug. Links neben mir geht sie, den Mantel offen, damit man den Bauch nicht sieht. Der Mann geht neben mir her, bis zur Aluminiumleiter. Er wiederholt halblaut, immer wieder, und immer mit dem Lächeln im Gesicht:

»Fliegen Sie nicht. Sie werden verhaftet, Sie und Ihre Frau.«

Wir klettern hinauf. Es ist eine alte C 47 aus dem Krieg. Drinnen riecht es nach Treibstoff, nach schalem Zigarettenrauch, nach kaltem Mief. Auf den Sitzen liegen Zeitungen, französische und amerikanische. Auf unseren Plätzen liegt die »Herald Tribune«, Pariser Ausgabe. Schlagzeilen schreien uns an:

Drei tschechoslowakische Flugzeuge nach Westdeutschland entführt! 86 Tschechoslowaken wählen die Freiheit!

Die Tür wird geschlossen. Zwei Männer in wattierten Jacken schieben die Aluminiumleiter an den Fenstern vorbei, den Hangars zu. Der hagere Mann in Uniform hat die Hände tief in den Taschen vergraben. Er sieht sich nicht mehr nach uns um.

Sie liest die Schlagzeilen. Dann dreht sie sich zu mir und sagt kühl:

»Na ja. Wir fliegen eben andersrum.«

For better or for worse, so hieß es in unserer Heiratszeremonie im 20. Stock der New Yorker City-Hall. Sie hatte mir zugeflüstert: »Durch dick und dünn . . .«

Die Propeller begannen zu dröhnen.

Die alte C 47 beschrieb einen Bogen und hielt an. Die Motoren stoppten, ein hohes, zischendes Brausen blieb in den Ohren.

Anette stand auf. Ich half ihr in den Mantel. Sie hatte sich nicht angeschnallt, um das Kind in ihrem Leib nicht zu drücken. Sie sah mich von unten an, lächelte, legte ihre Hand auf meinen Arm:

»Freust dich – ja?«

Die mageren Jahre

Ich wurde nicht verhaftet.

Es war der 25. März 1950, ein sehr kühler Frühlingstag. Mein Vetter František Kolàr, fünfzehn Jahre jünger als ich, verheiratet, drei Kinder, die Frau ein Arbeiterkind und eine begabte Schriftstellerin, holte uns ab. Unser Gepäck wurde nur flüchtig untersucht, bestimmt flüchtiger als heutzutage vor einem Flug nach Tel Aviv.

Er hatte uns ein Zimmer im Hotel Flora reserviert, das nicht zu den billigsten gehörte. Ich kannte es aus früheren Tagen.

Anette fand den dicken František leicht komisch, aber intelligent. Er war ein hohes Tier in der Partei, Mitglied der Wirtschaftskommission. Sein Chef war Frejka, den ich noch als Redakteur der »Roten Fahne« in guter Erinnerung hatte. Er war jetzt eine Art Wirtschaftsminister.

František erlitt einen leichten Schock, als ihn Anette unbefangen darüber aufklärte, daß sie zwar Ende der dreißiger Jahre in Spanien gewesen war, aber keineswegs als Kämpferin auf der Seite der Republikaner, sondern als Gattin eines Flugleiters der Lufthansa. Daß sie, die damals Zwanzigjährige, ihrem Gatten nach wenigen Monaten davongelaufen war – nicht aus politischen Gründen, sondern weil sie nicht zueinanderpaßten –, interessierte ihn weniger. Beim Mittagessen fiel mir dann das nervöse, zittrige Hin und Her seiner Knie unter dem Tisch auf. Er schien innerlich auf Hochtouren zu sein.

Es zeigte sich, daß ihn einiges noch mehr irritierte als Anettes private Vergangenheit. Zum Beispiel, daß ich am Schluß des Krieges doch noch Offizier geworden war, Offizier einer imperialistischen Armee! Ferner, daß ich nie vor dem Komitee für unamerikanische Aktivitäten heldenhaft die Aussage verweigert hatte, sondern einfach nie vorgeladen worden war. Und schließlich, daß ich keinen Empfehlungsbrief der amerikanischen kommunistischen Partei besaß, ordentlich, auf Firmenpapier getippt, mit der Unterschrift des Parteisekretärs Eugene Dennis.

Ich versuchte ihm klarzumachen, daß die Partei – eine Minipartei übrigens, nicht größer als etwa die von Luxemburg – heute bereits einen halb illegalen Status in den USA hatte, und daß ich als Mitglied des internationalen Sekretariats der UNO offiziell gar nicht in der Partei sein durfte. František schien das nicht zu kapieren. Schließlich war er Bürger eines Landes, in dem die Partei Staatspartei war.

Ich erinnerte ihn daran, daß ich zwei Jahre vorher, bei einem Besuch beim Kulturminister in seiner Gegenwart offiziell aufgefordert worden war, in meine Heimat zurückzukehren. Das mußte František zugeben, aber ein Brief vom Chef der KP der USA wäre ihm lieber gewesen.

Am nächsten Tag meldeten wir Anette in der Gebärklinik an, denn nach und nach war es soweit. Wir hatten Glück und fanden eine Gynäkologin, die deutsch sprach und überdies eine alte Vorkriegsbekannte von mir war. Sie nahm sich sofort meiner Frau an und blieb uns bis heute eine gute Freundin.

Sie versorgte Anette mit Orangen, die es sonst nicht zu kaufen gab, und mit Milch, die man nur gegen Karten bekam, und die hatten wir noch nicht. Sie brachte uns zum Primarius der Klinik. Überall schlug uns Wärme und Hilfsbereitschaft entgegen.

Das zweite war ein Ersuchen um ein Gespräch mit dem Kulturminister. Ich kannte Kopecký aus der Zeit vor dem Krieg. Er war Rechtsanwalt gewesen, aber er hatte immer eine Beziehung zu musischen Dingen gehabt. Wir waren damals bei kulturellen Veranstaltungen oft zusammengetroffen. Als er mich vor zwei Jahren einlud, hatte er mir versprochen, ich würde große Spielfilme drehen können, und meine Erfahrungen im Westen würden meiner Heimat zugute kommen.

Es dauerte drei Tage, bis ich einen Termin erhielt. Anette ging mit. Wir ließen einander nie allein. Sie war beeindruckt vom alten Kolowrat-Palais, dem Sitz des Ministers, von den barocken Möbeln und den Gobelins.

Der Minister empfing mich nicht. Statt seiner saß mir sein Stellvertreter gegenüber, ein hagerer Typ mit einem gefrorenen Lächeln. Er war offenbar entschlossen, mich innerhalb von drei Minuten loszuwerden:

»Sie sind Herr Burger, angeblich ein amerikanischer Kommunist. Als solcher ist Ihr Platz in Amerika. Setzen Sie sich ins nächste Flugzeug und fliegen Sie zurück!«

Ich dachte in diesem Augenblick an das Wesen, das da draußen

im Vorzimmer in einem Barockfauteuil saß, an Anette, die mir
gläubig die sechstausend Kilometer bis hierher gefolgt war, die drüben in New York heimlich, um mir eine Freude zu machen, ein rüh-
rendes *basic czech* gelernt hatte. Sie war von mir auf ein wahrscheinlich karges Leben vorbereitet worden, aber auf ein Land, in dem es
gerecht zuging, und alle Menschen, denen sie bis jetzt in Prag begegnet war, hatten sie warm und herzlich empfangen. Jetzt sollte ich ihr
also sagen . . .

»Nein«, sagte ich dem Vizeminister. »Ich bin in Prag geboren,
seit 1935 war ich Mitglied der KP, ich wurde vor zwei Jahren vom
Minister eingeladen, für immer herzukommen. Ich bestehe darauf,
mit dem Minister zu sprechen!«

Das stereotype Lächeln erwies sich jetzt als hämisch und kalt.

»Sie haben von mir den Bescheid des Ministers gehört.«

Er stand auf und wartete auf meinen Abgang.

In mir erwachte eine kalte Wut.

»Ich nehme diesen Bescheid nicht hin und werde mich ans Zentralkomitee der Partei wenden.«

»Bitte«, sagte er und verließ das Zimmer.

Sie seien vorläufig noch kühl und mißtrauisch, sagte ich draußen
zu Anette. Sie müssen die Sache prüfen. Wir kriegen Bescheid.

Bis zu ihrem Tod habe ich Anette diese Szene nicht beschrieben.

Wir zogen wieder einmal in ein billigeres Hotel. Es war in allem viel
primitiver, aber es lag schräg gegenüber der Gebärklinik. Auch
wenn ich nicht in der Nähe war, würde Anette den Weg finden können. Ich war entschlossen, sie zumindest bis zur Geburt nichts von
den Schwierigkeiten merken zu lassen, die erst richtig begannen.

Ich ging zum Zentralkomitee, diesmal allein. Der kalte, luxuriöse
Betonbau am Pulverturm war in den dreißiger Jahren als Zentrale
der Böhmischen Eskomptebank errichtet worden. Wir pflegten zu
sagen: Baut nur! Einmal wird hier das Zentralkomitee der Partei
sein. Dieser Wunsch hatte sich also erfüllt.

Man ließ mich nicht ein. Ich hatte ja keine Parteimitgliedskarte
und keinen Empfehlungsbrief. Bloß meinen amerikanischen Paß.
Ich verlangte, einen Beamten von der Sicherheit zu sprechen. Es erschien – Mirka.

Mirka, das Mädchen, das in meinem Film *Crisis* die Hauptrolle gespielt hatte. Sie war irgendein Funktionär. Es gab ein herzliches Wiedersehen, sie wollte Anette kennenlernen, lud uns zu sich ein. Ihr Vater hatte Krieg und Besatzung im KZ verbracht, war Heizer bei einer Konsumgenossenschaft gewesen. Ihr Mann war bei der Polizei – Einbruchsdezernat.

Mirka half mir, ein Gesuch um Genehmigung meiner Rückkehr aufzusetzen, und sie hielt mir einen Vortrag.

Ich erfuhr, daß mit der Errichtung der Volksdemokratie der Klassenkampf nicht etwa nachgelassen habe, sondern im Gegenteil. Das sei doch klar, denn die kapitalistischen Staaten könnten es einfach nicht verkraften, daß sich nach dem Krieg der Sozialismus auf weitere Länder erstreckt habe, und deshalb greife man im Westen zu härteren Mitteln. Vor allem versuche man, die neugewonnenen sozialistischen Länder zu unterwandern, mit ihren Agenten zu durchsetzen. Selbst die Reihen der Partei seien davor nicht sicher. Ein jeder könne ein Agent sein.

Jetzt könne ich, so schloß sie, das Mißtrauen begreifen, mit dem man mir begegnete. Da kommt so ein Mann aus Amerika, aus einer hochbezahlten Stellung, und will sich hier niederlassen. Da kann doch was nicht stimmen! Dazu die deutsche Frau mit einer zweifelhaften Vergangenheit. In Spanien auf der Franco-Seite. Das müsse ich verstehen.

Ich bemühte mich, zu verstehen. Es war wahr: ins Herz konnte mir keiner schauen, keiner konnte wirklich sicher sein, daß ich es ehrlich meinte. Bei meinen Gesprächspartnern an offiziellen Stellen kam dann noch ein eigentümlicher, typisch tschechischer Minderwertigkeitskomplex hinzu: Was kann an *dem* schon viel dran sein, wenn er aus dem Glanz der westlichen Welt zu uns zurückkommt!

An diesem Mißtrauen hatte ich noch zehn Jahre zu tragen. Natürlich wußte ich in den Märztagen nach meiner Rückkehr noch nicht, wie lange die Karenzzeit dauern würde. Wenn ich es gewußt hätte, wären die folgenden Jahre unerträglich gewesen. Aber weil es eben manchmal so aussah, als ob das Ende des Tunnels nahe sei, und weil es zum Ausgleich auch viele Dinge gab, die uns beglückten, konnten wir es aushalten.

Im Augenblick hielt ich aber alles für Symptome der Geburtswehen des Sozialismus. Kinderkrankheiten. Noch wußte ich nicht, daß das Mißtrauen während der Jahre des Stalinismus keine Begleiterscheinung, sondern Teil des Systems war. Und ich wehrte mich dagegen, das Mißtrauen, dem ich begegnete, zu verallgemeinern. Aus Loyalität dem Ganzen gegenüber.

Außerdem – an dieser Atmosphäre war noch etwas anderes schuld: vergessen wir nicht, es lagen fünf Jahre feindliche Besatzung dazwischen. Heute haben sich die Deutschen links und rechts der Elbe an ihre Besatzer gewöhnt. Ein Großteil der Menschen glaubt, daß diese Besatzungen den Frieden garantieren.

Aber hier war der Feind im Lande gewesen. Es wurde verhaftet, gefoltert, hingerichtet. Die SS verbreitete Angst und Schrecken. Über hunderttausend Antifaschisten verloren ihr Leben unter dem Richtblock oder am Galgen. Die Ausrottung der Juden hatte, beinahe, ihr Ziel erreicht. Ein Dorf wurde dem Erdboden gleichgemacht, alle Männer erschossen, die Frauen zur Zwangsarbeit verurteilt, alle Kinder über Großdeutschland zerstreut – noch heute leben sie unter uns und wissen nicht, daß sie aus Lidice stammen.

Es gab Verräter, es gab Kollaborateure – aus Feigheit, als Folge von Erpressung und Einschüchterung, aus Opportunismus, aus Selbsterhaltungstrieb. Und es gab viele völlig unpolitische, unauffällige, schweigsame Opfer . ...

In nächster Nähe des Prager Städtischen Theaters in den Weinbergen, etwa zweihundert Meter oberhalb des Museums, gibt es eine Seitenstraße, die den Namen einer gar nicht so bedeutenden Schauspielerin trägt. Ihre Leistungen sind heute fast vergessen, obwohl es nur etwa dreißig Jahre her ist, seit sie diese Welt verließ.

Annie Letenskà war so etwas wie eine Soubrette. Sie hatte eine bezaubernde, etwas kleine Stimme und eine sehr süße Figur. Heute würde man sagen, sie hatte Sex. Viel mehr aber hatte sie nicht, sagt man. Privat? Da gibt's auch nicht viel zu erzählen. Ein paar Freunde, ein paar Affären, das Normale.

Sie schaffte es bis zum Film. Ich weiß nicht einmal, ob es eine Starrolle war, die sie gerade verkörperte, als etwas geschah, das sie für einen kurzen Augenblick aus der Menge heraushob. Jedenfalls steckte sie mitten in Dreharbeiten. Irgend so eine Limonade mit Musik, wie man damals in Prag sagte.

Eines Nachts klingelte es bei Annie. Draußen stand, hager und abgehetzt, ein Kollege. Die beiden kannten einander aus ihren gemeinsamen Anfängen in der Provinz. Sie hatten nichts miteinander. Aber es war ein alter Kollege, und Annie war immer ein guter Kumpel gewesen. Sie ließ ihn ein und gab ihm eine Nacht Obdach.

Das Ganze trug sich im Juni 1942 zu. Das sagt dem deutschen Leser, vor allem dem jungen, wenig. Einem Tschechen suggeriert es sofort das Wort »Heydrichiade«. Reinhard Heydrich, Reichsprotektor und SS-Obergruppenführer, war gerade einem Attentat zum Opfer gefallen. An jeder Straßenecke des Landes klebten die roten Sonderbefehle und die Listen der bereits Hingerichteten. Einen polizeilich nicht gemeldeten Menschen bei sich übernachten zu lassen, darauf stand Todesstrafe.

Annie hatte, wie gesagt, nichts mit dem gehetzten Kollegen. Er war ohne Zweifel ein Politischer, aber mit dem Attentat hatte er nichts zu tun. Annie war völlig unpolitisch. Sie interessierte sich für ihre Karriere, für ihre Gage, und sie wollte darüber hinaus, was gar nicht so rar unter den Menschen ist, auch Spaß am Leben haben.

Mit den Besatzern war sie bis jetzt reibungslos ausgekommen. Das heißt, es bestanden zwischen ihr und ihnen keinerlei Kontakte, außer jenen, die jeder hatte, der arbeiten wollte oder mußte.

Sie wußte natürlich, was sie riskierte. Die Warnung kam jede halbe Stunde aus den Lautsprechern, war in Betriebsversammlungen verkündet worden, die man eigens deshalb zusammengetrommelt hatte. Sie tat es nicht des Nervenkitzels wegen oder weil sie sich Vorteile davon versprach. Aber einen Kollegen in Not kann man nicht vor die Tür setzen.

Wie die Sache aufkam, weiß ich nicht. Jedenfalls wurde Annie verhaftet. Normalerweise wäre sie innerhalb von vierundzwanzig Stunden hingerichtet worden. Aber so ein Film, auch der albernste, kostet viel Geld. Sagen wir einmal bescheiden drei Millionen Kronen. Wie ich den Mechanismus solch eines Unternehmens und die Mentalität der damaligen Chefs kenne, wurde erst einmal eine Konferenz einberufen. Die erste Frage war ohne Zweifel: Können wir Annie rausschneiden? Die Antwort: Da müssen wir praktisch den ganzen Film neu drehen. Annie war eben »überall drin«, wie man beim Metier sagt. Gut. Die zweite Frage: Was geschieht, wenn ihre verbleibenden Szenen nicht gedreht werden? Leider nicht zu machen. Es sind Schlüsselszenen für das ganze Drama. Außerdem die musikalische Hauptnummer. Umschreiben geht auch nicht.

Worauf der tschechische Produzent zum NS-Treuhänder ging und beide gemeinsam zur Gestapo.

Annie war plötzlich wieder frei. Nicht ganz frei. Die Freiheit hatte einen Haken: Sie war frei, die verbleibenden Szenen zu drehen. Und weil man eine lustige, temperamentvolle Annie brauchte und keinesfalls eine Annie in Todesangst, gaukelte man ihr vor, sie sei begnadigt worden. Wirklich begnadigen konnte man sie, der Nazilogik gemäß, nicht, denn das hätte die Landesbevölkerung demoralisiert. Ein einmal durchbrochenes Prinzip flößt keine Schrecken mehr ein.

Wir wissen nicht, ob Annie damals wirklich glaubte, sie sei tatsächlich begnadigt worden. Wir wissen aber, daß die ihr verbliebenen letzten Tage fast unerträgliche Ansprüche an ihre moralische Festigkeit stellten: Sie wurde offiziell begnadigt? Sie wurde nicht erschossen? Also mußte sie kollaboriert, verraten, Kollegen verpfiffen haben – so dachte ihre Umgebung, so mußte sie denken. Und so wurde die kleine Soubrette Annie Letenskà in ihren letzten Tagen und Stunden vor ihrer Hinrichtung von allen Freunden gemieden, von allen Kollegen verachtet. Wie sie diese Zeit durchstand, wie sie es fertigbrachte, für die Kamera zu lachen, zu tanzen, wird nie ein Mensch erfahren.

Heute heißt, wie gesagt, eine Straße nach ihr.

In den Tagen, die auf den ersten Besuch im Ministerium folgten, zeigte ich Anette meine Geburtsstadt. Sie war hingerissen, ihre Augen leuchteten, sie freute sich, daß ihr Kind hier aufwachsen würde. Alles wollte sie genau wissen und kennenlernen. Sie war in ihren Bewegungen nun schon ein wenig behindert, aber sie wollte alles zu Fuß absolvieren, stieg die alte Schloßstiege hinauf, kroch in jedes Tor, hinter dem sie einen interessanten Renaissancehof vermutete, entdeckte Treppenaufgänge, halbversteckte Karyatiden und Sgrafittos, die ich alter Prager nicht kannte. Am Abend, wenn wir beieinander lagen, das ungeborene Kind zwischen uns, tat sie etwas, das bei ihr Tradition war: Sie erzählte mir die Erlebnisse des Tages, als ob ich nicht dabeigewesen wäre. Wie immer staunte ich, was sie alles gesehen und registriert hatte, das mir entgangen war.

Von den Narben des Krieges war äußerlich wenig zu merken. Es gab wenig Spuren von Zerstörung. Aber an vielen Häuserwänden waren Tafeln angebracht, wo ein Tscheche während des Aufstandes verblutet war. Einige Tafeln zeigte ich Anette nicht: In der Ùsobskà ulice, im Süden der Stadt, gibt es eine mit siebenunddreißig Namen. Hier hatten im Keller am 6. Mai 1945 Frauen, Greise und Kinder Zuflucht gesucht. Eine SS-Streife, auf der Suche nach Zivilkleidung, war in den Keller eingedrungen und hatte wahllos in die zusammengekauerte Menge hineingefeuert. Dann brüllten sie noch einmal: »Aufstehen, marsch!« Die vierzehnjährige Věruška Hajkovà erhob sich tatsächlich und wurde sofort niedergeschossen. Die Mörder brachten ein Pappschild an: Achtung! Tote! Nicht eintreten. Wenige Häuser weiter war eine ähnliche Aktion vor sich gegangen. Die Mörder entkamen in den Westen . . .

Meine Freunde begegneten Anette mit Herzlichkeit. Anfangs, weil sie meine Frau war, aber das verwandelte sich schnell in echte Zuneigung, die ihr selbst galt. Nur wenige gaben sich zunächst gönnerhaft, besonders solche, die im KZ gewesen waren. Anette spürte das schnell heraus, und es entstand bei ihr völlig überflüssigerweise ein Schuldgefühl: in den Jahren, sagte sie, da ich es mir als Deutsche gutgehen ließ, saßen diese Menschen hinter Gittern und hatten unter meinen Landsleuten zu leiden . . . So ähnlich formulierte sie es, und ich weiß nicht, ob es mir je gelang, ihr diese Gedanken auszutreiben.

Von der Qual des Wartens auf einen positiven Bescheid versuchte ich sie möglichst wenig merken zu lassen: von den täglichen Anrufen bei Freunden, die sich unserer Sache angenommen hatten, bei Frantíšek Kolàr, der stets kühl und abweisend war und sich offenbar mit uns nicht kompromittieren wollte, bei den verschiedenen Amts- und Parteistellen, an die man mich wies und bei denen die Antwort stets »nein« lautete. Freunde vom Film, die Sympathie zeigten, rieten mir, ich solle es in der DDR versuchen, ich sei doch mal beim deutschen Theater gewesen.

Dazu begannen unsere Finanzen immer mehr zu schrumpfen – ich hatte meine Ersparnisse in New York meinen Eltern überweisen lassen –, und ich begann im geheimen daran zu zweifeln, ob es richtig gewesen war, alle Brücken hinter mir abzubrechen. Meinen Job bei der UNO hatte ich durch Überschreitung meines Urlaubs längst verloren, unsere Wohnung gab es nicht mehr, der Rest unseres Geldes würde nicht einmal mehr für eine Rückfahrt im Zwischendeck reichen, und dann – zurück in die McCarthy-Atmosphäre? Ich konnte mir lebhaft vorstellen, was die Presse in New York mit mir angestellt hätte: Enttäuschter Rückkehrer aus dem sozialistischen Paradies! Und dann drei Tage lang als Sensation herumgereicht werden, danach das Nichts.

Ich hatte mich von neuem in diese Stadt verliebt. Obwohl mich offenbar keiner, der das Sagen hatte, hier haben wollte, fühlte ich stark und unbezwinglich, daß ich hierher gehörte, auf Gedeih und Verderb – und im Augenblick sah es sehr nach Verderb aus.

Ich fuhr fort, Anette alle erniedrigenden Gespräche und mißtrauengeladenen Verhöre als Lappalien, als bürokratische Kapriolen darzustellen. Wir kamen keinen Schritt weiter, aber jedesmal, wenn ich von einem wichtigen Treffen oder auch nur aus einer Telefonzelle zurückkehrte, fragte Anette auf tschechisch: »Immer noch nichts? Dann klappt's eben morgen!«

Wir aßen in netten Restaurants, spazierten in den italienischen Renaissancegärten herum, gingen ins Kino und freuten uns auf unser Kind, das nun jede Stunde kommen mußte.

Es kam auch. Am 18. April um sieben Uhr abends sagte Anette ruhig: Du, ich geh mal rüber in die Klinik. Dreimal während der kurzen Wegstrecke setzte sie sich auf den Asphalt. Dann ging ich verloren in der Stadt herum, mit dem hilflosen Gefühl aller werdenden Väter, fühlte mich schuldig, dachte nicht mehr an unser Kind, nur an Anette und daß ich verantwortlich war für sie, nicht nur für die Lage, in die ich uns gebracht hatte, sondern ganz einfach dafür, daß sie jetzt Schmerzen erlitt und in Gefahr war, und ich war die Ursache.

Um halb elf rief mich der Pförtner von drüben an, dem ich vorsorglich mein letztes Päckchen amerikanischer Zigaretten zugesteckt hatte: »Mister Burger, Sie haben eine Tochter!«

Man ließ mich nicht ein. So ging ich in der warmen Frühlingsnacht vor der Klinik auf und ab und pfiff unsern Familienpfiff – vielleicht konnte sie ihn hören.

Ich weiß bis heute nicht, welchem Umstand ich es verdanke – ob es die Fürsprache Mirkas war, deren Macht ich nicht kannte, ob jemand an höherer Stelle sich an den Vorkriegsgenossen Burger erinnerte, ob man in den Polizeiakten der dreißiger Jahre Spuren meiner Tätigkeit entdeckte oder ob sie nun mit Bestimmtheit wußten, daß Anette sich nicht nur ein Kissen vor den Bauch geschnallt hatte, sondern tatsächlich im Begriff war, ein Kind in die Welt zu setzen – eine gebürtige Tschechoslowakin also, die man nicht so ohne weiteres ausweisen konnte –, aber am Morgen, als ich gerade versuchen wollte, koste es was es wolle, in die Klinik einzudringen, klingelte das Telefon. Es war meine alte Freundin Lenka, die irgendeinen Draht zu höheren Stellen hatte: »Alles okay! Ihr bleibt!«

Anette war blaß und dünn und bestand nur noch aus ihren großen blauen Augen. Sie hatte selbst im neunten Monat nur 51 Kilo gewogen. Unsere Tochter konnte ich nicht sehen. Sie wog bei der Geburt ganze 1600 Gramm und lag bereits im Inkubator. Keine Frühgeburt, aber eben ein sehr winziges Menschlein, das mit Sorgfalt und modernster technischer Apparatur zu einem normalen Baby zu Ende gebacken werden mußte. Jetzt würde ich gleich zwei Frauen im Haus haben!

Wieder ging ich zum Ministerium, diesmal, um zu erfragen, wo ich eingesetzt werden würde. Es empfing mich die gleiche, abweisende Kälte und unverhohlener Ärger darüber, daß ich immer noch hier war und daß irgendeine Instanz das Ministerium überstimmt hatte: »Sie wollen doch zum Film? Dann gehen Sie doch hin! Worauf warten Sie?«

Ich wurde der Wochenschau zugeteilt.

Sofort änderte sich die Atmosphäre. Ich war unter Kollegen und, wie sich zeigte, unter teilweise sehr unerfahrenen. Ich hatte so an die vierzig Filme hinter mir, das wurde respektiert, und ich konnte mich sofort an die Arbeit machen. Anfangs gab man mich jungen Redakteuren mit, denen ich helfen sollte. Ich filmte Sportreportagen, übrigens gleich zu Beginn einen neuen, kommenden Sportstar namens Zátopek, ich drehte Tennisturniere und die fabulösen Kunstturnerinnen, die wenig später in Helsinki Aufsehen erregten. Natürlich betrachtete ich die Wochenschau als Zwischenstation.

Es gab Pannen. Da war so ein Maler, der im Augenblick ganz groß im Geschäft war. Er malte alle Parteigrößen, alle wichtigen heroischen Plakate, er war Hofmaler, könnte man sagen. Nun hatte er ein Riesengemälde verbrochen, etwa drei Meter hoch und sechs Meter breit, mit dem Titel »Huldigung an Stalin«. Die Wochenschau erhielt die Aufgabe, das Bild der Bevölkerung vorzustellen.

Bei der Redaktionssitzung wurde eine Reproduktion des Riesenbildes herumgereicht. Es war ein grauenhafter Schinken, etwa in der Manier von Anton von Werner oder Piloty. Stalin stand da in der Mitte, in weißer Galauniform, umgeben von seinen Paladinen und einer Reihe allegorischer Figuren. Es wurde diskutiert, wer von uns die Aufgabe übernehmen solle.

Ich war frisch aus dem Westen, ich fühlte, daß ich unter Genossen war und zur Offenheit verpflichtet. Ich sagte, bei all meiner Verehrung für Stalin – aber dieses Bild sei doch blanker Kitsch, und warum sollten wir uns mit so was befassen?

Große Stille. Dann, nach einem betretenen Hüsteln, sagte einer der älteren Redakteure, der mich in Schutz nehmen wollte: »Der Genosse Burger ist noch nicht lange bei uns . . . ich meine, er hat immer noch Anschauungen, die er aus dem Westen mitgebracht hat . . . und er weiß noch nicht, daß in einem solchen Fall allein die Wahl des Themas jede Kritik ausschließt.«

Wieder betretene Stille. Dann wollte der Chef zur Tagesordnung übergehen. Doch da meldete sich der Vorsitzende der Parteizelle (ich selbst war übrigens nicht aufgenommen worden) und sagte: »Moment. So können wir nicht über die Sache hinweggehen. Ich meine, wir sollten uns doch ganz genau ansehen, von wem, ich meine, aus welcher Ecke dieser Einwand kommt.«

Ich hatte meinen Fleck auf der Ehre weg, dem weitere folgen sollten.

Als unsere Tochter zwei Monate alt war und drei Kilo wog, durften wir sie heimbringen.

Wir wohnten in einem winzigen Zimmer bei Verwandten, und wenige Tage vor Janas Einzug kam eine Fürsorgerin zu uns, um zu sehen, ob das Kind auch in einwandfreie hygienische Verhältnisse käme, was uns sehr beeindruckte. Anette und ich hatten Slumwohnungen der New Yorker Eastside gesehen – dort kümmerte man sich den Teufel darum, ob ein neugeborenes Kind in eine saubere Wohnung kam.

Allerdings – wir hatten noch nicht einmal den Schatten einer Hoffnung auf eine Wohnung, und unser Zimmer hing bald voll mit

Windeln und unserer eigenen Wäsche. Und unsere Verwandten wurden es allmählich leid, daß sie uns aufgenommen hatten, obwohl Jana ein ruhiges Kind war.

Wir zogen zu Freunden, dann wieder zu anderen Freunden, und jeder hatte Angst, daß uns die Behörden ihm nicht einfach zudiktieren würden. Die Wohnungsnot war groß. Schließlich fanden wir ein Zimmer in einem alten, schäbigen, ehemaligen Stundenhotel. Es hatte keine Heizung, der Wasserhahn (kalt) war auf dem Gang, und es hieß mit Recht »Sparta«. Wir hatten einen kleinen Kanonenofen, und es gab einen Eimer Kohle pro Tag. Jana begann zu husten, eine Bronchitis folgte der andern.

Anette verlor den Mut nicht. Jeden zweiten Tag lud sie Jana und einen großen Topf mit den angesammelten Windeln auf den Kinderwagen und trabte zwei Kilometer weit zu Freunden, wo sie die Windeln waschen konnte, während ich von Genosse Pontius zu Genosse Pilatus lief, um beide auf unsere mißliche Lage aufmerksam zu machen.

Nichts änderte sich.

Und inzwischen erlebte ich das Land meiner Geburt unter dem Stalinismus. Es war die Zeit der zwangsweisen, überstürzten Kollektivierung der Landwirtschaft, des Kampfes gegen das Kulakentum, was auch immer das bedeutete. Ich kam viel herum durch meine Arbeit bei der Wochenschau.

Es war manchmal herzbrechend. Der Vorsitzende der jeweiligen landwirtschaftlichen Produktionsgenossenschaft (JZD) hatte darüber zu wachen, daß die modernsten sowjetischen Methoden angewandt wurden, in einem Land, das strukturell keine Ähnlichkeit mit der Sowjetunion hatte, das eine gescheite, tüchtige Bauernschaft besaß, für die die neuen Methoden entweder unanwendbar oder ein alter Hut waren. Ein Bauer in Poběžovice im Böhmerwald – ich drehte dort eine Reportage – zeigte mir einen Bauernkalender, in dem eine solche moderne Methode beschrieben war. Der Kalender stammte aus dem Jahr 1875.

Es war die Zeit der dauernden »Prowjerki«, der Überprüfungen der Parteimitglieder auf ihre Loyalität – wo hatte ich das bloß schon einmal erlebt? –, die Zeit des institutionalisierten Mißtrauens. Aber es muß gesagt werden, daß es durchaus handfeste Anlässe gab: Vorsitzende der landwirtschaftlichen Kollektive fand man ermordet in ihren Betten, wertvolle Maschinen waren von unbekannten Tätern unbrauchbar gemacht worden, und es gab Engpässe in der Industrie, hervorgerufen nicht nur durch Unfähigkeit oder Unerfahrenheit der verantwortlichen Organe, sondern auch durch gezielte Nicht-Lieferungen wichtiger Materialien oder Apparaturen. Westliche Firmen verweigerten sogar die Lieferung bereits bezahlter Waren. Zum Beispiel hatte der Staat eine komplette Anlage zur Herstellung von Penicillin in den USA bestellt und mit harten Devisen bezahlt. Jetzt verweigerten die Amerikaner die Lieferung, auf Grund des neuen Gesetzes, das die Ausfuhr strategisch wichtiger Güter nach dem Osten verbot.

Es gab einen Klassenkampf, das war sicher. Auf allen Ebenen. Vergessen wir nicht, wie in unseren Tagen dem Experiment Chile vor dem Putsch wirtschaftlich die Luft abgeschnürt wurde. Von den Machenschaften der CIA gar nicht zu reden.

Das Resultat bei uns in der ČSR war verstärkte »Wachsamkeit«, und das bedeutete in den meisten Fällen Mißtrauen und Schnüffelei. Eine ganze Reihe von Maßnahmen, die von der Partei ausgingen, konnte ich beim besten Willen nicht gut finden.

Der Gatte einer unserer Schnittmeisterinnen war eingesperrt worden. Man hatte ihn und einige andere in einer illegalen Druckerei verhaftet, wo Flugblätter gegen den Staat angefertigt wurden. Er bekam drei Jahre Gefängnis. Seiner Frau legte man nahe, sich scheiden zu lassen. Zu ihrer Ehre sei's gesagt: Sie lehnte ab. Aber sie war von nun an dauernden Schikanen ausgesetzt.

Ein amerikanischer Journalist war – ob zu Recht, kann ich nicht beurteilen – wegen Spionage eingesperrt worden. Eine Anzahl von Menschen, die mit ihm befreundet gewesen waren, wurde ebenfalls verhaftet und verurteilt, nur weil sie mit ihm Kontakt gehabt hatten.

Einige Freunde von mir passierten die »Prowjerki« nicht und wurden deshalb aus der Partei ausgeschlossen. Sie verloren ihre Stellungen, soweit sie auf politisch verantwortungsvollen Posten arbeiteten. Sie waren zu Sicherheitsrisiken geworden. Auch das kam mir verdammt bekannt vor. *Security risk* nannte man das in den Vereinigten Staaten.

Ein Tänzer, den ich kannte, Vorkriegskommunist und Offizier der Roten Armee, hatte Parteischwierigkeiten und mußte das Ballett des Nationaltheaters verlassen. Er verübte Selbstmord.

Der Lyriker Konstantin Biebl, von dem ich eine Reihe Gedichte übersetzt hatte, mußte ebenfalls die entwürdigende Prozedur der Loyalitätsuntersuchung über sich ergehen lassen. Irgendein Wichtigtuer hielt seinen Akt einige Tage auf, und Biebl war darüber so konsterniert, daß er ebenfalls Selbstmord beging.

Denn – vergessen wir nicht: Mitgliedschaft in der Partei war vor allem für jemand, der bereits vor dem Krieg dabei war, etwas Sakrosanktes, etwa so wie die Zugehörigkeit zu einem religiösen Orden. Ausschluß aus der Partei war schlimmer als die Exkommunizierung eines gläubigen Katholiken im Mittelalter. Der oft damit verbundene Jobverlust (obgleich das keineswegs Arbeitslosigkeit bedeutete) entsprach dem Ehrverlust in einer bürgerlichen Gesellschaft.

Mir tat es sehr weh, daß man mich nicht wieder in die Partei aufgenommen hatte. Viel später erst, in der Zeit des »Frühlings«, als die Verbrechen der fünfziger Jahre bekannt wurden, war ich froh, daß ich in jenen Jahren kein Mitglied gewesen war.

Wie rationalisierte ich die düstere Situation? Wie wurde ich damit fertig?

Vergessen wir nicht, daß ich im Krieg acht Monate lang Mitarbeiter der OSS, der späteren CIA, gewesen war. Obwohl ich damals noch nichts von den mörderischen Machenschaften ahnte, kannte ich doch das Kaliber der Männer, die für mich die Organisation repräsentierten. So oft hatte ich sie sagen hören, daß der Zweck die Mittel heilige, daß sie nichts dabei fänden, sich während des Krieges deutscher Antifaschisten als Mitarbeiter zu bedienen, »die man dann natürlich sofort wieder fallenläßt, wenn ihre Nützlichkeit erschöpft ist«.

Ich hatte die völlige Umkehrung der Buchenwald-Story aus nächster Nähe erlebt. Und durch Zufall hatte ich einen der leitenden Akteure der Affäre Štěchovice kennengelernt, der sich damit rühmte, sie mit organisiert zu haben: Im tiefsten Frieden waren einige amerikanische Lkws tief in die Tschechoslowakei eingedrungen und hatten bei Štěchovice, wenige Kilometer von Prag entfernt, ein geheimes Aktendepot aufgeladen und kurzerhand über die Westgrenze des Landes geschafft, gestohlen also. Dieses Archiv enthielt ungezählte Mengen von Gestapo-Dokumenten, von denen die legitime tschechoslowakische Regierung noch nichts wußte – ge-

334

flüchtete SS-Leute hatten es den Amerikanern verraten. Das war ein flagranter Völkerrechtsbruch. Einige Wochen später brachten die Amerikaner das Material unter großen Entschuldigungen zurück – aber es kam nie heraus, ob sie alles brachten, was sie geraubt hatten.

Kurz – der Kalte Krieg war im Gang, und ich verglich das Land mit einer belagerten Festung. Und wenn dieses Bild stimmte, dann konnte es nichts Schlimmeres geben als Defätismus. Kein Wunder deshalb, daß ich damals bei meiner Umgebung als doppelt linientreu galt. Ich wollte mit gutem Beispiel vorangehen und fand sogar Gründe, warum gewisse Dinge, die ich nicht mochte, so sein mußten:

Es gab immer noch ein Bezugskartensystem – aber dafür aß sich jeder satt, und es gab weder Bettler noch Arbeitslosigkeit.

Schnaps war sündhaft teuer, aber mit dem Geld wurden Dinge subventioniert, die lebenswichtiger waren, wie zum Beispiel Kinderkleider, Kinderwäsche, Windeln und Kinderschuhe.

Gewiß, unsere Straßenbahnwagen waren alt und gebrechlich. Aber dafür konnte man für den Gegenwert von 15 Pfennigen so lange in unserer Millionenstadt umherfahren, wie man wollte, und unbegrenzt oft umsteigen.

Außerdem – die Menschen lebten nicht grau in grau, wie Anette angenommen hatte. Sie kleideten sich mit geringen Mitteln schick, und sie besuchten fleißig Konzerte und Theater. In den Bars und Cafés wurde getanzt, es gab Gastfreundschaft, Fröhlichkeit, Wärme. Die Atmosphäre war menschlich, trotz aller Schikane, trotz aller Fehler und Mißgriffe. Schließlich bestand ja unsere fast-sozialistische Republik erst zwei knappe Jahre. Und dann war da noch die absolute Jobsicherheit! Wo gab's das noch?

Am 12. Februar 1951 lag auf meinem Arbeitstisch ein Brief. Fristlose Kündigung. Ich solle sofort den Betrieb verlassen. Ohne Angabe von Gründen. Ich ging zum Chef, der mir verlegen sagte, er wisse auch nichts weiter, er habe von oben Weisung bekommen. Ich suchte den Gewerkschaftsobmann auf. Der wußte von der Kündigung, aber er könne nichts machen. Weisung von oben.

Was das für eine Gewerkschaft sei, wollte ich wissen. Seit wann kann man bei uns jemand fristlos entlassen, ohne daß die Gewerkschaft ihr Okay dazu gibt? War ich deshalb in den dreißiger Jahren Mitglied der RGO (Revolutionäre Gewerkschaftsopposition) gewesen?

Ich ging ins Gewerkschaftshaus, zum 21. Verband, Gruppe »Künstler«, der wir angehörten. Der zuständige Beamte sagte mechanisch, so etwas gäbe es doch nicht – und ließ sich mit der Filmdirektion verbinden. Zwei Minuten hörte er zu, nickte, legte auf und wandte sich wieder mir zu:

»Gehen Sie. Wir tun nichts für Sie. Ihre Kündigung besteht zu Recht.«

Was war los? Lebten wir in Francos Spanien? War das noch eine Gewerkschaft oder eine Zweigstelle des Movimiento?

Ich ging aufs Zentralkomitee. Jetzt wußte ich, an wen ich mich zu wenden hatte. Der Mann hörte mich an, sagte nichts, telefonierte ein paarmal, verschwand für kurze Zeit, dann schickte er mich nach Hause.

Anderntags erhielt ich einen Brief, darin stand, daß mein Kündigungsbrief falsch abgefaßt gewesen sei, ich war nur in eine andere Abteilung verlegt worden.

Ich wurde Mitglied des Kurzfilmstudios. Von mir aus gesehen war das ein Schritt vorwärts. Obgleich ich nie eine Erklärung erhielt, nehme ich an, daß es irgend jemandem merkwürdig vorgekommen war, daß ein Mann, der noch vor einem halben Jahr die amerikanische Staatsbürgerschaft besessen hatte, nun politische Persönlichkeiten bei ihrer Ankunft auf dem Flugplatz filmen durfte.

Meine neue Firma bestand aus lauter Kollegen, die Erfahrung hatten, die gute Filme machten. Der Chefdramaturg war ein alter Freund von mir. Am Himmel schien wieder die Sonne. Allerdings hatten wir noch immer keine Wohnung und waren doch schon über ein Jahr in diesem Land.

Ich drehte meinen ersten Film, und er fiel gut aus. Ich drehte einen zweiten und einen dritten, alles Themen, die mich interessierten, und ich bekam meine erste Prämie.

Am Tag darauf aber wurde ich wieder fristlos entlassen. Es kam wie ein unerwartetes Wintergewitter. Anette spielte mir wie stets Ruhe und Zuversicht vor. Ohne sie hätte ich nicht durchhalten können.

Um uns herum nahm die Verhaftungswelle an Intensität zu. Die Gründe, soweit sie in die Öffentlichkeit sickerten, schienen immer fadenscheiniger zu werden. Meist hieß es, wenn ein neuer Fall bekannt wurde: »Der war doch in der westlichen Emigration« (also anfällig für Mitarbeit beim Intelligence Service), oder: »Der war doch mit dem verhafteten Geminder besonders befreundet«, oder noch einfacher und grausamer: »Na ja, Spanienkämpfer . . .« Denn aus der Teilnahme am Kampf gegen Franco, in den Reihen der Internationalen Brigade, war plötzlich ein schwerwiegender Makel geworden. Der Grund? Viele der geschlagenen Spanienkämpfer waren nach ihrer Flucht in französischen Internierungslagern gewesen, und dort seien eben viele von ihnen »vom Klassenfeind angeworben« worden, der ihre mißliche Lage ausgenützt habe. Daher war jetzt jeder Ex-Spanienkämpfer a priori verdächtig.

In der Nacht nach der plötzlichen Kündigung, in jenem eiskalten Zimmer des Hotels »Sparta«, wo wir wochenlang, monatelang wohnen mußten, lag ich wach. Die erst wenige Monate alte Jana schlief zwischen uns, wir schützten sie durch unsere Körper vor der Kälte. Ich dachte über unsere Lage nach. Paßte nicht jedes dieser Muster auch auf mich? Westliche Emigration? Mit dem oder jenem der prominenten Verhafteten vor dem Krieg gut bekannt? Spanienkämpfer war ich zwar nicht gewesen, aber etwas Schlimmeres: Ich hatte in einer imperialistischen Armee gedient, war sogar – *horribile dictu!* – zum Offizier befördert worden! Durch welche Verpflichtungen dem amerikanischen Geheimdienst gegenüber hatte ich mir das wohl verdient? So würde ich gefragt werden. War nicht meine abermalige fristlose Kündigung nur das Vorspiel zur Verhaftung?

Dazu kamen die Selbstvorwürfe. Hatte ich nicht Anette aus Amerika hierhergezerrt? Hatte sie hier ihr Kind zur Welt bringen lassen? Was würde sie als Deutsche tun, wenn ich verhaftet wurde? Und dabei wußte ich einstweilen noch nicht einmal, wie mit den Tausenden unschuldig Verhafteter verfahren wurde. Wußte noch nichts von tage- und nächtelangen, nervenzermürbenden Verhören, erniedrigenden Haftbedingungen und Folterungen – erst siebzehn Jahre später, während des »Prager Frühlings«, kamen diese Dinge ans Licht. Sollte ich Anette meine Ängste und Zweifel eingestehen? Aber wozu sie damit belasten, da ja an unserer Lage doch nichts geändert werden konnte? Denn an ein Verlassen des Landes war nicht zu denken. Die Grenzen waren zu jener Zeit noch viel hermetischer verschlossen als jetzt.

Heute weiß ich, daß Anette meine Ängste und Zweifel ahnte. Sie sagte nichts, ließ es mich nicht merken, mimte Zuversicht, hielt zu mir. Über Janas kleinem Körper hielten wir uns, wie jede Nacht, umschlungen.

Es dauerte eine Woche, und ich wurde wieder eingestellt. Auch in diesem Fall erfuhr ich nie die Gründe. Die Willkür ging um.

Doch diesmal ließ ich die Sache nicht auf sich beruhen und protestierte scharf, offenbar an der richtigen Stelle. Denn nach achtzehn Monaten Zigeunerleben erhielten wir endlich eine Wohnung zugeteilt. Sie war in einem völlig neuen Wohnblock an der südlichen Peripherie der Stadt. Als man sie uns zuwies, war ich etwas verwundert: als einziger in unserem Block durfte ich mir die Wohnung nicht aussuchen. Alle andern hatten wählen können. Aber was tat's? Wir hatten hier oben im vierten Stock die beste Aussicht und die sauberste Luft. Aus unsern Fenstern sahen wir damals noch weit ins Land hinein. Vor dem Haus war ein Weizenfeld, und keine hundert Meter weiter begann der Wald. Hier sollte Jana aufwachsen. (Erst sechs Jahre später fand ich zufällig die glänzend getarnte Abhörvorrichtung.)

Einstweilen war die Wohnung leer, und wir hatten noch kein Geld, um sie einzurichten. Für die Filmprämie kauften wir als allererstes ein Kinderbett. Wir selbst schliefen auf geborgten Matratzen neben unserem Kind und waren glücklich. Nach und nach kamen Bücher dazu, dann Möbel, wir konnten Freunde einladen, das Leben normalisierte sich.

Es gab in jenen frühen fünfziger Jahren noch vieles, was mich bedrückte und bestürzte, vieles, was ich mir anders vorgestellt hatte. Ich war doppelt froh, wenn ich daneben greifbare Symptome fand, die mir zu beweisen schienen, daß sich die menschliche Natur tatsächlich verändert, wenn sich die Verhältnisse ändern.

Zum Beispiel war ich auf meinem eigenen Berufsgebiet aus Amerika gewohnt, daß jeder sein sogenanntes geistiges Eigentum auf manchmal groteske Weise zu schützen versuchte. Da es im Hollywood-Dschungel stets auf die *credits* ankam, auf die Erwähnung im Titelvorspann, zählte jeder der oft zahlreichen Autoren eines Films peinlichst jedes Mini-Ideechen, jeden Einfall, jedes Handlungselement und maß es nach, weil er ja danach honoriert und bekannt wurde. Und nach jedem erfolgreichen Film gab es manchmal hinter den Kulissen erbitterten Streit darüber, wem was wann zuerst eingefallen war oder wer wem was geklaut hatte.

In meinem Studio sah es grundsätzlich anders aus. Wir waren etwa fünfzehn Regisseure und eine entsprechende Anzahl von Kameramännern und Schnittmeistern. Jeden Freitag wurden unsere Arbeiten durchdiskutiert – Entwürfe, Drehbücher, Rohschnitte. Ich habe solche Arbeitssitzungen nie wieder erlebt. Ein Kollege machte dem andern Vorschläge, wie dessen Buch oder Rohschnitt zu verbessern ginge. Einfälle, Episoden, Figuren wurden vorgeschlagen, und keiner scherte sich im Endeffekt darum, ob seine Einfälle vom andern verwandt oder auch nur gewürdigt wurden. Es kam jedem von uns darauf an, daß gute Filme herauskamen. Eine stattliche Reihe internationaler Preise legt Zeugnis davon ab.

Da alle sicher waren, ihre Jobs zu behalten, hatte keiner ein Interesse daran, auf Kosten seines Kollegen voranzukommen. Diese Jobsicherheit wirkte keineswegs lähmend auf die Schaffenskraft, sondern, im Gegenteil, anfeuernd und befruchtend. Ich habe nur zweimal einen katastrophalen Leistungsabfall eines Kollegen erlebt. Bevor aber noch die Leitung Maßnahmen ergreifen konnte, hatten wir Kollegen uns bereits überlegt, wie man den Unglücksraben auf ein ihm gemäßeres Arbeitsgebiet beim Film transferieren könne.

Allerdings, es mag sein, daß bei mir der Glaube an die Dauerhaftigkeit dieser Atmosphäre länger vorhielt als bei den andern. Ich glaubte, daß Zweifel und Zynismus das langsam wachsende Gebäude unserer neuen Gesellschaft nur beschädigen konnten. War das Haus einst fertig, würde man über gemachte Fehler diskutieren. Daß möglicherweise der ganze Bauplan entscheidende Fehler aufwies, kam mir nicht in den Sinn.

Es war seltsam, mit alten Genossen zusammenzutreffen. Man verstand sich, lächelte trüb bei der Erwähnung der alten Tage, man hatte zwar etwas gemeinsam – aber es war etwas Verlorenes, Jahre der Jugend, Teile halbdurchdachter Ideen, Bruchstücke früher Träume. Wir haben es uns anders vorgestellt, sagte man wohl.

Oder: so, wie wir's uns vorgestellt haben, war's ja auch undurchführbar. Oder (am häufigsten): wenn man uns nur allein machen ließe ... Gemeint war die ständige Kontrolle durch die Sowjetunion.

In den sechziger Jahren wurde dann zaghaft oder mutiger einiges davon wieder hervorgeholt, auf seine Brauchbarkeit untersucht und etwas dazugegeben, was wir nie gelernt hatten: Während wir in den Jahren der Stalinzeit und unserer eigenen Lehrjahre stets nur fragten, *warum* alles, was angeordnet wurde, richtig war, kümmerten wir uns jetzt zum erstenmal darum, *ob* es richtig war. Bis dahin, bis zum Beginn der sechziger Jahre, hatten Diskussionen unter Gleichgesinnten immer nur der Interpretation und dem Gutheißen aller Maßnahmen gedient, statt sie der Kritik und der Kontrolle zu unterwerfen.

Aber soweit waren wir in den frühen fünfziger Jahren noch nicht. Es war eine Zeit, in der die Angst aus allen Winkeln und Kanalgittern kroch. Ein feiner Überzug aus Ruß und Schlamm bedeckte die Dinge, die uns umgaben. Die Umrisse der Menschen, mit denen wir lebten, wurden unscharf. Ein Gespenst ging um.

Denn hinter den vergleichsweise noch winzigen äußeren Zeichen von gelegentlichem Unrecht, von Schikanen, von wild gewordenem Bürokratismus standen gigantische Fehlplanungen, echte wirtschaftliche Katastrophen.

Und dafür brauchte man einen Sündenbock.

Seiten aus einem Tagebuch

11. 8. 1952

Elsbeth kam zu Besuch. Noch vor einigen Monaten hätte ich mich nicht getraut, sie einzuladen. Immerhin, ihr Mann hatte Ministerrang. Immerhin – ob er diesen Rang noch hat, seitdem er verhaftet ist, weiß ich nicht. Anette und ich sind schon lange übereingekommen, die Gesellschaft der Prominenten zu meiden, auch wenn sie zu meinen Vorkriegsfreunden gehören. Ich glaube, sie waren im Grunde dankbar dafür. Und Mirka meint, für mich sei es besser gewesen, diese Freundschaften nicht zu pflegen. Ich finde das opportunistisch gedacht.

Anyway – Elsbeth wirkt verhärmt und beklommen. Verständlich, denn Lutz [Dr. Ludvík Frejka, Vorsitzender der Volkswirtschaftskommission beim Zentralkomitee] sitzt jetzt schon viele Monate im Gefängnis oder immer noch in Untersuchungshaft, wer weiß das. Manchmal denke ich: die Regel, daß man einem Untersuchungsgefangenen binnen vierundzwanzig Stunden sagen muß, unter welcher Anklage er steht, ist gar nicht so falsch. Aber vielleicht hat man es ihm gesagt, nur Elsbeth weiß es nicht, und in der Zeitung stand es auch nicht. Toman [Regiekollege beim Film] sagte mir heute morgen, als ich mit ihm darüber sprach, das seien bürgerliche Vorurteile, der Klassenkampf hat sich verschärft, und eine solche Zeitungsnachricht wäre eine wichtige Information für den Gegner. Ich bin da nicht so sicher. Was ist wichtiger: normale legale Prozedur oder Taktik dem Westen gegenüber?

Ich hatte ein wenig Angst vor Elsbeths Besuch. Aber es ging alles glatt, sie schien sogar froh zu sein, daß wir ihr nicht aus dem Weg gingen. »Ihr könnt euch nicht vorstellen, wieviel Leute mich jetzt nicht mehr grüßen.«

Ihr einstmals so schönes Gesicht ist hart und verschlossen geworden. Ich erinnerte sie an die Hamlet-Inszenierung vor dem Krieg – da spielte sie eine kleine Rolle in der Schauspieltruppe im vierten Akt. Sie wehrte ab, sie will sich nicht an jene Zeit erinnern.

Wir sprachen von Lutz, der damals Redakteur der »Roten Fahne« war. Ich wollte ihr ein paar meiner Artikel zeigen, die ich für ihn geschrieben hatte. Aber auch davon wollte sie nichts wissen.

Anette, neugierig und geradeheraus wie immer, was ich oft als Taktlosigkeit empfand – aber sie war stets so entwaffnend naiv dabei, niemand nahm es ihr übel, bloß ich starb tausend Tode –, Anette also fragte Elsbeth über ihre Familie aus. Klar, sie sind beide aus Deutschland. Elsbeth stammt aus einer Nazifamilie, aber sie hat seit 1933 keinen Kontakt mehr mit ihren Leuten. Ihre Mutter sei jetzt über achtzig. Natürlich fragte Anette sofort, ob sie nicht mal zu Besuch komme. Elsbeth sagte schroff, ihre Mutter ginge sie nichts mehr an. Wie ich sehe, hat Elsbeth nichts von ihrer Härte und Kompromißlosigkeit verloren, die ich aus den Tagen der Parteiarbeit vor dem Krieg an ihr kenne.

Wir gingen dann ein wenig spazieren, während Anette das Abendessen vorbereitete. Elsbeth schien das recht zu sein – sie hatte das Gefühl, vor Anette könne man nicht so offen reden, denn sie war nie in der Partei. Elsbeth hatte vor wenigen Tagen einen Brief von Lutz bekommen, aus dem Gefängnis. Einen der wenigen Briefe, die sie überhaupt von ihm erhalten hat, in diesen elf Monaten. »Er klingt optimistisch«, sagte sie. »Aber wie lange das noch dauern kann, weiß er nicht. Er schreibt mir von vielen seiner grundlegenden nationalökonomischen Ideen und daß sie einfach falsch sind, wie er jetzt weiß. Altmodisch. Nicht in unsere Zeit passend. Wir würden es heute bestimmt komisch finden, schreibt er, wenn eine Dame mit riesiger Krinoline in die Elektrische einsteigen wollte.«

Elsbeth hat übrigens auch sonst große Sorgen. Daß sie jetzt in einem möblierten Zimmer wohnen muß, macht ihr nichts aus, sagt sie, aber man will ihre Tochter nicht weiterstudieren lassen, wegen Lutz.

Eigentlich war ich erleichtert. Es ging also einfach um wirtschaftstheoretische Dinge, um nichts Ehrenrühriges oder Kriminelles. Aber warum halten sie ihn dann so lange fest, fragte Anette. Ich versuchte ihr zu erklären, daß in einem sozialistischen Staat Männer wie Lutz eben eine größere Verantwortung haben als in einem bürgerlichen Staat. Dort demissioniert so einer, wenn er was falsch gemacht hat, und fertig. Kriegt seine Pension und fertig.

Anette war nicht überzeugt. Und sie fand die Sache mit der Tochter einfach unverständlich. Bei den Nazis hat das Sippenhaft geheißen, sagt sie. Ich war böse, weil sie uns mit dem Nazistaat verglich.

Lange wach gelegen. Vielleicht hat sie recht. Auf keinen Fall war das eine gute Antwort von mir. Wir müssen es doch anders und besser machen als die.

17. 8.

Man spricht von neuen Verhaftungen. Wie viele es jetzt schon sind, seit Slánský, weiß niemand genau. Auch Selbstmorde soll es gegeben haben, von Leuten, die Angst vor der Verhaftung hatten. Sylvia, die sich rührend um Jaromira kümmert [die Frau meines damals eingesperrten Vetters František J. Kolàr], sammelt jetzt Geld. Sie sagt, Jaromira hat ihren Mann vorige Woche kurz sehen dürfen.

Sie hat ihm eine neue Brille gebracht, weil die alte kaputtging.

18. 8.

Im Betrieb spricht man von einem großen Prozeß, der bald stattfinden soll. Es wäre gut, wenn endlich etwas passiert. So ist alles den Gerüchtemachern überlassen. Oder den Leuten, die Svobodnà Evropa hören [Radio Free Europe]. Auch die Leute im Haus hören offenbar zu, lauter alte Genossen. Ich verstehe das nicht. Ein paar klare Worte in der Zeitung, und niemand glaubt den Hetzsendern ein Wort mehr.

19. 8.

Wir waren gestern abend bei Borek, der immer gut informiert ist. Er sagte, man müsse eben bei uns im Sozialismus den regierenden Männern ihre Verantwortung drastisch vor Augen führen. Ich sagte, das seien doch alte Genossen. Darauf Borek: Weißt du, was Macht mit Menschen anstellt? Wir sprachen dann von den Memoiren der Louise Michel und von Lissagaray und wie sie sich schon in der Pariser Kommune die Köpfe zerbrochen hatten, wie man den Mißbrauch der Macht verhindern könne. Borek fragte mich nach Lutz [Frejka], ob ich ihn so gut kenne, um von seiner Unschuld überzeugt zu sein. Ich erzählte von seinem Brief an Elsbeth und von der Zeit vor dem Krieg und der »Roten Fahne« und daß ich ihn während des Krieges in London gesprochen habe. Es fiel mir ein, daß Frejka damals als Emigrant einige Schwierigkeiten hatte. Siehst du, sagte Borek, und wie lange ist das her? – Ich muß zugeben, daß mit einem Menschen in acht Jahren allerhand passieren kann.

Borek hakte ein. Vielleicht mußte Lutz in England was unterschreiben, damit sie ihn entlassen.

Ich dachte an London [Arthur London, Vize-Außenminister, seit Januar 1951 verhaftet], der in Frankreich in der Résistance gekämpft hatte, in einem französischen Lager war, den Deutschen ausgeliefert wurde und Mauthausen überlebte. Mit offener Lungentuberkulose. Ist denn Überleben schon ein Verdachtsmoment?

Außerdem sei da noch der Zionismus, sagte Borek versuchsweise. Das sind die Augenblicke, wo Anette durchdreht. Sie sprang Borek ins Gesicht: Bist du etwa auch Antisemit? Borek war nicht beleidigt, dazu sind wir zu gut miteinander befreundet. Sie meinte es auch nicht so. Borek erinnerte uns daran, daß Lutz und Slánský 1947 die Juden in Palästina mit Waffen unterstützt hatten, während des Araberkrieges. Aber warum soll das Lutz jetzt belasten? Und außerdem, wenn jemand Zionist ist, was hat das mit unserem Land zu tun?

22. 8.

Jana ist endlich aus dem Krankenhaus zurück. Heute früh holte ich sie ab. Sie ist ganz mager geworden – vier Anginas allein in diesem Jahr. Dr. Honzovà hat mich darauf aufmerksam gemacht, daß wir sehr auf sie aufpassen müssen.

26. 8.

Was mir nicht gefällt, ist die Tatsache, daß man in den Zeitungen von František jetzt nur noch als »Kohn« spricht. Er heißt schon von Geburt an Kolàr. Anette hat recht, das Ganze bekommt immer mehr einen antisemitischen Unterton. Sie sagen natürlich, das hat mit Antisemitismus nichts zu tun, bloß mit Zionismus. Und die Zionisten sind mit den Amerikanern im Bund. Aber František, den ich seit seiner Jugend kenne, war nie Zionist, seine Eltern auch nicht. Und was hat das alles mit »Kohn« zu tun?

Wenn ich daran denke, wieviel Juden in Spanien gefallen sind, und dann in der Normandie und in den Ardennen.

30. 8.

Gestern haben wir Svobodnà Evropa gehört. Auch dort wird von dem kommenden großen Prozeß gesprochen. Sie nennen die Namen der Angeklagten: Außer Slánský, Lutz und Simone auch Clementis, den ich von der UNO her kenne, als er noch Außenminister war, dann Arthur London, und Schling, den ich auch gut kenne, und Fischl und noch andere, deren Namen mir nicht viel sagen. Ja, und Reicin, der Stellvertreter des Verteidigungsministers. Wenn die alle unter Anklage stehen, warum veröffentlichen sie das nicht?

31. 8.

Anette kam heute nach Hause und war ganz aufgeregt. Man hat im Fleischerladen davon gesprochen, im BBC angeblich auch. Ich versuche ihr klarzumachen, daß man denen doch nichts glauben kann. Schließlich habe ich im Krieg diesen deutschen Sender über Radio Luxemburg selbst mitgemacht, ich weiß doch, wie so was fabriziert wird. Halbe Wahrheiten, ganze Lügen, und alles in wahrscheinliche Details eingepackt. Die Technik kenne ich. Aber das alles wäre doch nicht nötig, wenn es bei uns klar in der Zeitung stünde.

4. 9.

Ich habe heute Karel [Vilímek, im Gesundheitsministerium] angerufen. Warum sie seit Wochen nichts von sich hören lassen. Er war ein wenig verlegen und sagte etwas Komisches, er sei froh, mich am Telefon zu hören. Anette nahm mir den Hörer aus der Hand und sagte resolut, sie sollten abends zu uns kommen, jawohl, mit Libuše, und sie müßten keine Pantoffeln mitbringen. Großes Gelächter – Anette kann diese Sitte hier nicht ausstehen, die Leute ziehen beim Reinkommen immer ihre Schuhe aus und die Pantoffeln an, damit sie nicht mit den Straßenschuhen in die gute Stube treten. Wir haben keine gute Stube, sagte Anette.

5. 9.

Karel und Libuše waren gestern abend bei uns. Es war sehr lustig, nach so langer Zeit. Sie waren direkt erleichtert, daß uns nichts passiert ist, wo doch mein Vetter František Kolàr . . . Ich konnte sie beruhigen. Erstens standen wir in den letzten Jahren nicht gut miteinander, er lebte doch in Ostrau, und als ich dort drehte, sechs Wochen vor seiner Verhaftung, ließ er sich verleugnen. Ein wenig Angst habe ich nach diesem Gespräch aber doch bekommen.

9. 9.

Heute bekam ich's wirklich mit der Angst zu tun. Man sprach im Betrieb von Schling. Ich hatte ihn zum letzten Mal vor einem Jahr in Schlesien gesehen; ich drehte dort eine Reportage über ein Bergwerk und über den »Tag des Bergarbeiters«, an dem Schling die Festansprache hielt, er war Sekretär des Kreiskomitees in Brünn. Mein Kameramann war damals ganz erstaunt und beeindruckt, daß wir einander so gut kannten, aus der Zeit vor dem Krieg, und jetzt kommen so unsaubere Dinge über ihn heraus; er sei der Geliebte der Witwe Švermas gewesen [Jan Šverma, Held des slowakischen Aufstands, gefallen]; sie ist oder war Vertreterin des Generalsekretärs der Partei, und man sagt, daß sie üble Gesellen in hohe Stellungen geschoben habe.

Anette habe ich von diesen Dingen nichts gesagt, aber ich ging ins Zentralkomitee. Man ließ mich nicht ein, und so bat ich den Pförtner, mich mit Mirka zu verbinden. Sie kam auch gleich herunter. Sie ist jetzt über dreißig und hat immer noch die schönen, etwas verhängten Augen, die sie in *Crisis* hatte. Ihre Position im Zentralkomitee kenne ich nicht, aber sie ist meine einzige Verbindung.

Ich erzählte ihr von meinem Zusammentreffen mit Schling, damals, und von der Reaktion der Kollegen und ob mir das schaden könne. Sie glaubte nicht. Überhaupt war sie sehr freundlich und beruhigte mich und ließ Anette grüßen, und ich solle mir von den Kollegen keine Angst einjagen lassen. Ich fragte sie, wieso es denn käme, daß alle Verhafteten, von denen ich wußte, alte Genossen waren. Sie erklärte mir, daß sich mit der Konsolidierung der Volksdemokratien natürlich der Klassenkampf verschärft habe, daß der kapitalistische Westen, weil er die Sache bei uns verloren habe, jetzt zu desperaten Mitteln greifen müsse: Bestechung und Erpressung wichtiger Funktionäre in den sozialistischen Ländern, und ich wisse doch aus meiner Vergangenheit, daß sie dort seit Beginn des kalten Krieges vor nichts haltmachen. Sie schloß mit einem schmerzlichen Gesicht: Du mußt dich daran gewöhnen, daß heute der Klassenfeind das Parteibuch besitzt.

Ich ging nachher noch eine Stunde an der Moldau spazieren. Wie oft hatte ich von den OSS-Leuten gehört, daß der Zweck die Mittel heiligt. Logisch war alles, was Mirka gesagt hat, aber wohin führt es? Man kann niemandem mehr trauen.

Nachts versuchte ich, die Dinge Anette zu erklären, sie zu beruhigen, denn sie merkt natürlich, wie mir das alles im Kopf herumgeht und zu schaffen macht und daß ich um uns drei Angst habe. Sie fragte, ob mich das nicht an die gräßliche Atmosphäre des Mißtrauens drüben in Amerika erinnere, wegen der wir doch zum Teil das Land verlassen hatten. Ich sagte, wie könne man das vergleichen? Ein kapitalistisches Land und ein sozialistisches. Warum nicht, fragte sie. Krach. Sie sagt, wir seien einander so fremd geworden, sie habe auch Angst, aber um uns beide. Durch dick und dünn hat sie damals gesagt, bei der Trauung, und bis jetzt war's auch immer so.

Später, im Dunkel, dachte ich an Elsbeth und Lutz. Wenn man ihm Verrat nachweist – wird sie dann zu ihm halten? Was ist wichtiger – menschliche Beziehungen oder die Idee? Ich konnte nicht schlafen. Warf mich von einer Seite auf die andere, Anette setzte sich plötzlich auf. Was mit mir los sei? Weil ich sie nicht stören wollte, nahm ich meine Decke und legte mich ins Wohnzimmer. Zum erstenmal seit fünf Jahren schlief ich in einem andern Raum.

Dann weinte Jana und hustete. Ich hatte plötzlich Angst, daß sie wieder krank wird. Ging zu ihr. Anette saß schon dort. Wir blieben bei ihr, bis zum Morgen.

12. 9.

Traf Dr. Munk auf der Straße. Ich hatte ihn nicht mehr gesehen, seit er Generalkonsul in New York war. Ich fragte ihn, ob er immer noch Prokurator sei. Er sah mich von der Seite an. Ob ich nicht wüßte, was los sei. Ich sagte, es kommt doch bald der Prozeß. Hast du damit zu tun? Er sagte brüsk nein. Man habe ihm die Prozeßführung angetragen. Er habe abgelehnt. Jetzt hat er ein Verfahren am Hals. Vorläufig suspendiert.

Dann eine Weile nichts. Schließlich fragte er nach Jana, ich fragte nach seiner Katherine, ob sie sich schnell akklimatisiert habe, sie war doch in New York in einer normalen amerikanischen Schule. Es war nicht schwer, sagte er. Unsere Schulen sind ja immer noch besser. Ich hakte auf das »immer noch« ein. Kannst auch »trotzdem« sagen, meinte er. Und dann, unvermittelt: ob ich mir schon Gedanken gemacht hätte wegen der neuen Verhaftungen. Ob ich die alten Genossen alle für Verräter hielte.

Ich sagte, daß das der Prozeß zeigen würde. Er sagte so etwas wie, ja, das würde der Prozeß zeigen. Ich würde ja sehen. Wir verabschiedeten uns etwas kühl.

13. 9.

Ein Artikel von der Glazarová [bedeutende Schriftstellerin] über die prominentesten Verhafteten. Sie nimmt sie der Reihe nach vor. Fazit: sie waren ihr eigentlich immer unsympathisch, verdächtig gewesen. Slánský ist dabei, Margolius, der stellvertretende Wirtschaftsminister, den ich wenige Wochen vor seiner Verhaftung bei Paul Eisler kennengelernt habe, intelligent, offen, machte einen kompetenten Eindruck. Schling, Lutz, Clementis, der Außenminister, André Simone – und jetzt waren sie ihr schon immer unsympathisch gewesen. Und was heißt das: »Sie sind so anders . . .«, wie sie schreibt? Und warum stößt sie sich daran, daß Geminder nicht perfekt tschechisch spricht? Sprach am Abend mit Borek darüber – er meint, die Glazarová wird offenbar alt und senil. Ihm sei das Geschreibe auch unsympathisch, es grenze an Rassismus. Ich erzählte ihm, was mir Mirka gesagt hatte: Der Klassenfeind habe jetzt das Parteibuch. Es scheint, das ist ein Stalin-Zitat. Borek meint, es könne tatsächlich sein, daß auf die Verhafteten ein unerträglicher Druck ausgeübt worden sei, vom Westen her. Auf Slánský zum Beispiel. Noch wenige Wochen vor der Verhaftung hat ihn K. [Informationsminister Kopecký] den Treuesten der Treuen genannt. Und eine Woche vor seiner Verhaftung kamen seine sämtlichen Reden und Aufsätze in vier Bänden heraus. Mit Goldschnitt. Aber vor längerer Zeit, irgendwann während des Krieges, sei seine Frau einmal in Moskau einkaufen gegangen, und sie hat den Kinderwagen draußen stehen lassen. Und wie sie wieder rauskommt, ist das Kind weg, der Kinderwagen leer. Man hat nie herausbekommen, was da eigentlich passiert ist. Und jetzt erpresse man ihn möglicherweise damit, der amerikanische Geheimdienst. Die schrecken vor nichts zurück. Dann erwähnte er die Affäre Štěchovice.

Es genüge doch, sagte Borek, daß der Westen dort belastendes Material über ein paar wichtige Leute gefunden hat, die inzwischen hier Karriere gemacht haben. Und schon sitzen Leute wie Slánský oder London drin, wenn sie einen von diesen Leuten gestützt und gefördert haben. Und das alles setzt langwierige Recherchen voraus, es bestehe doch Verdunkelungsgefahr und deshalb die langen Prozeßvorbereitungen. Das scheint mir logisch zu sein. Und typisch CIA.

Gott sei Dank wurde es dann lustiger. Borek und ich erzählten unseren Frauen von unseren gemeinsamen Film-Abenteuern, ich war zu Beginn seiner Filmerei vor zwei Jahren so etwas wie sein Instruktor oder Supervisor gewesen. Blanka ist im achten Monat und macht gerade ihren Doktor. Chemie. Ihre Tochter ist so alt wie unsere Jana.

Sie haben übrigens eine gräßliche, ungesunde Wohnung, anderthalb Zimmer und Küche, wo wir immer sitzen, damit die Kleine schlafen kann. Man hat ihm höheren Orts schon einige Male angeboten, sein Gesuch um eine menschenwürdigere Behausung zu beschleunigen, doch Borek hat immer abgelehnt. Aber nun kommt das zweite Kind, und alle vier in dem einen Zimmer?

18. 9.

Heute kam Vanda zurück, sie war längere Zeit dienstlich weg. Sie war schrecklich nervös, bei ihr im Rundfunk scheint es auch zu Veränderungen gekommen zu sein. Sie ist Redakteurin der Kurzwellensendungen. Genaueres sagt sie nicht, sie ist immer voll Optimismus, auch jetzt. Aber man sieht ihr an, daß sie sich Sorgen macht, auch wenn sie es nicht eingesteht. Jiří ist beim Film; man hat ihn in letzter Zeit mehr und mehr kaltgestellt – kein Wunder, man weiß, daß er früher Tito-Anhänger war. Natürlich ist er seit dem Kominformbeschluß eindeutig auf unserer Seite. Ich habe Anette eingeschärft, Vanda nichts Indiskretes zu fragen – Vanda war lange Zeit Sekretärin bei Geminder, einem der Hauptangeklagten. Wenn man auch nur eine Andeutung von den Ereignissen macht, die in der Luft liegen, wird sie immer sehr offiziell, so als ob alles vergessen sei, die vielen privaten Dinge, die uns verbinden. Anette fühlt sich immer ein wenig ausgeschlossen, wenn Vanda bei uns ist.

20. 9.

Heute kam ein Brief im amtlichen Umschlag, und ich bekam es wieder mit der Angst. Was können die wollen? Eine Vorladung? Wollen die mir wieder kündigen, wie vor einem Jahr? Geht das wieder los? Aber es war etwas ganz anderes. Das Gesundheitsamt teilte mir mit, daß – aufgrund seiner Akten – unsere Tochter Jana, zweieinhalb Jahre alt, in diesem Jahr bereits viermal Angina hatte und Gefahr einer bleibenden Schädigung der Atmungsorgane bestände; sie schlügen eine dreimonatige Kur in einem Sanatorium in den schlesischen Beskyden vor. Der nächste Termin sei der 15. Oktober, ihre Mutter könne sie hinbringen und sich alles dort ansehen. Alle Spesen bezahlt.

Anette und ich waren gerührt. Wir hatten uns selbst schon schwere Sorgen gemacht, aber wir wußten nicht, daß die Gefahr so akut ist, und auch nicht, was man dagegen tun kann. Also bringt Anette das Kind im Oktober hin. Der Ort heißt Velké Losiny. Bei all unsern Ängsten und Zweifeln der letzten zwei Jahre – in welchem westlichen Land wäre so etwas möglich gewesen?

21. 9.

Wir haben drei Szenen gedreht – eigentlich spielen sie in der Nähe der mährischen Talsperre der Waag –, aber ich fand hier in der Nähe eine Talsperre, die ähnlich aussieht, und so fuhr ich auf drei Tage mit dem Team hin. Es wurde sehr vergnüglich, wie immer, wenn's Arbeit gibt. Das Wetter war herrlich, nur am Morgen hat es Nebel. Abends rief ich Anette an. Sie ist sehr einsam. Sie macht sich auch Sorgen, wegen ihrer Mutter. Sie hat versucht, eine Ausreisegenehmigung nach Westdeutschland zu bekommen, aber das ist jetzt ausgeschlossen – niemand kriegt eine. Mein *Tom Sawyer* hat in diesen Tagen Premiere in Wien, in der Scala, ich weiß nicht mal genau wann, und an ein Visum ist nicht zu denken. Scheiße, daß man so abgeriegelt ist.

24. 9.

Vanda verhaftet! Ich konnte ein paar Augenblicke gar nichts sagen, als es mir Jiří mitteilte. Es geschah, als ich noch fort war. Er rief mich an, er müsse mich sprechen, wir trafen uns im Café Urban. Jiří sagt, man habe sie abgeholt. Sie dachte, es gehe um ein Gespräch im Polizeipräsidium, aber sie kam nicht wieder. Er hat bei der Staatssicherheit angefragt. Dort hat man ihm heute früh gesagt, sie sei auf unbestimmte Zeit in Verwahrung, er solle nicht mehr fragen. Vanda! Ich kenne sie seit zwanzig Jahren. Sie saß als Kommunistin in Frankreich im Gefängnis, dann in Nordafrika, lebte in Mexiko, danach in Polen und seit 1948 hier.

Ich ging wieder zu Mirka, die Vanda aus den Vorkriegsjahren kennt, aber Mirka wußte nichts. Ich ging ins Innenministerium, obwohl mir Mirka abriet. Der Mann, mit dem ich dort sprach, sagte mir auch nichts, obwohl er offenbar informiert war. Er sah mich prüfend an und fragte, wie ich mit Jiří stünde. Und ich sagte, das seien unsere besten Freunde, er sei doch Spanienkämpfer gewesen und im übrigen gar nicht gesund. Und ihre Tochter sei sechs Jahre alt, und meine Frau und ich würden uns um sie kümmern, bis alles aufgeklärt sei, denn Vanda sei doch über jeden Verdacht erhaben. Der Beamte hörte sich alles an und sagte dann etwas sehr Nettes, das mich etwas beruhigte. Er freue sich, daß wir die Freundschaft aufrechterhielten und uns um Vandas Mann und um ihre Tochter kümmern wollen. Für einen Kommunisten sei Freundschaft etwas Wichtiges, und ich wäre in seinen Augen ein schlechter Kommunist, wenn ich meine Freunde einfach fallenließe. Aber ehrlich gesagt, es war Anette, die Jiří anrief und ihn zu uns bat, damit er am Abend nicht so allein sei.

26. 9.

Auf einige Tage in der Slowakei. Eigentlich bin ich froh, daß ich nicht dauernd in Prag sein muß. Wir werden hier in Poprad drehen, die Hohe Tatra im Herbst – ich hatte mir das extra ins Drehbuch geschrieben. Der Stab freut sich auch – der Wein ist gut hier, und wir wohnen in einem kleinen Hotel direkt bei der Eishöhle. Am Abend sang uns Marienka ein Lied vor – ich glaube, wenn sie wirklich will, kann sie es beim Film schaffen. Aber sie scheint keine Ambitionen zu haben – im Winter macht sie ihren »Magister«, und ein Job in einer Apotheke in Košice wartet auf sie. Und augenscheinlich auch ein Mann, sonst würde sie die Jungs vom Stab nicht so abfahren lassen. [Der Film hieß *Das Lied von der Landstraße*.]

Heute früh sprach ich mit der Produktionsleitung. So ganz nebenbei sagte mir T., daß am Vorabend eine Parteiversammlung gewesen sei. Dort wurde eine Resolution gefaßt, das Gericht um eine hohe Strafe für die Verräter zu ersuchen. Und wir kennen nicht einmal die Fakten! Ein wenig war ich froh, daß ich nicht in der Partei bin. Wie hätte ich mit gutem Gewissen meine Stimme abgeben können? Hätte es für mich überhaupt eine Möglichkeit gegeben, mich der Stimme zu enthalten? Ich frage mich, wie viele meiner Kollegen ebenso denken – und wie viele dann doch mitgestimmt haben.

1. 10.

Anette ist blaß und still. Jana hustet wieder – höchste Zeit, daß sie nun bald ins Erholungsheim gebracht wird.

Jiří ist im Krankenhaus. Seine Leber ist schlimmer geworden, er hat ein miserables Blutbild. Veruschka ist jetzt bei uns. Wir haben sie fotografiert, und Jiří schickt Vanda das Foto. Ob sie es je zu Gesicht bekommt, weiß kein Mensch. Auf jeden Fall haben wir sie beim Fotografieren so plaziert, daß man unsere Stehlampe dahinter

sehen kann, die Vanda gut kennt. Sie wird also sehen, daß Veruschka bei uns ist, im Augenblick.

3. 10.

Jiřís Name wurde im Radio erwähnt. Einer der Angeklagten hat
von ihm gesprochen und ihn »Tito-Agent« genannt. Jiří hat es
selbst gehört, er saß mit anderen Patienten im Rundfunkzimmer.
Natürlich regte ihn das furchtbar auf, was für ihn bestimmt nicht
gut ist. Dann ließ er sich gegen Revers auf eigenes Risiko aus dem
Krankenhaus entlassen und ging direkt ins Zentralkomitee, um seinen guten Namen zu verteidigen. Schließlich ist er doch als Feind
Titos bekannt. Man hat ihn dort stundenlang seinen Lebenslauf
schreiben lassen, mit allen Details, und wie er mir sagte, hat er sich
zu allen und jeden vorübergehenden Zweifeln bekannt, die er je im
Herzen gehegt hatte, aber natürlich hat er niemals irgendwelche
Aktivitäten ausgeübt, die gegen die Parteilinie waren. Schließlich
schickte man ihn nach Hause. Arbeiten darf er nicht, angeblich wegen seines Gesundheitszustandes. Von Vanda keine Nachricht.

Anette sprach in der Nacht, als wir beide nicht schlafen konnten,
von jenem Artikel in der »New York Times«, über Leute, die sich
verdächtigt fühlten und sich deshalb freiwillig verhören ließen und
alles mögliche erzählten, was ihnen dann den Hals gebrochen hat.
Wir fanden beide, daß die Jiří-Geschichte mit diesen McCarthy-Af-
fären verdammte Ähnlichkeiten hat. Ich glaube, keiner von uns
schlief in dieser Nacht.

Jana heute früh Gott sei Dank ohne Husten.

8. 10.

Jiří, der bisher in der Filmproduktionsgruppe Galuška arbeitete,
ist fristlos entlassen worden. Der Direktor des Staatsfilms, Marek,
übrigens ein Schriftstellerkollege von ihm, hat ihm nicht einmal die
Gründe mitgeteilt.

Und zu Hause fand er die Anweisung vor, Prag zu verlassen. Er
muß sofort nach Pardubice ziehen, die Wohnung hier frei machen.
Er möchte dort seinen alten Beruf ausüben, aber das hat man ihm
untersagt. »Wir verhaften Sie nicht, aber immerhin, die Möglichkeit
besteht, daß Sie sich als Staatsfeind entpuppen. Da werden wir Sie
doch nicht in die Lage versetzen, Sabotageakte gegen unsere Repu-

blik auszuführen!« Das »Sie« der Genossen schmerzte ihn am meisten. Er ist seit 1924 in der Partei. Er ist ein körperlich unbeholfener Mensch, nicht gesund und durch die Ungewißheit wegen Vanda sehr verwirrt. Was er in Pardubice tun wird, weiß der Himmel. Man hat angedeutet, er könne vielleicht im Krankenhaus arbeiten, irgendeine Routinebeschäftigung im Labor. Vielleicht Urinuntersuchungen. Wenigstens wird er nicht ohne Unterhalt dastehen.

14. 10.

Heute im Tonstudio. Wir haben Gesangsaufnahmen mit Marienka gemacht. Sie sieht im Film mit ihrer Frische und dem echten Zahnpastalächeln hinreißend aus. Ich sprach mit ihr über die bevorstehenden Prozesse. Sie ist sehr aktiv im ČSM [Jugendverband], aber sie war nicht allzu interessiert. Für diese jungen Leute gelten natürlich keine solchen Begriffe wie »alter Genosse« oder »Spanienkämpfer«, das ist alles graue Vergangenheit. Wenn sie wirklich Verräter sind, dann kein Mitleid. So einfach ist das.

Ein paar Regiekollegen sahen beim Synchronisieren Teile des Films, und Marienka erhielt spontan Anträge. Einige sogar zum Filmen. Sie lehnte lachend ab. Ihr Job in der Apotheke in Košice ist sicherer, meint sie. Und wahrscheinlich auch der Mann, der dort auf sie wartet.

15. 10.

Anette fuhr heute früh mit Jana auf Staatskosten nach Velké Losiny bei Jägerndorf. Wir waren glücklich, daß Jana nicht hustete – man hatte uns mitgeteilt, daß sie bei der Aufnahme nicht krank sein dürfe.

Die Wohnung ist leer, ich ging am Abend zu Borek. Wir sprachen lange darüber, wo Irrtümer in der Volkswirtschaft aufhören und wo wirkliche Sabotage beginnt. Ich war der Ansicht, daß man einen unfähigen Vorsitzenden der Volkswirtschaftskommission natürlich entlassen müsse, daß seine Fehler analysiert werden müssen, um weitere zu verhindern, ja daß man ihn zu einer Freiheitsstrafe verurteilen könne, wenn ihm nachgewiesen wird, daß er unlauterer Machenschaften schuldig sei, wenn er in die eigene Tasche gewirtschaftet oder Geld ins Ausland verschoben habe. Ich dachte dabei an die vielen Politiker im Westen, von denen bekannt war, daß sie falsche Entscheidungen getroffen hatten oder der Korruption schuldig waren. Borek wurde am Schluß ganz still, und dann sagte er aus dem Schweigen heraus: Und was, wenn echte Sabotage vorliegt? Ich meine bewußte, verbrecherische Sabotage gegen den Staat? Er wollte dann nicht weiter davon reden, aber mir lief es kalt über den Rücken. Borek hat das gewiß nicht nur so dahingesagt. Ich ging bedrückt in meine leere Wohnung zurück.

17. 10.

Anette berichtet, daß das Sanatorium für Kinder ausgezeichnet eingerichtet sei. Sie mußte auch keine Bezugskarte für Jana zurücklassen. Sie hat Jana einer sehr netten jüngeren Schwester übergeben, die sich gleich erkundigte, ob die Kleine an irgend etwas Besonderes gewöhnt sei. Anette gestand, da habe sie losgeheult und gesagt: »Jenom lásku« (bloß Liebe); sie kann sich tschechisch noch nicht sehr gut ausdrücken. Sie war so gescheit gewesen, Janas vertrautes Eßgerät mitzunehmen, auch ihre Nachthemdchen. Natürlich saßen wir dann zusammen und sagten in einem fort: »Was macht sie wohl jetzt? Ob sie wohl weint, weil sie dort von lauter Fremden umgeben ist?«

21. 10.

Heute nacht bekam ich plötzlich Angst, ich überlegte, was passieren würde, wenn man bei einer Haussuchung dieses Tagebuch fände. Sprach am Morgen mit Anette darüber. Sie fragte, ob denn was Gefährliches drinstünde. Ich sagte, nichts, als was wir beide so reden, wenn wir allein sind. – Ob das verboten sei? Ich fragte, ob was verboten sei? Na, ob das verboten sei, mit seiner Frau zu reden, wenn man mit ihr allein ist. Ich habe lange darüber nachgedacht und beschlossen, mein Tagebuch weiterzuführen und nicht zu verstecken oder zu vernichten. Daß ich darüber ernsthaft nachdenken mußte, hat mich bestürzt. Haben wir uns das alles so vorgestellt? Ich bin immer noch nicht fertig damit. Anette meint, das sei gut so.

25. 10.

Heute kam ein Brief, der uns schrecklich gefreut hat: die Pflegerin im Kindersanatorium, Marie Jindrovà, schrieb mit der Hand einen Bericht über Janas Befinden, ihre Gesundheit . . . Wir waren beide gerührt. An der Handschrift sieht man, das ist eine ziemlich einfache Person. Aber was sie schreibt: Jana habe jeden Tag gefragt, wann Mami wiederkäme, habe verständig zugehört, als ihr die Pflegerin auseinandersetzte, daß Mami weit weg sei, aber bald käme. Vorgestern habe Jana zum erstenmal laut gelacht, und sie äße gut und viel, und sie läge jetzt gerade in der Sonne und spiele mit ihrem Glaskugel-Legespiel. Und die Pflegerin fragte, was das heiße: »Isch pin sat.« (Anette spricht meist deutsch mit Jana, und die Pflegerin kann ja nur tschechisch.) Anette sagt, daß dort mindestens hundertfünfzig Kinder sind, und wenn über jedes jede Woche je eine Postkarte geschrieben wird . . . ganz schön!

31. 10.

Das Lied von der Landstraße ist fertig, wurde heute abgenommen. Der Chef sagte: »Es strahlt Optimismus aus.« Als ich das Drehbuch schrieb, im April, da hat das wohl gestimmt. Die Kollegen sagten auch ein paar nette Dinge, aber ich hatte das Gefühl, ein paar ihrer Bemerkungen enthielten ein wenig Spott. Vielleicht bilde ich mir das ein, oder ich bin hellhöriger geworden. Der Film geht zu Weihnachten in die Kinos – mal sehen, was Anette dazu sagt.

6. 11.

Borek meint, der Prozeß kommt jetzt bald, und es ginge wohl einigen der Angeklagten an den Kragen. Ernsthaft, fragte ich? Er meint, ja.

Ein Kollege aus unserm Studio wurde damit betraut, die Verhandlungen zu filmen. Alles. Von A bis Z. Ich glaube, das hätten sie von Anfang an tun sollen: alles veröffentlichen.

An die Regierung sollen jetzt tonnenweise Resolutionen geschickt werden, die strenge Bestrafung fordern. Vielleicht werden die Arbeiter auf ihren Parteiversammlungen besser informiert?

7. 11.

Heute war die übliche Feier der Oktoberrevolution. Wir gingen wie immer geschlossen hin. Gottwald sprach. Er sagte etwas von den Bäumen, die man nicht in den Himmel wachsen ließe. Eine deutliche Anspielung auf den kommenden Prozeß. Demonstrativer Applaus. Unser Betrieb stand ziemlich weit weg. Ich konnte G.

kaum sehen. Seine Stimme klang hart und etwas heiser. Ich erinnere mich an den gemütlichen Gottwald bei einer Redaktionssitzung vor fünfzehn, sechzehn Jahren. Er war überlegen, strahlte Kompetenz aus, ich mochte ihn. Ich erinnere mich, daß damals noch oft von »unserem Weg zum Sozialismus« gesprochen wurde. Seine heutige Rede war voll von »nach dem Beispiel unseres großen Freundes, der Sowjetunion«.

11. 11.

Heute wieder eine Postkarte aus Velké Losiny. Jana sei lebhaft, lustig, und es ginge ihr gut. Sie hat sich ein Spiel ausgedacht: Sie »telefoniert« mit ihrer Mutter. Dazu nimmt sie die Ecke ihres Kopfkissens und spricht hinein und hört dann zu. Uns ist bange nach ihr. Wir möchten gern wirklich mit ihr telefonieren. Ich schrieb einen Dankeschönbrief an die Pflegerin. Fragte, ob man nicht einen Anruf arrangieren kann.

13. 11.

Borek hat die Anklageschrift gesehen. Es geht um Hochverrat, Spionage, Sabotage und Verrat militärischer Geheimnisse. Und um Titoismus. Bei allen, fragte ich? Beinahe bei allen, sagte Borek.

24. 11.

Der dritte Verhandlungstag. Die Hauptangeklagten waren heute: André Simone und Dr. Ludvík Frejka.

André Simone war vor einem Jahr, kurze Zeit vor seiner Verhaftung, bei uns zu Besuch gewesen. Der kleine, graugesichtige Mann hatte uns fasziniert. Lange vor dem Krieg war er Theaterdirektor in Teplitz-Schönau gewesen, kannte die Dietrich gut. Er war brillant in seinen Formulierungen. Was mir damals auffiel: Obwohl er auf der ganzen Welt herumgekommen war und den Eindruck eines erfahrenen Mannes, vielleicht sogar eines etwas blasierten Zynikers machte, wurde seine Stimme energisch und überzeugend, wenn er Anette etwas erklärte, Dinge bei uns, die oft schwer verständlich waren. Die ich selbst aus Mangel an Geduld ihr nicht hatte klarmachen können. Seine Frau ist Berlinerin, verstand sich auf Anhieb gut mit Anette, die ja dort Abitur gemacht hat. André Simone war bis zum Tag seiner Verhaftung militärischer Kommentator des »Rudé Pràvo« und Professor an der Militärakademie gewesen.

Heute abend hörte ich seine Stimme aus dem Radio, fest und ohne Zögern:

Vorsitzender: Wann haben Sie sich mit Willert getroffen?

Simone: Im Oktober 1939 . . . im ganzen bin ich mit ihm etwa viermal zusammengekommen. Willert sagte mir schon bei unserer ersten Zusammenkunft, daß er für den Intelligence Service arbeite, und er verlangte von mir, daß ich mich mit seinem Vorgesetzten Noel Coward treffe, der damals eine wichtige Funktion im britischen Spionagedienst bekleidete. Dieser Aufforderung bin ich nachgekommen.

Vorsitzender: Worüber haben Sie damals mit Coward gesprochen?

Simone: Coward sagte sofort zu Beginn unserer Unterredung, daß er von meiner Zusammenarbeit mit bedeutenden französischen Kreisen wisse. Er sagte aber, daß diese Art von Zusammenarbeit den heutigen Anforderungen nicht mehr genüge. Dann appellierte er an mich, mich im Geiste meiner Überzeugung ihnen anzuschließen. Nach einer längeren Diskussion habe ich erklärt, daß ich mir das noch überlegen werde, und wir haben mit Willert eine neue Zusammenkunft vereinbart, bei der ich ihm dann mitteilte, daß ich die Verpflichtung zur Zusammenarbeit mit dem Intelligence Service unterschreiben würde.

Vorsitzender: Wo und wann kam es dazu?

Simone: . . . gingen wir in die Kanzlei Willerts in das Hotel George V. Willert schrieb auf der Schreibmaschine meine Verpflichtung zur Zusammenarbeit mit dem Intelligence Service. Sie war englisch geschrieben, in drei Exemplaren, die letzte auf blauem Papier . . .

Noch dachte ich, na schön, das war 1939, und die Engländer hatten uns kurz zuvor an Hitler verkauft, aber im Oktober 1939 war der Krieg bereits im Gange und die Engländer waren unsere Verbündeten. Aber dann ging's weiter:

Simone: Ich war dem französischen, britischen und dem amerikanischen Spionagedienst verpflichtet.

Prokurator: Das heißt, daß Sie im Jahre 1946 als dreifach verpflichteter Agent der imperialistischen Spionagedienste in die Tschechoslowakei gekommen sind.

Simone: Ja, ich gestehe es.

Und so fort, eine gute Stunde lang, vielleicht noch länger. Seine letzten Worte, klar und flüssig gesprochen, lauteten:

Simone: Ich war ein Schriftsteller. Eine schöne Formulierung sagt vom Schriftsteller, er sei ein Ingenieur der menschlichen Seele. Was für ein Ingenieur der menschlichen Seele bin ich gewesen, wenn ich die Seelen vergiftet habe? Ein Ingenieur der Seele, wie ich einer bin, gehört an den Galgen. Der einzige gute Dienst, den ich noch erweisen kann, ist der, allen jenen eine Warnung zu sein, die durch ihre Herkunft, ihre Natur und ihre Charaktereigenschaften auf den gleichen höllischen Weg verführt werden könnten, den ich ging. Je strenger die Strafe sein wird, desto größer wird die Warnung sein.

Ein wenig später folgte dann die Aussage von Frejka. Sie hatte ähnlichen Klang, war voll von detaillierten Angaben über seine Sabotagehandlungen der letzten Jahre. Auch er gab zu, für den britischen Spionagedienst gearbeitet zu haben und für die Zionisten. Einige Male kam das Wort »jüdischer Bourgeois« vor, als Charakterisierung seiner selbst oder seiner Mitarbeiter, die auch unter Anklage stehen, darunter mein Vetter František J. Kolàr-Kohn, wie sie nicht versäumen, ihn in den Zeitungsberichten zu nennen.

Am Abend bei Borek. Wir wollten eigentlich nicht hingehen, obwohl es unser Abend war. Wir nahmen an, daß Borek [Kameraassistent] durch seine Arbeit übermüdet sein würde. Aber sie bestanden darauf, daß wir kämen – sie wollten genausowenig allein sein wie Anette und ich. Wir waren am Telefon übereingekommen, daß wir von anderen Dingen sprechen wollten, aber natürlich wurde von nichts anderem geredet. Blanka hatte gebacken – wie sie das macht, neben ihren Prüfungen, der Sorge um das Kind, das in der lichtlosen Wohnung ständig kränkelt! Und sie ist hochschwanger.

Ich fragte Borek direkt: Du, stimmt das alles? Sagen die Leute freiwillig aus? Oder ist das vielleicht bloß ein einstudiertes Tonband? Ich kenne doch Lutz' Stimme. Sie klang fest und normal, und er sprach ohne Zögern.

Borek sagt, man hat jedes Wort gefilmt. Nichts wird ausgelassen, sie haben sogar zwei Kameras, für den Fall, daß eine Rolle ausläuft.

André Simones Aussage wurde also nicht redigiert oder nur auf Tonband gesendet. Borek ist felsenfest überzeugt, daß die Geständnisse aus freiem Willen geschehen sind. Ich wußte jetzt, daß er selbst Zweifel gehabt hatte, aber die drei Tage Filmerei scheinen diese Zweifel beseitigt zu haben. Er sagt, die Leute sehen gut aus, für die lange Haft sogar erstaunlich gut, sie waren gut angezogen, schienen unnervös – nein, gedopt seien sie bestimmt nicht, das sähe man an den Augen, an den Bewegungen, am Interesse, mit dem sie die Verhandlung verfolgen.

Wenn das also alles stimmt, fragte ich Borek, wie erklärst du dir das? Alte Genossen, Spanienkämpfer, Mauthausen, andere wieder in Moskau geschult, wie Slánský. Wie ist das alles möglich?

Wie? fragte Borek. Jeder Mensch hat wahrscheinlich seine schwache Stelle, du und ich nicht ausgenommen. Denk mal an Redl. Der war Chef des österreichischen Geheimdienstes. Und sie haben seine schwache Stelle herausbekommen, die Russen, damals, und schon saß er drin.

Aber die hier sind doch nicht alle schwul? Ich glaube, nicht einer davon. Und wennschon – da geht doch keiner hin und läßt sich vom Intelligence Service anheuern . . . und Bestechung . . . Unsinn.

Es muß so sein. Anders ist das Ganze unerklärlich. Gedopt waren sie nicht, die Verhandlungen wurden nicht unterbrochen, alle Scheinwerfer waren an – ich versteh's nicht.

Wer denen das Drehbuch geschrieben hat! Das war Anettes einziger Einwurf.

Daran habe ich auch gedacht, bevor ich sie gehört habe, sagte Borek. Aber so etwas denkt sich doch keiner aus, das mit dem blauen Durchschlagpapier, im Hotel George V. und den Noel Coward. Nicht die Armleuchter vom Justizministerium . . .

Einige Tage später, ich weiß das Datum nicht mehr, erschien die Nachricht von ihrer Hinrichtung. Und sechzehn Jahre später fand jemand ihre Abschiedsbriefe.

Frejka: Ich habe gestanden, weil ich mit allen meinen Kräften meine Pflicht der Arbeiterklasse und der kommunistischen Partei der Tschechoslowakei gegenüber erfüllen wollte . . .

André Simone: Ich war nie ein Verschwörer, nie ein Mitglied des Verschwörungszentrums gegen den Staat, ich war nie ein Verräter, nie ein Agent der westlichen Nachrichtendienste ...

Das Drehbuch stammte von jenen, die am 21. August die Tschechoslowakei besetzen ließen.

Ich habe mir oft überlegt, ob wir, die wir von den schrecklichen Dingen etwas ahnten, die sich hinter unserem Rücken – aber in unserem Namen! – abspielten, ob wir nicht ähnlich oder genauso handelten wie viele Menschen in Deutschland, die nach den zwölf Jahren des Tausendjährigen Reiches behaupteten, von all den geschehenen Verbrechen, die sie akzeptiert hatten, nichts gewußt zu haben.

Es hat keinen Sinn, unsere mannigfaltig motivierte Indolenz in den Stalin-Jahren zu beschönigen. Verbrechen gegen die Menschlichkeit bleiben Verbrechen gegen die Menschlichkeit. Man kann sie nicht gegen die gigantischen Greuel der Gasöfen von Auschwitz aufrechnen.

Aber es scheint mir wichtig, daß diese Dinge ans Tageslicht gebracht wurden. Von innen heraus. Nicht nach einem verlorenen Krieg und von fremder Hand.

Das macht die Dinge, die in unserem Namen, also durch uns, geschehen sind, nicht besser.

Tauwetter, behördlich reguliert

Eines Nachts wurde sie aus ihrer Zelle geholt. Man warf ihr das Kleid und die wenigen Habseligkeiten, die sie bei ihrer Verhaftung bei sich gehabt hatte, vor die Füße. Dann fuhr man sie durch die Nacht und setzte sie irgendwo aus. »Sie wissen doch Ihren Weg.« Drückte ihr ein wenig Kleingeld für die Straßenbahn gegen Quittung in die Hand, und sie war allein.

Sie fuhr zu ihrer alten Wohnung. Fremde Menschen hausten in den vertrauten Möbeln. Von ihrem Mann und ihrer Tochter wußte sie nichts. Sie setzte sich ein zweites Mal in die Straßenbahn und fuhr zu uns, an den Stadtrand.

Anette weinte, als sie Vanda sah, abgemagert, mit langem, ungepflegtem Haar und hohlen Augen. Die beiden Frauen fielen einander um den Hals, und Vanda fühlte nach anderthalb Jahren Isolation zum erstenmal wieder, was das war: ein Mensch. Zwar keine Spanienkämpferin und keine bewußte Antifaschistin, aber eine warmherzige Frau, die nie aufgehört hatte, an Vandas Integrität zu glauben.

Vanda wußte nichts. Nichts von Stalins, von Gottwalds Tod, nichts von den Hinrichtungen, von der Währungsreform – aber vor allem wußte sie nicht, wo ihr Mann und ihre Tochter waren. Und sie war auch nicht »rehabilitiert«, obwohl sie weder verurteilt worden war noch je erfuhr, warum man sie eingesperrt hatte. Sie durfte jetzt nach Pardubice zu ihrer Familie ziehen, und ein Jahr lang verkaufte die gelernte Journalistin Schulhefte in einem ungesunden Kellerladen. Auch später, nach jener Chruschtschow-Rede, führte sie niemand ins Rundfunkhaus zurück, wo sie bis zu ihrer Inhaftierung gearbeitet hatte.

So oder ähnlich verliefen die meisten Rehabilitierungen, bevor es Frühling wurde.

Erst viele Jahre später, tröpfchenweise und zögernd und auf keinen Fall öffentlich, erfuhr man etwas von ihr, über die Monate der Entwürdigung, der maßlosen Willkür, den unverhohlenen Antisemitismus, die Unmenschlichkeit. Immer noch war sie, wie viele andere, die ähnliche Schicksale durchmachen mußten, nicht geneigt, ihre Partei für das, was mit ihr geschehen war, verantwortlich zu machen. Für diese »Deformation«, wie die Sprachregelung lautete. War sie und waren die vielen andern vielleicht dumm? Primitiv? Beschränkt? Hypnotisiert? Genügte es, wenn man nun in Prag das gigantische Stalindenkmal sprengte, das viele hundert Millionen gekostet hatte? Oder daß Walter Ulbricht im Walter-Ulbricht-Stadion den überwundenen Personenkult enthüllte? Sagten wir alle jetzt, vor allem nach der berühmten Chruschtschow-Rede im Jahre 1956, einfach Schwamm drüber?

In der DDR schien es den Menschen leichter gewesen zu sein, weiterzuleben, als ob nichts geschehen wäre. Natürlich – sie hatten keine Hinrichtungen gehabt, und sie waren stolz darauf, sahen nicht, daß die damalige Durchlässigkeit der Berliner Grenze, vor der Mauer, ein wichtiger Grund für dieses Plus war. Irgendwie konnte man sie beneiden um ihre Unbekümmertheit und ihre Gewißheit: Wir liegen richtig!

Irgendwann in jenen Tagen gastierte in Prag – zwecks Auffrischung der Völkerfreundschaft und gewiß auch zwecks *public relations* – eine große Sing- und Tanzgruppe der DDR-Volkspolizei. Tagsüber schwärmten die jungen Vopos durch die Stadt – für sie war Prag ein wenig wie der Westen. Es gab damals schon eine Menge geschmackvoller Dinge in den Läden, die Prager Mädchen waren schick und lustig, in den Tanzcafés wurde ausgezeichnet musiziert, und die jungen Männer in ihren gut sitzenden Ausgehuniformen waren anfangs hingerissen. Sie wunderten sich nur, warum ihnen mit Kühle und Mißtrauen begegnet wurde: Ihre Uniformen sahen jenen der noch nicht vergessenen Besatzungsmacht verzweifelt ähnlich. War es weise gewesen, sie so in Prag herumstolzieren zu lassen? In Zivil hätten sie sich bestimmt besser amüsiert.

Die Prager deutsche Zeitung, damals hieß sie noch »Aufbau und Frieden«, schickte mich ins Smetana-Theater, wo diese Gruppe auftrat; ich sollte eine Kritik schreiben.

Anfangs ging alles gut, besser als erwartet. Die jungen Leute wirkten frisch und lustig. Und vor der Pause gewannen sie die Herzen der 1800 Zuschauer, weil sie die gute Idee gehabt hatten, auch ein tschechisches und ein slowakisches Lied zu singen. Sogar die Aussprache war passabel, und der Beifall war, nach anfänglicher Befangenheit, geradezu stürmisch, besonders nach dem slowakischen Tanzlied »Tancuj, tancuj . . .« Vielleicht würde es etwas werden mit der Verbrüderung?

Aber dann kam kurz vor Schluß eine Nummer, die hieß »Die Lützower«. Wer kennt schon in Prag die Geschichte der deutschen Befreiungskriege und die Rolle der Lützower darin? Was wir sahen, waren einfach – schwarze Uniformen mit silbernen Knöpfen und Litzen. Durch die Reihen der Zuschauer ging ein Flüstern: Die SS . . .! Der Beifall war schwach, nur die DDR-Kolonie in den ersten Reihen applaudierte heftig.

Anschließend sprach ich mit dem Dirigenten oder Chorleiter, denn ich sollte ein Interview mit ihm schreiben. Gleich zu Beginn fragte ich ihn:

»Sagen Sie, Genosse – warum die grünen Wehrmachtsuniformen?«

Er war überrascht.

»Aber das müssen Sie doch verstehen. Die Tradition! Wir schließen an die Tradition an.«

»Was für eine Tradition? Für Prag sind das die Uniformen der Besatzer! Übrigens genauso für Warschau oder Paris.«

Er lächelte.

»Ach, wissen Sie, das ist nur die alte Generation. Die jungen Leute bei Ihnen denken bestimmt anders. Oder sie werden anders denken, in ein paar Jahren!«

»Gab es denn wirklich keine andere Wahl? Sie hätten ja auch die Uniform der Russen irgendwie abwandeln können. Schließlich hat ja auch die Bundeswehr, drüben . . .«

»Stimmt. Aber ich nehme an, als bei uns darüber entschieden wurde, haben die Genossen – bitte, ich weiß das nicht authentisch – etwas Bestimmtes im Auge gehabt, etwas sehr Wichtiges!«

Ich war gespannt.

»Glauben Sie – aber das bleibt unter uns –, glauben Sie, wenn es mal zum Schlimmsten kommen sollte, würde dann ein deutscher Soldat auf diese Uniformen schießen . . .?«

Mir blieb die Spucke weg. Aber er beruhigte mich:

»Aber dazu wird es nie kommen. Wir sind ja dazu da, den Frieden zu erhalten, um jeden Preis!«

Er lenkte auf die künstlerischen Leistungen seiner Truppe über. Ich machte einige Komplimente über die tänzerischen und gesanglichen Leistungen und über die gute Idee mit den tschechischen und slowakischen Liedern. Dann kam ich zu den Lützowern.

Seine Augen begannen zu leuchten. Eine gute Idee, fand er. »Sehen Sie – das meine ich mit Tradition!«

Ich versuchte, ihn darüber aufzuklären, daß die schwarze Uniform hier nur eine Assoziation auslöste: die SS. Und ich fragte ihn, ob er wisse, wieviel Menschen in unserem Land während der Besatzungszeit hingerichtet worden waren.

Er wußte es nicht.

Ich schrieb weder Kritik noch Interview.

Irgendwie blieb uns das glatte »Schwamm drüber« im Hals stecken: die Macht, die Partei, die Gefängnisse, die Staatssicherheit, die

Ökonomie, die Jugend – alles war noch in den gleichen Händen. Nur sehr langsam bereitete sich der Frühling vor.

Der Ausgleich geschah im Persönlichen. Anette, inzwischen Redakteurin an der deutschen Zeitung, hatte befriedigende Arbeit gefunden. Ihre älteren Kollegen kannten mich noch aus der Vorkriegszeit und ließen mich ebenfalls schreiben. Und unsere Tochter wuchs heran, war eine Freude. Sie hatte alles von ihrer Mutter, vor allem ihre Lauterkeit, ihren Lebensmut, ihre Frische. Manchmal hatte ich Angst vor ihren Fragen – vor der wichtigsten: Hast du dir das alles so vorgestellt? Ich bemühte mich, ihr Rede und Antwort zu stehen, so gut ich's wußte. Angelogen habe ich sie nie.

Es ging unsagbar langsam, auch für mich.

Maxim Valentin war der Direktor des Berliner Maxim-Gorki-Theaters unter den Linden. Ich kannte ihn aus seiner kurzen Emigrationszeit in Prag.

Maxim bot mir einen Gastregie-Vertrag an. Ich hatte für ihn ein tschechisches Volksstück aus der Zeit des Vormärz ins Deutsche übertragen, das *Starrsinnige Weib* von Joseph Kajetan Tyl, eines Zeitgenossen Nestroys, ihm in vielem nicht unähnlich. Nun sollte ich es auch in Berlin inszenieren.

Alles war abgemacht und in Ordnung: die Besetzung, die Probenzeit, der Vertrag. Ich freute mich unbändig, denn nach so viel Filmjahren würde ich endlich wieder für die Bühne arbeiten.

Am Tag vor meiner Abreise erhielt ich keinen Paß. Das Kulturministerium verweigerte mir die Ausreise. Es wurde telefoniert, verhandelt, interveniert – und ich versäumte den Termin. Ein anderer reiste an meiner Stelle. Zur Premiere erteilte man mir dann gnädig die Erlaubnis.

Noch zweimal kam es zu ähnlichen Situationen. Zweimal erhielt ich den Auftrag, in Prag abendfüllende Spielfilme zu drehen. Aber meine Quarantäne, von der ich nichts wußte, dauerte an. Ich versäumte zehn lange Jahre. Wieviel schöpferische Jahre hat der Mensch schon?

Das Eismeer ruft

Zehn Jahre. Dann brach das Eis. Ich wurde Chefregisseur des Jugendfernsehens, konnte mit jungen Menschen arbeiten, inszenierte Fernsehspiele, drehte Reportagen, wurde gastweise in andere Städte der Republik geladen – es kam alles ein wenig spät. Vielleicht gelang einiges. Aber irgendwie war der Spaß vorbei.

Schließlich holte mich der staatliche Film wieder, und ich durfte endlich meinen ersten großen Film für Kinder drehen. Mein eigentliches Ziel. Aber es war auch das ein wenig mit Bitternis gemischt. Wenn man einer Frau zu lange nachgelaufen ist, sie bestürmt und belagert hat, und dann sagt sie nach Jahren endlich ja – dann ist irgenwie die Luft aus dem bunten Ballon . . .

Was für einen Film wollte ich machen?

Ich erinnerte mich an ein kleines, vergessenes Geschehnis, das auf mich zu Beginn der dreißiger Jahre einen tiefen Eindruck gemacht hatte. Der Hintergrund war folgender: Ein sowjetischer Frachtdampfer namens »Tscheljuskin« war irgendwo im nördlichen Eismeer ins Packeis geraten, war völlig eingeschlossen und die Mannschaft in höchster Gefahr. Die ganze Welt nahm Anteil daran, von überall kamen gute Ratschläge, das junge Dritte Reich erwog sogar die Aussendung eines Zeppelins. (Am Ende befreiten die Mannschaft ein russischer Eisbrecher und einige wagemutige Flieger.)

Auf dem Höhepunkt der Gefahr aber beschlossen ein paar kleine Kinder in Prag, den im Eis eingeschlossenen Matrosen zu Hilfe zu eilen. Sie packten ein paar Konserven und warme Decken ein und machten sich zu Fuß auf den Weg zum Nordpol. Natürlich fing man die Kinder wenige Kilometer vor der Stadt wieder ein. Eine Dreizeilennotiz – ähnlich wie bei den Kindern vom East River –, das war alles, was mir an Fakten zur Verfügung stand. Eine deutsche Schriftstellerin, Alex Wedding, hatte damals ein Kinderbuch darüber geschrieben. Es war lieb und voller Mitgefühl verfaßt, bloß – es waren keine Kinder aus dieser Stadt, und die Stadt lebte nicht in ihnen. Kinder und Stadt, im Jahre 1933, mußten erst geschaffen werden. Ich borgte mir nur den Titel und nichts weiter.

Denn ein Film schafft sich seine eigene Welt. Die Ecke unterhalb des Montmartre, in jenem alten René-Clair-Film, wird uns so vertraut, daß wir beinahe selbst dort wohnen – in diesem Fall sogar gern dort wohnen möchten. Wir stellen uns vor, daß jener Ausschank an der Ecke unser Stammbistro ist, daß wir unsere Blumen bei Anabella einzukaufen pflegen und daß wir mit Leichtigkeit jenes Taxi finden müßten, mit dem uns Raymond Cordy zum Bahnhof fahren wird.

Wenn wir diese Ecke aber tatsächlich finden oder etwa die Grünfläche in Hampstead aus Antonionis *Blow-up*, dann hat sie für uns etwas seltsam Abgestorbenes, Gewesenes, wie eine Kaurimuschel, die wir ans Ohr halten, um uns einzubilden, es sei noch ein wenig von dem Meeresrauschen drin, das wir hörten, als wir sie aus dem Sand gruben.

Auf meinem Schulweg in Prag überquerte ich oft den damals so stillen Marienplatz, obwohl es für mich ein Umweg war. Ich ging gern dort vorbei, weil links von der Mündung der Hußgasse, ganz versteckt und unscheinbar, eine steinerne Frau auf mich wartete. Sie lag da, eine nackte Quellnymphe, und ihrem steinernen Krug entströmte steinernes Wasser. Zu Prags Sehenswürdigkeiten gehört sie nicht. Sie gehört nur mir. Vor wenigen Jahren drehte ich einen Fernsehfilm *Die steinernen Frauen von Prag*. Meine Freundin war nicht darunter, denn es gibt Hunderte – Brunnenfiguren, Karyatiden, Göttinnen –, die schöner sind. Meine alte Liebe kam objektiv nicht in Frage.

Aber nicht lange vor seinem Tod ging ich einmal mit meinem Vater dort vorbei, quer über den Platz, der nun voller Autos ist und von dem modernen Gebäude der Stadtbibliothek beherrscht wird. Er zog mich plötzlich in jene verschwiegene Ecke und deutete auf die steinerne Nymphe: »Meine erste Liebe . . .«, sagte er, etwas verlegen lächelnd.

Noch Jahre nachdem ich meinen Kinderfilm *Das Eismeer ruft* abgedreht hatte, konnte ich nicht an dem alten Haus in der Vorstadt Smichov vorbeigehen, ohne durch den engen Torbogen zu treten und den Innenhof zu betrachten, den ich einmal mit meinen Schauspielern bevölkert hatte. Die Bewohner des Hauses schienen mir dann stets Ersatzmenschen zu sein, aus einer andern Zeit, Komparsen ohne Text, gewöhnlich und uninteressant. Sie wußten nichts von meinem Geheimnis.

Etwas aus meiner Welt, die ich dort hervorgebracht hatte, war aber noch da. Der Hof hallte wider von den Kinderstimmen, die nur ich hören konnte. Und ich glaube, daß es so etwas wie einen *genius loci* gibt, daß die Menschen dort, wo sie gelebt haben (oder wo man sie auf Zeit zum Leben erweckte), etwas hinterlassen.

Für meinen Film schwebte mir ein Arbeiterviertel im Prag der dreißiger Jahre vor. Natürlich würde man mir die Autos aus jener Zeit zur Verfügung stellen, die Menschen würden die richtige Kleidung tragen und an den Kiosken die richtigen Zeitungen ausliegen.

Das alles aber verbürgt noch keine Atmosphäre. Die mußte aus der Summe all jener Details kommen, vor allem aber von den Menschen, die sich in diesem Rahmen bewegen und auf das Zeitgeschehen reagieren würden, das ich gut in Erinnerung hatte.

Daß sich ein Schippel Kinder aufmacht, um einer am Nordpol gestrandeten Gruppe von Menschen spontan zu helfen – wo anders konnte das geschehen sein als in jener Stadt, in jenen Jahren, als noch der tägliche Kampf ums Überleben die Menschen beherrschte. Und als noch keine Pionierorganisation die Fahrt der Kinder organisieren und keine Parteibehörde ihren Segen dazu geben mußte.

Hier hatte ich alles, was ich brauchte: die Spontaneität der Kinder, das aufregende Drama und auch die Zeit – die Zeit, da die Welt zwar alles andere als in Ordnung war, das Tausendjährige Reich hatte gerade mit Schrecken begonnen, aber für mich, für meine Freunde, für einen Großteil der Menschen gab es noch kein Zwielicht, keinen Personenkult, keine Prozesse. Jeder wußte, wo er stand und warum.

Zuerst fragte ich viele Kinder aus. Ich erzählte ihnen die Geschichte des »Tscheljuskin« und das Abenteuer jener Kinder. Dabei stellte ich fest, daß die Kinder, mit denen ich sprach, bis zu ihrem elften Lebensjahr wirklich glaubten, sie könnten zum Nordpol laufen. Erst vom zwölften Jahr an waren sie mit ihren Geographiekenntnissen so weit, daß sie die Sache für unmachbar hielten.

Also mußten die Kinder elf Jahre alt sein.

Zweitens: Wie stelle ich es an, daß die Kinder nicht nach drei Kilometern eingeholt und zurückgebracht werden? Denn natürlich gab es 1933 schon einen Rundfunk und auch die Polizei. Ich glaube, ich fand eine einfache und einleuchtende Antwort, eine Lösung, die fruchtbar für die Geschichte war und auch poetisch und wirkungsvoll: meine Kinder versetzten ihren einzigen Schatz, ihr altes, rostiges Fahrrad, und erstanden dafür in einem Alteisengeschäft einen Kompaß. Einen großen, imposanten Schiffskompaß. Den steckten sie in ihren Rucksack. Und jetzt würden sie immer der Kompaßnadel folgen, querfeldein, ohne eine Straße zu berühren, und da konnten sie schon schön weit kommen!

Drittens: Natürlich wußten auch meine Kinder, daß da irgendwo ein Meer war. Aber einer der Jungen würde da oben an der Landesgrenze einen Onkel haben, einen Arbeiter in einer großen Fabrik, sagen wir bei Aussig. Und der Onkel würde einen Kahn besitzen, um auf der Elbe zu angeln. Mit dem würde es dann weitergehen, denn die Elbe mündet ja in die Nordsee, und mit Hilfe der Magnetnadel würden sie schon zum Eismeer kommen. Genügend Decken wollten sie mitnehmen.

Weil das alles noch zu leicht war für die Kinder, erfand ich einen Fünfjährigen, einen echten. Den Bruder des einzigen Mädchens, das mit von der Partie war. Den wollen sie nicht mitnehmen, weil sie fürchten, er könnte müde werden und auch sonst eine Last sein. Aber so ein Dreikäsehoch ist nicht so leicht zu überlisten. Er schafft es, bricht heimlich selbst auf, und sie müssen ihn dann mitnehmen.

Das erste Stückchen Weg wollen sie fahren, um möglichst weit weg von Prag zu kommen. Dazu braucht man Geld. Und so sehen wir die Kinder, wie sie tagelang auf rührend komische Weise Geld verdienen. Schließlich fahren sie los, soweit das Geld reicht – so etwa vierzig Kilometer. Dann geht es los, immer nach Norden, querfeldein, in der Winterkälte. Einen Brief haben sie zurückgelassen, damit die Eltern keine Angst haben. Aber wohin die Reise geht, haben sie natürlich verschwiegen.

Unterwegs wird's tragisch: Ein Junge verletzt sich, humpelt und kann nicht mehr weiter. Dorfkinder finden unsere Truppe, sie finden es großartig, daß die Kinder, von denen sie natürlich im Rundfunk gehört haben, bei ihnen sind. Sie geben ihnen Quartier in einer Scheune, wo es warm ist, klauen zu Hause Essen, um ihre Prager Freunde zu bewirten. Als das Bein ausgeheilt ist, geht es weiter.

Jetzt wird es noch kälter. Inzwischen ist Schnee gefallen.

Natürlich gibt es einen, der das Wort führt. Eine »Führernatur«. Was er sagt, geschieht. Blindlings folgen sie ihm. Aber jetzt wird es kalt und unwirtlich, und er versagt. Er fährt per Anhalter zurück. Die Kinder gehen weiter. Jetzt sind es nur noch vier.

Sie schlafen in einer Höhle, in Scheunen, in kalten Leitungsrohren. Dann kommen sie tatsächlich zur Elbe, während das ganze Land sie sucht. Ihr desertierter Ex-Führer verrät sie nicht. Aber ein älterer Freund von ihnen, ein vierzehnjähriger Zeitungsjunge, hält es nicht aus und berät sich mit einem Reporter.

Die Kinder finden das Boot, es ist angekettet. Also suchen sie den Onkel, den Arbeiter. Aber – wir sind mitten in der Wirtschaftskrise, im Lohnkampf – die Arbeiter streiken und haben die Fabrik besetzt. Den Kindern gelingt es, den Kordon der Gendarmen zu durchdringen. Jetzt sind sie wie in einer belagerten Festung.

Nach zwei Tagen finden sie heraus, daß das Essen knapp wird, und sie fühlen sich als unnütze Pensionäre. Schweren Herzens beschließen sie, die paar Konserven, die sie trotz Hunger nie angerührt haben, weil sie für die »Tscheljuskin« bestimmt sind, den Arbeitern zu geben. Die stärkste Szene des Films. Denn gerade in diesem psychologischen Moment waren einige der Arbeiter schon dafür, den Streik abzubrechen.

Um nicht weiter zur Last zu fallen, entweichen die Kinder auf einer hölzernen Warenrutsche – zu eng für Erwachsene, aber weit genug für unsere Helden – direkt auf einen Güterwagen, der auf einem Abstellgleis steht. Eine herrliche Hetzjagd, ein Versteckspiel mit den Gendarmen beginnt, denn inzwischen werden sie ja überall gesucht.

Dann verbünden sich die Kinder mit der Bevölkerung, mit den Frauen der eingeschlossenen Männer, und durch die enge Rutschbahn versorgen sie die Belegschaft mit Nahrungsmitteln. Dabei ahnen sie nicht, daß sie eigentlich ihr Ziel erreicht haben – den im Packeis Eingeschlossenen zu helfen.

Schließlich kommen die Eltern und holen sie ab.

Ich hatte Glück mit der Auswahl der Kinder: besonders mit dem Fünfjährigen, den meine Tochter, damals zehn, irgendwo auflas. Er war ein Haupttreffer, obwohl er gar nicht wußte, was für ein Spiel wir spielten – er hatte in seinem kurzen Leben weder einen Film noch ein Fernsehprogramm gesehen.

Die Premiere war im Herbst 1961.

Theater der Freundschaft

Menschen meiner Generation ist es beschieden, daß uns nicht allzu viele Freunde bis ins Alter begleiten. Vor allem die Männer sind fast ausnahmslos tot. Aus meiner Abiturklasse lebt meines Wissens nur noch einer. Die meisten sind gefallen oder sie wurden in Auschwitz vergast. Einige wenige meiner Freunde jener Tage leben in fernen Ländern.

Kurt Konrad wurde hingerichtet. Bei ihm bin ich sicher, daß wir auch heute noch Freunde wären. Gerhard Hinze, dem die Zeit im KZ vom Gesicht abzulesen war, starb vor wenigen Jahren als geachteter Schauspieler in London. Albert Maltz lebt in Hollywood, und wir wechseln hin und wieder Briefe, in denen Spuren und Erinnerungen gemeinsamer Erlebnisse anklingen. Valter Taub spielt in Prag Theater. Das ist heute für mich weiter als die Antarktis.

Als Freunde sind mir meist Frauen geblieben. Vor allem Anettes Freundinnen, in denen sie fortlebt.

Ja – und da ist auch noch Ilse.

Als Ilse Rodenberg, Intendantin des Berliner Theaters der Freundschaft – des zentralen Kinder- und Jugendtheaters der DDR –, ihren Sechzigsten feierte, trat das Magazin »Theater der Zeit« an mich heran, ich möge doch mit meinen eigenen Worten wiederholen, was Ilse Rodenberg selbst, als autobiographische Anekdote, so oft erzählt hatte: wie ich sie 1931 in Hamburg, als sie noch Ilse Appel hieß, mitten in einer Probe zu unserem Stück *Unser Schaden am Bein* plötzlich aus dem Souffleurkasten gezogen und gesagt haben soll: »So, du spielst jetzt mit!«

Ich weiß nicht mehr, ob das so war. Wenn sie es sagt, muß es wohl so gewesen sein. Und ein Mitglied unseres Kollektivs, ein sehr aktives, das war sie. Es gibt ein Gruppenbild aus jener Zeit mit dem zwanzigjährigen Axel vom Ambesser im Vordergrund und der kleinen, großäugigen Ilse neben mir. Unsere Freundschaft begann im Winter 1931/32, und was mich angeht, könnte sie heute noch andauern.

Als ich Ilse nach dem Krieg wiederfand, hieß sie Rodenberg, und ihr Mann war Minister für Kultur, Abteilung Film. Vor ihrer Heirat hatte Ilse das Hans-Otto-Theater in Potsdam geleitet und ausgezeichnet geleitet. Wenn ich Wirtschaftsminister in einem der beiden deutschen Staaten wäre, und irgendein Großbetrieb geriete in die roten Zahlen – ich würde Ilse hinschicken, und sie brächte den Laden schon in Ordnung, in kürzester Zeit. Denn das ist ihre Stärke. Und sie würde, da sie nun einmal in der DDR arbeitet, einen neuen Orden bekommen, zu der stattlichen Reihe, die ihr Land zu vergeben hat und schon an sie vergab.

So führte sie auch ihr schmuckes Theater in Berlin-Lichtenberg. Bequemes Gestühl, von jedem Platz gute Sicht, und das ist auch wichtig, denn bei manchen Stücken sitzen ja ungeduldige Sechsjährige im Zuschauerraum.

In den weitläufigen Foyers können Sitzungen und Diskussionen stattfinden. Das geschah oft, denn Ilse hatte auch hier immer alles bewundernswert organisiert. Die Gespräche mit den Lehrern, den Lehrlingen, den Oberschülern, mit den Eltern, den Abc-Schützen, den FDJ-Leitern und den Pionieren. Es gab auch zu jedem Stück etwas Gedrucktes – Richtlinien, Stückanalysen, geschichtlichen Hintergrund. Hinweise auf die Hauptpunkte des Stückes, Charakteristiken der positiven und negativen Helden, Ratschläge für die Leiter künftiger Diskussionen, politisches Material – nein, ich mache mich nicht lustig, eher im Gegenteil. Ich wäre froh, wenn die reiche Bundesrepublik so viel Sorgfalt, Aufwand, Zeit und Geld an Kinder- und Jugendtheater wenden wollte. Vielleicht würde es nicht so systematisch sein und so schrecklich durchorganisiert, aber wenn ich schon zu wählen hätte zwischen den beiden Haltungen dem Kindertheater gegenüber, ich würde jene in der DDR prinzipiell vorziehen.

Eine Freundschaft besteht aus Geben und Nehmen, und man rechnet nicht nach, wer mehr oder weniger gegeben oder genommen hat. Wenn ich jetzt aufzähle, woran ich im Theater der Freundschaft arbeiten durfte, dann bedeutet das stets, daß wir alle davon profitierten – Ilse, ihr Theater, ihre Kinder und ich.

Meine Arbeit bei ihr hat mich stets beglückt, es gab viel Spaß auf den Proben, und man hatte die Möglichkeit, Dinge in Muße auszuprobieren, für die anderwärts weder Zeit noch Geld noch Atem ist.

Da war der unverwüstliche *Tom Sawyer,* der dort sogar schon zweimal vom Stapel lief, das zweite Mal in meiner Inszenierung, mit meinen Bühnenbildern, insgesamt etwa fünf- bis sechshundert Vorstellungen.

Dann gab's *Schwanda den Dudelsackpfeifer,* ein klassisches Volksstück aus Böhmen, das ich für Ilses Theater ins Deutsche übertragen hatte.

Ein Jugendstück aus der Sowjetunion, das ich für sie in eine spielbare Bühnenfassung brachte.

Dann kam *Was Ihr Wollt* als Musical, das dem Theater Zehntausende junger FDJler neu ins Haus brachte – da saßen wir nach der Generalprobe traurig im Zuschauerraum, weil die Arbeit, die uns so viel Spaß gemacht hatte, leider zu Ende war. Mit der damals blutjungen Jutta Hoffmann, deren hinreißende Viola für sie den Durchbruch bedeutete.

Es folgte eine Phantasie mit dem Titel *Das Märchen von der Straßenbahn Therese,* eine Liebesgeschichte zwischen einem zehnjährigen Jungen und einer ausrangierten Trambahn. Auch ein paar Songs von mir kamen darin vor.

Und dann, am Schluß, der *Scapin* von Molière, mit Valter Taub in der Titelrolle, eine Inszenierung, mit der das Theater auch in der Bundesrepublik gastierte, ebenso wie früher mit meinem *Tom* und mit *Was Ihr Wollt.*

Genug? Nein, nicht genug. Da war ja auch die Uraufführung eines funkelnagelneuen Stückes, das ich für Ilses Theater geschrieben hatte, *La Farola.*

Es ging in diesem Theaterstück um mein altes Thema, das mich mein ganzes Leben begleitet hat: um die spontane Haltung von jungen Menschen, um den Mut zum Handeln und wie er zustande kommt.

Der Ort der Handlung ist La Farola, ein Dorf in Kuba, in den Tagen unmittelbar vor der Revolution. Eines Tages werden dort, nach einer Razzia gegen die Rebellen, alle Erwachsenen und kleinen Kinder von den Gendarmen Battistas abgeführt. Es entsteht nun, im Mikrokosmos dieses Dorfes, das Problem unserer Epoche: Soundso viel lebenswichtige Güter sind in dem von der Welt abgeschnittenen La Farola vorhanden. Also müssen die zurückgelassenen Jungen und Mädchen haushalten und alles gerecht verteilen. Denn wer weiß, wann und ob die Eltern wiederkommen.

Das war die Ausgangssituation. Und das Stück sollte von lebendigen Kindern handeln, nicht von synthetischen Figuren oder einer durchorganisierten Schar. Es sollten verspielte, schlaue, faule,

dumme, ewig hungrige, putzsüchtige, egoistische, temperamentvolle, unterdrückte, verzagte und mutige Kinder sein.

Dann aber kommt die Revolution ins Dorf und mit ihr die Not-
wendigkeit, sich für eine Seite zu entscheiden und dann dafür einzu-
stehen. Wie werden sich die Kinder verhalten?

Fast alle DDR-Theater haben das Stück nachgespielt, zusammen
wohl über tausendmal, sagt der Bericht des Theaterverlags. Die
Jugoslawen spielten es, strahlten es im Fernsehen aus. Durch Zufall
erfuhr ich, daß es auch in der Sowjetunion gespielt wurde, im
Zentralen Jugendtheater von Moskau – aber wer dachte dort daran,
dem Autor davon Mitteilung zu machen, ihm vielleicht sogar
Kritiken zu schicken? Von Tantiemen natürlich gar nicht zu reden . . .

Ganz schön, was wir da gemeinsam geschafft haben, im Laufe
weniger Jahre. Der menschliche Kontakt mit Ilse kam auch nicht zu
kurz – sie war bei mir in Prag zu Gast, und Anette und ich waren
bei ihr und ihrem Mann in Karlshorst. Und ich bekam für meine
Arbeit bei ihr sogar eine Auszeichnung: für hervorragende Ver-
dienste um die sozialistische Erziehung der Jugend . . .

Unsere Freundschaft wurde dabei unversehens fünfunddreißig
Jahre alt. Das will schon etwas heißen in einem Menschenleben.

Ja – und vor kurzer Zeit war Ilse in München, wo ich jetzt lebe,
seit jenem August 1968. Sie kam zu einer Tagung der Kinder- und
Jugendtheater. Da hätten wir uns wiedergesehen.

Nur – dazu kam es nicht. Ich war offenbar für sie eine Un-Person
geworden. Alles schien auf einmal weggewischt zu sein. Unsere gemeinsame Arbeit und unsere Freundschaft.

Gehören menschliche Beziehungen nicht auch zu den Dingen, für
die wir einmal angetreten waren?

Nichts als Sünde . . .

Es hatte nach der Theaterpremiere von *Was Ihr Wollt* im Theater
der Freundschaft angefangen. Heute, da auf diesem Gebiet wohl
kaum noch Entscheidendes vor mir liegt, kann ich's ruhig sagen: Es

war die schönste Probenarbeit und wahrscheinlich auch der erfolgreichste Premierenabend meines beruflichen Lebens. Alles klappte, die Aufführung hatte Schwung und Stimmung, das Finale mußte viermal wiederholt werden, unten im Zuschauerraum saß Anette, neben ihr Jana, damals vierzehn, und nachher kam ein Mann von der DEFA, den ich flüchtig kannte, einer von der Direktion, und sagte: »Herr Burger, gratuliere! Wollen Sie für uns einen Film daraus machen?« und ich sagte: »Klar! Morgen nachmittag. Vormittags schlaf' ich mich erst mal aus!« Und er sagte, nein, er meine es ernst, und das sei ein offizieller Antrag ...

So war es mit der Arbeit in der DDR: Manchmal zum Umfallen schön, und manchmal bloß – zum Umfallen. Ich hatte kompetente, einfallsreiche Mitarbeiter, dazu kam noch das ehrliche Bestreben, dem Gast aus der befreundeten Tschechoslowakei das anstrengende Leben so angenehm wie nur möglich zu machen – und dann wieder die lähmende Allmacht der Funktionäre, die ärgerlichen Tabus, die Humorlosigkeit.

Da war zum Beispiel die große Eifersuchtszene des Fürsten Orsino. Er beschließt, so dachte ich mir, eines Nachts ins Palais der schönen Olivia einzudringen. Mein Architekt, Freddie Hirschmeier, stellte mir eine zauberhafte Parkmauer hin, weinumrankt, und dahinter die Farne und Palmen des herrschaftlichen Parks. Mondlicht übergießt die Szene, und der junge Wischnewski, der den Orsino spielt, probiert gerade das Hinüberklettern.

Plötzlich stehen zwei Herren von der DEFA da: »Genosse Burger, das geht nicht, das können wir nicht drehen!«

Auf meine Frage, warum das nicht ginge, lächeln die Herren. Das müsse ich doch verstehen. Die Reaktion im Publikum! Einer klettert über die Mauer!

Es dauerte eine halbe Stunde, bis ich die Szene drehen durfte, und dann war ich nicht sicher, ob man sie nicht herausschneiden würde.

Andererseits gab es Augenblicke reiner Freude: Freddie hatte mir einen riesigen Marktplatz in die größte Atelierhalle gebaut. In der Mitte sollte ein Brunnen sein, und ich hatte mir im Gespräch einmal die bronzene Göttin dorthin gewünscht, die in Prag vor dem Wallensteinpalais steht, eine mollige Barockdame, nackt, aus deren Brüsten Wasserstrahlen sprühen, direkt auf das pummelige, lustig krähende Barockbaby, das sie im Arm hält und von dem sie angepinkelt wird. Jemand flog nach Prag, brachte einen Abguß nach Berlin, und schon hatte ich meinen Brunnen.

Und dann fiel mir was ein: wie wär's mit Tauben? Könnten nicht den ganzen Film hindurch überall weiße Tauben herumflattern? Müßte deren Gurren nicht zauberhaft klingen, den ganzen Film hindurch? Also erschien Tag für Tag ein Taubenzüchter mit großen Holzkäfigen und ließ seine weißen Tauben flattern.

Kam der Tag, an dem Olivia den schönen Pagen vergebens zu verführen versucht. (Es klappt nicht, denn der schöne Page ist ja ein Mädchen und liebt den Orsino.) Olivia bleibt also tieftraurig zurück. Nach Drehschluß an diesem Abend kommt Uli, der Requisiteur, verantwortlich für die Tauben: »Hören Sie, Herr Burger, morgen drehen wir doch die Szene, wo Olivia dem Pagen nachtrauert. Könnten wir nicht morgen, könnten wir da nicht vielleicht lauter schwarze Tauben . . .?«

Diese poetische Idee kam von einem Requisiteur.

Mit den Schauspielern zu arbeiten war eine reine Freude. Sie waren allesamt aus den besten Theatern (bloß die kulleräugige Viola hatte ich mir aus Prag verschrieben), keiner hastete am Abend in seine Vorstellung oder ins Fernsehstudio. Jeder von ihnen war für die Arbeit freigestellt, und ich hoffe, es machte ihnen Spaß.

Einmal bereiteten wir eine Szene in Olivias Boudoir vor. Dazu hatte mir Freddie ein riesiges Himmelbett hingestellt, einen Hauch von Spitzen über weichem Pfühl. Auf der einen Seite des Bettes stand Brigitte Krause, eine jugendliche, kesse Maria, so, wie man sie sich nur träumen kann. Neben ihr lehnte eine etwas zickige Assistentin. Sie sahen mich nicht.

Da sagte die Assistentin mit einem sehnsuchtsvollen Seufzer: »So was von einem einladenden Bett! Da müßte man schön drin lieben können, nicht wahr, Frau Krause?«

Dann kam Brigittes Stimme, ganz trocken und hundert Prozent berlinerisch: »Ach, wissense – Himmelbett is nich mal nötig zu so wat. Ick kann ooch uff der Heide. Mir fällt ooch uff'm blanken Parkett noch wat ein . . .«

Leider konnte ich diesen Text nicht einbauen.

Aber es gab Momente, da prallte der Geist des Hauses direkt mit dem des Prager Vorfrühlings zusammen.

Einmal saß ich in der DEFA-Kantine und unterhielt mich mit

dem Chefdramaturgen des tschechoslowakischen Films. Neben uns saß Mückenberger, der damalige Gottöberste der DEFA, und man sprach von allen möglichen Problemen.

»Ihr habt es ein wenig leichter«, meinte Mückenberger mit einem Schuß Neid in der Stimme.

»O nein«, sagte der Prager Chefdramaturg. »Wir haben auch unsere Schwierigkeiten, glauben Sie mir. Vor ein paar Wochen hat einer unserer begabten jungen Leute einen neuen Film abgeliefert. *Mut für den Alltag* heißt er. Als wir ihn dem Präsidenten vorführten, gefiel er ihm nicht.«

Mückenberger äußerte sein Beileid und wollte taktvoll auf ein anderes Thema übergehen. Aber der Prager ergänzte: »Nein, nein, nicht was Sie meinen. Es hat uns bloß leid getan, daß der Film unserem Präsidenten nicht gefiel. Aber der Film läuft inzwischen natürlich in allen Kinos . . .«

Neben der Arbeit gab es in der DDR etwas, das herzerwärmend war: das Zusammentreffen mit alten Freunden und Genossen.

Viele hatte ich zum letztenmal in raucherfüllten Hinterzimmern von Prager Cafés gesehen – unscheinbare, stets übermüdete, kluge, aufgeschlossene Menschen. Die Kleidung war meist zusammengestoppelt – was man bei einer hastigen Flucht zufällig anhat oder mitnehmen kann; schlechtsitzende Anzüge, von tschechischen Freunden übernommen. Stets lag die abgeschabte Aktentasche vor ihnen auf dem Marmortisch, die kleine Blechschachtel zum Zigarettendrehen, der unvermeidliche schwarze Kaffee daneben, mit dem man drei, vier Stunden auskommen mußte. Die »preußischen Ideologen« nannten wir sie zuweilen spöttisch und oft auch voll Hochachtung für das, was sie leisten mußten.

Jetzt waren sie prominente Schauspieler, Volkskammerabgeordnete, Chefredakteurinnen, Minister.

Die meisten waren froh, sich mit dem Prager Freund an die gemeinsam verbrachten mageren Jahre erinnern zu können, froh auch, einmal nicht offiziell sein zu müssen, und auch ein wenig stolz auf das wachsende Ansehen ihres Staates. Wir aus der benachbarten Tschechoslowakei fanden es manchmal ein wenig übertrieben, dieses Streben nach offizieller Anerkennung – so, als sei ihr Staat nicht schon längst anerkannt. Man rechnete doch mit ihm, selbst wenn man ihn noch als SBZ bezeichnete oder ihn in Anführungsstriche setzte.

Manchmal war es für mich ein harter Schock, durch eine Straße zu fahren, die den Namen eines alten Freundes trug, deren Namensschild daran erinnerte, daß es ihn nicht mehr gab. Da war die »Johannes-Wüsten-Straße«. Ich kannte ihn, als er noch Peter Nikl hieß und nicht wußte, daß er nur noch kurze Zeit zu leben hatte, ehe er der Gestapo in die Hände fiel. Es schien doch erst gestern gewesen zu sein, daß ich sein Drama *Bessie Bosch* in Prag inszeniert hatte. Oder das »Hans-Otto-Theater« in Potsdam – wie seltsam war es, dort zu proben: Sein Name stand auf der Fassade, in Stein gemeißelt, und dabei sah ich ihn noch auf der Bühne in Hamburg, wo ich einmal engagiert war.

Seltsam war es auch, eine zierliche, elegante Frau wiederzusehen, mit der man einst in längst vergangenen Tagen auf rührend-komische Weise allabendlich ein Dach über dem Kopf gesucht hatte. Inzwischen hatte sie ihre Zeit in Lagern und Gefängnissen abgesessen, hatte gekämpft, und wenn man sie angriff, hatte sie zurückgeschlagen. Sie hatte nichts von ihrem Charme und ihrer Persönlichkeit verloren. Wenn man sich jetzt bei einer Theaterpremiere traf, sie wie immer schick und geschmackvoll angezogen, dann blitzte es von Aug' zu Auge: Weißt du noch?

Oder man hörte bei Ernst Busch Tonbänder, und wenn er guter Laune war, spielte er auch noch Seltenes, in der Öffentlichkeit nie Gehörtes, von Brecht selbst Gesungenes. Man sprach mit dem ewig jungen, sprudelnden Johnnie Heartfield, von seinen Montagen für die Prager »Volksillustrierte«, oder mit seinem Bruder, dem Verleger Wieland Herzfelde, von der gemeinsamen Zeit in Amerika, als er sich vom Briefmarkengeschäft ernähren mußte . . .

Ein Teil der alten Freunde war jung geblieben, hatte die Anfänge nicht vergessen. Es gab aber auch solche, die mit ihrer gehobenen Stellung entsprechende Allüren erworben hatten. Die ihre Privilegien weidlich ausnützten, die schwer erlangbare Güter, Delikatessen, Alkohol in ihren Sonderläden ohne Schwierigkeiten erstehen konnten. Nach und nach vergaßen sie, daß das Privilegien waren und daß sie selbst einmal für die Abschaffung von Privilegien gekämpft hatten.

Wenn ich in Berlin arbeitete, wohnte ich meist in der »Möwe«, einem Schauspielerklub, ungefähr auf halbem Weg zwischen dem Brandenburger Tor und der Charité, in der Luisenstraße. Der Klub lehnte sich direkt an die Mauer und an die Geleise der S-Bahn. Im ersten Stock gab es gemütliche Klubräume, das Restaurant und eine Bar, wo man alles bekam, auch guten Scotch, wenn auch für sündhaftes Geld.

Oben unterm Dach waren ein paar Mansardenzimmer, und ich wohnte in Nummer zwei. Aus meinem Fenster sah ich West-Berlin, die wunderliche Silhouette der Kongreßhalle und den Reichstag. Direkt unter mir war der Bahndamm, auf dem ab und zu ein Volkspolizist samt Schäferhund nach dem Rechten sah.

Am Abend des zweiten Tages nach meinem Einzug hielt mich beim Heimkommen der Pförtner an: »Herr Burger, seien Sie mir, bitte, nicht böse, ich weiß, Sie denken sich nichts dabei – aber hängen Sie doch bitte Ihren Pyjama nicht mehr zum Auslüften ins Fenster . . . ja?«

Ich machte ein verständnisloses Gesicht.

»Weil – vorhin war ein Vopo hier. Die meinen, das ist vielleicht ein Signal, hinüber in den Westen.«

Es gab beinahe jeden Tag so einen kleinen, absurden Zwischenfall.

Einmal wollte ich in Berlin-Lichtenberg etwas notarisieren lassen. Man wies mich in ein großes Gerichtsgebäude, dort sei auch ein Notariat. Praktisch, dachte ich. Vor dem Haus gab es eine Menge Tafeln, denn drinnen waren alle möglichen Ämter untergebracht. Ich ging hinein, um den Pförtner zu fragen, ob und wo das Notariat sei. Er kam aus seiner Loge heraus und herrschte mich an: »Ausweis!« Ich erklärte ihm, daß ich ja vorläufig nichts weiter wissen wolle, als . . . »Ausweis!« Aber, erklärte ich, einstweilen wolle ich doch bloß fragen, ob . . . »Ausweis!« Jetzt begann mir die Geduld zu reißen, und ich erhob meine Stimme: »Ist hier im Haus das Notariat?« – »Ausweis!«

Meine Mansardennachbarn waren ebenfalls Ausländer. Eine kleine, kraushaarige Dozentin der Germanistik, Römerin, warmherzig und lebhaft, eine schmale, hochgewachsene, gescheite Theaterwissenschaftlerin aus Genf, und eine kapriziöse polnische Sängerin, die bei Felsenstein studierte. Wir waren alle drei der DDR wohlgesinnt, und es ärgerte uns nicht so sehr die Pedanterie und Schikanerie durch stupide Beamte. Die fanden wir höchstens komisch. Wir hatten, jeder in seiner Heimat, ebenfalls ein großes Sortiment trockener Bürokraten. Was uns bestürzte, war der Umstand, daß viele unserer DDR-Freunde bei all diesen Dingen nichts fanden. Sie ließen sich alles ohne den geringsten Widerstand gefallen.

Tucholsky hat es liebenswürdig ausgedrückt: Schicksal des Deutschen – vor Schalterfenstern anzustehen. Sehnsucht des Deutschen – hinter Schalterfenstern zu sitzen . . .

Ein großer Film, der um die drei Millionen kostet, ist eine komplizierte Sache, ein Stück Menschenleben. Ich meine nicht nur den Inhalt, die Bilder, die neugeschaffene Welt oder die »Botschaft«, falls vorhanden. Aber die Dreharbeiten selbst.

Natürlich, jeder der sechshundert Einstellungen geht ein Suchen und Finden der richtigen Bildkomposition voraus, der richtigen Kamerabewegung, des Szenen-Rhythmus, der zu der vorangegangenen Einstellung passen muß und zu der nachfolgenden, obwohl die vorangegangene erst in drei Tagen gedreht wird und die nachfolgende schon vor einer Woche dran war. Oder umgekehrt.

Sechshundertmal wird eine Kamera aufgebaut, die Lichter werden hin und her gerückt, die Requisiten werden kontrolliert, das Make-up, die Kostüme, und jede Einstellung wird vier-, sechs- ja manchmal zehnmal gedreht, und so kommt im Laufe der Drehzeit an die viertausendmal dieser Augenblick der äußersten Konzentration, bevor man sagen kann: »Ton ab.« Und dann, nachdem Ton und Kamera sachlich gemeldet haben – viertausendmal –, daß alles in Ordnung sei, dann kommt der Augenblick, wo man eigentlich halblaut, gespielt ruhig, um die Spannung der Schauspieler abzubauen, sagen müßte: »Bitte . . .«

Rundherum lauert die Technik, auf den Brücken die Beleuchter, im Tonwagen der Tonmeister, rundherum Assistenten, Maskenbildner, Kostümbetreuer, der Architekt. Sie warten, während der verdammte Regisseur die Szene noch einmal probt, wo doch jetzt alles Technische so schön ablaufen könnte. Und er muß bei alldem auch noch entspannt und witzig sein, damit sich das auf geheimnisvolle Weise auf die Schauspieler überträgt, er muß die Schauspieler hypnotisieren, aber so, daß sie's nicht merken und überzeugt sind, sich alles selber ausgedacht zu haben, und jeder von ihnen will auf andere Weise hypnotisiert werden. Und dann schlüpft der gemeine Hund noch einmal hinter die Kamera und bittet, weiß Gott: »Noch mal das Ganze für mich.« Und nachher sagte er der kleinen Helga mit den schwarzen Kulleraugen, die die Viola spielt, daß sie nicht von der Kamera weg auf die Olivia zugehen soll, sondern schräg, weil sonst der Po zu groß aussieht, obwohl sie doch einen sehr süßen Po hat, *never mind,* und dann noch schnell ein Signal an die Maskenbildnerin, weil der Olivia die Nase glänzt, und dann endlich:

»Ton ab!« – »Bitte . . .«

Und dann hinterher: »Großartig. Aber zur Vorsicht gleich noch mal, Anna-Kathrin, laß die Mundwinkel nicht sinken, hast doch keinen Kummer, oder?« Und Brigitte, die die Maria spielt, darf nicht vernachlässigt werden, obwohl sie immer bombensicher abliefert. Also schnell, ganz leise den Arm um sie gelegt, nur zum Mut machen, und dann wieder:

»Ton ab!« – »Bitte . . .«

Und genau da zischt der eine große Scheinwerfer auf, und man muß pausieren, und der Ton legt eine neue Spule ein, und dabei geht die Stimmung flöten, und die Regieassistentin macht diskret darauf aufmerksam, daß die Anna-Kathrin müde aussieht, noch mal kommt das Make-up-Fräulein, prüfend betrachtet sich Anna-Kathrin im Handspiegel, kritisch, ein Profi durch und durch, sie hat begriffen, was die Assistentin mir zugeflüstert hat, und sie macht ein paar schlenkernde Bewegungen mit den Beinen, um sich zu entspannen, fertig meldet der Beleuchter, okay, sagt der Ton, und dann wieder:

»Ton ab!« – »Bitte!«

Und dann der Entschluß – vorher ein fragender Blick zum Kameramann, zum Ton, zur Assistentin – nein, keine Hoffnung, die nehmen dir die Verantwortung nicht ab, und man sagt kühl und entspannt:

»Kopieren. Szene gestorben.«

Ja, das ist nun alles vorbei. Die lange Periode des Drehbuchschreibens, die Debatten über die Finanzen (»Brauchst du die Springbrunnenszene wirklich? Das sind 42 000 Mark und zwei Drehtage . . .«) und die Materialproben vor der Farbkamera, die

Probeaufnahmen mit den Schauspielern, die endgültige Besetzung, die Nachtgespräche mit dem Architekten – jede Minute eine neue Entscheidung, und rundherum lauter Menschen, die doch alle für den Film das Beste wollen, die hineinreden und von denen du weißt, daß dir im Endeffekt keiner die Verantwortung abnimmt. Für keinen Beruf gilt es so, daß der Erfolg viele Väter hat und der Mißerfolg einen einzigen Sündenbock . . .

Vorbei . . .

Ich saß in Babelsberg, im Gelände der DEFA, auf einer weißgestrichenen Bank, unter einer Trauerweide, und wartete auf eine Vorführung meines fertigen Films, dem die Direktion den gräßlichen Titel *Nichts als Sünde* gegeben hatte, weil ihr *Was Ihr Wollt* und Shakespeare nicht genügend publikumswirksam erschienen.

Es war ein warmer Augustabend, im Jahre 1965.

Entspannung, Leere. Irgendwo am Horizont die nächste Aufgabe. Aber daran wollen wir noch nicht denken. Die Schiefertafel ist leergewischt. Morgen beginnen die Ferien.

Sechs Leute kommen an meiner Trauerweide vorbei, die übrigens gar nichts Trauriges an sich hat, die eher aussieht wie eine graziöse Eiskunstläuferin nach einem Adagio.

Sechs Leute also, vier Männer und zwei Mädchen, und einer der Männer ist Kurt Mätzig, Nationalpreisträger, Professor, der nach dem Krieg ein paar sehr schöne Filme gedreht hat, ein Altmeister, von dem aber auch ein paar schreckliche historische Schinken stammen, ein mehrteiliger *Thälmann* zum Beispiel.

Mätzig, das weiß ich, hat ebenfalls gerade einen Film abgedreht, parallel zu meinem. Gemeinsam hatten wir wochenlang alle Ateliers mit unseren Bauten gefüllt. Man kann ihm ansehen, daß er genauso entspannt ist wie ich. Auch er führt gerade seinen Film der Presse vor, der Direktion, dem Vertrieb, der Auslandsabteilung.

Er sieht mich an. Wir kennen einander flüchtig, ich bin mit seiner Ex-Frau befreundet, wir haben einige Male höfliche Worte gewechselt. Aber heute ist es anders. Er kommt auf mich zu.

»Abgedreht. Sie auch, höre ich. Zufrieden?«

»Na«, sage ich, »hoffen wir's. Ich bin nicht so sicher. (Kollegengespräch.) Wenn ich wenigstens einen Film der Weltproduktion gesehen hätte. Die Amerikaner können das doch, und wir haben darin wenig Erfahrung. *West-Side-Story* hätte ich gern gesehen, soll großartig sein. Oder *Singing in the Rain* . . . ich wäre dann bestimmt frecher und mutiger gewesen. Und wahrscheinlich auch sicherer.«

Mätzig ist richtig aufgekratzt. So habe ich ihn noch nie gesehen. »Wissen Sie – ich habe bis jetzt sechzehn große Filme gemacht, seit dem Krieg. Aber dieser hier – da kann ich zum erstenmal mit gutem Gewissen sagen: der ist richtig geworden. Genau, wie ich wollte! Da steh' ich hundertprozentig dahinter . . .«

Ich gratuliere (wünsche insgeheim, ich könnte auch so sicher sein), wir verabschieden uns. Er geht weiter, zum Vorführhaus, mit seinen Mitarbeitern.

Sein Film hieß *Das Kaninchen bin ich*, nach einem Roman von Manfred Bieler.

Sechs Wochen später tagte das Plenum der SED. Dreizehn Filme wurden gestoppt, verboten. Einige standen mitten in der Produktion oder waren schon abgeliefert. Dazu kassierte man eine Menge Drehbücher, zum Teil knapp vor der Realisierung. Unter den fertigen Filmen war *Das Kaninchen bin ich*.

In einem offenen, groß aufgemachten Brief im »Neuen Deutschland« entschuldigte sich Nationalpreisträger Professor Kurt Mätzig. Es sei falsch gewesen, diesen Film zu drehen, das sähe er jetzt ein. Alles sei falsch, der Stil, der Geist, der daraus spreche, das Ganze ein unentschuldbarer Irrtum . . .

So war es mit der Arbeit in der DDR (der ich sehr viel zu verdanken habe!): manchmal zum Umfallen schön, und manchmal bloß – zum Umfallen.

Aus meinem Film resultierten dann noch drei Projekte bei der DEFA: die Konzeption für einen Film nach Peter Hacks' *Schöner Helena*, ein Drehbuch nach meinem in der DDR erschienenen Roman *1212 sendet* und das Buch zu einem modernen Musical.

Die ersten beiden Unternehmen verkümmerten im Gestrüpp der neuen Richtlinien nach jenem Plenum – ich wurde dadurch nach einem dort kursierenden Witzwort zu einem »PG«, einem Plenum-Geschädigten – und das dritte Drehbuch, eine moderne Aschenbrö-delstory, wurde ein Opfer des 21. August 1968: Ich sandte sogar das letzte Honorar zurück. Schweren Herzens, denn es ging um viel Geld. Aber ich wollte keins mehr von einem Staat, dessen Panzer auf unserem Gebiet standen.

Jener Frühling

Natürlich kam er nicht über Nacht. Ein zäher, mutiger Kampf war vorangegangen. Schriftsteller, Wissenschaftler, Arbeiter und Studenten hatten endlich und vorbehaltlos zusammengefunden, um ihn herbeizuführen.

Lesen Sie bei Sartre nach (»Der Sozialismus, der aus der Kälte kam«), was es an Gültigem, Schonungslosem zu jenem Frühling zu sagen gibt. Menschen wie Kohout, Vaculík, Klima, Goldstücker, Pelikan, Liehm, Kundera, Štovičková (die heute in Prag nicht einmal mehr als Putzfrau im Landesmuseum arbeiten darf), Menschen, deren Berufung es ist, zu schreiben, haben Wichtiges, Aufschlußreiches, Wohlfundiertes darüber gesagt. Einige davon sind meine Freunde.

Ich kann hier nur aussagen, wie ich ihn erlebte. Ich kann nur schreiben, wie ich's verstehe.

In den ersten Januartagen des Jahres 1968 erfuhren die Bürger der Tschechoslowakei, daß durch eine Abstimmung unter einer Handvoll Verantwortlicher Novotný abgesetzt worden war. Er hatte als Generalsekretär und Präsident im wahrsten Sinne des Wortes alle Macht im Staat, die der Verfassung nach vom Volk ausging, in seiner Hand vereinigt. Er war durch diese Abstimmung gezwungen worden, zurückzutreten, und das Zentralkomitee hatte einstimmig, also auch mit seiner Stimme, den 47jährigen Slowaken Alexander Dubček zum Parteiführer gewählt.

Als Dubček das erste Mal in seinem Amt vor das Fernsehpublikum trat, war die Sensation vollkommen. Da sprach ein Mann, der offenbar von Rhetorik keine Ahnung hatte. Niemand schien da Regie geführt zu haben – es war ganz klar, daß der Text von ihm stammte und nicht von einem Ghostwriter.

Einige Male versprach er sich. Er rückte an seiner Brille herum, er sprach schlecht und er sprach slowakisch. Wir alle waren gewohnt, nach den wenigen wesentlichen Sätzen abzuschalten, wenn einer der Parteigrößen sich hören ließ. Diesen Mann aber sah und hörte man sich mit wachsendem Staunen an. Er meinte, was er sagte. Das kam durch. Westliche Leser werden aber kaum begreifen, warum das Ende der Rede – vom Inhalt abgesehen – der Höhepunkt war: Ein jeder kannte die Floskel, mit der eine wichtige, programmatische Ansprache zu enden hatte, jeder Fernsehzuschauer kannte dieses Ende auswendig: ».. . unverbrüchliche Freundschaft . . . siegreiche Oktoberrevolution . . . mit der Sowjetunion auf ewige Zeiten . . .«

Statt dessen nahm Dubček seine Brille ab, legte das Manuskript beiseite und sagte, beinahe zaghaft: »Danke fürs Zuhören.«

Wir rieben uns die Augen. Eine neue Ära war angebrochen.

Im großen Kongreßsaal fand eine Versammlung statt. Kein Mensch hatte sie »organisiert«, kein Mensch zwang einen hinzugehen. Eine Stunde vor Beginn war der Riesensaal zum Bersten voll, und man mußte in allen Nebensälen Lautsprecher montieren, auch auf dem großen Gelände vor dem Gebäude.

Auf dem Podium saßen die Sprecher, in vier Reihen, jeder mit seiner Namenstafel vor sich, aber die Gesichter waren allen bekannt. Wenn man die Jahre addiert hätte, die diese Männer und Frauen hinter Mauern verbracht hatten, in der Stalinzeit und vorher in den deutschen Konzentrationslagern, es wären wohl Jahrhunderte geworden.

Ich besitze einen Mitschnitt dieser Veranstaltung, er ist mein größter Schatz. Fast ausnahmslos sind die damaligen Sprecher heute verfemt, eingesperrt, von ihren Lehrstühlen verjagt, zwangspensioniert oder im Ausland.

Mein Tonband ist Zeuge: In den fünf oder sechs Stunden, die dieser Abend dauerte, wurde kein Wort geäußert, das man als »konterrevolutionär« hätte deuten können. Statt dessen wurden Pläne gemacht, wie man unser Land und das Leben darin schöner, freier, lebenswerter gestalten würde. Es fiel kein einziges Wort gegen die Sowjetunion und das Bündnis mit ihr. Einem Zurufer, der vorschlug, die Tschechoslowakei möge sich neutral erklären, wurde sachlich erklärt, warum das weder opportun noch ratsam, noch richtig sei. Jedem der Anwesenden war die Zweiteilung der Welt bekannt, und er wußte, auf welcher Seite der Demarkationslinie die Tschechoslowakei lag.

Was gesagt wurde, waren keine Utopien. Jeder kannte die miserable wirtschaftliche Lage des Landes – Ota Šik hatte in sechs offenen, ehrlichen Fernsehsendungen in allgemeinverständlicher Sprache die Karten auf den Tisch gelegt. Harte Jahre lagen vor uns. Als eine jugendliche Stimme eine weitere Lockerung der Ausreisebestimmungen verlangte (sie wurden gelockert, in den nun folgenden fünf oder sechs Monaten konnte jeder ausreisen, der wollte) und fragte, wann es offiziell erlaubt sein würde, im Ausland zu arbeiten, antwortete Pavel Kohout prompt vom Podium her: »Nicht nur das. Es wird in Zukunft auch gestattet sein, zu Hause zu arbeiten!« Großes Gelächter, und ein jeder wußte, was Pavel da angesprochen hatte: zu Hause, im Lande selbst, war in den letzten Jahren mit Unlust und schlecht gearbeitet worden. Das würde jetzt anders werden, jeder war sich dessen bewußt. Die typischen »Selbstverpflichtungen«, die bislang unsere Zeitungen gefüllt hatten, waren verschwunden. Statt dessen wurden in jenen Wochen ohne viel Gesums die Arbeitsnormen erfüllt und übererfüllt, ohne daß stolze Funktionäre sich damit öffentlich rühmten.

Was an jenem Abend und in den nun folgenden Monaten immer deutlicher zutage trat, war das wachsende Vertrauen der Jugend zu diesem Staat und das neue Verhältnis zwischen Arbeitern und Studenten. Ich hatte ein lebendiges Beispiel dafür im eigenen Haus.

Im Herbst des vergangenen Jahres hatte mich Jana (17) eines Morgens unvermittelt gefragt, mit der kühlen Sachlichkeit der Jugend und mit der Schärfe eines chirurgischen Skalpells: »Sag mal – wärst du eigentlich damals in die Partei eingetreten, wenn du gewußt hättest, daß einmal Arbeiter mit Gummiknüppeln auf Studenten losgehen würden?«

Ich sagte nein.

Aber genau das war in der vergangenen Woche geschehen. Eine Gruppe Studenten, die in einem riesigen Wohnheim lebte und seit Monaten vergebens auf zureichende Beheizung und Beleuchtung gewartet hatte, zog mit angezündeten Kerzen durch die Stadt in

Richtung auf die »Burg« zu. Polizei hatte sie aufgehalten und verprügelt.

Janas Information stimmte. Die Sicherheitsbeamten, zum größten Teil aus den Reihen junger Arbeiter rekrutiert, hatten sich tatsächlich dieser Ausschreitungen schuldig gemacht.

Um nicht von Jana beschämt zu werden, brachte ich die Sache einen Tag später bei einer Parteisitzung in meinem Betrieb auf. Wir ersuchten um Aufklärung des Falles. Auch die Belegschaften anderer Betriebe hatten das gleiche gefordert.

Viele Betriebe forderten eine öffentliche Verhandlung. Die Polizisten waren, so zeigte sich jetzt, sogar ins Wohnheim eingedrungen, um einige der Demonstranten zu verfolgen und zu maßregeln. Eine Verletzung akademischen Bodens, kein Zweifel.

Es kam zur Verhandlung, aber das Verhalten der Organe wurde bemäntelt und die ganze Sache unter den Teppich gefegt.

Jetzt aber, im März dieses denkwürdigen Frühlings, wurde der Fall neu aufgerollt. Die jungen Polizisten beriefen sich anfangs auf die Befehle ihrer Vorgesetzten, fügten aber gleich hinzu, dies sei keine ausreichende Entschuldigung, Befehle, die gegen die Menschlichkeit und gegen die Interessen der Arbeiterklasse gerichtet seien, müßten nicht befolgt werden.

Nicht nur dieses Falles wegen kam es zu umfassenden Veränderungen im Polizeiapparat. Das war möglich geworden, weil nun ein Mann Innenminister war, der während der Stalin-Zeit selbst lange im Gefängnis gesessen hatte. Die Bereinigung der Studentenaffäre war eine seiner ersten Amtshandlungen. Er säuberte sein Ministerium von den Agenten des sowjetischen Geheimdienstes, die seit 1948 die wichtigsten Posten entweder selbst besetzt oder unter Beobachtung hielten. Die »Schläger« und »Verhörer« aus den Gefängnissen, in denen politische Angeklagte eingesessen hatten, wurden unter Anklage gestellt. Aber es wurde mit ihnen nicht so verfahren, wie sie selbst mit ihren eingesperrten Landsleuten umgegangen waren. Es gab Menschen, die das für einen Fehler hielten.

»Es ist wie Champagner«, sagte Anette, als sie von der Arbeit kam. Sie war außenpolitische Redakteurin bei der Prager deutschen »Volkszeitung«. »Wir drucken alles, was wir für richtig halten, wir schreiben, wie uns der Schnabel gewachsen ist. Kein Druck von ›oben‹, daß wir dies oder jenes runterspielen oder aufbauschen sollen. Wir haben den ganzen Togliatti abgedruckt, von dem in den DDR-Zeitungen keine Zeile erschien.«

Die Zensur war abgeschafft. Die Zensoren hatten einfach erklärt, wenn keine Richtlinien da seien, würden sie zu ihren früheren Berufen zurückkehren. Ich glaube, es hat in der Geschichte der Tschechoslowakei noch nie eine so freie Presse gegeben. Kein Druck von Parteien mehr noch von Unternehmern und ihren Werbeinteressen.

Vor unserem Haus war ein Zeitungskiosk. Jeden Morgen holte ich mir dort ein ganzes Bündel Zeitungen. Jetzt konnte man sie endlich lesen! Die Leute standen um den Kiosk herum, während sie auf die Straßenbahn warteten, und lachten einander zu: Kritische Kommentare zu den Reden von Parteigrößen! Wo hat's denn das schon gegeben?

Irgendwann im März fand ein Treffen auf höchster Ebene in Budapest statt. Worum es ging, weiß ich nicht mehr, aber die Konferenz tagte im Luxushotel Gellért. Der Reporter des Prager Fernsehens hatte sein Studio in einer Ecke der Halle aufgeschlagen und sendete live. »Live?« entsetzte sich unser Besuch aus der DDR. »Das gibt's doch nicht! Was passiert, wenn er was sagt, was nicht richtig ist?« Wir lachten unsere Freunde aus. Neugierig bestanden sie auf einer genauen Simultanübersetzung. Am Schluß der Übertragung – es war ein Dienstag – sagte er: »Wie lange die Konferenz noch dauert, ist offiziell noch nicht bekanntgegeben worden. Am Kommuniqué wird noch gearbeitet. Aber ich habe vorhin mit dem Portier hier im Hotel gesprochen: Ab Donnerstag vermietet er wieder an normale Gäste. Also ist morgen abend bestimmt Schluß.« Unsere DDR-Gäste fielen in Ohnmacht. »Das Kommuniqué ist noch nicht raus, nichts ist offiziell bekannt, und der geht und fragt den Portier!«

Dubček lernte sprechen. Nicht, daß er plötzlich rhetorisch geworden wäre. Aber wir fragten uns, wie hat es dieser Mensch, der doch entscheidende Jahre seines Lebens in Moskau zugebracht hat, wie hat er es fertiggebracht, sich vom Parteijargon freizumachen? Inzwischen hatte es sich herumgesprochen, daß er seine Reden allein schrieb. Alles war von ihm selbst formuliert, auch jener Satz vom Sozialismus mit einem menschlichen Gesicht. Niemand hatte ihm diesen Satz eingeblasen – am nächsten Tag war er in aller Mund.

Das Einfache, das so schwer zu formulieren ist. Ich kann mir vorstellen, wie das die Doktrinäre und Funktionäre jenseits unserer Nordgrenze gereizt haben muß. »Was heißt das: Mit einem menschlichen Gesicht? Das ist doch das Wesen unseres Sozialismus, daß er ein menschliches Gesicht hat! Und da kommt dieser sogenannte Genosse in einem Bruderland, das am Abgrund der Konterrevolution schwebt, und will einen neuen Sozialismus predigen, einen mit einem menschlichen Gesicht! Ja, will er damit sagen, daß unser Sozialismus kein menschliches Gesicht hat?«

Ich glaube übrigens, daß diese Rede in der DDR entweder gar nicht oder nur sehr gekürzt wiedergegeben wurde. Daran hatten wir uns schon gewöhnt. Aber jetzt, da unsere Presse ohne Zensur arbeitete, begannen wir – nein, ich will mich nicht hinter ein »wir« verkriechen –, begann ich zu begreifen, daß auch unsere eigene Presse in den Jahren nach 1948 nur das gedruckt hatte, was genehm war – wem genehm? Was hatten wir zum Beispiel über die Ereignisse in Ungarn, im Jahre 1956, geschrieben? Was über den 17. Juni?

Anette berichtete schon im März, daß die Redaktion der »Volkszeitung« in der letzten Zeit zahlreiche Briefe aus der DDR bekam. Viele Abonnenten beschwerten sich, daß sie unsere Zeitung unregelmäßig oder gar nicht mehr erhielten. Man begann sie einfach nicht mehr zuzustellen. Im tschechoslowakischen Informationspavillon in Berlin lag die »Volkszeitung« noch auf, und jeden Tag entstand dort ein fürchterliches Gedränge um die wenigen Exemplare.

Vom Vorenthalten gewisser Nachrichten und Äußerungen, von der Verstümmelung und Falschinterpretation von Berichten über Ereignisse in unserem Land bis zur reinen Erfindung war jetzt nur noch ein kleiner Schritt. Er wurde getan. Ich kenne den ersten Fall genau, denn er spielte sich in meinem eigenen Arbeitsgebiet ab.

Südlich von Prag, am Oberlauf der Moldau, liegt ein hübscher Ausflugsort namens Davle. Dort führt eine Brücke über den Fluß, und irgendwann entdeckten amerikanische Filmproduzenten, die einen Kriegsfilm vorbereiteten, daß diese Brücke von Davle ein wenig der Rheinbrücke bei Remagen ähnelte. Verhandlungen mit den Prager Filmateliers wurden angeknüpft, deren hohe technische Qualitäten seit Jahren bekannt und deren Zusammenarbeit mit bundesdeutschen Firmen seit vielen Jahren traditionell ist. Das bedeutete jedesmal harte Devisen für die Tschechen.

Nun, bei Davle entstanden aus Holz, Rupfen und Pappmaché die charakteristischen Brückentürme von Remagen. Eine Wiener Requisitenfirma lieferte ein Dutzend längst veralteter amerikanischer Panzer aus dem Zweiten Weltkrieg, und die Dreharbeiten zu dem Film *Die Brücke von Remagen* begannen.

Da erschien in einer Ostberliner Zeitung ein Bericht über amerikanische Manöver in der Tschechoslowakei. Reguläre US-Truppen operierten – so der Bericht – bereits (!) auf dem Boden des Bruderstaates. Eine Ostberliner Illustrierte brachte sogar Bilder.

Die Tschechoslowakische Botschaft in Berlin protestierte. Ohne Erfolg.

Das Prager Fernsehen reagierte witzig. Sie schickten ein Reportageteam zu den Dreharbeiten. Ein Reporter sprach einen der Panzerfahrer englisch an. Der verstand natürlich kein Wort – es war ein tschechischer Komparse, wie überhaupt fast alle »GIs«. Nur die wenigen Stars waren Amerikaner. Die Sendung war unterhaltsam. Aber die Zuschauer amüsierten sich nicht. Denn unsere Presse hatte, warum auch nicht, über die skandalöse Falschmeldung im Bruderland berichtet.

Abermalige Demarche der Tschechoslowakischen Botschaft in der Hauptstadt der DDR. Die Antwort: in der DDR gibt es keine Zensur. Wir können unseren Zeitungen und Zeitschriften nicht vorschreiben, was und wie sie berichten sollen.

Diese Haltung der DDR-Presse war nichts Neues. Ein Jahr vorher hatte der österreichische Kommunist und Philosoph Ernst Fischer in einem Essay prophezeit, daß sich der Sozialismus – und er gebrauchte eine dichterische Metapher – bald von dem einengenden Ring aus Eis befreien würde, um dann machtvoll, wie ein Strom im Frühling, seinem Ziel zuzuströmen. Das »Neue Deutschland« zitierte ihn so: Ernst Fischer habe es gewagt, den Sozialismus mit einem Ring aus Eis zu vergleichen, der den Strom des Lebens behindere, aber bald schmelzen würde usw.

Ernst Fischer, damals noch Mitglied des Zentralkomitees der österreichischen Bruderpartei, ersuchte höflich um eine Berichtigung. Sie erfolgte nie.

Es wurde mir in jenen Tagen immer klarer, wie weit wir uns schon von der Mentalität unserer nördlichen Nachbarn entfernt hatten. Vor Jahren hatte ich mich einmal mit Gerhard Eisler in Berlin über die Funktion der Presse in einem sozialistischen Staat unterhalten. Ich glaube, der Ausgangspunkt unseres Gesprächs war jenes alte Wort Lincolns gewesen: Wenn wir dem Volk alle Fakten vorlegen, wird sich das Volk richtig entscheiden – oder so ähnlich.

Gerhard nannte das eine Illusion. Erstens habe sich das amerikanische Volk keineswegs immer »richtig« entschieden, und zweitens, 1932 sei dem deutschen Volk jede mögliche Information vorgelegen, natürlich verfälscht durch die bürgerliche Presse, aber immerhin. Und ein großer Teil des deutschen Volkes habe frei den Faschismus gewählt. Allzuviel sei davon heute noch in den Hirnen der Deutschen verankert, und die Spreu vom Weizen zu sondern sei jetzt (dieses Gespräch fand fünfzehn Jahre nach Kriegsende statt) dem Großteil der Menschen noch nicht zuzutrauen. Man müsse alles vermeiden, was die Köpfe der Deutschen verwirren könnte.

Nun, die Tschechen hatten eine andere Vergangenheit als die Deutschen. Sie hatten bis 1938 in einer Demokratie gelebt, und die sechs Jahre Besatzung hatten sie gelehrt, was das war: Faschismus. Sie hatten täglich den Geheimkode einer von oben kontrollierten und gesteuerten Presse zu knacken. Sie lasen zwischen den Zeilen, ihr Verhältnis zu den Besatzern war auf gegenseitiges Mißtrauen gegründet. Dann aber kamen wieder Jahre einer ungehinderten Information, und die darauffolgende Reglementierung der Presse war etwas, das den Bewohnern der Tschechoslowakei fremd war, gewiß fremder als den Polen, Ungarn, der Sowjetunion oder der DDR. Für die Tschechen war die »Steuerung der Kommunikationsmedien« immer etwas Erzwungenes, Unnatürliches gewesen, während der DDR-Bürger gelernt hat, damit zu leben, fröhlich seinen Westsender zu sehen und zu hören und ebenso wohlgemut öffentlich die offizielle Linie zu vertreten.

Ab 1. Juni wurde die Prager »Volkszeitung« in der DDR offiziell verboten. Was die zahlreichen DDR-Touristen nicht hinderte, die Schaukästen der Zeitung auf dem Prager Wenzelsplatz von früh bis spät zu umlagern, zu kopieren und zu fotografieren. Anette berichtete von einem ständig wachsenden Strom von Besuchern aus der DDR in der Redaktion, die ihre Zustimmung zu unserer Entwicklung ungehemmt äußerten.

Streiflichter: in diesem Frühling gehörte ich zum sogenannten »Mai-Komitee«, einer Institution, die alljährlich die Maifeiern mit vorzubereiten hatte. Wie üblich war uns ein ziemlich hoher Geldbetrag zur Verfügung gestellt worden, der zum größten Teil zur Ausschmückung unseres Fernsehgebäudes verwandt werden sollte. Unser Altbau hatte weit über hundert Fenster, und die sollten, wie jedes Jahr, mit bunten Papierblumen »einheitlich« beklebt werden. Das war Tradition, und die Abstimmung darüber war stets eine Formalität gewesen.

Diesmal schlug ich vor, und in diesem Frühling gehörte kein Mut dazu, den hohen Geldbetrag dazu zu verwenden, die Damenklos im vierten und sechsten Stock endlich zu reparieren. Es wurde darüber lachend abgestimmt, und der Vorschlag wurde mit achtzigprozentiger Majorität angenommen. Die restlichen zwanzig Prozent wollten der Portiersfrau, Genossin K., eine Couch in die Bude stellen, und wenn das Geld dann noch reiche, sämtliche Beleuchtungskörper des Treppenhauses mit Hundert-Watt-Birnen versehen.

Am 1. Mai waren alle Fenster des Hauses mit (echten) Blumen geschmückt: die Sekretärinnen hatten die Sträuße mitgebracht, aus eigener Tasche, ohne Organisation. Auch die Teilnahme an der Demonstration auf dem Wenzelsplatz wurde zum erstenmal nicht organisiert. Der Wenzelsplatz und alle anliegenden Straßen waren eine Stunde vor Beginn der Feier zum Bersten voll.

Jeden Tag gab es neue, aufregende Zeichen, daß sich unser Land im Aufbruch befand. Nicht nur die Schriftsteller und Journalisten entdeckten in sich ein neues Gewissen. Es war wirklich so gekommen, wie es Ernst Fischer prophezeit hatte. Das Eis war geborsten und der Strom führte klares Wasser zum Meer, durch nichts mehr gehemmt.

Fast täglich erschienen unaufgefordert neue Bekenntnisse in den Zeitungen. Die Menschen wollten alte Bürden loswerden, ihre Sünden während der Zeit des Stalinismus. Sie fühlten ihr Teil der Verantwortung dafür, daß es damals so weit gekommen war. Ein Bürovorsteher bei der Post schrieb im Gewerkschaftsorgan »Práce«: »Wir können stolz darauf sein, daß es bei uns endlich so gekommen ist und daß kein verlorener Krieg und keine fremde Armee uns den Sozialismus gebracht haben.«

Ich erinnere mich an den Primarius einer Klinik in Krč. Er schilderte, wie man eines Tages, zu Beginn der fünfziger Jahre, einen seiner Assistenzärzte verhaftet und abgeführt hatte. Er selbst habe damals zwar formell um Aufklärung ersucht. Er verlangte, die Gründe zu wissen. Er habe aber dann geschwiegen. Aus Angst und Opportunismus, wie er nun zugab. Er hätte, so schrieb er jetzt, als anständiger Mensch seinen Posten niederlegen müssen. Denn der verhaftete Arzt habe sich nichts zuschulden kommen lassen, und dazu habe er seinen Mund gehalten. Nur weil wir geschwiegen haben, konnte es so weit mit uns kommen ...

Tausendmal in meinem Leben hatte ich im Westen den Satz gehört: Sozialismus ist ja auf dem Papier sehr schön, natürlich wäre es gut, wenn es keine Ausbeutung mehr gäbe, wenn die Güter der Welt nicht so ungerecht verteilt wären – aber man kann die menschliche Natur nicht ändern. Und darauf hatte ich stets, mehr oder weniger laut, die Antwort gegeben, die ich gelernt hatte, nämlich, daß man erst die Verhältnisse ändern müsse, dann würde sich auch die menschliche Natur ändern, sich den neuen Lebensbedingungen anpassen, in einer neuen Welt, wo der Mensch nicht mehr der Wolf seines Nebenmenschen sein müsse, um zu überleben. Immer zaghafter war diese Antwort, immer fragwürdiger dieses Argument für mich geworden, und ich verlor schließlich den Glauben daran.

Jetzt aber funktionierte es. Die Angst war weg. Man konnte den Mund aufmachen, frei atmen. Die Gefängnisse wurden geöffnet. Es gab in diesem Frühling und Sommer 1968 keine, gar keine politischen Gefangenen mehr, nicht einen – wo gab es das sonst in der Welt!

Anette sagte: »Ich weiß nicht, wie lange sie uns weitermachen lassen. Aber was auch immer passiert – diese Monate sind es wert, hier gelebt zu haben.«

In Karlsbad fand in diesem Frühling ein Festival der Dokumentarfilme statt. Es hatte für mich eine besondere Bedeutung: Dreißig Jahre nach seinem Entstehen wurde mein Film *Crisis* zum erstenmal offiziell in meinem Land vorgeführt. Bis dahin war der Film verboten gewesen. Wahrscheinlich, weil Präsident Beneš darin eine tragische, aber würdige Rolle spielt.

Nach der Vorstellung gab es eine Diskussion in der Halle des Grandhotels Pupp. Eine Menge ausländischer Journalisten war anwesend. Nicht des Films wegen, sondern weil in jenen Tagen alles, was in unserem Land geschah, inspirierend und aufregend war. Der Kulturminister Galuška, besonders an Filmdingen interessiert – er hatte einst selbst eine Produktionsgruppe geleitet –, stand Rede und Antwort.

Ich saß mit französischen Freunden, mein Freund Vladimir Pozner war darunter, einst hochbezahlter Drehbuchautor in Hollywood (*The Dark Mirror*), heute freier Schriftsteller in Paris. Vladimir fragte den Minister: »Was Sie hier unternehmen, könnte in Ihrem sozialistischen Land zu einem Pluralismus führen. Schreckt Sie das nicht?« Galuška: »Schreckt? Warum denn? Wir haben in unserem Land keine Angst vor Konkurrenz. Was unsere Partei dem Bürger anbietet, ist durchaus vernünftig und dabei populär. Wir verkaufen – um mich dem westlichen Vokabular anzupassen – einen guten Artikel. Er braucht keine Konkurrenz zu scheuen. Wir sind sicher, in diesem freien, fairen Wettbewerb zu siegen!«

Es gab großen Applaus. Vladimir Pozner, ein alter Kommunist, hatte Tränen in den Augen, während er applaudierte.

Am gleichen Tag stand im Parteiblatt »Rudé Právo« unter vielen ähnlichen Berichten auch der folgende Satz aus dem Protokoll einer Parteisitzung des 10. Bezirks: »Genosse X. zeigte auf, daß die führende Rolle der Partei früher wie irgendein Naturgesetz verstanden wurde, das unveränderbar und ein für allemal gegeben sei, während in Wirklichkeit die Partei diese Stellung in der Gesellschaft täglich durch ihre Arbeit und die unablässige Erneuerung des Vertrauens in ihr Tun aufbauen muß.«

Das populärste Lied aus den dreißiger Jahren, entstanden auf der Bühne des »Befreiten Theaters«, wurde jetzt wieder überall gesungen: »Sind wir erst mal Millionen . . .«

Zum erstenmal im Leben begann ich zu begreifen, was das sein kann – eine revolutionäre Bewegung. Es war nichts Elitäres, nur wenigen zugänglich, nur von einem kleinen Haufen, einer Vorhut nachvollziehbar. Es hatte eher etwas mit jenem *pursuit of happiness* zu tun. Aber während es dort als Freipaß für jedes (weiße) Individuum gedacht war, sein eigenes Glück zu erstreben, auf eigene Faust (und allzuoft galt da das Faustrecht!), ging es hier um eine Chance für uns alle. Zum erstenmal in unserer Geschichte.

Der passivste, der gleichgültigste Bürger spürte es. Man sah es den Gesichtern an, die einander anstrahlten, Kontakt suchten.

Es setzte etwas frei in uns, etwas, das immer schon dagewesen war, nur verschüttet, verbaut, ummauert von Tabus und in Schach gehalten durch Angst, physische Angst, Angst vor einer sehr konkreten »höhere Gewalt«, die nun plötzlich entlarvt und entmachtet worden war.

Am 27. Juni veröffentlichten die »Literárni Listy« jene berühmten »Zweitausend Worte« des Schriftstellers Vaculík. In ihnen stand zu lesen: »Für den heutigen Zustand sind wir alle verantwortlich.« Und: »Während viele Arbeiter meinten, sie regierten, regierte in ihrem Namen eine eigens erzogene Schicht von Funktionären des Partei- und Staatsapparates.« Und: »Von neuem haben wir die Möglichkeit, gemeinsam unser aller Sache in die Hände zu nehmen, die den Arbeitstitel Sozialismus trägt, und ihr eine Gestalt zu geben, die unserem einst guten Ruf und der guten Meinung entspräche, die wir ursprünglich von uns selber hatten. Dieser Frühling ist soeben zu Ende gegangen und wird nie wiederkehren. Im Winter werden wir mehr wissen.« Unter den vielen Tausenden, die diesen Aufruf unterschrieben haben, befindet sich auch der Name von Anette und meiner.

Diese Zweitausend Worte waren für die Bruderparteien ein willkommener Anlaß. Am 15. Juli richteten die Parteivorsitzenden von fünf der Mitglieder des Warschauer Paktes einen Brief an die tschechoslowakische Parteiführung. In diesem offiziellen Dokument hieß es, die Unterminierung der führenden Rolle der kommunistischen Partei führe zur Liquidierung der sozialistischen Demokratie und der sozialistischen Ordnung, die antisozialistischen Kräfte hätten die Presse, den Rundfunk und das Fernsehen an sich gerissen und sie zu einem Sprachrohr der Angriffe gegen die kommunistische Partei gemacht, es sei so weit gekommen, daß eine in der militärischen Zusammenarbeit übliche gemeinsame Stabsübung unserer Truppen unter Teilnahme einiger Einheiten der Sowjetarmee zum Anlaß genommen werde, völlig grundlose Beschuldigungen einer angeblichen Verletzung der Souveränität der ČSSR zu erheben . . .

Was die Unterminierung des Vertrauens in die Partei anlangt, so zeigte eine ehrliche öffentliche Meinungsbefragung jener Tage, daß über 82 Prozent der Bevölkerung Vertrauen in Partei und Regierung hatten.

Über die Usurpation der Medien durch antisozialistische Kräfte kann ich aus eigener Erfahrung beim Fernsehen sagen, daß in den elf Jahren, die ich diesem Medium angehörte, die Belegschaft noch nie zuvor mit solcher Geschlossenheit hinter dem Aktionsprogramm der Regierung stand wie in jenen Tagen, da jeder Lippendienst zu existieren aufgehört hatte.

Was die Manöver betrifft, von denen in jenem Drohbrief der Bruderparteien die Rede war, so hätte es ursprünglich ein Routinemanöver der DDR, der ČSSR und der Polen sein sollen. Die Sowjetunion forderte die Teilnahme einer »Markiereinheit«. Diese Einheit bestand jedoch aus einigen Panzerdivisionen, mobilen Funkstationen und Störsendern. Die Manöver waren längst zu Ende – aber die Panzerdivisionen der Sowjetunion blieben im Lande. Fritz Beer, damals Kommentator der BBC und Korrespondent einiger führender westdeutscher Zeitungen, beschrieb die Absicht dieser Verletzung der tschechoslowakischen Souveränität: »Anscheinend hofften die Interventionisten in der Sowjetführung, daß die tschechoslowakischen Konservativen, deren politische Karriere binnen weniger Wochen auf dem (bevorstehenden) Parteitag ein Ende finden mußte, einen Zusammenstoß provozieren und die Sowjetregierung zu Hilfe rufen würden. Die Störsender sollten den Regierungsfunk zum Schweigen bringen und die Funkstationen Deklarationen einer Gegenregierung verbreiten.«

Der Brief der Warschauer-Pakt-Brüder wurde in der ČSSR ohne Kürzung veröffentlicht. Die Antwort der ČSSR, die Stellungnahme der ČSSR, wurde den Lesern in der DDR, Polen, der Sowjetunion, Ungarn und Bulgarien verschwiegen.

Am 31. Juli – unser Land hatte noch drei Wochen Freiheit vor sich – kam Anette mit einer noch feuchten Druckfahne nach Hause. Sie hatte einen Aufruf übersetzt, den Pavel Kohout verfaßt hatte. Es war ein Aufruf an die Regierungs- und Parteidelegation, die in den nächsten Tagen nach Ciernà nad Tisou, einem slowakischen Grenzort, fahren sollte, um dort mit einer Delegation der UdSSR zusammenzutreffen. »Der Augenblick ist gekommen, da unser Vaterland nach Jahrhunderten wieder zur Wiege der Hoffnungen wurde. Nicht nur unserer . . .« stand in dem Aufruf, der eine Vertrauens- und Solidaritätserklärung für die Delegation darstellte.

Irgend jemand, ein namenloser Bürger, hatte an diesem Tag eine Idee. Er ging auf den Graben – eine der Hauptstraßen Prags –, trat in ein Geschäft und lieh sich dort einen Tisch und einen Stuhl. Er ging damit auf die Straße, klebte hinter sich an einen Pfeiler eine handgeschriebene Aufschrift: »Morgen fahren unsere Vertreter zu ihrem Treffen mit den Führern der Sowjetunion. Unterschreiben Sie den Aufruf, wenn Sie mit seinem Wortlaut übereinstimmen!« und setzte sich hin.

Er hatte ein dickes Buch mit leeren Blättern vor sich. Die ersten Passanten blieben stehen, lasen die Aufforderung und unterschrieben.

Eine halbe Stunde später war das dicke Buch voll, mit Namen und Adressen. Fremde brachten weitere Bücher und Papierbögen, und die Menschen, die unterschreiben wollten, standen bereits in einer hundert Meter langen Schlange. Da hatte sich das Ganze aber schon herumgesprochen, und an anderen Ecken der Stadt unterschrieben immer neue Bürger den Aufruf. Andere hatten inzwischen nach Brünn, nach Ostrava, nach Karlsbad telefoniert, und es war noch nicht Mittag, da hatten schon mehr als eine Million Menschen unterschrieben.

Natürlich filmte eines unserer Fernsehteams diese Lawine des guten Willens, der heißen Wünsche. Gerade, als wir drehten, unterschrieb ein deutscher Tourist aus der DDR. Um ihn zu schützen, wollte ich das Drehen auf ein paar Minuten unterbrechen. Aber er bestand darauf, laut seinen Namen und seine Adresse zu sagen.

Bis spät in die Nacht ging die Aktion weiter. Am frühen Morgen erschienen bei mir zu Hause drei bekannte Schauspieler aus der DDR: »Mensch, wo können wir auch unterschreiben?«

Es soll hier festgehalten werden, daß sich unter den eindreiviertel Millionen Unterschriften, die Pavel Kohout und seine Freunde an diesem Nachmittag auf die »Burg« schleppten, insgesamt zwölftausend Namen von DDR-Deutschen befanden.

Und um die Chronik zu vollenden: Genau neun Tage vor dem Überfall trafen sich die führenden Genossen der DDR unter der Leitung von Walter Ulbricht mit den unsern in Karlsbad. Zu einer brüderlichen Zusammenkunft. Das Fernsehen war dabei. Die gesamte Sitzung war am Abend auf unseren Fernsehschirmen zu sehen. Ungekürzt. Das Fernsehen der DDR hatte die Reden unserer Vertreter, vor allem die Dubčeks, herausgeschnitten. Die Ansprache Ulbrichts erschien in vollem Wortlaut.

Im Kommuniqué heißt es: Beide Seiten widmeten bei ihren Verhandlungen besonders Aufmerksamkeit der allseitigen freundschaftlichen Zusammenarbeit zwischen SED und KPTsch sowie zwischen der DDR und der ČSSR.

Zu dieser Zeit hatten die Panzer der Nationalen Volksarmee voll aufgetankt, und die bulgarischen Panzer waren natürlich längst im Anrollen, denn von Bulgarien ist es ziemlich weit in die Tschechoslowakei.

Während sich also die Schlinge um unsern Hals immer enger zusammenzog und jeder vernünftige Mensch sich ausrechnen konnte, daß bald etwas geschehen würde, war uns allen völlig klar, daß es ein Zurück nicht mehr gab. Dieser Punkt war schon lange überschritten.

Zurück zu Novotný? Zu neuen Repressalien und neuen Prozessen? Zu einer streng kontrollierten und gesteuerten Presse? Zurück in unser schwarzes Mittelalter, zu den formalen Abstimmungen in den Parteigremien, zur täglichen Schizophrenie? Zurück zur täglichen Lüge? Die Menschen hatten sich ja in den wenigen Wochen der Freiheit, Offenheit und Ehrlichkeit innerlich verändert. Jetzt zum Rückzug zu blasen hätte wahrscheinlich einen ungeordneten Aufstand zur Folge gehabt – einen willkommenen Anlaß zur Intervention mit drakonischen Folgen, ein zweites Ungarn.

Andererseits: Worauf hofften wir? Auf die »Solidarität der Werktätigen im sozialistischen Lager«? Gab es denn so etwas noch? Wann hatte es sich seit Bestehen dieses Lagers überhaupt schon einmal offenbart? Waren vielleicht die tschechischen Arbeiter im Jahre 1956 den Ungarn zu Hilfe gekommen? Hatte es da bei uns auch nur eine einzige, kleine Protestresolution in einem einzigen Betrieb gegeben? Informiert durch unsere Presse und unsere Medien hatten wir höchstens erleichtert aufgeatmet, als in Budapest »Ordnung« gemacht wurde.

Spontane Äußerungen der Solidarität? Bei uns gab sie es erst seit sieben, acht Monaten. Vorher waren alle Resolutionen und Kundgebungen von oben angeordnet worden, die »spontanen« Forderungen einer strengen Bestrafung der Slánský-Gruppe zum Beispiel.

Hilfe aus dem Westen? Wir wußten genau, daß nicht alle, die uns dort den Daumen hielten, es aus reinen Motiven taten. Außerdem – diesmal hüteten sich die westlichen Medien, die verantwortungslose Gaukelei einer möglichen Intervention zu wiederholen. Es hätte sie auch kaum einer in unserem Land willkommen geheißen. Denn die überwältigende Mehrzahl wollte keine Rückkehr zum Kapitalismus. Überdies wußte bei uns auch der Dümmste, daß ein Einfall aus dem Westen Krieg bedeutet hätte.

Worauf gebaut wurde, war einzig und allein die Hoffnung auf Einsicht. Eine Strafaktion gegen ein sozialistisches Land würde unweigerlich, angesichts der Sympathien der Jugend und der Arbeiterschaft im Westen für unser Experiment, dem Ansehen der Sowjetunion und dem Sozialismus überhaupt größten Schaden zufügen. Auf diese Einsicht bauten wir und auf eine kleine Frist, damit wir beweisen konnten, daß das, was wir wollten, im Rahmen des Sozialismus funktionieren würde.

Hinterher sagten dann die Obergescheiten: Ihr habt es ja aber auch zu weit getrieben, diese Nadelstiche in der Presse, Karikaturen von Ulbricht und so weiter . . .

Stimmt. Aber wenn man die Zensur aufhebt, kann man schwerlich wieder eine neue einrichten, die besagt: bis hierher und nicht weiter. Und die Fehler, die im Überschwang zweifellos begangen wurden – ich glaube, sie waren begreiflich, im Licht der vorangegangenen Jahre der Unterdrückung. Und vergessen wir nicht: In jenen Wochen waren ja auch die schrecklichen Tatsachen der politischen Prozesse ans Licht gekommen, die Wahrheit über die Justizverbrechen, die Behandlung politischer Gefangener in den Strafanstalten.

Das einzige, was uns zu tun übrigblieb, war der Versuch, die Schallmauer zu durchbrechen. Unsere Nachbarvölker in ihren Sprachen anzusprechen, ihnen klarzumachen, daß wir nicht ausbrechen wollten aus unserer Familie, sondern nur unser Leben so gestalten, wie es der Natur unseres Landes entsprach. Wir hatten nach dem Krieg einen »Sozialismus von der Stange« (Sartre) aufgedrängt bekommen, jetzt wollten wir einen uns gemäßen Sozialismus. Den mit einem menschlichen Gesicht.

Ich hatte in der Vergangenheit oft in der deutschen Sendung des Prager Rundfunks gesprochen und geschrieben. Ich besitze noch das

Manuskript meiner letzten Ansprache vom 31. Juli. Wenige Wochen vorher hatte ich vom Berliner »Theater der Freundschaft« eine Besucher-Aufstellung bekommen. Weit über eine halbe Million junger Leute hatten dort meine Inszenierungen oder meine Stücke gesehen. Und wie viele Hunderttausende es mittlerweile in den übrigen Theatern der DDR geworden waren, war kaum abzuschätzen. An sie alle wandte ich mich in dieser Sendung und versuchte zu erklären, was uns hier vorschwebte, was wir hier verwirklichen wollten. Ich bekam eine erstaunliche Menge zustimmender Briefe aus der DDR.

Während dieser aufregenden Tage kam unsere Tochter Jana (18) aus England zurück. Anette und ich hatten angesichts der drohenden Entwicklung ein wenig gehofft, sie würde draußen bleiben. Es war eine verzweifelte Hoffnung. Denn falls tatsächlich das eintrat, was wir befürchteten, dann bestand sehr wohl die Möglichkeit, daß wir Jana auf sehr, sehr lange Zeit nicht mehr sehen würden.

Ihr Platz sei hier, sagte das bislang unpolitische, antipolitische, unpathetische Mädchen.

Ein paar Tage später, am 15. August, flog ich nach Ostrava (Ostrau), um die Inszenierung eines Fernsehspiels zu Ende zu führen, die ich im Juni begonnen hatte. Beim Sender und im Ensemble herrschte ein grandioser Galgenhumor. Die Moskauer »Prawda« hatte gerade den Burgfrieden gebrochen und forderte mit scharfen Worten die Verwirklichung der sogenannten Beschlüsse von Bratislava, vom 3. August. Die Sowjets griffen die tschechoslowakische Presse an und beschuldigten sie, die Freiheit des Wortes zu mißbrauchen. Der Artikel hatte einen unüberhörbar drohenden Unterton.

Die Schauspieler waren in blendender Spiellaune. Selten hatte ich so viel Spaß an der Arbeit! Das amerikanische Stück war eine witzige Persiflage auf die Quiz- und Werbeprogramme und eine Kritik an der Gesellschaft, die diese Programme verlangte und produzierte. Die Hauptrolle spielte eine zwanzigjährige hochbegabte Schauspielerin, die ebenso hübsch wie intelligent war. Wir hatten noch einige Szenen zu filmen, die dann bei der Aufzeichnung in der nächsten Woche eingeblendet würden. Es gibt Fotos von diesen Szenen, die zeigen, wie lustig und unbeschwert wir an diesem Tag gewesen sein müssen.

Am Abend, als die Filmerei zu Ende war, tranken wir ein paar Glas Wein zusammen, in der Bar des Hotels.

Es war noch stockdunkel, als mich dröhnender Lärm weckte. Es klang ein wenig wie donnerstag früh, wenn die Müllabfuhr kommt. Nur viel stärker. Und es nahm kein Ende. Durchs Fenster kamen stickige Schwaden von Naphtha und Dieselöl.

Vor dem Hotel standen siebzehn sowjetische Panzer.